KB071549

범죄자를 위한
미술치료

Marian Liebmann 편저
최은영 · 이은혜 공역

학지사

Art Therapy with Offenders

by Marian Liebmann

Korean Translation Copyright ⓒ 2011 by Hakjisa Publisher

The Korean translation rights published by arranged with

Jessica Kingsley Publishers

Copyright ⓒ the contributors and the publisher 1994;

Foreword copyright ⓒ Stephen Tumim 1994

All rights reserved.

역자 서문

역자는 약 7년 전부터 교정시설에서 미술치료를 하고 있다. 새로운 곳에서 시행하는 미술치료라는 부담감과 함께 많은 경험을 하면서, 때로는 현실적 한계를 느끼면서도 미술을 통한 심리 이해 및 치유적 힘을 확인하게 되었다. 그러한 시간이 흐르면서 좀 더 체계적인 접근이 필요하다는 생각에 국내외 문헌을 탐색하게 되었으나, 관련 문헌이 그리 많지 않음을 알게 되었다. 그러던 중에 이 책을 발견하게 되어 반가움이 앞섰다. 저자 또한 서문에서 자료 등의 한계를 지적하였지만, 교정시설에서 미술치료를 도입하는 과정과 같은 경험적인 내용을 담고 있다고 판단하여 번역을 결심하게 되었다.

최근 국내에서도 교정시설 교화 프로그램이 범죄자들의 건전한 자아상 확립과 사회성 함양을 도와 사회 복귀를 촉진한다는 데 의견이 모아짐으로써 미술치료를 포함한 다양한 심리치료 프로그램을 도입하고자 하는 노력이 이루어지고 있다. 교정시설의 처우 프로그램이 사회 복귀를 위한 재활을 강조하면서 직업 훈련, 교과 지도, 생활 지도 및 복지 지원 등 물리적 측면뿐 아니라 심리적 재활의 중요성이 대두되고 있다. 미술치료는 이를 위한 또 하나의 유용한 접근으로서, 범죄자는 미술치료를 통해 자신의 잠재성과 긍정성을 발견하고, 스스로 선택하고 결정하는 과정을 통해 자존감과 자기통제력을 함양하여 보다 건전한 시민으로 성장할 수 있을 것으로 기대된다. 역자는 교정시설 현장에서의 미술치료 경험을 통해 그 가능성을 확인해 왔다. 이 책이 실제 현장에서 프로그램을 진행하는 관계자들이 참고할 만한 좋은 자료가 되었으면 하는 바람이다. 또한 미술치료가 범죄자의 사회 적응을 돕고 삶의 질의 향상시키고 나아가 재범 예방에 기여하기를 바란다. 마지막으로 이 책이 발간될 수 있도록 지원해 주신 김진환 사장님과 내용을 세심하게 살펴준 편집부 김선우 선생님께 감사 드린다.

2011년 1월

최은영, 이은혜

추 천 사

　교정시설 서비스가 범죄자들에게 수용 기간 동안 그리고 출소 후에도 법을 준수하고 유익한 삶을 살도록 도와주는 본래의 취지를 이행하는 것이라 할 때, 이 책은 그것을 달성하기 위한 중요한 안내서가 될 것임에 틀림없다. 에드 워드 아담슨(Edward Adamson)의 선구적인 저서인 『치료로서의 미술(Art as Healing)』에 잘 설명되어 있긴 해도 교정시설 내에서의 미술치료 실습에 관한 문헌은 매우 미약하다.

　그런데 이 책은 매우 세부적인 내용까지 다루고 있다. 강도 높은 보안을 필 요로 하는 장기수부터 청소년, 여성 수용자, 보호관찰 중이거나 정신장애로 상처 입기 쉬운 수용자들을 포함하는 광범위한 영역의 내용을 다루고 있다. 이 책에 소개된 실제 사례들이 이를 잘 설명해 주고 있다.

　마리안 리브만(Marian Liebmann)은 저자 서문에서 미술치료의 이점을 분명 하게 말하고 있다. 콜린 리치스(Colin Riches)가 설명했듯이 무기징역수로 지내 는 것은 특별한 일이다. 그는 자신의 독방을 침착하고 정교하게 그려 내고 있 다. 그는 "내 인생은 엉망진창이다. 그래서 나는 그림만큼은 아주 단정하게 그 리고 싶다."라고 이야기한다(사실 그의 이름을 정확하게 밝힌다면 너무 진실된 것 이리라).

　미술 작업을 한다는 것은 수용 생활의 시끌벅적하고 혼란스러운 상황에 압 도된 범죄자들에게 자기만의 공간을 제공해 주는 것이다. 나는 일종의 아트센 터가 적절한 관리의 필수적인 요소라고 생각한다. 지난 2년에 걸쳐 런던의 교 정시설에서 행해지는 음악 행사에 참석해 본 사람이라면 그 치료가 그것의 기본 목적을 넘어 더 나아가고 있음을 확연히 느낄 것이다. 그것은 어떠한 형태로든 치료에 참여하는 사람에게 유용하며, 출소 후 창조적인 삶으로의 가능성을 열어 준다.

'범죄자를 위한 미술'은 나에게는 잘못된 용어처럼 들린다. 범죄자자들에게 공통되거나 그들에게만 적용되는 미술적 스타일이란 없다. 그러나 '범죄자를 위한 미술치료'는 관리라는 현 단계에서 필요하면서도 바람직한 것으로 보이며, 이 책은 각 장마다 미술치료에 관한 신선한 아이디어를 제공해 줄 것이다.

1994년 2월

영국 교도소 감찰관장

명예 판사 스티븐 터밈(Stephen Tumim)

저자 서문

　이 책을 쓰고 편집하다 보니 범죄자를 위해 미술치료를 실행하던 그 시절의 경험이 떠오른다. 인간에게 너무 부분적이고, 또한 인간이 그다지 존중되지 않는 사법제도하에서 남들과 다른 생소한 일을 하면서 소외감을 자주 느끼곤 했다. 드물기는 하지만 유사한 작업에 참여한 다른 이들도 나와 비슷한 말을 했었다.

　미술치료가 지닌 잠재력은 풍부하고 현재 실시 중인 치료에 근거한 결과물도 이미 많이 존재한다. 현재 범죄 발생률은 점점 증가하는 추세이며, 범죄자를 위한 새로운 방향 제시가 요구되는 이 시점에서 미술치료에 대한 고려는 충분히 타당한 것이다.

　그러나 범죄자에 대한 미술치료 문헌은 거의 없는 실정이다. 조이스 랭(Joyce Laing, 1984)은 영국 최초의 미술치료 문헌인 『치료로서의 미술(Art as Therapy)』(Dalley, 1984)에서 교정시설 내의 미술치료에 대해 기술하고 있다.

　랭과 크리스토퍼 캐럴(Christopher Carrell)은 베를린 교정시설의 특수공동체에서 치료에 대한 포괄적인 저서(Carrell & Laing, 1982)를 완간했다.

　나는 테사 델리(Tessa Dalley)의 저서(Liebmann, 1984)와 『집단 미술치료(Art Therapy for Groups)』(Liebmann, 1986)에서 주간센터에서 범죄자만을 대상으로 한 치료의 실제를 다루었다. 이 글은 범죄자를 위한 집단 미술치료의 활용에 대한 것이다.

　그리고 나는 미술치료를 통해 범죄자의 행위를 직시하면서 보호관찰 중인 범죄자에게 개인 미술치료를 실시한 것을 『미술치료의 실제(Art Therapy in

Practice)』(Liebmann, 1990)에 기술했다. 최근에 미술치료 작업을 연구하는 학생을 통해 범죄자에 대한 문헌과 현존하는 정보(Maddock, 1993)를 교환하였는데, 내가 아는 한 미국 문헌은 거의 없었다.

헤리엇 웨이드슨(Harriet Wadeson, 1989)의 최근 저서에서 대이(Day)와 오노래이토(Onorato)가 기술한 '교정시설에서의 미술 작업(Making Art in a Jail)'에는 레비(Levy, 1978)와 라이랜더(Rylander, 1979)의 초창기 작업에 대해 언급한 한 장이 포함되어 있다. 두 논문은 미술치료가 자존감을 고양시킨다고 하였는데, 한 편은 소년범에 대한 것(Larose, 1987)이었고, 다른 한 편은 수용된 소아애 환자에 대한 것(Ackerman, 1992)이었다. 코니 내이토브(Connie Naitove, 1987)의 논문은 아동 성 추행자를 치료하면서 미술치료에 대한 역사를 도표로 만들었다.

또한 교정시설에서의 예술 행위에 대한 적지 않은 보고가 있으며, 그중 일부는 미술치료와 겹치는 부분도 있는 것 같다. 앤 피커와 질 빈센트(Anne Peaker & Jill Vincent, 1989) 그리고 콜린 리치스(Colin Riches, 1990, 1991)가 실시한 작업에 대해서는 이 서문의 후반부에서 다룰 것이다.

관련 저서가 부족하고, 그나마 현장에서 작업하는 소수의 미술치료사들과의 접촉도 부족하였기 때문에 내가 과연 책의 지면을 채울 수 있을 만큼 충분한 경험이 있는지 확신할 수 없었다. 그런 점에서 이 책에 실린 기고문의 수와 범위 그리고 깊이는 한계가 있음이 분명하다. 여기에 언급하지 않은 치료사들도 있지만 그들 역시 이 분야에서 가치 있고 계획적인 업무에 종사하고 있다.

범죄자 미술치료의 이론과 실제

수년간 범죄자를 치료하면서 범죄자 미술치료의 이론과 실제에서 어떠한 변화가 있었는지 관찰하는 것은 가치 있는 일이었다. 범죄자에게 활용할 수 있는 방법은 판결과 처우에 영향을 받았으며, 이것은 미술치료의 규정에 영향을 미쳤다.

빅토리아 시대의 사법의 정의는 그에 상응한 벌로서 보복과 억압 등 법적 정의에 바탕을 두고 있었다. 그리고 경제적 자유방임주의의 영향하에 개인의 역할을 강조하였다. 모든 사람은 법 앞에 평등하므로 법규를 위반하였을 때 동등한 처벌을 받아야만 했고 추방이 줄어들면서 수용이 중요한 벌칙이 되었다(Garlard, 1985).

교정과 재활을 향한 변화는 1907년, 1908년, 1914년의 「국회제정법(Acts of Parliament)」에 의해 시작되었다. 이 법에 근거하여 보호관찰소(Probation Service, 1876년에 Missionarie 법원에서 시작하여 발전된), 소년재판소, 보스탈 훈련원(Borstal Training)이 설립되었는데, 이것은 처벌의 형태에서 혁신적이고 교육적인 방향으로 인도하기 위한 시도로 인식되었으며, 처벌시설의 새로운 정립을 의미한다.

'가벼운 형량'의 범죄자(초범자, 재범자 등)를 위한 보호관찰제도의 활용이 교정시설의 대안으로 인식되면서 교정시설에서 재범률이 폭발하는 것을 방지할 수 있었다. 새로운 형태의 제재는 범죄의 중대성보다 범죄자의 문제와 성격 유형을 감안하여 주어졌고, 처벌은 더 이상 획일적이지 않았다. 수용의 목적은 여전히 억압과 처벌이었지만, 비록 범죄를 저질렀어도 개인으로서는 연민과 보살핌을 받아야 하는 존재이며 교화되어야 하는 존재인 것이다(Garlard, 1985). 따라서 교정이 중점적인 목적이 되었다.

이렇게 초점이 전환되면서 가장 적절한 방법을 찾기 위한 심리학자, 정신의학자, 치료 전문가들의 역할이 중요해진 반면, 개인적인 책임은 축소되었다. 긍정적인 측면에서 이것은 가난한 사람과 사회 부적응자의 사소한 변화를 이끌어 내는 인간애를 발휘하였지만, 다른 측면에서는 때로 사소한 범죄에 대해서도 '개인적인 교정을 달성하기 위해' 긴 형량을 선고하거나 드러내 놓고 선심을 쓰는 측면도 나타났다.

법이 우선이든 인간이 우선이든, 사회규범을 위반한 인간의 행위에 대한 처우와 관련된 논쟁은 계속된다. 어떤 사람이 '우울한지, 정신이상인지 또는 나쁜지'를 결정하는 것은 복잡한 일이지만, 이를 토대로 치료의 방향이 결정되기 때문에 이는 중요한 문제. '정신이상'이라는 명칭은 정신의학적 중재의 필요성을 암시하는 반면, '우울하다'는 명칭에서는 열악한 환경을 개선하기 위한 실질적인 도움이 필요함을 암시한다. '나쁘다'는 정당화되지 않는 것으로서 차별이나 수용되어야 함을 의미한다.

최근까지 사법제도는 실제로 '법적' 정의를 바탕으로 실시되었으며, 교정은 부가적으로 실행되었다. 보호관찰관은 대부분 미미한 경우나 초범을 다루어 왔으며, 그들의 역할은 범죄자에게 '충고하고 보호하는 친구가 되어 주는 것'이었다. 감화받지 않은 사람은 자신이 교정시설로 가는 중이라는 것을 곧 알게 된다. 소년 보호감독기관은 여전히 관리체제의 통합적인 부분으로서 교육을 제공하고 있으나 성인 교정시설은 아직도 처벌을 우선시한다. 1980년대 이후로 교정시설과 보호관찰소는 각각 다른 방식으로 치료의 혜택을 제공하는 중요한 발전이 있었다. 나는 이것을 각각 분리하여 관찰할 것이다.

최근 교정시설의 발전

최근 교정의 수단으로 수용하는 것에 대한 비판의 소리가 커지고 있다. 모든 수용자와 방문객을 환영하는 목적으로 쓰인 교정시설의 성명서는 다음과 같다.

> 여왕 폐하의 교정시설은 법원에서 위탁된 자들의 수용을 유지함으로써 대중에게 봉사한다. 우리의 의무는 수용자를 인간애로 보살피고 법을 지킬 수 있도록 도움으로써 수용 생활과 석방 후에 유익한 삶을 누릴 수 있게 하는 것이다.

그럼에도 불구하고, 전체 수용자의 대부분이 교정시설을 떠나자마자 바로 재범을 저지른다는 것은 잘 알려진 사실이다. 심지어 『범죄, 정의 그리고 대중의 보호(Crime, Justice and Protecting the Public)』(Home Office, 1990a)라는 정부의 화이트페이퍼(Government White Paper)는 '수용은 악인을 나쁘게 만드는 값비싼 방식임에 틀림없는 것'이라고 말하고 있다.

수년간 과잉 수용과 교정시설의 열악한 시설에 대한 문제가 제기되어 왔으며, 1990년 4월에 영국의 보호시설에서는 마치 긴급한 요구를 보여 주는 듯 6번의 폭동이 발생했다.

'울프 보고서(Woolf Inquiry)'는 고등법원 판사 울프(Woolf)와 교정시설 감사장인 스티븐 터밈(Stephen Tumim) 판사에 의해 기술되었으며, 그 결과물인 '울프 보고서'가 1991년에 출판되었다.

이 보고서에는 교정시설 생활의 물질적 측면과 관련된 몇 가지 권고 사항이 실려 있으며, 제도에 대해서도 언급하고 있다. 보고서는 교정시설 수용자의 정신건강 문제와 신체장애에 따른 고통에 대해 특별한 관심이 필요하다고 적고 있으며, 적어도 수용자 중 일부는 만약 적절하고 친숙한 지역사회 이용이 가능하다면 교정시설에서 분리 수용되어야 한다고 제안하고 있다. 또한 사회복지와 미래의 범죄를 최소화하기 위해 시간을 효율적으로 사용하는 것이 중요하다고 강조하였는데, 이러한 관점은 수용자와 교도관들 역시 승인한 것이다. 자원이 허락하는 한 교육 기회를 확대하자는 논의 역시 고조되고 있다(Paragraph 14, 101).

'울프 보고서'는 교정시설 내의 자살 증가를 우려하여 절망에 빠진 이들을 도울 수 있는 다양한 방법을 제시하는 정부 문서 『구조, 보호 그리고 정의(Custody, Care and Justice)』(Home Office, 1991)에 따른 것이다. 일반적인 수용자들에게는, '자신의 범죄행위를 반성할 수 있도록 함으로써 더 잘 교화되고, 자신의 경험으로부터 괴로움을 덜 느끼며, 더 건설적이고 합법적인 삶을 살도록 하는' 프로그램이 추천되었다.

사실상 내무성은 항상 수사보다는 재정적인 압박에 직면하면서, 성범죄자와 폭력으로 격리 선고를 받은 수용자를 위한 몇 가지 프로그램으로 시작하였다. 그것은 누군가가 교정시설에 있어야 한다면, 석방된 이후에 재범을 감소시킬 수 있는 행위에 참여할 수 있어야 한다는 인식에서 비롯되었다.

최근 보호관찰의 발전

종교 재판 시대와 보호관찰 서비스 초기의 주요 논쟁은 교정을 통해 신의 품으로 돌아가는 것과 같은 도덕적이고 종교적인 '합당한 징벌'로부터 범죄자를 구제하는 데 있었다(McWilliams, 1986, 1987). 1930~1960년대는 전문가들에 의해 도덕적인 논쟁이 심리사회적인 해석으로 대체되었으며, '진단적 사고'가 지배적이었다. 이때 정신분석은 지배적인 이론으로서 보호관찰 대상자가 '치료'를 받는 데 도움을 주었다. 이러한 치료는 심리사회적인 문제를 가진 듯한 범죄자의 재범을 예방하기 위한 해법에 따른 진단으로 인식되었다.

1960년대 후반과 1970년대에 들어서면서 응보 처방이 범죄를 예방할 수 있다는 신념이 공식적으로 폐기되었고, 이 같은 방식은 소멸된 것으로 보였다(McWilliams, 1987). 그러나 몇 가지 연구 결과는 가시적인 개선점을 발견해 내는 데 실패했으며, 이것은 '헛된 일'이라는 믿음으로 점철되었다(Martinson, 1974).

보호관찰 서비스는 1960년대에 그 규모가 2배가 되었으며(Harding, 1987), 수용 후 감독과 공동체 봉사 명령의 강화를 포함한 다양한 치료 분야로 확장·운영되었다. 이것은 다양한 종류의 치료 서비스를 받을 수 있도록 하는 데 중점을 두고 범죄자가 적응할 수 있도록 관리하는 방식으로 변화되었다. 어떤 이들은 이 같은 방식의 치료에 중점을 둔 반면, 또 어떤 이들은 보다 실용적인 방식으로 급진적인 사회사업(정치적인 박해자로서의 범죄자에게 주목하면서)을 모색하거나 개별적인 도움을 제공하였다. 또한 몸과 마음이 구속되지 않은 상태를 간절히 원하는 범죄자에게 '보다 많은 세금이 투입되는' 보호관찰 감독을 제공하려는 구체적인 노력도 있었다.

'헛된 일'이라는 견해에도 불구하고, 보다 새롭고 향상된 방식의 몇몇 연구는 일부 프로그램이 치료 효과가 있으며 재범의 방지에 도움이 된다는 것을 보여 주었다. 이 연구들은 다른 범죄자 집단에 실시한 몇 가지 다른 방식의 치료를 포함한 것이다(MaGuire & Priestley, 1985; What Works Conference, 1991).

또한 범죄 사실에 근거한 치료가 이전에는 본격적으로 시도된 적이 없는 분야라는 점에서 새롭게 관심을 끌었다(MaGuire & Priestley, 1985). 이것은 범죄 피해자가 범죄로 입은 손상과 보다 직접적으로 범죄에 저항할 필요성을 증명하기 위한 새로운 인식과 관계된다.

반면에 정부는 비용(수용자가 지속적으로 증가하면서 많은 신설 교정시설이 필요해짐에 따라)과 비효율성을 이유로 교정시설의 수용 인원을 줄이기 위한 새로운 시도를 고안하던 중이었다. '관대한' 대우라는 비난을 피하기 위해 지역사회는 처벌의 성격으로 초점을 바꾸었다.

그린페이퍼(Green Paper)인 『처벌, 보호 그리고 지역사회(Punishment, Custody and Community)』(Home Office, 1988)는 정부 구상의 개요를 제시했으며, 화이트페이퍼인 『범죄, 정의 그리고 대중의 보호』(Home Office, 1990a)는 1991년 「형법」의 근거가 되었다.

더 나아가 그린페이퍼 『공동체 내의 관리감독과 처벌: 행동을 위한 지침(Supervision and Punishment in the Community: A Frame for Action)』(Home Office, 1990b)에서는 도움보다는 보다 처벌적이고 통제적인 방식의 보호관찰에 대해 논의되었다. 이것은 자원봉사 분야에서 수행되던 프로그램을 보호관찰관이 관리하게 하는 제안이었기 때문에 대부분 받아들이기를 주저하였다.

뒤이어 1992년에 「공동체 내의 범죄자 감독을 위한 국가 규범」이 만들어졌다. 그것은 보호관찰령하의 관리 목적으로 제정된 법령과 관련된 다음과 같은 형법의 내용을 포함하고 있다.

- 범죄자의 안전한 사회 복귀를 위하여
- 대중을 범죄자의 위험으로부터 보호하기 위하여
- 범죄자의 재범을 예방하기 위하여

이와 같은 이유로 재활을 위한 치료에 대해 개방적인 인식이 생겨났다. 그러나 보호관찰을 하다 보면 너무도 많은 요구들이 발생하기 때문에 많은 보호관찰관들이 범죄자의 치료에 전념할 만한 충분한 시간을 갖지 못하고 진행 절차를 위반하는 경우가 생기기도 한다.

교정시설 내 정신병동

1950년대가 되자 새로운 약물의 출현과 재활이 강조되면서 정신병원이 문을 열었다. 이 결과로 보다 안전한 환경이 필요한 환자들은 더 이상 일반 병원에 수용되지 않았다(Gordon, 1985).

몇몇 보고서(Emery Report, 1961; Glancy Report, 1973; Butler Report, 1974)에서는 다루기 어렵고 난폭한 정신질환자를 위한 안전시설이 절실히 필요하다고 지적했다. 특수병원(Ashworth, Broadmoor, Rampton)과 일반 정신병원 사이에는 차이점이 있는데, 특히 범죄가 흔히 정신적 질병과 심각하게 관련되거나 다른 시설의 한계를 벗어난 치료가 요구되는 수용자에게는 특수 병원이 필요하다.

1980년대에는 지역 보건 당국에 의해 지역 안전시설이 설립되었으며, 현재 21개 지역에 약 600여 곳이 존재한다. 이곳은 치료에 중점을 두며, 공동체로의 점진적인 참여를 촉진한다. 이와 같은 인식으로, 청소년 법의학 정신보건국이 성인 범죄자와 분리된 규범이 필요한 소년범을 위해 설립되었다.

교정시설과 보호관찰소에서의 예술 활동

교정시설에서 실행하는 예술 활동의 오랜 전통은 주로 교육 수업을 통해 이루어졌지만 수용자의 개별적인 활동을 통해서도 가능했다. 케스터 어워드와 번베이크 트러스트(Koester Award & Burnbake Trust)[1]는 교정시설의 예술가들의 창작 활동을 담당해 왔다. 보다 최근에 와서는 교정시설에서 전시, 연극과 오페라 공연, 워크숍, 이벤트 등 예술 전문가 교육이 행해지고 있다.

그러나 교정시설에서 다양한 예술 활동을 활용하기 위한 체계적인 정립은 되어 있지 않았다. 그러다가 러프버러 대학교(Lough borough university)의 앤 피커와 질 빈센트에 의해 미술위원회와 내무성이 공동으로 자료를 제공한 연구 과제를 수행하기에 이르렀다. 이들은 시각예술과 공예, 문학, 영화, 무용, 음악 등 교정시설에서의 예술 활동 목록인 『교정시설에서의 예술 활동(Art Activities in Prisons)』(1989)을 발간했다. 뒤이어 『교정시설에서의 미술: 성취감을 향해(Arts in Prisons: Towards a Sense of Achievement)』(1990)가 발간되었는데, 이 책은 그들의 연구와 발견에 대한 이해를 도우며 예술 활동의 유용성을 보다 분명히 밝히고 있다.

피커와 빈센트는 예술 활동이 인간적이면서 치유적인 이점을 제공한다고 제안했다. 치유적인 이점이란 집중과 노력으로 감정을 표출하면서 창조성을 키우고, 선택과 결정을 격려하며, 자존감 향상, 자아정체감 확립, 자기 인식의 발달, 건설적인 방식으로 감정을 이해하게 되는 것 등이다. 이것은 교정시설 생활의 획일성과 무감각함에 완전히 상반되게 작용할 수 있다. 또한 개인적인 성향에서 벗어나서 사회적이고 공동체적인 성향으로 이끈다는 이점이 있다.

---

1) 교정시설 예술 갤러리: 1968년 장후반 데이비스가 교정시설의 예술을 소개하면서 그 유지를 위해 설립하였다.

이 작업은 또 다른 국가적 사업으로 이어졌다. 콜린 리치스는 1990년 4월에 140명의 대표가 참석한 교정시설 시각예술협회를 조직하였으며, 1990년 9월에 보고서를 발표했다. 연이어 일 년 후에는 교정시설 당국에 시각예술의 발전을 위한 제안서를 제출하기 위한 좌담회가 개최되었다.

리치스 또한 경비가 가장 삼엄하다고 알려진 교정시설 내에 설립된 미술과 공예센터에서의 치료에 관한 석사논문인 「삶은 여전히 존재한다(There is Still Life)」(1991)와 미국 교정시설에서의 예술에 관한 보고서(1992)를 완간했다.

정부 문서 『구조, 보호 그리고 정의』(1991)는 이미 언급했듯이 다음과 같이 진술한다.

> 수용자들에게 개인적인 성취감과 자존감을 부여하기 위해서는 예술이나 다른 기술을 발전시킬 만한 기회가 있어야 한다.

내무성은 자체적으로 전반적인 문제점을 진단하기 위하여 교정시설 예술치료 부서를 설립했다. 그것은 몇몇 산하단체와 함께 1992년에 회합하기 시작하여 여러 가지 다른 측면에 대해 연구하고 있다. 또한 비비엔 스턴(Vivien Stern)에 의한 1992년의 릴리언 베이리스(Lilian Baylis)의 강의는 수용자에 대한 예술의 기여에 주목하고 있다.

보호관찰 중에 하는 예술 활동은 매우 낮은 수준이어서 잘 드러나지 않았다. 전체적으로 개인치료에 집중하여 일상적인 보호관찰 감독에 많은 부분을 할애하지 않았다. 대부분의 주간센터(현재는 보호관찰소)는 일반적인 시각예술, 때로는 드라마, 음악 분야 등에서 예술 활동을 해 왔다. 이러한 행위들은 흔히 보호관찰 대상자에게 어떤 특별한 치료적 혜택을 주기보다는 새로운 것을 발견하고 건설적인 취미를 가질 수 있는 기회가 되었다.

버밍햄에 있는 케이브 아트 센터(Cave Arts Centre, 음악 분야에 특화된), 런던의 인사이트 아트 트러스트(Insight Arts Trust, 보호관찰 대상자의 드라마 참여), 기스 시어터 컴퍼니(Geese Theatre Company, 범죄행위에 중점을 둔 연극 공연과 워크숍 개최), 맨체스터에 있는 교정시설 극장(Theatre in Prison and Probation, 처벌적 제도 내에서의 연주와 드라마 참여)과 노섬브리아에 있는 예술가 거주조직(Artist Residency Scheme, 주간보호관찰소 내에 글짓기, 도예, 사진, 작곡 분야의 5명의 예술가가 예술 활동의 효과를 연구함)과 같은 몇 가지 매우 역동적인 프로그램이 있다. 그러나 아직까지는 교정시설의 프로그램에 비견할 만한 체계적인 목록은 없는 실정이다.

교정시설과 보호관찰소에서의 미술치료

교정시설과 보호관찰소 내의 예술치료나 예술 활동의 개인적인 혜택에 대한 목록에는 예술 활동과 예술치료 사이에 중복되는 지침도 있다.

예술 활동과 예술치료 사이의 중요한 차이는 목적이 다르다는 것이다. 일반적인 경험으로 대부분의 예술 활동은 수용자의 주요한 의사 표현인데, 이들은 벽화, 음악회, 연극, 가면극 같은 외적 산출물을 목적으로 표현하게 된다. 이것을 완수하는 과정에서 참가자들은 때로 자존감과 의사소통 능력이 향상되기도 한다.

예술치료는 보다 명백하게 개별적인 과정과 연관되는 경향이 있으며, 또한 그것을 목적으로 한다. 대부분의 미술치료 회기에서 비록 참가자들이 작품을 자랑스럽게 여기기는 하지만, 완성된 결과물은 이차적인 것이다. 왜냐하면 그과정은 개인적인 것이며, 그에 대한 어떠한 외부적인 판단이나 기준이 존재하지 않기 때문이다.

한쪽에는 매우 외적인 결과물에 집중하는 예술 활동, 다른 쪽 끝에는 보다 개별적인 예술치료가 존재한다는 연속적 개념이 유용할 것이다. 그들과 관련된 치료에는 숨겨진 예술 활동이 있으며, 그것을 둘로 분리하기란 쉽지 않다.

수용자들은 어떤 유형의 치료가 도입되면 집단 분위기와 조직 구조가 자기 노출을 압박하고 또한 그들에게는 치료적 배경이 거의 없기 때문에, 수용자가 적응하는 것이 쉽지 않다고 인식해 왔다. 또한 교정시설 내의 다른 전통적인 교육과 상호 교류가 부족하기 때문에 일관된 치료적 접근을 지연시켰다. 이것은 현재 많은 교정시설이 처한 상황이다. 그러나 그 어려움을 알고 있음에도 불구하고, 몇몇 치료사들이 미술치료가 성공적으로 정착할 수 있을 만한 제안을 해 왔다는 것은 매우 가치 있는 일임에 틀림없다. 또한 교정시설 내에는 다른 치료에 대한 제한 규정이 어느 정도 존재하고 있는 실정이다.

보호관찰 부서에서 일하는 한 명(Eileen McCourt)을 제외한 대부분의 미술치료사는 교육부에서 일하고 있으며, 홀리웨이 교정시설의 미술치료는 독립된 사업의 형태로 운영된다. 교정시설 예술치료 부서는 예술치료가 잘 이루어질 수 있도록 가장 적절한 방법을 모색하는 예술치료소라는 산하단체를 갖고 있다. 이 치료 부서는 허트포드셔의 미술과 디자인 대학과 그렌던 교정시설(Grendon Prison) 교정국과 협력하여 장기 수용 선고에 대한 반대와 예술치료의 효용성에 대한 협력 연구(1993~1996)를 수행했다.

정신질환자 보호시설 내에 미술치료가 확립되는 것은 그들에게 특정한 치료가 필요하다고 가정되기 때문에 더욱 '당연'하게 여겨진다.

주간보호관찰소에는 예술가가 미술치료 자격을 취득하거나 센터가 예술 담당 부서에 미술치료사를 배치하면서 미술치료가 정착되었다. 이와 같이 범죄자를 위한 보호관찰소에서 회기 형태로 치료가 정착될 것이다.

미술치료의 이점

미술치료의 유익한 점을 논의해 보는 것은 가치 있는 일이다. 물론 언급된 모든 이점이 개인이나 집단에 모두 적용되는 것은 아니다. 또한 미술치료가 도움이 되지 않는 집단이나 상황도 있을 것이다.

미술치료의 정의 중 하나는 계속되는 회기에서 '바람직한 변화를 가져오는 과정'이라는 것이다. 이 정의를 적용하면 미술치료는 '미술 작품을 창작한 사람의 변화를 이끌어 내기 위한 서비스'라고 기술할 수 있다. 미술치료의 이점

중 몇 가지를 살펴보면 다음과 같다.

- 비언어적 의사소통의 수단으로 사용될 수 있다. 이것은 언어적 의사소통에 능숙하지 않거나 '과도하게 말이 많은' 사람에게 더욱 유용하다.
- 미술치료는 말로 하기에는 너무 어려운 주제이거나 내담자에 대한 부정적인 함의를 가질 때 미술치료사와 내담자 사이에서 다리 역할을 할 수 있다. 심리치료적 관점에서 그림의 공간은 감정전이가 일어날 수 있는 장소다.
- '언어로 표현하기 어려운' 특별한 경험에 대한 자기표현과 자기 탐색의 수단이 될 수 있다.
- 비수용적인 감정을 수용하는 미술 작업을 통해 안정감을 제공할 수 있으며, 때로는 분노와 공격성을 완화시켜 준다.
- 작품의 구체화는 치료사와 내담자의 소통을 더욱 원활하게 한다. 또한 한 회기 수업을 전반적으로 돌아보면서 그 발전에 주목하는 것도 가능하다.
- 활동적인 참여가 요구되며, 이것은 사람들을 결집시키는 데 도움이 될 수 있다.
- 미술 작업은 충분히 즐길 만하며 창의력을 발전시킨다. 이 작업은 성인에게 허용된 놀이의 기회가 될 수 있다.

저자들의 주제 소개

앞서 소개한 6명의 저자들은 모두 일반 교정시설에서 치료하였는데, 4명은 '일반적인' 범죄자를 대상으로 하였고, 다른 2명은 '취약한' 수용자를 대상으로 하였다. 그들 중 2명은 지정된 정신질환자 보호시설에서 작업했으며, 한 명은 성인, 다른 한 명은 소년을 대상으로 하였다. 2명의 저자들은 청소년 성범죄자들과의 작업을 다루었고, 서로 매우 다른 접근법을 사용하였으며, 후에 미국에서 도입된 매체를 사용하였다. 마지막 2편의 기고는 수용된 환경 외부에서 미술치료가 시행된 것이었다. 하나는 주간보호관찰소에서, 또 하나는 일반적 보호관찰 치료 과정에서의 미술치료에 대한 것이다.

익명성, 소외, 결핍, 어린아이 취급, 단조롭고 메마른 환경, 제한된 시간 등에 대한 이 모든 저술은 마치 수용자들의 수용 생활을 보고 있는 듯 생생하다. 비록 중복을 피하기 위해 몇몇 이야기는 삭제해야 했지만, 이러한 내용은 저자들의 글에서 필수적인 구성요소이며, 각 글마다 조금씩 다르지만 교정시설 문제에서 가장 중요한 부분을 다루고 있다.

교정시설에서 치료 업무에 종사하는 대부분의 사람들은 미술치료가 수용자가 경험한 무관심과 소외감에 대항할 수 있도록 도움을 주는 방안에 대해 말한다. 미술치료 초기에는 비록 몇몇만이 정서적 안정에 도움이 되는 보다 깊은 통찰력을 얻게 되었지만, 이들의 판단은 미술치료가 수용자에게 도움을 줄 수 있다는 확신을 심어 준다. 나는 정신질환자 시설이나 보호관찰소에서의 치료를 통해 수용자가 미래에 더 이상의 범죄를 저지르지 않게 되기를 바라는 마음으로 범죄를 저지르게 만드는 범죄자의 행동, 생각, 감정에 더욱 초점을 맞추었다.

저자들은 정신역동에서 인지-행동 영역에 이르기까지 광범위하고 다양한 이론과 접근법을 사용하고 있다.

융(Jung), 사이먼(Simon), 위니컷(Winnicott)은 치료 모델과 이론으로 그에 적합한 명성을 지닌 심리학자들이다. 미술치료를 할 때 어떤 사람들은 범죄자와 미술치료사 간의 상호작용을 강조하는 반면, 또 어떤 사람들은 치료적 환경의 제공과 개인적 창의력에 중점을 둔다. 훌륭한 예술가이자 자신만의 관점을 가진 저자들은 미술과 치료 간의 접점에 대해 연구 중에 있다. 대부분의 저자들은 때로는 재정적 이유로, 때로는 사회적 이유로 단체와 관련되어 있으며, 그 단체 내에서의 개인치료와 발전을 기술하고 있다. 또한 어떤 저자는 미술의 조망 차원에서 글을 썼으며, 미술과 치료의 교차점에서 바라보고 있다.

　　교정시설에서 작업하는 미술치료사들은 자신들 스스로가 매우 다른 상황에 처해 있음을 알고 있다. 그들은 격리되어 있으며, 어딘가에 있는 다른 치료사들로부터 지지를 받아야만 한다. 정신질환 치료 분야와 주간보호관찰소와 같은 적지 않은 분야에 치료 팀이 있다. 그들 대부분은 기관 내의 다른 직원들과의 관계와 그들이 그 안에서 어떻게 일하는지에 대한 의견을 말한다.

　　그리고 치료사들 대부분이 여성인 것을 저자들의 목록에서 알 수 있다. 대부분의 교정시설은 남성 범죄자가 수용되어 있는 것으로 알려져 있으며, 남녀가 모두 수용된 환경일지라도 남성 범죄자가 지배적이다. 남성 교정시설에서 여성 미술치료사가 치료하는 것에 대해서는 많은 문제점들이 제기되고 있는데, 이 책의 저자들 중에 이에 대해 거론하고 있는 치료사도 있다. 또한 처벌적인 사법제도가 남성 지배적이라는 이유만으로 여성에 대한 필요성은 간과되기 쉽다.

　　우리는 어떤 미술치료 작업에서는 여성 수용자를 확보하기 위해 노력했다. 몇몇 미술치료 참가자는 흑인이었는데, 이것은 미술치료사 모두가 공감하는 것이지만, 어떤 의미에서 인종 문제는 광범위하기에 이 책에서도 논의하지 않았다.

　　남성 수용자를 치료하는 작업은 어떤 치료사에게는 문제가 되었다. 수용자는 소지할 수 있는 것이 거의 없어서 자신이 소유한 몇 가지 되지 않는 물건도 꼭 움켜쥐고 있기를 원했으며, 더러는 자신의 창작물이 시야에서 벗어나는 것에 대한 준비가 되어 있지 않았다. 그런 이유로 어떤 장에서는 그들의 그림을 전혀 실을 수 없었다.

　　미술치료에서는 참가자 모두가 자신에게 허용된 작업에서 묘사하고 보여 준 것들을 가질 수 있도록 보장해 주는 깊은 배려가 있어 왔다. 그러나 이러한 배려가 수용자의 예기치 못한 행동으로 갑자기 좌절되는 데는 얼마 걸리지 않았다. 이 사례는 익명성을 지켜 주기 위한, 보다 구체적인 계기가 되었다. 수용자와 참가자 모두가 가명을 쓰지 말라고 언급한 경우 이외에는 가명을 사용했다. 교정기관은 그런 자료의 저술과 출판에의 동의를 매우 공식적으로 처리했다. 이 책의 출판을 거부한 곳은 없었으며, 이것은 과거보다는 더욱 개방된 것으로, 보다 긍정적인 관점을 갖게 한다. 이 글에서 교정시설에 방치된, 상처받고 위험한 개인을 치료하는 미술치료사들의 치료와 실행에 대한 높은 기준을 살펴볼 수 있다.

비록 교정시설에 방치된 위험하고 상처받은 개인을 치료한다는 것은 어려운 작업이지만, 이것은 장기적으로 범죄의 감소에 기여할 수 있는 지극히 가치 있는 일임에 틀림없다.

마리안 리브만(Marian Liebmann)

▶ 참고문헌

Ackerman, J. (1992). 'Art therapy intervention designed to increase self-esteem of an incarcerated paedophile', *The American Journal of Art Therapy, 30*.

Carrell, C., & Laing, J. (1982). *The Special Unit, Barlinnie Prision: Its Evolution through its Art*. Glasgow: Third Eye Centre.

Dalley, T. (ed.) (1984). *Art as Therapy*. London: Tavistock Publications.

Day, E. S., & Onorato, G. T. (1989) 'Making Art in a Jail Setting'. In H. Wadeson, J. Durkin., & D. Perach, (eds.). *Advances in Art Therapy*. New York: John Wiley.

Garland, D. (1985). *Punishment and Welfare: A History of Penal Strategies*. Aldershot: Gower.

Gordon, D. (1985). *Forensic Service in the North West Thames Region*. Information leaflet from North West Thames Regional Secure Unit, Ealing, London.

Harding, J. (ed.) (1987). *Probation and the Community*. London: Tavistock Publications.

Home Office (1988). *Punishment, Custody and the Community*. Cm 424. London: HMSO.

Home Office (1990a). *Crime, Justice and Protecting the Public*. Cm 965. London: HMSO.

Home Office (1990b). *Supervision and Punishment in the Community: A Framework for Action*. Cm 966. London: HMSO.

Home Office (1991). *Custody, Care and Justice*. Cm 1647. London: HMSO.

Home Office (1992). *National Standards of the Supervision of Offenders in the Community*. London: HMSO.

Laing, J. (1984). 'Art therapy in prisons'. In T. Dalley (ed.). *Art as Therapy*. London: Tavistock Publications.

Larose, M. E. (1987). 'The use of art therapy with juvenile delinquents to enhance self-esteem'. *Art Therapy, 4*(3), 99-104.

Levy, B. (1978). 'Art therapy in a women's correctional facility'. *The Arts in Psychotherapy, 5*, 157-166.

Liebmann, M. (1984). 'Art games and group structures'. In Dalley, T. (ed.). *Art as Therapy*. London: Tavistock Publications.

Liebmann, M. (1986). *Art Therapy for Groups. London: Croom Helm*. (Now published by Routledge).

Liebmann, M. (1990). "It Just Happened": Looking at Crime Events'. In M. Liebmann (ed.). *Art Therapy in Practice*. London: Jessica Kingsley Publishers.

McWilliams, W. (1986). 'The English Probation System and the Diagnostic Ideal'. *The Howard Journal of Criminal Justice, 25*(4), 241-260.

McWilliams, W. (1987). 'Probation, Pragmatism and Policy'. *The Howard Journal of Criminal Justice, 26*(2), 97-121

McGuire, J., & Priestley, P. (1985). *Offending Behavior.* London: Batsford.

Maddock, D. (1993). *Art Therapy with Offenders.* Unpublished MA dissertation. School of Social Work, University of East Anglia, Norwich.

Martinson, R. (1974). What works? questions and answers about prison reform. *The Public Interest, 10,* 22-54.

Naitove, C. E. (1987). 'Arts therapy with child molesters: An historical perspective on the act and an approach to treatment'. *The Arts in Psychotherapy, 15,* 151-160.

Peaker, A., & Vincent, J. (1989). *Arts Activities in Prisons.* Loughborough: Centre for Research in Social Policy.

Peaker, A., & Vincent, J. (1990). *Arts in Prisons: Towards a Sense of Achievement.* London: Home Office.

Riches, C. (ed.) (1990). *The Visual Arts in Prisons.* Conference Proceedings. London: Royal College of Art.

Riches, C. (1991). *There is Still Life, a Study of Art in a Prison.* Unpublished MA thesis. London: Royal College of Art.

Riches, C. (1992). *Art in American Prisons.* Report presented to the Winston Churchill Trust.

Rylander, B. (1979). *Art therapy with prisoners in solitary confinement.* Proceedings of the Tenth Annual Conference of the American Art Therapy Association. Washington, DC: AATA.

Stern, V. (1992). *Creativity in Captivity, a Lilian Baylis Lecture.* London: NACRO.

Wadeson, H., Durkin, J., & Perah, D. (eds.) (1989). *Advances in Art Therapy.* New York: John Wiley.

What Works (1991). *Conference Proceedings*. Manchester: Greater Manchester Probation Service.

Woolf Report (1991). 'Prison Disturbances April 1990, Report of an Inquiry'. by the Rt Hon Lord Justice Woolf and His Honour Judge Stephen Tumim. Cm 1456. London: HMSO.

차 례

어둠 속의 안개_ 31

– 최상급 보안 교정시설의 장기수에 대한 미술치료

일몰까지 쌓아 올리기_ 67

소년원에서의 미술치료_ 93

교정시설 미술 프로그램의 숨겨진 치료 효과_ 121

작업 방법_ 159

– 홀로웨이 교정시설에서의 여성 미술치료

선을 벗어나다_ 187

– 상처받기 쉬운 수용자들의 미술치료

지역보안시설에서 미술치료사로 일하기_ 209
– 아드리안 웨스트와의 대화에서

두려움과 혐오감_ 249
– 미술치료, 성범죄자와 성

청소년 성범죄자 집단 미술치료_ 293
– 미국의 사례

수용의 대안으로서의 미술치료_ 323

미술치료와 변화하는 보호관찰의 가치_ 367

Chapter
01

어둠 속의 안개

최상급 보안 교정시설의 장기수에 대한 미술치료

줄리 머피(Julie Murphy)

장기형이나 종신형을 받는 것은 그 자체로 절망이다. 미술치료는 마술적인 해법을 제공하지는 못하지만, 고통을 인식하고 공유하는 도구로서 대화의 장을 제공할 수 있다.

때로는 미술치료가 시간을 의미 있게 보내는 방법 또는 그 시간에 의미를 부여하는 방법이 되지 않겠는가?

패러독스: 모순된 요소로 형성된 사람이나 물질

이 글의 목적은 실존을 위해 억압과 복종에 의존해야 하는 체제 내에서도 인간의 성장과 변화를 이끌어 낼 수 있는가 하는 문제를 탐구하는 데 있다.

교정시설은 패러독스가 만연한 곳이다. 동시에 긴장감을 느끼게 하고 철저히 무능하게 만드는 곳이다. 정보가 없는 공간은 헛소문으로 채워진다. 또한 이곳처럼 환상이 빠르고 두텁게 확장될 수 있는 곳은 어디에도 없어서 당신이 진실을 아는 것은 어려운 일이다. 그곳은 활화산 같은 분노가 밤새도록 들끓는 곳이며, 수용자들은 언제나 민감하기 때문에 거의 접근 불가능할 정도로 폐쇄된 곳이다(Page, 1992: 48).

노팅엄의 캐시 페이지(Kathy Page)는 최상급 보안 교정시설에 대해 저술했는데, 자신의 치료 경험에 대해 다음과 같이 기술했다.

이것은 내가 교정시설에서 시간제 미술치료사로 근무할 때, 치료를 하면서 느낀 수많은 모호한 감정에 대한 요약이다. 내가 느끼는 이러한 감정은 유사한 단체에 근무하는 많은 동료들, 특히 생각과 느낌, 감정을 다루는 다양한 분야에서 치료사로 일하는 사람들이 느끼는 감정과 비슷할 것이다. 치료사는 치료에 관한 다양한 용어, 예를 들어 '집착' '억제' '내부/외부' '경계' 그리고 생소하고 격리된 환경에서 자신의 감정이 인식되는 것과 투쟁해야 한다.

실존적인 이유로서 어떤 집단이나 사람이 다른 집단이나 사람의 자유를 박탈하는 환경은 본질적으로 부자연스럽고 심각한 긴장 상태이기 마련이다

(Coyle, 1991: 258).

현재 스코틀랜드 교정국에서는 변화에 대한 많은 논의를 하고 있다. 최근에는 인간의 존엄성을 존중하면서 마음을 치료하여 개인에게 자기 계발의 기회를 제공할 것을 논의한 문서들이 출간되고 있다. 최근에 최상급 보안 교정시설에서는 '책임져야 할 수용자'라는 개념에 대해 토론하는 회의가 열렸으며, 인간적인 대우를 받지 못하고 비하되었던 수용자에 대한 사회적 치료방식이 인식되고 있다.

최상급 보안 교정시설은 높은 벽에 레이더 감시망이 설치되어 있어서 실제로 탈출을 꿈꾸거나 도주의 위험이 있는 수용자가 거의 없음에도 불구하고 최상급 보안이 이루어지고 있다. 현재 스코틀랜드 교정국에는 진취적인 생각과 동기를 가진 많은 치료 관련 종사자들이 있으며, 많은 교도관들이 문지기 이상의 존재가 되기를 희망하고 있다. 그러나 실망스럽게도 변화는 더디며, 여전히 제도적으로 '낡은 학교'가 많이 존재한다. 한 집단의 구성원이 다른 집단을 자물쇠로 채워 버리는 것은 열쇠의 소유자가 힘을 가지게 되는 것이므로 그것은 일상적인 상황이 아닌 것임에 틀림없다.

이와 같은 상황에서 수용자의 생각은 의미 없이 너무 먼 거리에 있고, 과거는 의심할 여지없이 다양한 사건들을 안고 있으며, 현재는 교정시설 생활의 공허함과 지루함밖에 느낄 수 없는 수용자에게 미술치료는 무엇을 제공할 수 있는가? 이곳에서는 때로 너무 강해서 무너뜨릴 수 없는 물리적 장벽보다 더한 정신적 장벽이 느껴진다. 가끔은 나의 일에 할 수 있는 최선을 다하는 성실한 존재로서 그저 그곳에 존재하는 것이 더 중요했다. 대부분의 작업을 가치롭게 하거나 무엇인가를 정리하는 것은 더욱더 어렵다는 것을 알게 되었다.

작업이 항상 '작품'이나 '이미지'를 만들어 내는 것은 아니다. 그러나 활기찬 창조력과 관련된 무엇인가로 인해 어려운 상황에서도 긍정적으로 반응하는 것은 가능하다. 나의 성장 배경과 훈련은 세상에 대한 나의 관점과 사람에 대한 반응을 형성시켰으며, 미술치료사로서의 나에게 감각, 감정, 생각, 느낌의 중요성을 강조하는 특별한 의식을 심어 주었다. 인간의 경험에 대안적인 전망을 부여하는 것은 그 자체로 유익한 것이 될 수 있다.

이 글에서 나는 치료방식과 관련하여 부모-아동 관계 모델의 아동 정신분석학자인 위니컷(winnicott, 1896~1971)의 작업에 대해 많이 언급할 것이다. 이것은 양육 환경에 의해 퇴행되었거나 무기력하게 되었으며 자신의 거주와 양육을 시설에 의존할 수밖에 없는 존재인 수용자의 관점을 제시한다.

양육은 단순히 충분한 음식을 제공하는 것만은 아니다. 건강한 정서 발달에 필요한 것은 경험을 통해 성공과 실패를 맛볼 수 있는 환경이며, 궁극적으로 신뢰할 수 있는 환경이다. 위니컷(1981)은 이것을 '지지적 환경' 혹은 '촉진적 환경'으로 표현했는데, 이러한 환경 속에서 사람은 행위를 통해 창조적 성장을 위한 해방감을 느낌과 동시에 부모의 관심과 보호에 대한 안전감을 지니게 된다. 이것이 발생하는 내부 공간을 '잠재적 공간'이라 한다. 위니컷은 부모는 완벽할 필요가 없으며(그렇게 될 수도 없다), 단순히 아동이 주변 사람과의 관계에서 진실한 감정을 가질 수 있도록 허용하는 것으로 '충분하다'고 주장한다.

어떠한 면에서 교정시설은 인간이 무엇인가를 하기에는 척박한 환경이며, 더구나 잠재력을 계발하거나 성장시키기에는 물질적으로나 정신적으로 결핍된 공간으로 알려져 있다. 이 글은 인간이 현재의 상황에 창조적으로 반응하고 인식하여 자신의 능력을 계발할 수 있는 촉진된 환경으로서, 또한 자신에게 권한을 부여하는 표현 수단으로서 미술치료가 가진 잠재력을 탐구하기 위한 것이다.

재활: 안개 혹은 모순

인간이 왜 수용되어야 하는가? 이 글은 범죄와 처벌에 대한 철학적 입문서가 아니다. 그럼에도 불구하고 일반적인 수용의 목적을 살펴보고, 또한 이것이 왜 현실과 동떨어져 있는지 살펴보는 것이 필요하다. 교정시설은 '인간을 개선시켜' 재활하도록 하기 위해 존재한다는 모호한 견해가 우리 사회에 여전히 남아 있지만, 인간을 강제로 변화시키는 것은 불가능하다는 것이 명백해졌다.

　재활의 개념은 복종, 바른 행위와 관련 있지만, 수용자의 행동방식은 인격적이고 개인적인 문제이기 때문에 그들의 재범 가능성과 범죄 상황에서 느낀 감정과는 전혀 상관없이 수용 생활을 참아 내는 식이다. 그러한 이유로 20세기 전반에는 '처치'의 모델에 '처벌'이 자리하고 있었다. 이러한 관점은 사회는 단순하고 보다 충실하게 개인이 저지른 범죄에 대해 마땅히 즉각적으로 응징해야 한다는 신념에 근거하고 있다. 바로 이것이 처벌의 수단으로서 자유를 박탈해야 한다는 교정시설의 인식을 이끌었다. 어떤 신문에서 교정시설은 주말 야영장이 아니라는 표현을 읽은 적이 있는데, 이것이 교정시설 환경을 잘 지적한 것은 틀림없지만, 자유의 박탈은 수용 생활의 진정한 고통이 된다.

　스코틀랜드 교정국의 처우 지침에는 다음과 같은 사항들이 포함되어 있다.

- 물질적인 생필품의 이용을 가능하게 하여 수용 현실에 부합하는 만족할 만한 생활을 수용자에게 제공할 것
- 육체적·정신적 건강을 보살피며 개인적인 문제에 대해 충고하고 도울 것
- 수용자의 자기존중감을 촉진하고 유지하게 할 것
- 수용자로 하여금 가족과 공동체와의 관계를 유지하게 할 것
- 수용자가 석방 후 사회에 긍정적으로 반응하고 기대할 수 있도록 격려할 것

　스코틀랜드 교정국은 1990년 5월에 출간한 『기회와 책임(Opportunity and Responsibility)』을 통해 개인적 발전을 위한 기회의 중요성을 강조하였다. 이러한 목표에 따라 개인의 인격 변화와 성장의 잠재성을 발견하기 위한 도구로서

'치료'가 자리할 수 있다. 이것은 교정시설 당국 및 자존감과 정체성을 보호하기 위한 방법이 필요한 수용자의 목표다. 그러나 여기에는 여전히 얼마만큼의 혼란이 있다.

때로 자기 결정을 위한 투쟁은 수용자로 하여금 교정시설의 권위와 마찰을 일으킬 것이다. 예를 들면, 사람들은 그들의 문제를 해결하기가 어렵다는 것을 알고 있기 때문에 치료사가 그들 사이에 개입될 수 있다. 확정되지 않은 기간 동안 자유를 박탈당한 사람(종신형이 선고된 수용자)에게 건강한 반응을 기대하는 것은 어려우며, 반면에 과도한 복종은 석방 후에 사회에 잘 적응하지 못하게 하여 시설에 수용되도록 이끈다는 관점도 있다. 무엇보다도 수용되었을 때 범죄자가 교정시설을 떠나고 싶다는 압도적인 욕망을 가지게 된다는 점에서는 똑같은 인간이다(Bettelheim, 1960).

교정시설에 수용되면 수용자는 모든 출구가 자신의 등 뒤로 견고하게 닫히는 기밀식 출입구를 통과해야만 하며, 감시 카메라가 수용자의 이동 경로를 추적하기 때문에 다른 누군가가 문을 열어 줄 때까지 기다려야만 한다. 한번에 400명의 수용자와 약 150명의 직원을 수용하는 장소는 엄청난 폐쇄공포증을 불러일으키며, 때로는 부자연스러운 침묵을 가져오기도 한다. 수많은 창문과 카메라들은 수용자로 하여금 감시받고 있다는 느낌을 준다.

이곳은 사람을 '지키는' 시설이며, 위니컷의 '지지된 환경'과는 다르다. 이곳은 성장과 계발을 위한 잠재력의 공간이 아니다. 게다가 이곳은 일종의 진공상태로 자리 잡게 되어 성장에 심각한 재갈을 물리는 부정적인 공간이다. 교정시설에서 수용자들은 비록 매우 더디게 변화되더라도 자기 결정에서 멀어지게 되고, 자신의 삶에 대한 통제력을 상실하게 되며, 수용자는 아이처럼 되기 쉽다. 교정시설은 음식과 옷을 주지만 개인을 억압하며, 철창을 통해 미끄러져 들어오는 하루 세 끼의 식사는 아이에게 신선한 음식을 주기 위해 뚜껑을 덮어 음식을 내오는 어머니처럼 '충분히 배려하는' 것이 아니라, 무감각하게 배급되는 것이다. 교정시설은 정서적 양육을 제공하지 않으며, 이것은 창조적인 생활을 거의 불가능하게 만든다.

위니컷은 창작이란, 그림, 원예, 놀이가 될 수 있다고 말하면서 미술치료로 부터 창작의 개념을 분리시켰다(Winnicott, 1971).

그러면 교정시설이 어떻게 하면 돌봄을 제공하는 자와 제공받는 자 사이의 건강한 관계와는 다른 좀 더 '부모'와 같은 교정시설이 될 수 있을까? 그 차이는 권력 관계의 본질과 관련 있어 보인다. 배려가 충분한 어머니는 아동으로 하여금 창조하게 하고 놀게 하여 아동이 자신감을 갖게 하고, 자기 탐색이 가능한 환경을 제공한다. 반대로 교정시설은 무엇인가를 할 때 수용자들에게 거의 설명이 없으므로 수용자는 의사결정 과정에 참여하고 있다는 생각을 가질 수 없다.

이러한 무력감은 매우 지적인 청년이지만 너무 이른 나이에 종신형을 선고받은 앤거스의 그림에 명확하게 나타나 있다. 그는 자신이 현재 가면을 쓰고 있기 때문에 다른 사람에게 나쁘게 인식되고 있다는 것을 자주 느꼈다. 앤거스는 직원들에게 공격적으로 대항하는 것처럼 보였는데, 이러한 상황은 그의 의도와는 관계없이 피상적으로 반응했다고 오해했기 때문이다.

그는 실제로는 키가 컸지만, 아주 작은 이미지로 자신을 표현했다. 이것은 자신이 말하고자 하는 것을 듣지도 않고 들을 수도 없는 제도를 상징한 것으로, 덩치가 매우 큰 교도관 앞에서 좌절감으로 고함을 지르는 무력한 존재로 자신을 표현한 것이다. 불행히도 교도관들이 언어적·육체적 공격을 예방하기 위하여(실제로 교도관들은 도움을 주기에는 스스로 무기력한 존재라고 느낀다) 독방에 감금하는 것으로 소동이 확대되기에 이르렀다. 이 사례에서의 모순은 온갖 힘을 다하여 소리치면 결국에는 아무것도 들리지 않을 수 있다는 것이다.

🔊 [그림 1-1] 교정시설에서의 의사소통

미술치료의 목적

팻시 노웰 홀(Patsy Nowell-Hall)은 미술치료의 본질적인 특성에 대해 "치유의 본질 중 많은 것이 언어 뒤에 숨어 있다. 아마도 경험만이 이해하는 데 최선의 방법일 것이다." (1987: 157)라고 말하면서 미술치료의 패러독스는 쓰기를 시도하는 것이라고 지적했다. 필자는 장기수를 위한 집단 미술치료 운영 경험과 관련된 작업 환경에 대해 이야기하고자 한다. 수용자 중 몇 명은 아직도 치료 중에 있으므로 특별히 승낙을 받은 경우를 제외하고는 어떤 사례도 상세하게 논의하지 않을 것이다. 어떤 문제들은 장기수의 일반적인 경험에서 나타났는데, 이것은 수용자의 고통스러운 문제를 이해할 수 있게 해 주므로 주목할 만한 가치가 있다. 그러나 실제로 속박된 생활을 경험해 보지 않는다면 감금된 느낌을 진실로 이해할 수 있는 사람은 없다는 것을 필자는 알고 있다(이 점은 필자도 자주 지적받는 것이다).

이러한 문제점들을 중점적으로 다루기 위한 관련 부서는 현재 전혀 존재하지 않는다. 처음에 그 부서는 테이사이드[1] 지역의회(Tayside Regional Council)와 교정사회치료 팀이 교정관리국의 성범죄자 치료를 위해 협의한 후에 1991년 2월에 신설되었다. 이것은 주요 업무 부서로 남아 있었으나, 나중에 다수의 아동 대상 범죄자 특수시설이 피터헤드 최상급 보안 교정시설에 재배치됨으로써 다른 수용자 집단을 포함하게 되었고, 그로 인해 업무의 범위가 확장되었다. 최상급 보안 교정시설은 말 그대로 수용자의 대부분이 종신형을 선고받았거나 최장기수다. 이곳에서는 기약 없는 수용 기간과 관련된 특별한 문제와 요구가 발생하였으며, 적어도 몇몇 사람에게는 미술치료와 창작 활동이 건의나 고백을 위한 적절한 수단이 되었다.

이곳에서는 몇 가지 문제점이 명확하게 드러났다. 수용자에게 가장 중요한 문제는 수용 생활에서 느끼는 결핍보다는 가족과 관련된 것이다. 가족은 짧은 면회시간 동안 수용자에게 전할 말을 해야 하는 어려움이 있었고, 특히 수용자는 뒤돌아 가는 가족을 바라보아야 하는 고통을 느끼면서 자주 긴장 상태에 빠지게 되었다. 다른 문제들은 기나긴 수용 생활과 하루하루의 현실적인 어려움에 대한 것이었다. 신뢰와 기밀 유지는 항상 반복되어 일어나는 문제이고, 이는 누군가에 대한 개인 정보가 권력과 통제력을 갖게 되는 기관 내에서는 '권력' 이나 '무능력' 과 같은 본질적인 문제와 연결되어 있고, 이곳에서는 교도관들과 수용자 사이에서 매우 분명하게 드러나고 또한 수용자 사이에서도 명확하게 나타난다.

범죄로 인해 수용 중인 수용자에게는 자신의 범죄에 대해 생각하는 방법이 중요하다. 피해자나 피해자의 입장을 잊지 않는 것이 중요하지만, 자신의 범죄에 대한 수용자들의 반응에는 많은 차이가 있다. 어떤 사람은 스스로를 환

---

1) Tayside: 1975년에 신설된 스코틀랜드 중동부의 주.

경적 · 사회적 · 상황적 희생자로 보게 되는데, 그 시각은 지속된다. 가난이나 실업 문제 등은 정치적 상관관계가 있는 것이 어느 정도 진실이지만, 개인은 자신의 범죄에 대한 책임을 져야 한다. 치료의 목적은 수용자가 그렇게 될 수 있도록 돕는 것인데, 수용자는 피해자와 그 가족에게 준 상처를 인정하는 것이 고통스러울 수밖에 없다.

미술치료사는 외과 건물에서 근무하고 있다. 이곳은 낡은 주방과 비록 매우 작지만 세면대가 하나 있으며, 두 개의 커다란 창문이 있다. 불행히도 여기서 약 1m 떨어진 새로운 교육 구역의 신축 건물에는 효율성을 이유로 창문의 크기가 줄어들었다. 이곳은 치료를 위한 독립 공간을 확보하기가 어려워서 집단 치료를 하기에는 다소 복잡하다. 그러나 개인치료를 하기에는 좋은 곳으로, 두 개의 큰 탁자와 한 쌍의 이젤, 커피 제조기 옆 구석에는 두 개의 안락의자가 구비되어 있으며, 주전자 한 개와 카세트가 있다. 음악은 언제나 고함 소리, 작업자의 발 구르는 소리, 가짜 폭동 경보 같은 '감옥의 소리'를 차단하는 중요한 방법이 되어 준다.

나의 목표는 감옥의 잔재에서 '동떨어진' 장소를 제공하는 것이며, 개인이 원하는 것을 할 수 있는 공간으로 치료실을 배치하는 것이다. 미술 재료는 손쉽게 이용 가능하며, 벽에는 그림이 걸려 있고, 자, 조개껍질, 상자와 카드 등 다양한 물건들이 있다. 물건을 훔쳐 가는 것에 대한 경고에도 불구하고 가끔은 없어지기도 한다.

최상급 보안 교정시설은 고층 건물 목록에 올라 있는데, 빅토리아 시대에 성곽 모양으로 축조된 건축으로 그 자체가 하나의 패러독스다. 외부는 깔끔한 색으로 칠해져 있고 꽃들이 피어 있다. 내부 공간은 모든 것이 영화에서 보는 교정시설과 비슷하다. 철제 계단이 이어진 문들의 횡렬, 초록색을 띤 회색 페인트가 칠해진 시설물, '꽝' 하고 닫히는 문소리, 귀에 거슬리는 열쇠 소리, '탈모' '점검'(교도소에서는 속기록처럼 동사 없이 말한다) 등 의식적이고 단음적인 어투의 말소리, 소독약과 전날 식사 메뉴인 닭고기 냄새가 배어 있는 교도소 냄새…….

   그러나 시대에 뒤떨어진 시설에도 불구하고, 현대적인 교정시설의 일부 수용자들은 형기를 지내기에 '이곳이 더 좋은 곳'이라고 자주 말하곤 하는데, 그것은 위생적으로 완벽하고 현대적인 환경이기 때문이라기보다 사람을 중시한다는 이유 때문이다. 나는 빛깔과 좋은 소리, 만지고 탐구할 수 있는 것, 유화물감 냄새, 테레빈유, 점토, 고급 커피와 비스킷 등이 있는 장소를 만들어서 감정적인 박탈을 완화하려고 노력했다. 이렇게 수용자들의 정서적인 공허감을 채우기 위한 노력을 하면서 내가 원하는 것을 알게 되었는데, 그 당시의 나는 만족할 줄 모른 채 오로지 배고픈 새끼를 먹이기 위해 노력하는 어미 새 같았다. 그러나 너무 깊게 개입하는 것은 위험한 것이며, 그러한 개입이 누구에게나 유익한 것은 아니라는 것을 인식하게 되었다. 또한 나의 에너지는 소진되었지만 현재의 나는 치료의 불가능성에도 돌아서서 웃거나, 견딜 수 있게 되었다. 대신에 나는 어떤 사건이 발생해도 안전하고 보호적인 상태를 제공(Champernowne, 1969)하기 위해 노력하고 있으며, 이것은 나 자신에 대한 보호도 포함된 것이다.

   미술치료에서 요구되는 비밀 유지와 신뢰는 교정시설에서 결코 용인되지 않는 것이며, 매우 쉽게 깨진다. 『세계의 소식(News of the World)』(1992)은 '도둑 소굴'이라는 기사를 통해 살인자의 마음이 표현된 수용자의 작품에서 수용자가 요구하는 것을 알 수 있다는 견해를 제공함으로써 대단한 반향을 불러일으켰다. 대단한 반향을 불러일으키거나 또한 심리게임(mind-games)으로 표방되는 어떤 것도 깊은 의심의 눈길로 바라보는 그런 곳에서는 여전히 세상에 근심의 파문을 일으키고 있다.

   수용자는 치료 공간을 다양한 방식으로 사용한다. 수용자들은 자신이 수용된 교정시설을 슬쩍 벗어나기 위해 치료 공간을 사용하기도 하고, 커피를 마시기 위해 오기도 하지만, 치료가 어려운 작업인 것을 알게 되면 흔히 다시는 오지 않는다. 어떤 사람은 수업 시간에 창작을 하고, 또 어떤 사람은 교정시설에서 그린 스케치나 수채화를 가져오는데, 이러한 작품에는 때로 신체적 이미지가 전혀 나타나지 않기도 한다. 그러나 이러한 것은 모두 올바른 현상이다. 그러므로 치료사는 결과물을 얻기 위해 압력을 가하지 않는 것이 좋다. 마르티나 톰슨(Martina Thomson)은 『예술과 치료(On Art and Therapy)』(1990)에서 다음과 같이 표현했다.

> 아무것도 일어나지 않는 것은 결코 아니다.

앞서 말했듯이, 나는 아무 일도 없는 것처럼 보이는 것에 관심을 가지는 데 익숙해져 있다. 정신병원에서 일주일에 한 번씩 치료를 시작했을 때, 나는 수용자들이 만들어 내는 이미지와 자신들에 대해 기꺼이 열린 마음으로 말하는 것을 보면서 깜짝 놀랐다. 아마도 이것은 '치유'를 기대하는 내담자로서 스스로를 인식하는 수용자들과 그곳에 있기를 원하지 않기 때문에 단지 일상적인 일로 인식하는 사람들과의 차이점을 반영해 줄 것이다. 돌아보면 맨 처음 교정시설에서 치료했던 기간이 나에게 유익한 시간이었다. 이 시기의 나는 치료 과정에서 무엇이 일어나야 하고, 이러한 시설에서는 무엇을 선호하는지에 대한 선입견이 아직 자리 잡지 않았기 때문이다. 이것은 나 자신의 치료 작업에서 인간적인 고통과 절망이 최고 절정에 달한 상태에서도, 나의 마음만은 배우고 순응하려는 자세로 열려 있었다는 것을 의미한다. 이것을 나 스스로 되새기며 유지하는 것은 반드시 필요한 작업이다. 지금도 여전히 적응하기에 그리 쉬운 장소는 없다.

나는 자주 스스로에게 묻곤 한다. '나는 그곳에서 치료하는 것을 좋아하는가?' 이것은 대답하기에 대단히 어려운 질문이다. 아마도 또 다른 패러독스가 아니겠는가? 나는 열정적으로 내가 하고 있는 치료 작업을 믿지만, 수용과 형벌제도가 사람들의 삶, 즉 자신의 행동에 책임을 지고 있는 수용자뿐만 아니라 잘못이 전혀 없는 가족이나 자녀들의 삶에 영향을 미친다는 점을 혐오한다.

편부모와 자녀 사이에는 창조적인 성장을 위한 환경을 제공할 수 있는 공간이 존재해야 한다. 위니컷은 이것을 생존에 적합하다기보다는 개인이 살아온 환경에 연관된 '잠재적 공간'이라고 말한다. 이것은 '내부'의 환상적이거나 꿈같은 세계도 아니고, '외부'의 사실성이 공유된 세계도 아닌 패러독스로서 실재한다. 거의 '내부'를 느낄 수 없는 장소인 교정시설 벽들의 거친 영역 내에서는 비록 그렇게 될 수 없을지라도 '외부'는 중요하다.

젊은 시절의 대부분을 교정시설에서 보낸 약물중독자 허비는 심한 폭행으로 8년 형을 선고받은 청년이다. 그는 지금 자신을 에워싼 혼란스럽고 유해한 생각과 감정 그리고 혼돈에 빠진 생활을 인식하기 위해 열심히 노력하고 있다. 그는 이러한 감정을 언어로 명백하게 묘사할 수 있으며, 자신의 수용 원인이 된 사건을 계기로 약간의 통찰력을 갖게 되었다. 그러나 그 감정이 너무 심화되어 그가 지쳐 가고 있다는 것을 듣게 되었다. 내가 그를 처음 만난 것은 그가 고독한 수용 생활을 몇 달 보낸 뒤였다. 그는 직원들이 그를 '우둔한 소년'이라고 부르는 것에 대해 작지만 희미하게 소리 내어 웃는 것처럼 보였다. 그러나 그 웃음은 고독한 수용 생활과 사람들을 만나는 것에 대한 두려움을 다루는 방어기제였다. 그는 결코 어떠한 창작도 하지 않겠다고 말했다. 나는 첫 수업 시간에 물감과 젖은 종이로 실험해 볼 것을 권유했으며, 그는 곧 이 방식에 몰입되어 물감을 섞더니 젖은 종이에 뿌리기 시작했다. 그는 실제로 무엇인가를 만들었다는 것에서 진정한 즐거움을 느끼는 듯 보였으며, 우리는 그 작업이 유일한 것이며 반복 불가능한 것이라는 사실에 대해, 즉 '그가 그것을 해냈다.'는 것에 대해 이야기를 나누었다.

또한 그는 때로는 뒤섞여서 풀기 어려운 자신의 생각과 감정을 형상화하기 위한 방법으로 선을 연결하여 형태를 만들었다. 때로 그는 교정시설의 벽을 치게끔 만들고 직원에게 욕설을 마구 퍼붓게 만든 깊은 분노감을 표현했다. 그리고 그는 분노에서 벗어나 과거의 슬픔, 공허감, 상실감에서 비롯된 풀리지 않은 감정을 인식하게 되었다.

허비는 즐거운 창작 재료를 개척해 왔는데, 위니컷이 "놀이는 중요한 문제이며, 건강한 생존에 필수적"이라고 말한 점에서, 그는 살아 있는 창작으로서의 '놀이'를 경험한 것이다.

　　심리치료는 환자와 치료사의 영역이 겹쳐져서 행해진다. 치료사에 의해 치료가 행해지고 나서 곧바로 환자가 놀이를 하도록 하는 것은 환자가 놀 수 있는 준비가 되지 않은 상태에서 놀이를 하도록 지시받는 것이므로 놀이 자체가 불가능해진다는 점에서 당연한 것이다(Winnicott, 1971: 63).

미술치료 집단

　중범죄와 장기형 선고라는 일반적인 요소를 벗어난 수용자 사이의 동료 관계는 필요하지 않으며, 그들은 교정시설 밖에서 친해질 필요도 없다. 교정시설 내에서 진실한 동료 관계는 거의 없다. 그러나 소문은 만연한데, 누구는 좋고, 누구는 그렇지 않다는 이야기들이 복잡하고 끔찍한 그물망처럼 얽혀 있다. 그래서 종종 하나의 '편'이나 '진영'을 이루는 것이 한 집단이라는 유대감을 결정하는 유일한 수단이 된다. 치료를 받지 않는 사람은 한 '수용자'와 다른 수용자들이 서로 나눈 이야기를 알게 된다는 사실 때문에(신뢰가 형성될 것이라는 관점에서) 치료적인 작업 집단을 선택하는 것이 매우 어렵다. 내가 이끌었던 집단은 이러한 사람들을 대상으로 치료하였는데, 그들에 대해 매우 잘 알고 있는 심리학자가 진단을 내린 후에 수용자를 집단에 보내는 방식으로 조직되었다. 집단에서 논의된 목표는 다음과 같다.

- 신뢰를 형성하고, 적절한 때에 과거의 경험과 현재에 대한 생각 및 감정을 공유하기
- 언어적인 명확한 표현에 의존하지 않으며, 의사소통의 수단으로서 미술

치료 기법을 사용하기

- 판단, 평가, 비난하는 사람이 없는 안전하고 은밀한 공간으로서 치료실을 운영하기
- 수용자 자신의 창조적인 생각을 발전시키고, 그 결과 분노와 좌절을 긍정적으로 표출할 수 있도록 돕기
- 유쾌함과 재미를 제공하기

이 고상한 목표들은 집단 구성원인 짐이 더욱 간결하게 요약했다. 그는 다음과 같이 썼다.

> 나는 자진해서 집단에 들어왔다. 마음이 조금씩 열렸으며 긴장감이 조금씩 풀렸다. 우리의 머리와 가슴에 있는 것을 한 무리의 타인들과 함께 글과 그림으로 표현하면서 모든 찌꺼기를 버리고 한 인간으로서 나를 발전시키기를 원했다. 그리고 나의 마음속에 숨어 있는 감정을 밖으로 꺼내는 데 성공하기를 간절히 바라면서 집단과 동행했다.

치료가 항상 원활하게 진행되는 것은 아니다. 수요일 오후에 치료 시간이 잡혀 있는 집단은 때로는 교도관 모임과 겹쳤으며, 지각하는 사람들은 그 자리에서 추방되었다. 어떤 때는 집단이 무질서하고 격한 감정에 빠져서 통제가 불가능한 것처럼 보이기도 했다. 그럼에도 불구하고 함께 작업하기를 원하는 강한 연대감을 형성하면서, 열린 마음으로 감정을 공유하게 되었고 때로는 '다 함께'라는 생각을 가지게 되었다. 나는 문제점과 감정에 대한 대화를 나누면서 너무나 많은 수용자들이 다른 누구보다도 더 연약하고 상처받기 쉬운 자신을 스스로 노출한다는 사실에 자주 놀랐다. 그중 한 사람은 "만약 우리가 스스로를 도울 수 없다면, 그것은 슬프고도 슬픈 상황이다. 우리 모두는 사랑하는 것에서 멀리 떨어져 있지만 같은 배를 타고 있다."라고 말했다.

집단은 대략 3단계로 구성되었으며, 모두 함께 시작하여 자신의 감정에 대해 살펴보고, 일반적인 토론을 거친 다음, 필요하다면 능력별로 과정을 면제해 주었다. 그러고 나서 이미지를 만들고 마침내 공유하는 시간을 가진다. 그리고 수용자가 원한다면 이미지와 그것을 만드는 과정에서 느낀 점을 말할 수 있는 긴 시간이 주어진다. 작업의 주제로 때로는 그들과의 대화에서 자주 드러나는 한 가지 주제를 제시하지만, 대부분은 수용자의 요청에 따라 주변에 떠다니는 느슨한 주제나 제안을 다루는, 비교적 비지시적이면서 열린 회기로 진행되었다. 나는 '재미'와 관련된 일종의 이완을 위한 미술 게임을 실험했으나 이것은 '학교에서의 놀이'와 비교할 때 위험을 감수해야 했으며, 남성 수용자의 이미지와는 맞지 않았다.

내가 집단에 들어온 첫날, 나는 짐에게 주전자를 올려놓으라고 했으며 그는 그렇게 했다. 그런 후 짐은 "당신이 점검하는 것이 좋겠다. 나는 13년간 그것을 하지 않았다."라고 말했다. 그것은 반쯤 농담이었으나, 그곳은 평범한 행동이 외계인의 그것이 되고 마는 기이한 세계라는 사실을 뼈저리게 느끼게 했고, 그곳에서 나는 이방인이 되었다.

집단에서 짐을 처음 만났을 때 그는 30세였는데, 17세의 어린 나이에 소년범으로 종신형을 선고받은 상태였다. 그리고 가석방위원회의 공문을 손꼽아 기다리고 있었다. 그것은 그에게는 가장 큰 보상인, 석방을 위한 프로그램에 참가할 수 있는지를 결정하는 내용이 담겨 있기 때문이다. 스코틀랜드의 종신형을 선고받은 수용자는 자신이 교정시설에서 얼마나 보낼지 알 수 없다.

동부 글래스고 기질이 강하고 좀처럼 타협하지 않는 짐은 자신감을 갖고 '제도'에 대항하여 자주 싸웠으며, 그 결과로 형량은 조금 늘어나게 되었다. 직원들은 다양한 벌칙으로 그를 순응시켜야 한다는 입장이었으며, 짐에게는 꼬리표가 붙었다. 짐은 누구도 신뢰하기 어렵다고 생각했으나 점점 마음을 열기 시작했다. 집단 내에서 그는 자신에 대한 혼란스러움, 미래에 대한 희망과 공포, 교정시설 생활에 대한 분노와 좌절 등을 표현하게 되었다.

나는 연신 맞고 상처받아 왔다.
상실감으로 혼란스러웠으며,
근 몇 년 동안 눈물과 싸워 왔다.
그러나 내가 올라가야 할 저 벽은 나의 몫이다.

　그가 그린 이미지의 많은 부분이 미래에 대한 고민을 탐색한 것이다. 그는 자유를 향한 불타는 욕망을 가졌지만, 이 욕망과 관련된 경제적 상황과 전반적인 사회 환경은 범죄의 필연성을 갖게 만들었다. 또한 '무기징역수'라는 심각한 낙인이 찍힌 채로 고향으로 돌아간다는 것은 그에게 큰 공포였다. 그는 '생쥐 경주'라는 그림에서 건전한 삶에 대한 희망을 가지고 멀리 떨어져서 평화롭게 살 수 있는 곳을 그렸는데, 그곳은 시골의 오두막집이었다. 시골의 오두막집이 실재하는 것이 아님은 확실히 알 수 있었으며, 이 이미지는 그가 내면의 평화를 찾는 데 매우 힘들어한다는 것을 보여 준다. 또한 그는 머리 위에 나침반을 얹고 가야 할 길을 결정하기 위해 교차로에 서 있는 그 자신을 그렸

[그림 1-2] 짐: 열린 심장

다. 사람의 형상은 혼란에 빠져 상처받기 쉬운 위험에 처한 듯이 보였다.

그가 교정시설에서 사람들로부터 수없이 빈정거림을 당했던 경험에도 불구하고, 그는 가족과 친구들의 사랑과 지지를 알고 있었기 때문에 미래의 사랑과 행복에 대한 희망을 털어놓을 수 있었다. 그는 크고 붉은 심장을 열려 있거나 혹은 텅 비어 있어서 좋은 감정을 채울 수 있는 형상으로 표현했다. 그것은 양쪽에 서 있는 끝이 뾰족한 나무들에 의해 보호받고 있으며, 회색 하늘에 구속되어 있다. 이 이미지는 생명에 기운을 불어넣는 소중한 무엇인가를 이야기하는 것처럼 느껴졌다. 여전히 상처받기 쉽지만 부정적인 폭력을 견뎌 내고 무너지지 않을 것처럼 보였기 때문에 매우 강력한 이미지로 다가왔다. 나중에 그가 그린 이미지에는 처음에 붉은 심장을 표현한 것과 그가 교정시설에 오기 전 사랑했던 한 소녀를 묘사한 매우 단단한 줄기의 나무가 나타났다. 그 나무는 꼭대기에 있는 무성한 나뭇잎들이 바깥을 향해 벌어져 있었는데, 이것은 새로운 성장에 대한 희망을 의미한다. 나에게 그것은 과거, 현재 그리고 미래에 대한 희망이 연결되어 있는 '인생이라는 한 그루 나무' 처럼 느껴졌다. 그 잎사귀들은 거칠고 뻣뻣하지만 밝은 공간으로의 가능성을 상징하기도 한다.

각 이미지에서 심장은 강건한 나무로 둘러싸여 보호받고 있으며, 수년에 걸쳐 짐은 그 자신의 입장에서 보호받기 위한 방법을 깨달아 가는 방식으로 묘사했다. 빈정댐이나 증오와 같은 나쁜 감정은 항상 좋은 감정을 압도하기 때문에 공포를 불러일으킨다. 짐이 그린 다른 나무들은 바람에 훼손되어 잎이 남김 없이 떨어져 있었다. 나무는 비록 포악한 바람에 쓰러져 살아남지 못한 듯이 보이지만, 그 뿌리는 여전히 땅속 깊이 뿌리내린 듯하다. 역설적이게도 있는 그대로의 자기 자신을 지키기 위해 투쟁하면서 그는 권위에 저항하게 되었고, 이 때문에 자기 파괴의 위험이 더해지는 수용 생활을 몇 년간 더 하게 되었다.

진실한 자는 아무도 없다

수용자들은 교정시설에 수용될 때 자신의 정체성을 나타내는 개인의 의복, 소유물, 사생활, 자유, 책임감이 박탈당하고, 교정시설로부터 오는 의무감을 떠맡게 된다. 거대한 관료 조직으로서의 교정시설은 고프만(Goffman, 1961)에 의하면 전체주의적인 기관이다. 만약 개인의 독특한 취향이 줄어들 수 있다면 모든 것이 더 좋아질 것이라는 가정에 근거하여 직원과 수용자 모두 획일성이 강요된다. 묵은 자아는 자율성의 박탈에 의해 파괴되고, 자신의 삶을 지배하는 힘에 대해 어떠한 감정을 느끼게 되면서 필수적으로 새로운 자아를 확립하게 된다. 수용자 문화는 하나의 의미 있는 사회집단의 문화가 되며, '그들이 자신들의 삶을 통제할 수 없다고 느끼게 되면서 또 다른 세상에서 살게 된다.'

'거짓 자아'가 형성된 많은 사람들은 때로는 몇 겹의 가면 뒤에 숨겨진 삶에 대해 이야기한다. 이것이 그들의 생존을 가능케 하며, 남성 교정시설의 마초 문화를 견고하게 만드는 어떤 이미지를 투사하게끔 한다. 이들은 다른 사람들과 대립하는 것에 익숙해져 있으며, 어떤 취약성의 징후나 정보 노출을 피하기 위해 직접적인 접촉이나 감정의 공유를 회피하면서 사회적인 관계는 피상적인 수준으로 유지한다.

콜린의 이미지에서 볼 수 있는 그의 감정은 매우 민감하기 때문에 그의 '자아'를 포함한 어떤 것을 노출시키거나 끄집어내는 것은 매우 위험하다. 그의 이미지에 표현된 눈은 문의 구멍을 통해 외부를 내다보고 있다. 이 이미지는 그의 불쾌한 감정 상태를 말해 주는데, 귀는 피가 뚝뚝 흘러내리는 소리를 듣고 있는 듯하다. 외부로 드러난 사람과 물건들의 형태는 상냥하고 친절하게 보일지 모르지만 그 이면에는 가면을 쓴 다른 메시지가 있을지도 모른다. 물론 실제적인 신체적 폭력은 공포스럽지만 마음의 위험은 그보다 강력하다. 교정시설 편집증에서 비롯되는 큰 공포감은 심지어 석방되더라도 벗어나기 힘

[그림 1-3] 콜린: 두 얼굴

들며, 수용자는 다시는 신뢰를 회복하기 어렵다고 느끼게 된다.

> 장기수들의 일상적인 세계가 파괴되어 왔다는 사실에 대한 충분한 인식 없이는, 그가 겪고 있는 고통을 과소평가할 수 있다. 그의 외관상의 편안함은 교정시설에 자연스럽게 적응하는 것처럼 보일 뿐, 그가 견딜 수 없는 문제들에 대한 해결책을 스스로 만들어 왔던 것처럼 보이지는 않는다(Cohen & Taylov, 1972: 54).

그래서 이 '거짓 자아'는 이질적이고 비정상적인 세상에서 생존에 필수적이며, 이것은 오직 치료적인 환경에 처한 치료사에게 근본적인 문제를 제기한다. 왜냐하면 일상적인 세계의 황량함을 떠올리기에는 조롱거리가 되거나, 상처받기 쉬운 연약한 사람들을 떠나게 만들지도 모를 이 장벽을 허물어야만 하기 때문이다. 상처받기 쉽고 격한 감정을 느끼는 수용자가 다수의 직원과 동료 수용자에게 달려들어 욕설을 퍼붓는다면, 이러한 고통스러움에 노출된

'유능한 치료사' 는 아마도 떠날 것이다. 이것은 단순히 치료 회기에서 일어나는 이러한 감정을 억제하는 것만이 지지하는 제도가 아니라는 것을 의미한다. 그러나 여전히 패러독스는 존재한다. 교정시설에서 가하는 억압을 압도하는 욕망의 소유자는 '상처받지 않는다'. 그리고 이들은 그 사실을 매우 잘 알고 있어서 이들의 '거짓 자아' 는 실제 인격과 구분되지 않는다. 그렇기 때문에 어떠한 상황을 극복하는 것과 그 상황에 적응하는 것 사이에서 미묘한 균형을 이루는 행위가 일어난다. 그러나 너무 쉽게 적응한다는 것은 건강한 일이 아닐지도 모른다. 마치 의기소침해진 아동이 대항과 순응을 표현하는 것처럼, 수용자는 적응하고 순종한 듯 보인다. 그는 단순히 상처 입는 것에 대항하여 자신을 보호하기 위해 인간관계에 대한 감정의 일부를 잘라 내는지도 모른다. 따라서 '거짓 자아' 는 거짓되고 무의미하며 공허한 경험을 겪게 한다.

> 맹종은 그것이 개인에게 별 의미 없는 것이라는 감정에 의해 이행되며, 아무 문제없다는 생각이나 인생은 살 만한 가치가 없다는 인식과 연관되어 있다(Winnicott, 1971: 76).

그러므로 거짓 자아의 탄생은 거부하고 싶은 것에 대한 일종의 방어이며, 진정한 자아의 전반적인 좌절이다(모든 본질은 그림자 속에 투영되어 있다). '엄중한 감금(독방)' 과 같은 환경적 박탈의 극치를 경험한 사람은 자신에게 영향을 미치는 그 누구도 존재하지 않는 상태에 도달하기 위한 대처 수단을 발전시킨다.

조 맥그라스(Joe McGrath)는 피터헤드 교정시설에서 23년간 복역한 자신의 경험에 대해 다음과 같이 설명했다.

> 그럴 때 나는 어떻게 대처했는가? 나는 나의 신경체계를 닫아 버리는 것으로 대처했다. 나는 돌이 되었다. 나는 모든 사람과 물질에 대해 중립적이 되었다. 나 자신에 대해 생각하는 것을 멈추는 데 적응하면서부터 모든 것에

대해 더 이상 생각하지 않았다. 나는 달렸고, 먹었고, 잤다. 나는 살아 있는 채로 머물렀다. ……그래서 날마다 나는 너에게 메시지를 보내고 싶었다. 매번 고통스럽고 걱정에 찬 눈빛으로 내 얼굴을 볼 때마다 나는 완강한 얼굴과 눈빛으로 네 뒤의 벽을 응시하고 있었다. 너는 나를 건드리지 않았다. 네가 그래 왔듯이, 네가 나에게 할 수 있는 것은 없었다(McGrath, 1992: 17).

위니컷은 참자아와 거짓 자아 사이에는 높은 수준의 간극이 있는데, 그것은 상징을 사용하기에는 축소된 공간이며 문화적 삶의 빈곤을 의미한다고 말했다.

이들은 지극히 변화가 많고 집중력이 없으며, 외부 현실로부터의 침해에 대한 반응으로 개인의 활동 시간이 채워지기 때문에 이 침해를 수집할 필요가 있다. 그러기 위해서는 관찰 대상 개인보다는 문화를 추적하는 것이 바람직하다(Winnicott, 1965: 150).

나는 매주 아침에 한 번 '타임아웃 시설'에서 회기를 진행했다. 정기적인 순서에 따라 그곳에 오는 사람들은 몇 달 혹은 몇 년 동안 독방에 구금되어 있었다. 이들은 소외감과 '멍한' 느낌에 대해 불평했는데, 집중해야 하거나 동기가 부여되어야 하는 순간에 자주 무기력해졌다. 이들은 환경을 신뢰하지 않았으며 심리적인 작업보다는 돈에 의해 움직이는 듯한 치료사를 받아들이는 것을 어려워했다. 어떤 사람들은 자신이 개인적으로 구축한 실재에 대한 위협이 된다고 여기고 자신의 죄수복을 다음 사람에게 넘겨주는 것도 결코 용납하지 않았다. 그리고 수용자들은 "내가 그 자리에 있는 이유를 안다."라고 말하면서 차라리 독방에 돌아가서 수용되는 것이 낫겠다고 여러 차례 이야기했다.

수용자들은 고독한 존재가 되는 것에 익숙해지고, 처벌로서 시작된 그것이 몇 달 혹은 몇 년 동안 그들의 삶의 방식이 되어 버린다. 제도가 개인과 분리될 수 없는 상황에서 수용자는 '가석방 취득의 실재' 경험이나 좋아하는 것들을 요구하지 못했던 일종의 결핍을 지니게 된다. 궁극적으로 이것은 자기 파괴이며, 사람들과의 관계를 갈수록 더 어렵게 만들 뿐이다. 그러나 그들의 가족들은 보살펴야 할 수용자가 어떤 일을 겪었는지 이해하지 못한다. 만약 수용자가 처한 극단적인 환경과 그들의 반응을 연관시켜 보면 모두 다 이해할 수 있을 것이다.

알리는 교정시설을 떠나면서 살아가기 쉽지 않은 세상으로 던져지는 것을 매우 걱정했다. 특히, 그는 돈이 없었으며 가족과 친구와의 연락도 끊긴 상태였다. 그리고 교정시설에서 보낸 기간이 너무 길어서 자신의 삶에서 모든 것이 '삭제' 되었다고 느꼈다. 그는 어느 누구에게도 느낌이 없다고 말했으나, 사람들의 보살핌을 받고 친구의 지지를 받았던 때를 기억했다. 그리고 사람들이 자신에게 다가올 때 어떤 식으로든 자신을 버릴 것이라고 느꼈기 때문에 자신이 그들을 어떤 방식으로 멀리 밀어냈는지에 대해 말했다.

그는 자신의 범죄에 대해 끊임없이 자책했으며, 누군가의 친구가 될 만한 가치가 없다고 느꼈다. 자신을 떠나려는 사람을 먼저 떠나기 위해 자주 논쟁을 유도했으며, 사람들이 이해할 수 없는 요구를 하곤 했다. 이러한 삶의 방식은 치료적 관계에서도 반복되었는데, 그는 별것 아닌 것에 매우 화를 내곤 해서 나와 만나는 것을 거부하였고, 때로는 자기가 사용하던 미술 재료를 등 뒤로 던지기도 했다. 나는 자주 좌절감을 느꼈으며 그의 행동에 상처받고 화가 나기도 했지만, 반대로 그의 인생에서 주변 사람들이 어떻게 느꼈는지에 대해 인식하게 되었다. 스코틀랜드에 있는 그의 가족과 지인들에 대한 이야기를 들으면서 그의 진정한 우정과 동시에 뼛속 깊은 외로움을 느낄 수 있었다.

알리는 스코틀랜드의 풍경과 내버려 두고 온 돼지를 그렸으며, 자신의 좌절감을 표현하는 콜라주를 만들었다. 그가 처음 그린 그림은 자신이 '교수형을 당하는 장면' 을 상상한 것이었으며, 결코 벗겨지지 않는 가면을 쓴 생명체가 뒤에 있었다. 그림의 왼쪽 구석 위에는 그 자신이나 다른 이들에게 가해졌던

📣 [그림 1-4] 알리: 교수되는 순간

불공정한 행위를 증오하는(폭력적인 행동보다는 말로써) '나는 숨쉬기를 멈출 때까지 그들과 싸울 것이다.' 라는 말이 있었다.

[그림 1-4]에서 '수치의 벽(Wall of Shame)'은 베를린 장벽에 대한 잡지 기사를 잘라 낸 것이었는데, 알리에게는 이것 또한 개인적인 의미가 있었다. 이것은 명백하게 교정시설의 벽을 의미하지만, 또한 자기 스스로 주위에 쌓아 놓은 장벽을 의미하기도 한다. 그는 자신과 자신의 범죄에 의해 수치심과 죄책감으로 더럽혀졌다고 느꼈기 때문에 다른 사람이 내부에 들어오는 것을 두려워했다. 그는 독방에서 두 번째 콜라주를 만들어서 미술치료실에 가지고 왔다. 사물이나 사람에 대한 감정의 결핍에 대해 떠들며 말하던 그때의 콜라주에는 잡지에서 '잘라 낸 그림 조각'과 글귀가 있었는데, 가장 눈에 띄는 말은 그림 위에 조심스럽게 붙어 있었다.

나는 참기를 원한다. 단지 사랑하기 위하여!

나는 스스로 가졌던 근본적인 의문으로 돌아갔다. 이처럼 전체적으로 비치유적인 환경에서 '치료'가 가능한 범위는 어느 정도인가? 나는 미술치료가 지닌 특별한 능력이 교정시설 내에서 독특한 무엇인가를 제공할 수 있다고 믿는다. 또한 안전하게 담고 있을지도 모르는 교정시설 내의 어떤 특이성을 드러내 놓고 큰 소리로 말할 수 없는 위험에 대한 심한 두려움과 느낌을 미술 작품의 구체화를 통해 표현할 수 있다고 믿는다. 위니컷은 치료사의 길은 노출되지 않아야 할 욕구를 가지고 공존하면서 의사소통에의 강한 욕망으로 구성되는 것이라고 역설적으로 기술했다. 이 기술은 내담자의 요구를 들어줄 필요는 있지만, 감정을 너무 많이 드러내는 것은 위험하다는 교정시설에서의 전후 맥락을 만든다. 수용자는 미술치료라는 개인 공간의 허용과 개방할 수 있는 기회와 몇 년 만에 처음 가져 본 스스로의 시간에 대해 감사해 한다.

모든 본질적인 것은 그림자에 숨어 있다

융(Jung)은 1917년에 저술한 『무의식의 심리학에 대하여(On the Psychology of the Unconscious)』에서 우리 내부의 '또 다른 존재'로서 그림자에 대해 다음과 같이 말했다. "그림자의 의미는 인격의 '부정적' 측면이며, 우리가 숨기고자 하는 모든 인격의 바람직하지 못한 자질의 총체다."

융과 그의 동료들에 따르면, 치료는 모든 인간에게 숨겨져 있는 그림자적 측면을 잠재적으로 파괴하는 수단이 된다. 치료가 성장을 위한 잠재된 힘을 발휘하게 하여 긍정적인 삶의 에너지를 향해 이동하게끔 한다.

때로는 직원들이 나의 내담자에 대해 "그를 경계하세요. 그는 나쁜 사람이에요."라고 경고하지만, 나는 반대로 오로지 그의 '좋은 면'만 보라고 요구한다. 예를 들면, 내가 여성이며 혹은 교도관이 아니므로 '나쁜 면'은 나에게 숨겨야 하기에 불가피하게 속인다는 것이다. 그러나 모든 삶은 다양한 면이 있

으며, 단지 그 시간에 그들이 원하는 특별한 것만 조명될 뿐이다. 이러한 의미
에서 우리는 항상 가면 뒤에 살고 있다.

드렉이라는 내담자가 내게 시 한 편을 주었는데, 그는 그 내용에 대해 이야
기하면서 여덟 살의 어린 나이에 보호시설에 입소되었던 것에 대한 거부감과
상실감을 인식하려고 노력했다. 그는 상처받았고, 상처받기 쉬워 보였으며,
또한 자신의 어린 아들을 매우 그리워했다. 우리는 드렉에 대해 약간의 정보
를 요구하는 선임 교도관의 방해를 받았는데, 그는 과거에 몇 번이나 그랬듯
이 선심 쓰는 척하면서 억압하는 태도로 공격적으로 반응했다.

그러나 어느 것이 진짜 드렉일까? 우리는 다른 사람에 대한 우리 자신의 경
험에 따라서 사건을 다르게 인식할 것이다. 선임 교도관은 공격적이고 호전적
이며 총명성이 잠재된 청년으로 보였다. 드렉은 그를 자신을 사람들로부터 고
립되게 만든 강력한 관료 조직의 상징으로 보았다. 두 사람은 실제와 전혀 '부
합'되지 않는 오해를 하고 있었다. 그러나 사람들은 자기가 본 것에 대해 반
응한다. 모든 점이 나쁜 사람, 그 나쁘다는 말이 무엇을 의미하든지 간에, 말
하자면 처벌받아야만 할 특성만을 가진 사람이 있다고 생각하는 것은 불가능
하다(Winnicott, 1986).

교정시설은 직원과 수용자 상호 간에 의해 만들어진 오해와 장애물들로 가
득 차 있으며, 이것은 무너뜨릴 수 없을 것만 같은 정신적인 장벽을 만들어 낸
다. 위니컷은 이런 종류의 벽을 서로 상대로부터 대항하는 힘을 가지고 견제
하고는 있지만 단순히 갈등을 연기시키고만 있는 그런 벽으로 묘사한다. 교정
시설은 힘의 불균형이 작용하는 곳으로, 가장 힘이 센 집단에 따라 선과 악이
정의되고 명령하며 다른 집단에 의한 토론에 대해서는 개방되어 있지 않다.

융은 그림자를 '나쁜 것'으로 인식해서는 안 된다고 표명했다. 인간이 가진
어두운 면도 결국 인간의 한 측면이기 때문이다. 목표는 인간이라는 측면에서
허용할 수 없는 것들을 받아들이고 그림자를 인격 전체로 통합하는 것이다.
그림자에 대한 융의 개념은 사회의 그림자적 측면으로 묘사될 수 있는 교정시

설 내의 치료적 잠재력에도 해당된다.

종종 사회는 교정시설에 대한 실질적인 관심이 없으며, 수용자의 인권을 옹호하면 선거에서 승리할 수 없다고 언급되곤 한다. 대중에게 보여 주기 위한 방범장치와 텔레비전 탐정 연재물의 유행에서 볼 수 있듯이, 우리 사회는 여전히 범죄의 매력에 이끌리면서도 범죄자와 거리 두기를 선호한다. 사회가 올바르고 선하고 법을 지키는 모습으로 존재하기 위해 범죄는 바람직하지 않은 특성을 가지고 추악하게 구성되도록 선정한다. 우리는 아마도 내심 우리에게 내재된 폭력성과 비정직성을 인식하고 공포를 느끼며 체포되는 것을 걱정할 것이다.

랭(Laing, 1967: 45)은 정신치료의 과정을 "두 사람이 그들의 관계를 통해 인간으로서의 완전성을 발견하기 위한 끈질긴 시도다."라고 묘사하고 있다. 미술치료에서는 이러한 관계에 제3의 측면이 존재하게 된다. 이미지 속에서 자신의 존재가 구체화되고, 그곳에서 전이가 탐색될 수도 있으며, 단순히 경험의 지도로 표현될 수도 있다. 이미지는 강렬한 감정을 담거나, 가리거나 혹은 형태를 부여할 수 있다. 이미지를 만드는 사람은 항상 이러한 감정을 말로 표현해야 할지 그렇지 않을지에 대한 선택을 할 수 있고 또한 똑같이 말로 표현하는 것이 불가능할 수도 있다. 그러나 이미지는 존재하기 때문에 안전하게 치워 놓을 수도 있고 나중에 언급할 수도 있다. 이미지 창조자는 종종 그 이미지가 만들어졌을 때보다 다시 나타날 때 더 많은 것을 드러내는 것에 놀라게 된다.

선과 악 사이의 전쟁은 상징적으로 표현될 수 있다. 그리고 그 사람의 전체의 한 부분으로서 선과 악의 다른 측면을 보는 것은 가능한 일이다. 이것은 어떤 사람을 교정시설로 끌고 간 행동을 과소평가하거나 변명을 구하는 것은 아니다. 그보다는 치료가 자신을 찾고 미래를 위한 해결책을 발견하는 데 힘을 주고 또한 자신의 과거 행동에 스스로가 책임 의식을 갖게 해 준다. 이것은 고통스러울 수 있지만 또한 수용과 통합을 위한 첫걸음이 될 수도 있다.

로스(Ross)는 그의 이미지에서 그가 종교로 회귀하면서 개인적인 가치를 느낄 수 있는 단계에 도달하고자 하는 욕망을 모색했다. 그러나 그는 마약 문제로 고심하고 있었고 그 목표에 도달하는 것이 힘들다는 것을 알았다. 그는 실패를 경험함으로써 자신의 나약함과 가치의 불투명성을 보았다. 그런 뒤 그는 우울증을 앓게 되었고 본래 자신의 모습으로 돌아가는 악순환을 경험했다. 나는 로스의 종교적 선택의 필요성에 대해 존중해 주었다. 그러나 그는 종교가 가장 필요한 그 순간에 종교가 특정한 사람을 거부하는 비판적인 면을 발견했다.

로스는 그림에서 자신이 존재하기를 원하고 궁극적으로 도달하기를 원하는 장소를 이미지로 표현하였다. 그것은 교회의 일부이자 행복을 찾을 수 있는 곳으로 향하는 길과 통로를 의미했다. 그러나 그곳은 도달하기 어려운 장소로, 희거나 검은, 선이나 악, 옳거나 나쁜 장소로 표현되었다.

[그림 1-5]에서 로스는 지면을 반으로 나누었는데, 그가 선으로 인식한 모든 것은 왼쪽에 있다. 그는 만약 자신의 높은 이상처럼 살 수 있다면 행복감을 느

[그림 1-5] 로스: 선과 악

낄 수 있을 것이라고 생각했다. 그러나 오른쪽의 그림에서는 어둠이 드리운 밤과 대결을 앞둔 권투장이 상징적으로 표현되었다. 그의 심장은 파열되어 있으며, 그가 싸움을 포기하지 않으면 결코 고쳐지지 않을 것이라고 느꼈다. 이 그림에는 그의 미래를 고민하는 하나의 큰 의문부호가 있다. 그는 곧 교정시설에서 석방될 것이며, 자신이 많은 어려움에 직면할 것이라는 사실을 알고 있었다.

로스는 그림에 대해 말하면서 그가 결코 달성할 수 없는 완벽한 목표를 세웠다는 것을 알게 되었다. 우리는 그가 싫어하는 그 자신의 일부도 자신으로 수용해서 살아가는 것이 가능할 것인지 토론했다. 비록 그가 저지른 범죄는 사회적으로 용납되기 어려운 것일지라도 그의 그림은 자신의 범죄보다 더 그 자신에게 가까이 다가가 있다. 이것은 많은 의미를 부여할 수 있는 진정한 용기와 사람에 대한 배려를 포함하고 있었으므로 나는 이러한 점이 로스에게 전달되도록 노력했다.

> 모든 본질적인 것은 그림자에 숨어 있다. 자아는 어둠이 드리운 빛으로서 그림자 속에 존재한다. 이것이 우리를 인간답게 만드는 점이다. 그것을 거부하는 많은 성향들은 우리가 불완전하기 때문이다. 그리고 아마도 우리의 공격성과 수치심, 죄의식과 고통처럼 우리 스스로에 대해 받아들이지 못하는 무엇인가가 그림자 안에 있기 때문에 우리는 인간애로 발전한다(Zwing, 1991: 3).

시 간

교정시설 외부에서 우리는 시간에 대해 말하면서 단순한 '생활'의 한 부분으로 식사 시간 혹은 일하러 갈 시간이라고 그것을 분리하여 정리한다. 우리는 예정된 시간에 따라 움직이며, 때로는 우리가 원하는 것을 할 만한 시간을 충분히 가지지 못한다. 그러나 장기수에게 주어진, 반드시 복역해야 하지만 사용되지 않는 '시간'은 결국 다른 누군가의 시간인 '교정시설의 시간'이다. 수용자에게는 '너의 시간을 내버려 두지 말고 활용하라.'라는 충고가 주어진다. 많은 장기수들이 미래에 대한 생각에 저항한다. 그러나 패러독스는 여기에 있다. 그렇게 하지 않고서는 수용자들의 교정시설에서의 삶은 지배당하고 만다. 장기형의 선고는 인생의 실질적인 업무 중의 짧은 휴식 시간이 아니다. 그것은 인생의 실제 업무 시간이다.

> 시간의 비현실성은 명백하다. 1초마다 서서히 떨어진다. 어느 시간부터 다음까지에는 측정할 수 없는 간격이 있다. 당신에게 6개월 혹은 6년을 앞당겨서 이렇게 시간이 경과할 것이라고 말하면, 당신은 마음속 깊이 마주하는 공포를 느끼게 될 것이다. 어둠 속 깊은 바닥에서 안개가 피어오르는 것이다(Serge, 1950: 56).

나의 친구들은 자신의 자녀가 아장아장 걷는 유아가 되고 다음에는 어린아이가 되기 때문에 시간의 경과를 느낄 수 있다. 장기수들에게는 자녀의 성장을 바라보는 일상적인 시간을 그리워하는 것이 가장 큰 고통이다. 심지어 그들은 가장 가까운 가족 간, 즉 자녀, 부모, 형제자매 사이에서 일어나는 변화의 차이를 이야기하며, 그들의 그림에서는 드물게 가족을 비롯한 주변 인물과 가정에 대한 표현이 규칙적이지 않고 갑자기 과장되기도 한다.

수용자는 자신이 마땅히 감당해야 할 범죄의 대가 때문에 가족과 떨어져 살게 된다. 그러나 수용된 사람은 종종 자신의 가족 또한 형을 살고 있다고 인식하곤 한다. 수용자의 형기는 이별의 고통에 직면하는 것뿐만이 아니라 남겨진 가족들이 감당해야 하는 현실적인 청구서나 비 새는 지붕의 구멍 같은 현실의 황량함 또한 겪어 내야 하는 것이다.

이들은 격리된 삶과 가족에 대한 죄책감이 주는 부담감을 견딜 수 없어서 그것으로부터 '분리' 되고자 하는 욕구를 가지게 될지도 모른다. 교정시설에 있는 수용자는 자신의 가족에게 어떠한 실질적이거나 재정적인 지원이 불가능하기 때문에 이것은 이해 가능한 일이다. 게다가 수용자 입장에서의 무력감은 많은 관계의 단절을 가져오고, 그 중압감은 절정에 이르게 된다.

방문객의 입장에서는 의사소통이 더 어려워져서 자주 긴장 상태를 겪게 된다. 가족은 교정시설 밖의 문제들에 대해 수용자에게 부담 지우기를 원하지 않으며, 심지어 바깥세상을 그리워하게 될까 봐 좋은 일에 대해서도 상당 부분 함구한다. 또한 수용자 입장에서는 교정시설에 대해 말하거나 자신의 실제 감정을 이야기함으로써 사랑하는 사람이 걱정하게 되는 것을 원치 않는다. 그러나 그림과 공예품은 가족에게 건네질 수 있으므로 일반적으로 수용자가 만든 창작품은 가족과의 의사소통을 위한 강력한 대화의 장을 제공한다. 예를 들면, 수용자는 자신의 마음을 서예나 시 등 문자로 표현하는 것은 가능하지만, 면회실처럼 비인격적인 공간에서 말로 표현한다는 것은 어려운 일이다. 미술 전시회, 음악, 연극 작업에의 참여는 교정시설 생활을 완전히 벗어난 특별한 감정을 제공한다. 이 같은 활동은 가족에게 일종의 자부심을 보여 줄 수 있으며, 자존감을 확립할 수 있게 한다.

일반적인 관점에서 모든 예술은 '치유적' 이다. 반면에 미술치료의 특별한 점은 개인적인 당면 과제와 문제에 대해 보다 깊숙이 탐구할 수 있는 수단을 제공한다는 것이다. 장기형이나 종신형을 받는 것은 그 자체로 절망이며 치유되기 어려운 깊은 상실과 자유를 위한 비탄의 과정을 겪게 한다. 이 과정은 충격, 분노, 죄책감, 우울감을 포함하며, 마침내는 이 상황을 수용하게 되는 것도 포함될 것이다.

미술치료가 어떤 마술적인 해법을 제공하지는 못하더라도 고통을 인식하고 공유할 수 있는 도구로서 대화의 장이 될 수는 있을 것이다. 수용자에게는 자신이 미쳐 가는 중이 아니며, 완벽하게 정상적으로 반응하고 있고, 비정상적인 상황을 통과하는 중이라는 안도감이 필요하다. 결국 수용 생활도 삶의 부분이므로 수용자는 행복하고, 슬프고, 고민하고, 다치고, 두려워하면서도 침착하게 통제할 수도 있다. 수용자가 '단지 존재하는' 곳으로 묘사하는 교정시설에서 때로는 미술치료가 시간을 의미 있게 보내는 방법이 되지 않겠는가?

결론

미술치료사들은 교정시설에서 미술치료를 시도하려고 노력하고 있다. 교정시설은 여러모로 힘든 곳이다. 심지어 업무를 끝내고 하루를 마무리하고도 교정시설을 떠날 수 없는 사람들에게는 더욱더 힘든 곳이다. 나는 교정시설이 나를 변화시키고 힘들게 만들며 그 해독성이 나에게 영향을 미칠 것을 경계했다. 나는 사회복지사와 협력하여 정규적인 치료에 임하면서 이 같은 일들이 발생하지 않기를 바랐다.

그런데 오히려 내가 치료했던 사람들로부터 많은 자양분을 돌려받았다. 나는 수용자가 나를 가족에게 '자신을 제정신일 수 있도록 지켜 주는 사람'으로 소개하거나, 자신이 말할 수 있게 된 것에 대해 감사의 말을 담은 수용자의 편지를 받으면서 좌절을 이겨 내고 비난에 보다 잘 대처해 나갈 수 있었다. 사람들이 나를 유능하다고 말하는 것에 자주 어리벙벙하기도 했지만, 나는 내가 의미 있는 치료 작업을 해 왔다고는 생각한다. 그러나 주목받는 것은 별 의미가 없는 것이다. 의미는 앞으로의 전망에 달렸다!

그곳에 '우리와 그들' 소수만 있는 것은 아니므로 나는 다른 관점으로 사물을 볼 수 있는 '방관자'의 입장에서 객관적으로 되기 위해 노력했다. 교정시설의 다른 직원들은 자신들이 '동일'하게 취급받는 반면에, 수용자들이 나에게는 열린 마음으로 대하는 것을 보고 좌절감을 느끼기도 했을 것이다. 교도관은 긴장감을 늦출 수 없는 직업이며, 많은 교도관들이 수용자에게 보다 가까이 다가가기를 진심으로 바라고 있다. 그러나 수용자를 평범한 사람으로 보든, 상처받은 한 사람으로 보든 간에 나 자신보다는 그들에게 더욱 힘든 일이다. 나는 때로 '담장 위에 앉아 있는' 수용자들이 불편하고 쓸쓸해 보여 그들에게 눈살을 찌푸리기도 했다. 경치는 좋을지라도 결국 담장은 레이더 감시망으로 만들어져 있기 때문이다.

미술치료는 자주 의식과 무의식, 외부와 내부 사이에 있는 하나의 자리로서 묘사되며, 이곳에 다리를 놓는 이 작업은 최상급 보안 교정시설의 역할에서 많은 부분을 차지한다. 교정시설에는 연결되어야만 하는 많은 실질적인 균열이 있다. 직원과 수용자, 지역사회와 교정시설, 당국과 교도관의 관계 등 열거할 수 있는 목록은 끝이 없다. 치료와 치료사 사이에도 다리는 존재하는가? 나는 이 다리가 때로는 폭풍우에 휩쓸려 떠내려가거나 가운데가 부서져 내려앉을 수도 있다는 것을 깨달았다.

치료 작업을 하면서 휘저어진 강렬한 감정으로부터 일종의 안식처를 제공받을 수 있는 개인적인 영역을 구축하는 것은 필수적이다. 나는 '장벽이 둘러진' 치료사가 아니며(교정시설에는 이미 너무 많은 장벽이 있다), '한 발은 제방 위에 한 발은 물속에 있는 상태를 유지하면서' 유추하는 것을 선호한다. 나의 주요 정착지에는 사회복지사 팀과 관리감독 그리고 '진실로 좋은 것을 보고 이해할 수 없다며 문을 닫는 사람은 없다.'고 지적하는 수용자의 솔직함이 있다. 때로 내가 많은 출입구 중 하나에서 수용자들을 기다리고 있을 때 누군가가 자신을 해고하지 말라고 농담을 던지기라도 한다면, 물론 나는 그렇게 할 수 없을 것이며 다급하게 그 문을 통과해야 할 필요성을 느낄 것이다.

또한 이곳에는 나를 끊임없이 놀라게 하고 기쁨을 주며 강하게 만드는 많은 전문지식이 저장되어 있다. 비록 이곳은 최소한의 기회가 주어지는 힘든 곳이지만, 나는 창조적인 활동으로 나아갈 기회를 찾게 되어 강력한 힘을 갖출 수 있으리라 믿는다. 잉글랜드 내의 어떤 예술 부서들은 민영화의 공포와 망령 아래 있다고 언급되곤 한다. 효율성과 상호 이익의 가치를 판단하기 어려워서 미래의 활동에 의문부호를 갖게 되기 때문이다. 이미 의사소통의 통로가 확보되어 있는 수용자들이 이미지를 만들어 내는 치료 작업을 멈추지 않고 해 나갈 수 있는 환경을 조성하는 것도 중요하다. 자신이 성장할 수 있는 물리적·정신적 공간으로서 말이다.

나는 이 글에서 제시했던 미술치료가 수용자로 하여금 스스로에 대해 깨달음을 얻고 자신의 삶과 문제 그리고 경험을 관찰할 수 있는 기회가 되기를 희망한다.

미술 작업을 하게 되는 교정시설이라는 공간이 물리적으로 적합한 공간은 아니지만 숨을 쉴 수 있는 공간이다. 교정시설의 벽은 수용자들의 육체를 속박하지만, 미술치료를 통해 두려움 같은 감정을 다스리고 정신적으로 자유로운 이미지를 만들어 내는 것이 가능하다. 이 자유로움과 더불어 진정한 변화와 성장, 책임감의 실현이 가능해질 것이다. 미술치료는 조금은 사회적으로 보이지만 전적으로 스코틀랜드 교정국이 말하는 목표와 동일선상에 있다. 그 목표는 자기 존중과 자기 결정이 가능하도록 성장할 수 있는 환경을 제공하는 것이다.

감사의 말

나의 감독관인 캐롤라인 캐이스 그리고 이 새로운 시작을 지지해 주었던 최상급 보안 교정시설 직원들 중 특히 케이트, 교정시설장과 존 번, 선임 사회복지사에게 감사 드리며 내가 만나고 치료했던 모든 수용자들에게 특별한 감사와 존중을 전하고 싶다. 그들은 나를 신뢰했으며 나에게 많은 가르침을 주었는데, 특히 이 글에서 썼듯이, 짐은 정직한 이야기로 나에게 많은 도움을 주었다.

참고문헌

Bettelheim, B. (1960). *The Informed Heart*. London: Thames and Hudson.

Champernowne, I. (1969). 'Art therapy as an adjunct to psychotherapy'. *Inscape No. 1*.

Cohen, S., & Taylor, L. (1972). *Psychological Survival: The Experience of Long Term Imprisonment*. London: Penguin Books.

Coyle, A. (1991). *Inside: Rethinking Scotland's Prisons*. Edinburgh: Scottish Child.

Goffman, E. (1961). *Asylums*. London: Penguin Books.

Jung, C. G. (1917). 'Two essays on analytical psychology', In G. Adler, M. Fordham & H. Read (eds.) (1966). *The Collected Works of C. G. Jung*. London: Routledge and Kegan Paul.

Laing, R. D. (1967). *The Politics of Experience and the Bird of Paradise*. London: Penguin Books.

McGrath, J. (1992). 'Time'. *Scottish Child June/July*, 17.

Nowell-Hall, P. (1987). 'Art therapy: A way of healing the split', In T. Dalley, et al., *Images of Art Therapy*. London: Tavistock Publications.

Page, K. (1992). 'The Family Inside'. *Prison Writing. Vol. 1*, No. 1, 48.

Serge, V. (1970). *Men in Prison*. London: Gollancz.

Scottish Prison Service (1990). *Opportunity and Responsibility*. London: HMSO.

Thomson, M. (1990). *On Art and Therapy, an Exploration*. London: Virago.

Winnicott, D. W. (1965). *The Maturational Processes and the Facilitating Environment*. London: Hogarth Press.

Winnicott, D. W. (1971). *Playing and Reality*. London: Penguin Books.

Winnicott, D. W. (1981). *Boundary and Space*. London: Karnac Books.

Winnicott, D. W. (1986). *Home Is Where We Start From*. London: Penguin Books.

Zweig, C. (1991). *Meeting the Shadow*. Los Angeles: Jeremy P. Tarcher, Inc.

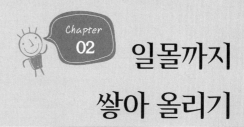

Chapter 02

일몰까지
쌓아 올리기

에일린 맥코트(Eileen McCourt)

이 글을 마치면서 복역하는 동안 미술치료가 나에게
얼마나 많은 도움이 되었는지를 말하고 싶다. 이 그림
을 그릴 때 나는 상당히 위축되어 있었고, 나의 집과
친구들 그리고 충성스러운 두 마리의 개가 그리웠다.
이럴 때 마음의 눈으로 볼 수 있는 나의 집을 그리는
것보다 더 나은 것이 무엇이겠는가?

서 론

이 글의 집필을 결정하면서 나는 내담자의 미술 작업이 핵심 요소로 구성되어야 한다는 분명한 입장을 가지고 있었다. 미술치료사로서 우리는 내담자로부터 창조적인 과정의 힘에 대해 끊임없이 배우게 된다. 조셉(Joseph)이 이룬 일련의 작업을 다른 사람들이 공유할 수 있도록 보여 주는 것은 그의 작업을 존중하는 것이라고 생각한다. 조셉이 자신의 작품에 대해 글을 쓰고자 하는 의지와 능력 또한 미술치료의 본질을 이해하는 데 직접적인 도움을 주었다.

이 글은 북아일랜드의 보호관찰소에서 미술치료를 시작하게 된 배경의 간략한 요약으로 시작하며, 다음으로 수용자들과 작업한 실무와 내가 느낀 미술치료의 타당성을 이야기하였다. 교정시설에서의 미술치료가 고려된 후, 상황은 조셉의 작업이 이루어진 때로부터 시작된다.

여기서는 조셉의 그림과 그에 대한 설명 그리고 이 글을 준비하는 시간을 포함한 조셉의 석방 후 기간에 주목하였으며, 다음으로 조셉의 사례에서 미술치료의 주된 효과가 무엇인가에 초점을 두었다.

이러한 목적을 위하여 나는 리타 시몬(Rita Simon)의 『스타일의 상징주의: 치료로서의 미술(The Symbolism of Style: Art as Therapy)』(1991)에서 윤곽을 잡은 이론적인 구조를 채택했다. 이 책은 북아일랜드에서 미술치료의 창시자로서 일한 그녀의 40년간의 경험을 담고 있다. 그녀가 분류한 미술치료의 네 가지 기본적인 스타일(원시적인 형태, 전통적인 형태, 선 형태, 면 형태 그리고 이것의 조합)은 내가 미술치료 과정을 이해하는 주된 방법에 도움이 되었다.

이 글에서 나는 미술치료사를 '그녀'로 묘사하고 내담자를 '그'라고 기술하였다. 왜냐하면 내가 근무하는 구역은 남성만 수용하고 있기 때문이다.

미술치료와 범죄

미술치료사로서 나의 경력은 심리치료 영역에서의 언어 사용에 대한 불만에서 직접적으로 시작되었다. 나에게 언어는 때로 의사소통을 돕기보다 가로막는 것처럼 느껴졌다. 처음에는 나 자신을 위하여 미술치료를 시작했으나, 시간이 지나면서 보호관찰 공무원으로서의 직업적인 삶에서 그것을 매개로 사용할 수 있겠다는 생각을 하게 되었다.

그러나 내가 어떻게 미술치료의 이론과 실제를 수용자와 작업하는 것에 연결시킬 수 있을 것인가? 보호관찰 공무원으로서 미술치료에 대한 경험은 마지못해 채택한 매우 직접적인 양식 위에 형성되었다. 정보를 요청하고 받고, 수용자의 향상을 감독하고 활동을 계획하며 행위를 통제하는 것, 이와 같은 일상적인 업무는 지금까지 물감과 점토를 사용하여 자발적으로 활동하는 데서 느끼는 즐거움과 기쁨조차 앗아 갔다.

두 '세상'을 연결하는 방법은 나의 고용주인 북아일랜드 보호관찰국이 1986년에 세인트 알반스 예술대학 대학원 수업에 나를 보내기로 동의했을 때 발견되었다. 보호관찰국과의 계약 내용은 내가 미술치료사가 되어 돌아와서 수용자들의 치료에 힘을 쏟는 것이었다. 나는 이미 보호관찰관으로 일 년을 지낸 후였기 때문에 나의 직업이 천직인 것을 확인하고 싶었고, 그 업무를 맡는 것에 많은 흥미를 느꼈다. 지금은 미술치료를 실시하는 것이 자체 권한으로, 예를 들면 교정시설, 호스텔, 주간보호센터(노령자와 장애인에게 여러 서비스를 제공하는 복지시설) 및 소년범센터에서 집단 형태로 제공된다. 미술치료는 또한 다른 프로그램, 즉 청소년 거주시설, 수용자를 위한 직업훈련 계획, 사회지원 프로그램, 성범죄자를 위한 비거주시설 등의 프로그램에서 반드시 필요한 부분이며, 개인적인 미술치료 또한 실행되고 있다.

먼저 내가 실무에 임하면서 기초를 두고 있는 원리에 대해 말하고 싶다. 나는 창조적인 과정을 미술치료의 주된 치료적인 요인으로 본다. 치료사의 역할은 회기 중의 다양한 단계들을 인식하고, 미술 작업이 계속될 수 있도록 적절히 개입하면서 창조적인 과정이 일어날 수 있는 안전한 장소를 만들어 내는 것이다. 미술 작품은 창작자와 치료사 모두의 관심이 집중된 것이다. 이미지는 후에 언급되고 창작자의 생각을 불러일으킬 것이다.

치료 회기는 '놀이'로의 초대로 시작된다. 시작에 대한 무능감 혹은 동기의 결핍은 놀이에 대한 위험 부담으로부터 생기는 두려움에서 기인한다. 이것은 안정감을 느끼게 하고 그 안정감이 유지되는 상황을 제공하는 치료사의 기술을 시험한다. 주제를 제공하는 것은 심도 있는 표현에 도움이 되지 않으며 두려움을 다루는 가장 적절한 방법이 아닐 것이다. 그러므로 내가 작업하는 방식—재료를 가지고 노는 것을 바탕으로 작품 제작 과정 동안 언어적인 접촉이 없는—은 비지시적인 방법이라고 설명할 수 있다. 언어적 의사소통은 미술 작품이 창작된 다음에 일어날 수 있다. 그것이 직접적으로 언급되거나 혹은 상징적인 방법으로 표현될 때 창작자의 이미지나 작품에 대한 태도를 보고, 나의 역할을 정하고, 그것에 대하여 반응—바라보고, 듣고, 들은 말을 그대로 돌려주고, 반영하는 것—한다.

이와 같은 접근과 범죄행위의 관계는 무엇인가? 자신의 범죄를 부정하고 축소하거나 정당화하는 사람들과 일하게 되면, 소통을 위한 대체적인 방법을 찾아야 한다. 그러면 언어적인 합리화가 쓸데없는 것이 된다. 의식적이거나 무의식적으로 동기 유발된 행위를 이해하려는 시도를 할 때, 만약 수용자에게 그것의 의식적이고 드러난 면들을 살펴보라고 요구한다면, 이는 우리의 수단을 절반만 사용하는 것이다. 만약 우리가 언어적인 소통이 어려운 수용자에게서 숙달된 언어적 표현을 기대한다면, 그것은 우리가 사용할 수 있는 다양한 수단의 선택 범위를 제한하는 것이다.

나는 범죄행위를 개인과 환경 간의 과도한 불균형에 대한 반응 혹은 내부 갈등에 대한 반응으로 본다. 수용자로서는 그 당시에 주어진 환경과 개인 반응의 한계에서 범죄행위가 유일한 해결책이었다고 생각하게 된다.

창조적인 활동은 패턴(일종의 자기 파괴, 자기 반대, 무의미 혹은 지루함)을 파괴한다. 그리고 이러한 것을 소통으로 대체한다. 한 인간이 자기 자신으로부터 끄집어내져야 소재 속에 포함된다. 개인이 이러한 상황과 연결될 수 있는 준비가 될 때까지는 그것과의 관계는 부인되고 '외부에 있는 어떤 것'으로 취급될 수 있다. 미술치료에서는 범죄행위의 한 형태로서 외부로 감정을 안전하게 표출할 수 있는 경험이 제공된다. 이것은 창작자에게 태도 변화의 가능성을 제공한다.

미술치료적인 방법을 사용하는 것은 범죄를 다른 각도에서 다루는 것이다. 범죄에 직접적으로 초점을 두기보다는 미술치료를 통하여 여전히 손상되지 않은 개인의 건강한 부분, 즉 범죄가 닿지 않은 부분에 가서 닿는 것을 의미하기도 한다. 즐겁게 이미지를 만들면서 의식적이거나 무의식적인 긍정에 관여하는 것은, 표현을 위한 안전한 장소를 갈구하는 감정과 생각의 표출을 허락하는 것이다.

교정시설에서의 미술치료

비치료적인 환경에서 미술치료를 실행할 때는 치료적 양식에 대해 다른 전문가들도 이해할 수 있는 언어를 사용하여야 한다. 보호관찰 업무와 교정시설에서 일반적으로 통용되는 것은 언어적인 것이다. 미술치료는 시각적인 소통을 사용하므로 글자 그대로 잘못 해석되기 쉽다. 즉, '반 고흐에 대해 좀 아십니까?'라는 가르침 혹은 종이 위에 그려 놓은 것으로 '사람들의 성격을 알아낼 수 있나요?'라는 분석으로 미술치료를 해석한다. 미술치료에서 '미술'은 기술이나 재능을 가진 사람만을 위한 것이라는 일반적인 태도를 부인하며, 모든 사람들이 사용하거나 접근할 수 있는 것이다. 그것은 또한 '질병'과 '치료'라고 하는 의미를 지닌 '요법'으로 언급되기조차 한다. 오해의 여지가 상당히 많을 것이다. 그러나 '미술'이란 말이 함께 작업하는 사람들에게 매력적으로 느껴지며 주의를 끌기도 한다(예: "나는 항상 그림을 그리고 싶었습니다." "나의 어머니는 미술가입니다." "나는 좀 그릴 줄 압니다. 그러나 아주 잘하지는 못합니다."). 종이를 나누어 주면 이처럼 즉각적인 반응을 한다. 그리고 이런 점을 이용할 수 있다는 것을 알게 되었다.

조셉의 작품이 만들어진 미술치료 회기는 빅토리아 양식의, 경비가 삼엄한 오래된 교정시설에서 매주 1시간 30분 동안 진행되었다. 이 교정시설은 주로 재범자를 대상으로 하는 교정시설이었는데, 형을 선고받은 수용자들이 다른 교정시설로 이송되기 전에 짧은 평가 기간 동안 머무는 장소로서 분산 기능도 있었다. 4개의 부속 건물 중 한 곳은 형량을 선고받고 이곳에 남게 된 소수의 수용자들이 있었는데, 그들은 모두 성범죄로 유죄 선고를 받고 6~30개월의 형량을 복역하고 있다. 이들의 죄질 때문에 정상적인 단체 활동은 허락되지 않으며, 이들은 다른 수용자보다 훨씬 더 많은 시간을 교정시설에서 보내게 된다. 이러한 상황에 의해 야기되는 스트레스를 완화하기 위하여 미술치료가 부분적으로 제공되었다.

나의 미술치료 경험으로 볼 때, 팀의 관리자(상급 보호관찰관, 소장)가 미술치료의 타당성을 확신하고 있으면 작업은 훨씬 쉬워진다. 보호관찰 팀의 구성원 대부분은 이미 내가 주관한 워크숍에 참가했으며, 상급 보호관찰관은 매우 즐겁게 참가했고, 수용자에 대한 잠재적인 기여도를 알게 되었다. 또한 잘못된 통념을 없애고 미술교육과 미술치료의 경계를 분명히 하기 위한 토론과 시범적인 회기가 교정시설의 교육 부서에서 열렸다.

주된 실무적인 문제점은 좋은 공간을 확보하는 것이었다. 수차례의 협상 끝에 연결된 건물의 빈 교실을 알아냈고, 휴식 시간 후와 감금 시간 사이의 2시간 동안의 시간대로 정했다. 이 시간은 다른 수용자들이 단체 활동을 하는 시간이며, 이들은 각자의 개인감금실에 수용되어 있는 시간대다.

그 부속 건물에 있는 보호관찰관은 매일 남성 수용자들을 대하는 그녀의 일과 중에 앞으로 열릴 미술치료 집단에 대해 알리고 참가를 격려하는 일을 해 주었다. 그녀 또한 워크숍에 참가했으며 자발적인 미술 활동의 묘미를 알고 있었기 때문에 집단의 본질과 거기서 기대되는 점을 분명히 알려 줄 수 있었다. 그 결과 첫 번째 저녁 회기에 6명의 수용자가 교실에 왔다.

그 후에는 초기 구성원들이 새로운 수용자들에게 참가할 것을 권유하면서 집단이 구성되었다. 항상 즐거운 작업의 후광이 있었다는 점에서 매우 성공적인 집단 회기였다. 미술 활동에 몰입하는 작업 시간 동안은 거의 완전한 침묵이 이어지는 날들이 많았다. 나는 종종 침묵의 시간과 질이 미술치료 회기의 성공을 나타내는 지표라고 느낀다. 그리고 그곳에는 유머가 있었다! 그 집단은 각자의 작업에 애정 어린 관심을 가졌으며, 항상 창작자의 작품을 존중하고 수용함으로써 부드러운 농담이 오갔다.

환경은 자발적인 작업에 거의 도움이 되지 않았지만 그럼에도 불구하고, 집단은 시작되었다. 집단은 겨울에는 너무 춥고 여름에는 너무 더운 무채색의 작은 교실에서 진행되었다. 미술 재료와 종이 뭉치와 수용자들의 작품을 담은 커다란 상자가 옆 교실의 벽장에 보관되었다. 물은 들통에 담아 왔고, 교실은 4개의 탁자가 놓일 만한 규모였다. 모든 수용자들이 회기가 끝난 후 청소하는 것을 도와주었고 덜 마른 그림은 벽장 위에 올려놓았다. 놀라운 것은 어떤 것도 잃어버린 적이 없다는 것이다.

나는 등을 복도 쪽으로 하고 열린 출입구에 의자를 두고 앉았으며, 복도에는 두 집단을 감시하는 교도관이 앉아 있었다. 옆방에서는 교육 수업이 열리고 있었다. 집단 회기가 시작되기 전이나 끝난 후에, 벽장을 잠그는 동안 교도관을 만날 때면 항상 미술치료에 대한 설명을 하면서 호기심과 관심을 끌어냈다. 때로는 교도관이 감시의 시간을 더 창조적으로 보낼 수 있는 방법을 찾기를 희망하면서, 수용적인 교도관에게는 스케치북과 크레용, 분필 혹은 연필을 건네주었다.

집단에 제공되는 재료들은 이차원적인 다양한 매체들이었다. 점토는 이 교정시설에서 치안상의 이유로 허락되지 않았다. 포스터물감, 분필, 크레용, 목탄, 유성파스텔, 연필, 일반 파스텔이 제공되었다. 붓과 스펀지는 채색 도구다. 그리고 다양한 크기의 종이를 사용할 수 있었다(흰색, 담황색 등 여러 가지색 도화지도 제공되었다).

조셉에게 있어 미술치료 과정의 가치를 생각해 보면, 그것은 나 스스로 자발적인 미술의 효과를 설명할 수 있도록 해 준다. 일단 미술치료가 시작되면 어떤 시작점을 만들고 형태를 창작하고 색칠하는 활동은 그 자체의 생명력을 지니게 된다. 그것은 모든 것을 흡수한다.

외부의 실재가 물러나면서, 미술품과 창작자에게 에너지가 집중된다. 이러한 소통이 미술 활동을 지배하며, 다른 것은 중요하지 않다. 이러한 활동은 '자기 자신을 창조하는 것'이다. 종이 위에 형태를 그리고, 잠들어 있는 내면을 그려 내면서 보고 만질 수 있게 하고, 구조와 형태를 제공하고, 삶에 의미를 부여하는 것이다.

수용자는 미술치료 집단에 참가하도록 초대받았을 때, 어떠한 것도 언급되거나 제시되지 않았지만, 스스로 작업 과정을 발견했다. 각자가 그것을 경험하기 전에는 비언어적인 과정이 산출하는 것을 말로 묘사하기 어려운데, 나는 그것이 권할 만한 것인지조차 확신하지 못한다. '놀기'를 허용하고 뭔가가 일어나도록 만들고, 수용한다는 것이 아주 모호하게 들릴지 모르지만 이것은 회기 중에 지속적으로 작품을 만들 수 있는 동기와 힘을 제공한다. 창조적인 미술은 그 자체가 에너지를 내뿜는다. 수용자들은 작업 과정에서 모두 다르게 느끼지만, 미술 작품은 구체화된 진술이며 느낌이나 생각의 상징적인 표현이다.

이 과정이 특별히 교정시설과 관련이 있다는 것은 의문의 여지가 없다. 유용한 것은 이러한 내면적인 과정을 표현할 출구로서 환상을 가지고 창작하는 시간이다. 교정시설의 구조는 개성을 유지할 기회와 과거, 현재 및 미래를 연결시킬 만한 동기를 제공하지 않는다. 인위적이며 일상적인 삶의 실재로부터 동떨어진 세계에서 시간은 멈춰 있는 것 같다. 무기력하고 의지할 곳 없는 좌절된 에너지는 교정시설에서의 삶의 특징이다. 가장 기본적인 수준에서, 자발적인 미술은 속박과 제한의 반대인 선택과 결정을 할 수 있게끔 도와주고, 이러한 것들이 연출될 수 있는 활동 무대로 확장된다. 자기 소통의 도구는 수용자 자신의 손 안에 있다. 이제 그는 힘을 가지게 된다. 그가 만드는 각각의 형태는 자신의 정체성과 유일성을 확인시켜 준다. 자신의 경험을 나타내는 상징을 만드는 것은 말보다는 이미지로써 간접적으로 이야기하는 것이며, 그렇게 함으로써 그것을 부정하기보다는 바라보는 기회를 갖게 한다. 이러한 방식으로 개인적이고 내적인 경험은 중심을 향해 집중된다.

조셉의 작업

조셉은 집단 미술치료에 오기 전에는 그림을 그려 본 적이 없는 46세의 남성이다. 그는 주로 소매업 분야에서 꾸준히 일했었다. 그는 성범죄로 2년 형을 선고받기 전 보석 중이었다. 보석 기간 중에 인지와 행동 측면과 관련하여 지방 보호관찰소가 운영하는 유사한 범죄와 관련된 남성을 위한 집단에 참여했다.

나는 그의 미술 활동과 집단 미술치료로 얻은 명백한 효과를 설명하는 것과 관련해 이 책에 그의 작품을 실어도 되는지를 물었다. 처음에는 자신의 능력에 대해 망설였지만, 그는 곧 혼신을 다하여 자신의 작품에 대해 기록하는 것을 '정말 즐기게 되었다'. 그 후 이것이 동기가 되어 그는 작품과 교정시설에서의 시간에 대해 계속해서 기록하기 시작했다. 이것은 아마 미술치료를 다룬 다음 책이 될 것이다. 모든 작품들은 거의 27×20인치(약 69×51cm) 크기의 담황색 도화지에 그려진 것이다.

조셉은 미술치료 집단 회기에서 9개월 동안 모두 15점의 작품을 완성했다. 그의 첫 두 작품은 크레용을 사용해서 색지(23×16인치, 57.5×40cm) 위에 완성되었다.

첫 번째 그림은 오렌지색 종이 위에 누군가가 그의 집 창문 밖으로 바라보는 것처럼 그와 인접한 이웃의 경관을 묘사했다. 그의 원근법은 혼합되어 있었다. 종이의 왼쪽에는 가지가 잘린 커다란 나무가 서 있고, 바닥 가까이에는 조그마한 개가 서 있다. 그림의 스타일은 선(線)적이며, 보도, 울타리, 경계를 나타내는 가장자리의 풀들과 도로는 차례로 쌓아 올려진 것처럼 그렸다. 도로는 종이를 가로질러서 오른쪽 아래로 구부러지면서 끝나고 있다. 이 곡선 위에 '천천히'라는 단어가 적혀 있다. 도로 위에는 작은 과수원이 있다. 이 첫 번째 그림에서 조섭은 그 풍경을 그리면서 자신이 '바깥'에 있는 것 같은 감정을 느꼈다고 말했다. 그는 그림에 익숙하지 않음에도 불구하고 확신을 가지고 작업했으며, 크레용으로 짧은 선들을 연속적으로 그리는 데 여념이 없었다.

두 번째 그림은 연녹색 종이 위에 작업을 시작했다. 그는 종이에 가득 차게, 자신의 집과 이웃집의 부분을 그렸다. 지금은 다른 각도로 보인 것처럼, 집들은 우리를 향하고 있고 전경에는 정원, 울타리와 보도가 나타나 있다. 왼쪽에 있는 조섭의 집은 이웃집보다 더 어두워 보인다. 이 그림은 그에게 대단히 불쾌한 감정을 불러일으켰다. 그는 언짢고 실망한 것으로 보였다. 그는 이것을 '판잣집 같다.'고 느꼈고, 다음 주에 '더 좋은 집'을 만들겠다고 말했다. 그는 그렇게 했으며, 그 결과는 [그림 2-1]에 나타나 있다.

> 조섭: 이 그림을 그릴 때, 나는 상당히 위축되어 있었다. 나의 집과 친구들 그리고 충성스러운 두 마리의 개가 그리웠다. 이럴 때 마음의 눈으로 볼 수 있는 나의 집을 그리는 것보다 더 나은 것이 무엇이겠는가? 이제 나의 집을 볼 수 있고 혼자 생각할 수 있다(내가 사랑하고 좋아하는 모든 것은 이 창문 뒤에 있다). 언젠가는 그곳으로 다시 돌아갈 것이다. 이 그림을 그리면서 내가 이 미술치료 수업에 참가할 수 있어서 얼마나 기쁜가 하는 생각을 하게 되었다. 미술치료는 나를 도와줄 것이라고 느꼈다.

🔊 [그림 2-1] 무제

    조섭이 사용하고 싶은 재료(연필, 색연필, 연필깎이, 자)는 매우 분명했다. '더 나은 집'은 세밀하게 계획되고 정확한 표현으로 5주 동안 단계적으로 완성되었다. 이것은 거의 '기술적인 그림'이었다. 그는 색을 선택하고 선 사이의 부분에 명암을 주기 위해 열심히 고민하면서 주의를 기울였다. 연하고 부드러운 색채가 주로 사용되었고, 그림은 사실적이었다. 모든 것이 질서 정연했으며, 심사숙고한 끝에 그려진 것이었다. 가끔 조섭은 파스텔을 사용해 보고는 어울리지 않는다고 말하면서 거만한 태도로 거부했다. 이 그림은 완성되는 데 오랜 시간이 걸렸기 때문에 집단에서 관심의 대상이 되었다. 집단 구성원들은 "그 집은 어떻게 되어 가고 있나?"라고 묻곤 했다. 그러면 조섭은 "아, 글쎄, 오늘 벽돌이 배달되지 않았어. 이 친구들 파업 중이야!"라고 대답했다. 집단에는 유머가 넘쳐 났다.

　나는 조셉이 그림의 다양한 부분에 대해 생생한 이야기를 만들어 내는 것을 좋아하게 되었다. 그는 수선화가 자라지 않고 있다고 불평했고, 우리는 토양에 대해서 토론했다. 결국 수선화가 피어났다.

　5회기가 끝나 갈 무렵 그 집은 거의 완성되었고, 조셉은 나에게 말했다. "지난주에 앨런이 내가 어질러 놓아서 당신이 언짢아한다고 말했어요." 나는 "조셉, 만약 당신이 어질러 놓았다면 나는 기뻐했을 겁니다."라고 답해 주었다. 그렇게 말한 것은 조셉이 '어질러 놓은 것'에 대해 수용받고 싶어 한다는 것을 느꼈기 때문이다. '내가 언짢아하면 어떤 일이 일어날까? 여기에 어질러 놓으면 안전할까?'라고 고민하면서 말이다.

　지난주에는 조셉과의 작업 과정에서 역전이를 인식했다. 그의 태도는 치료 작업을 '놀기'로 사용할 수 있다는 식이었고, 그가 자신의 통제로부터 아무것도 벗어나지 못하게 자(ruler)라는 믿을 만한 보조도구를 사용함으로써 사실과 선(線)의 안정성으로 퇴보했다고 느꼈다. 이러한 안정감이 필요하다고는 느꼈으나, 실망스러웠으며 또한 조급해지는 감정과 싸워야 했다. 나는 그의 첫 번째 그림에 표현된 '천천히'라는 단어를 마음의 중심에 놓으려고 노력했다.

　리타 시몬의 이론적 형태론에 따르면, 조셉의 그림은 전통적인 선형 스타일인데, 이것은 어떠한 감정적인 면도 섞이지 않은 것이다. 조셉은 이러한 그림의 분위기로 사실을 전달하는 데 열중했다. 세밀한 것이 중요했고, 형태는 작고 특정적이다. 그는 '머리로' 계획을 통제하고 그 무엇도 자신의 작업을 방해하지 못하게 하면서 그림을 그려 나갔다.

　　조셉: 다음 수업에서 나는 물감으로만 색칠하는 그림을 그렸다. 그러고
　　　　　나서 나를 짓누르는 걱정과 문제들 때문에 수업에 빠지게 되었고,
　　　　　다시 한 번 나는 매우 심각한 우울을 경험하게 되었다. 그렇지만

고맙게도 나를 찾아 준 미술치료사의 도움을 받았다. 긴 시간 동안 나의 우울에 대해 탐색하는 대화를 나눈 다음, 나는 힘을 얻었고 다시 정신을 차리고 다음 주에 미술치료에 참가할 용기를 갖게 되었다.

다음 회기에서 조셉은 분노 때문에 '대걸레를 누군가에게 던지고 싶은' 욕구에 대해 이야기했다(그는 교정시설의 청소부였다). 그에게 그러한 감정을 표현할 수 있는 재료를 사용해 보라고 권했고, 그는 처음으로 물감의 사용을 시도했다. 파스텔을 사용하거나 '어질러 놓는' 그의 행동은 재료를 다른 방법으로 사용하려는 무의식적인 나의 욕구를 일깨워 주었다. 하지만 이 수업이 끝난 후, 조셉이 자신의 행동에 과도하게 영향을 주는 감정에 직면하기를 바라는 나의 바람을 허락해야 한다고 느꼈다. 나는 조셉이 선택하기를 기다리지 않고, 물감을 사용하여 그의 좌절과 분노를 연결시켜 볼 것을 제안했다. 이 그림은 단조로운 연한 파란색의 하늘과 바다로 둘러싸인 연한 오렌지색의 태양의 반조 그리고 일몰의 시작을 보여 준다. 하지만 이 담황색 종이의 아래쪽 절반은 색을 칠하지 않은 채, 그림이 완성되었다.

조셉은 다음 치료 회기에 나오지 않았다. 그리고 만약 내가 조셉을 찾아가지 않는다면 그는 돌아오지 않을 것이라고 생각했다. 나는 보호관찰관으로서 업무적인 방문을 하였고, 그 방문은 그가 가진 많은 걱정에 대해 긴 시간 동안 이야기할 기회가 되었다. 이 만남은 우리의 관계를 새롭게 했으며, 조셉으로 하여금 또 다른 출구를 만날 수 있게 했다.

조셉: 붓과 물감을 앞에 두고 무엇을 그릴지 생각하면서 탁자 앞에 앉아 있던 그날 밤을 기억한다.
"당신의 기분을 그리세요. 어떤 시작점을 만들면서 그려 보세요."
라고 미술치료사가 격려했다.

[그림 2-2] 폭풍이 치는 바다

"만약 그림을 그린다면, 나는 손가락으로 물감 통을 휘저은 후 손가락으로 종이에 빼곡하게 칠할 것입니다."라고 나는 말했다. 그러자 "그것이 미술치료가 의미하는 것입니다."라는 그녀의 대답이 돌아왔다. "만약 그렇게 하고 싶다면, 그렇게 하세요."

그 특별한 밤에, 나는 훨씬 기분이 좋아졌다. 그리고 회반죽을 만들고 싶었다(즉, 종이 전체를 회반죽으로 채우는 것). 그러나 손가락이 아니라 붓으로 칠하기로 결정했다. 나는 이제 물감을 사용하면서 훨씬 행복감을 느낀다. 그래서 네다섯 가지 색깔, 노랑, 파랑, 녹색, 빨강 그리고 오렌지색을 가져왔다. 나는 종이 한 장과 상당히 두꺼운 붓을 가지고 회반죽을 만들어 나갔다. 나는 붓에 물감을 살짝 묻혔다. 서너 가지의 다른 색깔을 한꺼번에 혼합하면 어떻게 되는지 실험하고 싶었다. 나는 그날 밤 종이를 공격했다. 이것은 나에게 새로운 시도였다. 나는 아무런 계획이 없었고, 작품에 대해 구상하지도 않았다. 그냥 가능한 한 빨리 지면을 채우고 싶었다.

녹색 종이에 물감을 칠하는 작업을 끝냈을 때, 배경에는 갈색의 다양한 음영과 노란색과 빨간색의 선이 보였다. 당신은 이런 것들을 내 그림의 흰색 자국에서 볼 수 있다. 나는 이러한 자국들이 번갯불을 닮았다고 생각했다. 잠깐 동안 나의 그림을 매우 주의 깊게, 정말 자세히 봐 주겠는가? 그리고 마음의 눈으로 그림 가운데에서 위아래로 빠르게 움직이는 작은 배(아마도 구조선)를 상상할 수 있는가? 어두침침하고 굽이치는 색을 배경으로 사방에서 번개가 내리치는 바다의 폭풍을 볼 수 있는가? 나는 볼 수 있다. 그래서 즉시 이 그림의 제목을 "폭풍이 치는 바다"라고 말했다. 채색 작업은 매우 쉬웠다. 그냥 나의 기분을 종이 위에 내려놓았다. 우울한 시간이 지나간 다음, 지금은 매우 기분이 좋고 흥분되어 있다. 아마 여기에 있어야 한다는 것에 약간 화가 나 있는지도 모른다. 그러나 최소한 그것은 나아진 것이다. 그래서 나는 그림에서 그것을 보여 주었다. 나에게 이 그림은 깊은 분노를 보여 준다. 종이 위에 감정을 내려놓는 것보다 당신과 함께 감정을 드러내는 것이 더 좋은 방법이 아닌가? 나는 지금 미술치료가 주는 은혜로운 혜택을 진심으로 이해하기 시작했다.

나는 조셉이 집단 미술치료에 돌아와서 기뻤다. 그의 그림 '폭풍이 치는 바다'를 보고 있으면 기쁨을 느낄 수 있었다. 그것은 지금까지 내가 보아 온 어떤 것과도 다른 느낌이었다. 이 그림이 그것을 반영하고 있다. 조셉은 다음 글에서 자신의 그림에 대한 감정을 잘 읽어 내고 있다. "나는 그날 밤 종이를 공격했다. 이것은 나에게 새로운 어떤 것이었다. 나는 아무런 계획이 없었고, 작품에 대해 구상하지도 않았다." 이 그림은 리타 시몬의 공식 중에서 '원시적이고 거대한' 스타일을 보여 준다. 조셉의 이전 그림과는 정반대로, 재료의

🐚 [그림 2-3] 평화로운 꽃밭

자발적인 사용으로 거대한 자국을 만들고, 강한 색상으로 훨씬 과도한 채색을 하고, 감정으로 가득 차 있다.

  조섭은 이 책에 싣게 될 그림을 고르는 동안 이 그림을 회고하면서 이렇게 말했다. "이 그림에는 나중에 나에게 일어날 일과 더 안정되어야 할 많은 것들이 표출되었음에 틀림없다."

  조섭: 이 그림은 다음 주에 그려졌다. 이 그림은 보는 바와 같이, 분노를 표현한 '폭풍이 치는 바다'와 깊은 외로움을 표현한 '나의 집'처럼 나의 두 가지 다른 면을 보여 주는 그림과는 상당히 대조적이다. 자, 지금 나는 여기에서 나의 운명을 받아들이게 되었다. 내가 복역한 지 거의 6개월이 지나고 있고, 그래서 그냥 게으르고 태평한 유형의 그림을 그렸다. 이것은 다시 한 번 회반죽을 칠한 그림이지만, 다른 기분으로 그린 것이다. 나는 (교정시설에서의 누구보다

도) 행복하다고 말할 수 있다. 나의 그림 작업의 이면에 논리적인 생각은 없지만, 그것은 나에게 많은 것을 말하고 있다. 이 그림은 나에게 분노와 우울은 사라지고 마음의 평화가 오고 있음을 말해 준다.

이 회기에서 조셉은 물감을 사용하는 것이 편안해 보였고, 작업에 열심이었다. 그는 커다란 담황색 종이를 집어 들었고, 지난주에 '물감으로 무엇을 할 수 있는지' 발견했기 때문에 붓을 흔들고 돌리면서 점을 찍고 가볍게 문지르는 등 붓을 여러 방법으로 사용하면서 기쁜 마음으로 색을 실험해 나갔다.

[그림 2-3]은 밝게 채색된 작은 원형들의 덩어리로 구성되어 있다. 몇몇 부분에서 그것들은 더 큰 패턴을 만들기 위하여 결합되었다. 조셉은 가로질러 흐르는 강물의 물줄기가 있다고 생각했다. 그는 그것을 '평화로운 꽃밭'이라고 이름 붙였다.

조셉: 요즈음 나는 매우 안정된 마음의 틀을 유지하고 있다. 주말 동안은 나의 사기가 매우 높아진다. 불행하게도 당신은 이 그림을 흑색과 백색으로만 보겠지만, 사실 그것은 매우 밝고 따뜻한 색들의 모임이다. 나는 미술치료사(나에게 있어 그녀는 그냥 선생이 아니라 내가 믿고 이야기할 수 있는 친구다)에게 밤에 대한 기분을 그림에 나타냈다고 말했다. 나는 어떤 어두운 색도 원하지 않으며, 단지 밝고 따뜻한 색만을 원한다. 그날 밤 내 작업의 결과는 내가 잘해 나가고 있다는 것을 그녀에게 한눈에 말해 주었다. 다른 집단원 중 한 사람이 가벼운 말로 내가 그린 것이 조각보인지 물었다. 그때부터 그 그림은 '조각보'로 불렸다. 나는 이 제목과 이 그림을 정말 좋아한다.

[그림 2-4] 조각보

　이 단계까지 조셉은 수많은 작품을 완성해 왔고, 그의 복역 형량은 끝나 가고 있었다. 그는 미술치료 집단에 완전히 전념하여 색, 질감, 패턴을 탐험하면서 열성적으로 그림을 그렸다. 이 그림([그림 2-4])을 그릴 때는 재료에 스펀지를 추가하여 따뜻하고 강렬한 색의 띠 모양을 만들기 위해 물감을 떨어뜨리거나 혹은 튕기는 기법을 활용했다.

　조셉: 내가 선택한 이 마지막 그림은 교정시설에서의 미술치료 회기의 마지막 날 저녁에 그린 것이다. 목요일이었다. 잘 기억하고 있다. 나는 흥분해 있었다. 복역이 거의 끝나 가기 때문이었다. 나는 날아갈 듯한 산뜻한 색으로 마무리했다. 얼마나 적절한 표현인가! 이것은 일몰을 그린 나의 역작이다. 9개월 전에 이런 그림을 그리기 위해 노력했지만, 수용 초기의 불안정한 마음 때문에 그것은 완전히 재앙으

[그림 2-5] 일몰

로 끝났다. 돌아보면, 새로운 환경에서 상당히 침울하고 불행하게 느끼고 있을 무렵의 이유 있는 시도였던 것 같다. 미술치료사와 초기의 그림에 대해 이야기를 나누면서 나의 형량이 끝나기 전에 그것을 다시 그려 보고 싶다고 말했다. 이것은 그녀와 나 자신에게 약속을 지키기 위한 마지막 기회였다. 물감과 종이로, 그리고 행복한 기분으로 나는 그림을 그려 나갔다. 결과는 어떤 의미로든 명작은 아니었지만, 나의 역작에 기쁨을 느꼈다. 나는 해냈다! 이 검고도 흰 그림은 처음의 채색이 어떻게 보였는지 전혀 알려 줄 수 없다.

나는 커다란 종이 위에 스펀지를 사용해서 종이의 중간에 밝은 오렌지색 원을 그렸다. 이것은 일몰의 시작이었다. 나는 시작했으며, 그림이 완성되는 것을 일찍 보고 싶어졌다. 이제 하룻밤만이 남아 있었다. 9개월이라는 시간이 어떤 차이점을 만들어 낼 수 있을까?

이 그림은 제대로 되어야 했다. 그리고 그날 밤 내가 그린 원을 보았을 때 그것을 할 수 있다는 자신감에 가득 찼다. 다음에 밝은 파란색 하늘을 그렸다. 스펀지와 손과 탁자가 파란색 물감으로 뒤덮여 버렸지만 나는 즐기고 있었다. 약간의 흰색 구름이 필요했다. 그래서 그려 넣었다. 다음에 바다, 부드럽고 멋진 녹색 바다를 그렸다. 그림은 점차 모양을 갖추기 시작했다. 이제 필요한 것은 하늘과 바다에 번지는 '노을'이었다. 그래서 다시 한 번 깨끗한 스펀지와 풍부한 양의 밝은 오렌지색 물감으로 파란 하늘과 푸른 바다를 공격하기 시작했다. 그 결과 태양이 수평선으로 지면서 작열하는 오렌지 빛깔의 풍경을 만들어 냈다. 기뻤다! 나의 마지막 밤에 일몰을 그린 것이다. 집단 미술치료의 첫 번째 밤과 비교했을 때, 지금의 나는 얼마나 다른 사람으로 느껴지는가?

이 글을 마치면서 복역을 하는 동안 미술치료가 나에게 얼마나 많은 도움이 되었는지를 말하고 싶다. 나는 불안, 슬픔, 우울과 같은 복잡한 감정을 종이에 표현할 수 있었다. 그리고 미술치료사에게 설명하려 했던 것보다 더 많이 내면에서 느끼고 있는 것을 보여 줄 수 있었다. 교정시설에서의 미술치료와 미술치료사는 나를 정말 많이 도와주었다. 나는 이제, 나의 가장 깊은 곳의 생각을 물감으로 표현함으로써 얻을 수 있는 것을 알고 있다. 그리고 나의 생각을 이 책의 독자인 당신과 공유할 수 있게 된 것을 감사하게 생각한다.

　조셉은 "오늘 저녁에 무엇을 그릴지 모르겠습니다."라고 말하면서 회기에 참석했으며, 나는 "당신에게 무엇을 할지 묻는 것은 의미가 없는 것 같군요."라고 말했는데, 이것은 지난 수개월간 '무엇을 그릴 것인지 지시' 받지 않은 것에 대한 유머러스한 언급이었다. 항상 그렇듯이 그는 영감이 떠올랐고 내게 그것이 무엇인지를 아는지 물으면서(나는 초기 단계에서는 몰랐다) "알았다!"라고 말했다. 그림 작업이 진척되면서, 나는 그것이 일몰이라는 것을 깨달았다. 구름이 흩어져 있는 파란 하늘이 있었고, 가운데에는 밝은 오렌지색의 둥근 태양이 떠 있었으며, 마지막 순간에 초록빛을 띤 바닷속으로 오렌지색이 스며들었다. 조셉은 이 그림을 무척 좋아했다. "나는 내가 9개월 전에 할 수 없었던 것을 해냈어요." 그의 말에는 단지 일몰을 그리는 것보다 더 많은 표현이 들어 있다고 느낀다. 또한 여기에서 그는 자신의 기분과 같이 흐르며 감정을 표현하게 해 주는 물감을 다룰 수 있는 것에 대해 이야기하고 있다. 이것은 그가 평화로운 장면을 다시 그려 보겠다고 말한, 그의 종전의 시도와는 매우 다른 일몰이었다. 현재의 이 그림은 즉각적인 온갖 에너지와 자신감의 표현이었으며, 완전히 체험된 재료와의 즐거운 만남이었다.

조셉과 그의 그림에 대한 설명을 덧붙인다면, 선택된 그림들은 단지 작품의 일부일 뿐이지만 그가 복역한 동안 그린 전 작품을 돌이켜 보는 것은 가치 있는 일이다. 제일 처음 그의 작품을 '돌이켜 보는' 기회는 그의 복역이 끝나기 직전, 교정시설의 빈 교실에 15점의 그림을 줄지어 진열했을 때였다. 각각의 그림을 그린 시간의 간격과 그것들을 돌아보는 것은 적당한 거리감을 두게 했으며 객관적으로 보게 했다. 그림을 보는 것은 그림 창작 사이의 시간에 일어난 그의 경험에 대해서도 생각해 보는 것이다. 복역이 끝나 갈 즈음 조셉은 자신이 5주 동안 작업한 집을 바라볼 수 있었고, 복역 초기 단계에 그린 그림은 집에서 생활하던 그의 삶과의 연결을 유지하는 데 도움을 주었다고 기억했다.

"나는 바깥세상과 관계를 유지할 수 있었다. 그림을 그리고 있을 때 나는 교정시설로부터 자유로움을 느꼈다. 창문을 그리면서 내가 공들인 시간이 아깝지 않다고 생각했다. 화단을 그릴 때는 몇 년 전 나의 개를 묻은 것을 기억했다. 모든 것이 기억났다." 조셉은 그 긴 창작 기간 동안 나의 태도에 대해서도 말할 수 있었다. "나는 당신이 내가 다른 어떤 것을 해 나가기를 원했던 것을 알고 있습니다. 하지만 나는 이것을 하면서 시간을 보내야 했습니다. 나는 다른 어떤 것을 할 수는 없었습니다."

  매우 드문 경우지만, 조셉은 석방될 때 자신의 작품을 가져가기를 원했다. 나는 그에게 작품의 슬라이드를 가질 수 있도록 허락을 요청했고, 그것을 가질 수 있게 되었다. 그 슬라이드는 우리가 교정시설에 있는 동안 그의 창작 과정을 회고하고 기억할 수 있게 해 주었다. 또한 미술치료 작업은 우리가 만남을 유지하는 데 다리가 되어 주었다. 그가 석방되자 수개월 동안은 그의 재정착 문제에 관심이 모아졌다. 그래서 우리 관계의 초점도 바뀌었다. 나는 보호관찰관으로서 실질적인 도움을 위한, 보호관찰소 내의 고용지원 부서와 재무상담기관과 같은 다른 방편들을 그에게 알려 주었다.

  우리는 정기적으로 만남을 유지했으며, 조셉은 재정착하기 위한 시도와 미래에 대한 희망과 공포에 대해 이야기했다. 미술치료는 여전히 진행되었으며, 그는 집에서 자신의 그림을 정기적으로 돌아보았다. 마침내 조셉은 힘든 일을 해야 하는 중책을 맡게 되었다. 취업이라는 큰 장애물이 극복되자 조셉의 우울과 취약성이 다시 표면으로 떠올랐다. 그는 이미 이 글을 위한 작품 선택을 시작했지만, 자발적인 그림 그리기를 하면서 그가 발견했던 중요한 기억들이 그에게 심한 절망감을 안겨 주기도 했다. 그는 그 시점에 '폭풍이 치는 바다'에 대해 열심히 이야기했으며, 그 그림이 나중에 어떻게 긍정적으로 작용했는지도 이야기했다. 그런 다음에 곧 그가 항상 좌절했던 그 그림의 미세한 부분을 작업할 수 있었다. "나는 이 그림과 사랑에 빠졌어요!" 그는 미술치료가 제공하는 모든 것에 대하여 무의식적으로 이야기하면서 소리쳤다. 이러한 '선택 기간'을 통한 또 다른 발견은 공유할 만하다.

  조셉: 이 그림의 모든 것은 태도를 나타낸다. 그림은 감정을 배제하지 않는다(그리고 그것은 누군가와 공유된다). 미술치료의 효과는 그림이 완성되었다고 사라지지 않는다(그것은 분명히 계속된다). 우리가 집단을 떠나갔을 때 그것은 끝이 아니었다. 그렇지 않으면 그림

을 가지고 있는 것이 무슨 소용이 있겠는가? 그것은 여전히 향상되고 있고, 지금도 여전히 도움을 주고 있으며, 나는 그것이 미래에 어떻게 계속될지 볼 수 있다.

결 론

9개월에 걸친 주간 미술치료 집단에서 조셉이 성취한 것은 무엇인가? 나의 관점에서 보면, 그는 '노는' 방법을 발견했고, 이것이 그의 교정시설 복역 기간 동안 균형을 유지할 수 있도록 도왔던 방법이라는 것을 깨달았다. 크레용으로 자신의 이웃을 묘사한 최초의 그림을 그리고 나서 그는 세밀하고 조심스럽게 주의를 기울여 오랜 기간 동안 자신의 실제적인 집, 즉 '더 나은 집'을 만드는 일에 매달렸다. 그리고 나는 조셉과 그의 작업에 대한 나 자신의 역전이를 많이 깨닫게 되었다. 그가 계획적이고 선형적인 방법으로 작업하면서 감정을 통제하기보다는 표현해야 하고, 그러기 위해서는 재료를 사용하는 다른 방법을 찾을 필요가 있다는 것을 알았기 때문에('나는 참 똑똑하다!') 그러한 상황을 참을성 있게 견뎌 내기가 어려웠다. 물감을 처음으로 사용하려는 그의 시도는 미완성으로 끝났으며, 나는 이 같은 시기상조의 시도가 자발적이 아니고 그의 작업 속도를 재촉하려는 나의 참을성 없는 욕구에 의해 비롯되었다는 것을 느꼈다. 나는 상황을 점검했고, 다행히 만회할 수 있었다.

'폭풍이 치는 바다'는 조셉에게 전환점이 되었다. 이 그림에는 그의 '집'에 사용된 것과는 다른 종류의 에너지가 있었다. 여기에는 재료를 통제하려는 시도 대신에 재료가 말하고 싶은 것을 허락하는 자발적인 흔적이 있었다. 이것은 '놀이'였다. 그것은 다음 주에도 계속되었으며, '평화로운 꽃밭'이라는 작품으로 나타났다. 이 작품에서 조셉은 탐험했다. 그는 색들이 어떻게 융합되고 섞이는지, 다른 색조들의 본질과 서로의 관계에서 어떻게 보이는지를 탐색했다. 그는 점 찍기, 회전시키기, 돌리기, 쓸기 등 갖가지의 붓 터치를 실험했다. 그는 발견하려는 의지를 가지고 자신의 창조적인 에너지와의 대화에 몰입했다. 그리고 그 이상으로 물감에 의한 탐색이 뒤따랐다. 스펀지와 밝은 색조를 부각시키고 색을 찬미하면서 '조각보'가 창조되었다.

그의 마지막 그림은 그의 자신감과 지난 시간 동안 경험한 미술치료의 극치를 보여 준다. 그것은 또한 그의 삶에서 특별한 기간의 마감을 의미하는 '일몰'이라는 작품에서 나타났다. 따뜻하게 작열하는 색조로, '일몰'은 하늘과 바다 위에 색을 흩뜨리고 있다. 조셉은 자긍심과 솜씨로 무장한 채 스펀지를 다루었다(재료와 그의 기분은 조화롭게 흐르면서 융합되었다). 지적이고 분리된 관점을 가지고 그린 초기의 그림과는 매우 다르게, '폭풍이 치는 바다'와 같이 이 그림에는 감성적인 경향이 나타나 있다.

미술치료 회기에서 조셉은 감정의 안전한 표현을 위한 장소를 발견했다. 그의 작품은 선에서 면의 형태로 변화했다. 그리고 그의 일련의 작품들을 전통적인 방식으로 새롭게 시작했다. 교정시설 복역이 끝나 갈 무렵에는 표현에 있어 원시적인 형태로 접근할 수 있었다. 그리고 그림 안에 기쁨과 흥분은 물론 분노와 좌절감을 표현했다. 석방 후 2년쯤이 지난 지금도 조셉은 우울할 때마다 더 만족스러운 출구로 자신을 이끌기 위하여 그림을 그린다.

▶ 참고문헌

Simon, R. M. (1991). *The Symbolism of Style: Art as Therapy*. London and New York: Tavistock/Routledge.

Chapter 03

소년원에서의
미술치료

셸리아 베일리(Celia Baillie)

많은 경우, 소년들의 그림에서 그것이 무의식적일지라도, 자주 깊은 상징성이 개입된다는 것을 느낄 수 있다.

서 론

나는 포틀랜드에 있는 B급 소년원에서 2년 동안 기간제 미술교사로 근무했다. 이 교정시설은 대개 웨일즈와 인접한 미들랜드, 콘월, 햄프셔 출신의 17~21세의 소년범들을 수용하는 곳이다. 내가 근무할 당시 그 교정시설은 런던에 있는 브릭스톤 교정시설 등의 적정 수용 인원을 초과한 소수 소년범들을 수용하였고, 소년범들의 형량은 수개월에서 수년 사이였다. 소년범들은 도미에(Daumier)[1]의 그림이 펼쳐진 듯 우뚝 서서 사람을 위축시키는 거대한 석조 건물의 벽 안에서 생활했다.

교정시설 내의 활동은 제한되었다. 소년들의 모임은 질서를 유지할 수 있도록 그들이 신뢰하는 교도관이나 한두 집단의 호위하에 실시되었다. 소년범들은 하루 종일 일했다(그것은 자연스러운 에너지의 분출을 경험하게 했다). 현재는 작업 시간의 초과를 제한하는 '상쾌한 출발(fresh start)' 규율하에 많은 소년범들이 일상의 대부분을 자신들의 방에 수용된 채 보낸다. 대부분은 독방이며, 각 방에는 창문이 있지만 광활한 바다와 하늘 그리고 다른 고층 건물과 낭떠러지를 내려다볼 수 있을 뿐이다. 각 소년범들 간의 대화는 창문에 붙어 서서 소리치는 것이 전부이며, 신체에서 분리된 목소리는 지붕을 맴돈다.

교정시설 입구에는 접견실이 있다. 가족과 친구들은 먼 거리를 달려와 그들

---

1) 1808년 2월 출생, 1879년 2월 사망. 19세기 프랑스의 정치·사회를 풍자한 시사만화와 드로잉으로 특히 유명하다. 그의 그림은 그가 생존했을 당시에는 거의 알려지지 않았지만, 근대 미술에 인상주의 기법을 도입하는 데 이바지했다. 주요 작품으로는 〈삼등열차〉가 있다(브리태니커 백과사전)-역주.

을 방문하는데, 더러는 포틀랜드의 카르디프에서 주 1회 운행하는 보통열차를 이용한다. 소년범들은 가족과 친구들의 방문에서 그들의 고통을 느낀다. 그들의 가족들은 자신의 가족 중에 누군가가 교정시설에 있다는 가혹한 현실과는 별도로 상처받고 혼돈에 빠지거나 수용의 불합리성에 당황스러워한다.

젊은 소년범들은 생활 전체를 감시하고 통제하는 제도적 장치에 의해 어린아이 취급을 받았다. 소년범들은 별명으로만 불리며, 평범하고 초라한 옷을 제공받는다. 바지와 윗옷은 데님으로 만든 것이고 서츠는 개성 없는 회색이다. 소년범들의 대부분이 최소한의 깔끔함과 품위를 유지하기 위해 애쓰지만, 몸에 잘 맞지 않거나 의도적으로 훼손된 옷을 입고 있다. 편지는 개봉되어 읽히고 소지품은 제한된다. 소유 가능한 물품은 감시당하고, 노동에 대한 보수는 주당 2파운드 정도로 보잘것없다.

이러한 소년범들은 스스로 행동에 대한 한계를 설정하게 되므로 자신의 가족과 부양자(많은 소년범들에게 자녀가 있다)에게 책임감을 가지고 행동하기 위해서는 어른다운 성숙함과 자율성에 대한 모델이 필요했다(그것은 지금도 필요하다). 보다 긍정적인 초대를 받아 보지 못하고 처벌에 의해 존엄성을 빼앗긴 상황에서 소년범이 표현하는 상징은 자기애적이며 자기만족이 우선이기 때문에 보다 발전적인 상황을 지지하는 것은 매우 어려웠다. 소년범들은 처벌에 처해져 왔으며, 스스로를 지키고 그것에 대항하는 것이 그들 나름의 행동 유형으로 형성되어 자신을 방어하는 방법을 지속시키는 데 익숙해져 있다.

나는 이들이 치료를 통해 존엄성을 고취시키는 창조적인 치료 방법을 경험하도록 시도했으며, 고든(Gordon, 1978)이 언급한 창조적 순환주기를 사용했다. 의식과 투쟁하며(최초의 생각), 갈피를 잡을 수 없게 만드는 불안감이 수반되고(무엇인가가 완수되지 않았을 때), 새로운 감정으로 유도한다(그것에 대한 집착을 버리고 새로이 열린 마음이 되면서). 그리고 나는 이 주기가 스스로의 변화를 기술하고 있다는 것을 안다.

또한 나는 '도약'이라는 의미의 라틴어에서 기원한, 그들이 'Saltus'라고 불렀던 슬러즈키와 랜섬(Sluzki & Ransom, 1977)의 또 다른 변화 과정에 대한 기술에서 영향을 받았다. 시기적으로 명백하게 완전히 새로운 체계로의 급격한 변화(전환기)가 있었다. 새로운 것이 추가되지는 않았지만 그것이 추론하는 총기 살인 사건에 대해 재정리하였고 '사건' '감정' 그리고 '의미'의 결합은 변화를 자극하고 촉진한다. 나는 통제로써 활용되면서 미술 작품을 만들기 위해 노력한 그 자체의 경험이 일상생활을 관리하는 데 분석을 제공할 수 있으며 치료적인 경험이라고 믿는다. 나는 레들과 와인먼(Redl & Wineman, 1951)에 의해 기술된 자아 분열의 특성과 터스틴(Tustin, 1986)이 기술한 자폐장애를 떠올리면서 소년범들이 변화를 거부하는 행동을 참아 내려고 노력했다.

지금부터 치료적인 입장에서 보면 전체적으로 부적합한 환경에 처해 있음에도 불구하고 치료가 진행되면서 성숙해진 7명의 소년범들이 경험한 미술 작품에 대해 객관적으로 기술할 것이다. 항상 초점은 업무와 그로부터 파생된 것으로서, 나의 역할은 변화의 기회를 알아차리는 것이었다. 나는 치료적인 역할이 내포된 매일매일의 교육을 통해 가시화를 시도했다. 나는 '사건'이 발생한 다음 그동안의 '감정'을 고려하여 그 정보의 '의미'를 끄집어내고 기회를 구성하기 위한 시도를 했다. 치료사로서 중립적인 선택, 정돈된 생각, 적극적 혹은 소극적 역할 간의 균형감, 치료적 협력의 조성, 감정의 수용, 당면 과제의 해석과 그것의 투명성, 반투명성의 인식과 같은 역할이 주어졌다. 이러한 여러 가지 구성 요소들은 치료 사례마다 다양하게 존재한다.

소년범들은 수용 중 그들의 학구열에 대한 평가와 담당 교도관의 요구에 의해 교육 기간을 부여받는다. 그들은 또 다른 교정시설로의 이감뿐 아니라 직원의 주의를 받거나 잘못된 행동이 발견되는 즉시 추방되었다. 나는 특별히 격리 수용된 이들을 치료했는데, 그들은 교육이 실시되는 건물의 한쪽 편에 만들어진, 각 방마다 4개의 작고 높은 창문이 있는 좁고 길쭉하게 개조된 독방에서 생활했다. 또한 나는 누군가의 요청이 있을 때는 일주일에 한 번 미술 치료실에서 야간반을 운영했는데, 이때의 분위기는 보다 활기차고 즐거웠다.

대부분은 최소한의 교양과 수리력을 습득하고 있었고, 특별 격리 수용된 소년범들을 교육하는 것은 매우 어려웠다. 나는 목조각을 도입했는데, 목공 작업실에 있는 점토와 회반죽은 더럽게 말라 있었으며, 아무렇게나 쌓아 올려진 나뭇조각들은 적절한 선택을 할 수 없을 정도였다. 소년범의 안전과 관련하여 목공 작업 도구를 사용하는 데는 많은 주의 사항이 필요했다. 교사로서 나는 중재적 역할을 하기는커녕 오히려 교도관과 소년범 모두에게 의심의 표적이 되었다. 나는 나를 옥죄는 두 개의 밧줄을 느꼈다. 이것은 나를 함정에 빠뜨렸으며 무력감에 젖어들게 만들어서, 소년범이 느끼는 것과 유사한 감정에 익숙해졌다. 이 '사소한 동일성'(Casement, 1985)에 의해 나는 교정시설 체제가 지닌 좋은 점을 경험할 수 있었다.

나는 집단이 부드러워지기 위해서는 위험한 도구로서의 나의 역할이 없으면 안 된다는 것을 알았다. 소년범과 교도관 모두가 공평하다고 느낄 수 있도록 양쪽에게 친절하게 대하는 것이 목표가 되었다. 그리고 집단원들이 작업 결과물을 소유할 수 있도록, 나의 물건을 소소하게 훔치거나 서로의 작품을 고의적으로 손상시키는 것에 대해 보복적이지 않은 방법으로 반응하는 것이 중요하다고 느꼈다. 소년범들은 소소한 규칙 위반을 허용해 달라는 요구를 했다. 그러나 관용을 베푸는 것이 매우 큰 혼란을 가져올 수 있으므로 어떤 종류의 유연성은 등에 불을 짊어진 모양새가 된다. 이것은 명확한 경계의 필요성을 깨닫게 했다.

교정시설 체제 내에서 나의 권위가 유지되어야 하고 더 멀리 내다보아야 했기 때문에 내가 우위에 서야만 한다는 근본적인 기준을 가지고 있었다. 나는 젊은 소년범들이 치료 시간에 즐겁게 모이는 것을 목표로 세웠다.

신체의 위험이 뒤따르는 심각한 상황에서 나는 수용 규율의 조직적 업무를 수행했다. 이것은 집단을 더욱 안전하게 느끼도록 만들었다. 그러나 그들을 관리하거나 인내하는 것은 매우 부담스러운 경험이었다(나는 2년 동안 보고를 통해 3명의 소년범을 6번 벌금형에 처했다). 그러나 매우 혼란스러운 행동 때문에 가려져 있는 소년범들의 잠재적 가능성을 보고서에 담고자 모든 노력을 기울였다. 교정시설 내의 박해 상황에서 주관적인 공평함의 개념을 실천하는 것은 거의 불가능하다. 인간은 모두 어떤 방식으로든 고통받는다.

매일의 사건들은 의도된 것이 아니며, 그렇게 하도록 허용되는 것은 없었다. 무미건조하고 단조로운 수용 생활은 '타인'으로부터의 배려가 거의 배제된 결정에 의한 것이다. 이러한 상황에서 소년범을 좀 더 순화시키고 통제하려는 것은 보다 긍정적인 생각을 갖도록 하는 데 있다. 미술치료를 통해 수용의 두려움을 없애고 자율성을 확장시킴으로써 몰입과 내적 진보의 경험을 제공할 수 있다. 소수의 사람들은 주간 수업과 야간 수업에 모두 참석했다. 어떤 면에서는 소년범들이 그렇게 하는 것은 별로 어렵지 않다고 생각한다.

야간 수업에서는 복도에 있는 교도관의 존재가 덜 의식되는지 그들은 더욱 만족스러운 분위기를 경험하지만, 학습에 대한 신념은 없다. 양쪽 수업에서 나는 그들의 생각과 욕구를 동등하게 대하면서 예술적 훈련에 대한 동일한 확신을 가지려 노력했다. 본질적으로 한 학급은 '학습' 위주였고, 다른 학급은 '참여'의 시간이었다.

1시간 30분의 짧은 치료 시간, 담배와 흥밋거리의 소모, 자기 의사 표현의 욕구, 서로 간의 다툼 등 여러 가지 방해로 소년범들을 스스로 행동하게 하는 어떤 노력도 쉽지 않았다. 그들은 수업 시간에도 계획적이고 발전적이기보다는 회피하고 후퇴하는 모습을 자주 보였다. 그들은 감상용으로 관음적이고 공격적인, 혹은 섹시하거나 가학적인 것과 관련된 사진이나 전 라파엘파[2] 형태의 그림, 상상 포스터, 만화, 디자인을 베끼는 데 가치를 두었다.

잘 베낀 복제본을 만들어 내는 것은 그들의 기술로는 거의 불가능한 것이었

---

2) 왕립 아카데미의 역사화가 상상력도 없고 너무 인위적이라고 여기고 이에 반발하여 1848년에 젊은 영국 화가들이 결성한 단체－역주.

으며, 이 실패는 그들의 자존감을 더욱더 깎아내렸다. 아마도 보다 중요한 것은 복제 기술의 적절한 성공은 자폐증적인 완고한 성향을 공고히 하고, 다소간 그 기술은 불확실성을 가리는 데 사용될 수 있었을 것이다. 처음에 나는 이것에 대항했지만, 나의 업무가 '상처의 딱지를 제거하는 것'이라는 것을 알게 되었으며, 치료를 생존 방법이라고 인식하기 시작했다.

상징을 통해 그들의 잠재된 성향을 파악하려는 시도로 나는 주물로 제작된 석고 모형물을 샀다. 예를 들면, 피에로는 슬픔을 불러일으키고, 독일의 셰퍼트는 자존심과 공격성을 암시하며, 가족 집단 모형은 협조 같은 친밀한 감정을 가져다줄 것이다. 비록 이러한 모델들을 만드는 것과 같은 창조성은 없었지만 소년범들은 그것들을 색칠하면서 자신의 상상력을 활용할 수 있었다. 나는 가능한 한 쉽게 작업이 수행되도록 항상 최고급 아크릴 물감을 구입했다. '최고급을 구매할' 만큼 그들이 나에게 매우 가치 있는 존재임을 집단 구성원들이 인식할 수 있도록 비용을 아끼지 않았다.

여기에 언급된 사례연구들은 수업에 정기적으로 참석했던 일부 소년범들의 치료에 대한 것이다. 실명을 밝히는 것을 허락한 한 명을 제외하고는 사생활 보호를 위해 모든 이름을 가명으로 밝혀 두었다.

톰 슨

대부분의 느낌은 무의식으로 남는다. 그리고 때로 사람들은 그 자신의 감정인 무엇인가를 묘사한다. 야간 수업의 참석을 결정한 매우 고지식하고 순응적인 톰슨(Thomson)이 그런 사람이었다. 그는 점토 작업을 하는 데 순순히 동의했다. 수업 중 그의 에너지는 일상에서 자주 일어나는 일들에 대한 대화와 흥밋거리에 소요되었다. 이러한 이야기는 지루하고 그와 동떨어져 보였다. 그것은 마치 대화의 느낌이 그에게 와 닿지 않으며, 그럴 수도 없는 듯이 보였다.

점토로 두상을 만들면서 그는 뒤통수에 얼굴을 하나 더 만들었다. 내가 이 작업을 지지하며 흥미를 '유발'하는 요소를 더 만들자고 하자 그는 관심을 보였다. 한 얼굴 형상은 찢어진 눈과 혀를 밖으로 길게 내밀고 구토하는 입으로 표현되었다. 또 다른 얼굴은 뻥 뚫린 눈과 입에 싸구려 권연초가 붙여졌다. 그는 귀를 처리하는 법을 물었으며, 나는 헤드폰을 제안했다. 그는 불을 붙이기 위해 머리에 구멍을 파야 했는데, 이것을 '텅 빈 머리'의 이미지로 표현했다. 그는 머리가 깨질 만큼 아플 때와 수용 중일 때 이렇게 느낀다고 말했으며, 이 것은 그가 유일하게 덧붙인 의견이었다. 그러고는 그것에 반짝이는 것을 칠했으나 작품을 지키는 데는 어떠한 관심도 없었다.

나는 그가 자신의 생각이 수용될 때 덜 수동적이 되며 관심을 갖게 되는 것을 느꼈다. 그는 자신의 해석을 제시했으며, 스스로 자신의 감정에 접근하는 것을 허용했다. 나는 작품에 그의 감정이 반영되도록 유도하는 데 있어서 치료사로서 그와의 관계가 중요하다는 것을 느꼈다. 평소와는 매우 다른 경로로 유발된 이러한 감정은 그를 매우 놀라게 했을 것이다. 그는 다양한 감정을 드러내 놓는 것을 경험했고, 그것들을 검토하고 쓰레기통—강한 상징적 의미가 그 자체에 있는데—으로 던져 버렸다. 이러한 충격적인 반응들은 치료사에 의해 관찰됨으로써 얻어진 것들이다.

드베럴

내가 여기서 기술하고자 하는 모든 소년범들은 교육과정에서 특별한 욕구를 드러냈다. 그중 한 사람인 드베럴(Deverell) 또한 두상을 만들면서 스스로 매우 놀라움을 경험했다. 그는 흔치 않은 열정으로 무정형의 점토 덩어리를 능숙하게 다루었다. 그는 결과물을 보고 즐거워했으며, 그가 작품에 불을 지르기 위한 준비를 하는데 내가 도와주며 격려하자 매우 놀라워하는 모습을 보였다. 그는 몇 가지 두상을 완성했으며 그중 하나가 [그림 3-1]이다.

드베럴은 작품을 만들면서 몰입을 경험했고 환상에서 벗어났다. 그는 '아무것도 없는 교정시설 바깥'에 대해 말하면서 수용 생활을 오히려 좋아한다고 했다. 그는 네 살 때부터 지속적인 치료를 받고 있었으며, 그곳에 있는 2년간 3번의 교육을 수료했다. 그리고 한 번의 석방과 4일 후의 재구속에서 자신이 4년 형의 선고를 받은 것에 만족했으며 안도감을 느꼈다.

그는 세 번째 입학 허가를 받고 나서 자신의 작품 사진을 유심히 관찰했으며, 그 두상은 그에게 교정시설과 바깥세상과의 연결이라는 의미를 제공한 듯했다. 그는 작품들이 자신에게 어떠한 형태의 혼란을 제공하면서 '저 철도인부'처럼 멍하지 않고 깨어 있게 만들어 주는 점에 놀랐다. 그는 두상들이 자신을 혼란시키면서 존속될 듯이 말했는데, 실제로 그렇게 되었다. 그에게

[그림 3-1] 드베럴: 외알 안경을 낀 사람

는 자신의 작품을 다른 사람이 소유하는 것이 중요했다. 그는 펑키족으로 표현한 '철도 인부'를 나에게 주었는데, 그것은 다른 집단의 '외알 안경을 낀 사람'과 함께 교정시설에 전시되었다. 어떤 이에게는 두상 만들기가 자신의 혼란스러운 생활 속의 사건과 압박으로부터 안도감을 제공해 주거나 지지가 되었다.

드베럴은 인내심이 거의 없어서 미술 기법은 최소한으로 사용하였다. 그러나 그의 이미지에 표현된 요소들이 통합되는 것이 중요하다고 느꼈기 때문에 불에 굽기 전에 헝클어진 눈썹과 귀 같은 것들을 수정해 나갔다. 그 당시의 그는 훌륭한 기법을 배웠으며 때로 그 즉시 충족감을 얻을 수 없을 때는 그것을 감내할 수 있을 만큼 자아의 힘이 충분치 않았다. 나는 그가 때때로 그때의 감정을 희망적으로 상기하도록 자존감을 북돋우면서 잠재된 재능을 일깨웠다.

필 딩

어떤 면에서 필딩(Fielding)은 매우 강한 자아를 가지고 있었다. 그는 실수를 감내하거나 적응할 수 있는 강한 인내심을 가졌다. 그리고 창의적으로 빈틈없이 작업하는 사려 깊은 흑인 청년이었다. 그는 집단에서의 감정적인 토의가 이루어져도 편중되지 않은 관점과 의견이 반영된 대안을 제시했다. 그는 자주 물리적으로 집단의 외부에 머물면서 이 작품([그림 3-2])에 전념한 것처럼 교실의 뒤편에서 조용히 작업했다.

그가 만든 얼굴은 가면처럼 보였고 텅 빈 뒷면은 한 덩어리의 진흙으로 지탱되어 있었다. 그는 두 번의 수업 후에 작업을 끝냈다고 말했고, 우리는 그것을 사진으로 찍었다. 그리고 그의 작업을 격려했으며, 딱딱한 점토 덩어리가 터질 수 있으므로 불에 구울 때를 대비하기 위하여 두상의 뒷면을 작업하는 것이 좋겠다고 제안했다. 내벽과 어깨 부분은 둥그스름했으며, 그는 머리를

[그림 3-2] 필딩: 두상

[그림 3-3] 필딩: 변형된 두상

둥글게 만드는 것이 좋지 않겠느냐고 물었다. 나는 그대로 두어도 상관없다고 말했는데, 작업 시간에 그가 두상을 완전히 변형시킨 것에 매우 놀랐다. 그다음 수업의 짧은 시간 동안 그는 두상을 [그림 3-3]과 같이 발전시켰다.

그는 눈에 대해 도움을 요청했으며, 나는 다른 점토 작품에서 표현되는 일반적인 방식으로 눈동자와 안구 구멍을 만들었다. 나는 발전적인 그 변화에 대해 그에게 말하지는 않았지만, 그가 성숙해 가는 데 아주 큰 도약이라고 여겼다. 그는 그 자신이 주도권을 가지기보다는 모든 것을 회피하면서 작품에 대한 나의 참여와 제안에 익숙해졌다. 그는 눈에 대한 충고를 통해 치료적 협력으로 복귀할 수 있었지만, 아직도 독자적으로 벗어나지는 못했다. 그는 부모가 방문했을 때 그 작품을 전해 주었다.

그의 경우에 나의 개입이나 제안이 참을 만하고 적절했는지 궁금하다. 그는 낙오자로서 살아남아야 했던 것이다. 우리는 함께 사진을 찍었다. 미술치료사는 작품을 통해 성공과 실패의 문제를 다루고 그 당시 개인의 삶이 의미하는 것에 민감해지는 것이 필요하다. 드베럴과 필딩은 매우 다른 인내심의 소유자다. 그들에게는 부적절한 짐작을 버리고 놀라운 발전에 대비하기 위해 개인적인 요구에 충실해지는 것이 중요하다.

이 접근법은 다음에 이어지는 허버트와 베일리의 치료에서도 또한 중요한 요소였다. 그러나 그들과 함께한 시간에는 혼란스러운 행위를 악화시킨 실패 경험이 더 많았다.

허버트

허버트(Herbert)는 어린 시절에 구타를 당해 두뇌 손상을 입은 적이 있어서 특히 미숙했다. 나는 그가 보호관찰 중일 때 처음 만났으며, 그때 나는 주간보호관찰소에서 근무 중이었다. 그는 호기심이 많아서 흥미를 잘 느꼈지만 민감한 성격 때문에 동료들이나 직원들에게 황당하고 도발적인 돌발 행동을 일으키는 기폭제 역할을 했다. 교정시설에서 처음 나를 만났을 때 그는 활기차고 원기 왕성했으며 내가 당혹스럽게 느낄 만큼 '바깥세상'에서의 나에 대한 정보를 세세하게 들춰내서 학급에서의 나의 권위에 손상을 입혔다. 그의 시도는 애처로웠지만(책장에 있는 모든 책에 적혀 있음에도 나의 첫 번째 이름을 기억하려고 시도하는 것 같은), 그의 선동으로 인해 분위기가 들뜨는 적이 많았다. 나는 그에게 내가 할 수 있는 훈육적 행위에 대해 경고해야만 했으며, 보고서에 그의 이름을 적을 수밖에 없었다. 그가 이와 같은 엄중한 경고를 받은 것에 대해 다른 사람들이 그를 괴롭혔고, 그러면서 그는 온순해졌다.

보고서를 작성하면서 나는 그가 자기통제력이 없다고 믿는다고 역설했고 그가 교도관이 보인 관대한 조치에 안심했다고 썼다. 나는 그가 나를 어떤 경계를 설정해 줄 수 있는 존재로 생각했다고 느꼈다(그곳에서 그렇게 할 만한 권한이 없었다). 공포스러운 상황이나 혼란스러운 긴장 상태에 놓이지 않는 한 그는 자기 멋대로 행동한다고 나는 추측했다. 수업 시간에 그는 적절한 행동을 하기 위해 고민했으며, 그것이 평가할 수 없는 다양한 것일지라도 나에게 질문하면서 의향을 물었다.

그는 자신의 물고기 형상의 양각 작품에서 보다 독창적인 명확한 경계를 세울 수 있었다. 소년범들에게 물고기는 보편적인 주제였는데, 다양한 기술의 수준과 즐김에 따라 창작에 영향을 주었다. 양각 작업의 이점은 시작부터 윤곽이 안정되며 궁극적으로 성공에 확신이 선다는 점이다. 허버트는 작업 시작부터 이 윤곽과 경계가 희미하게 사라져 버렸다. 그러나 나는 그의 소심하고 끊임없는 요구에 그가 작업에 정성을 다하지 않는 듯 보이며, 원칙을 벗어난 잡다한 조각 기법으로 작품의 질이 반복적으로 퇴보하고 있음을 지적했다. 나는 작품의 형태를 자주 지우는 수정을 통해 물고기의 윤곽을 복원시켜 주면서 그가 독립적으로 할 수 있는 것은 아무것도 없다고 느끼기 시작했다. 작업을 재빨리 완수하는 것은 필수적이었다. 형기는 짧았고 작품은 오래도록 보존되지 않았다. 그래서 나는 다르게 색칠되는 두 가지 유약을 샀다. 하나는 어둡고, 하나는 밝았다. 허버트는 이것을 물과 물고기를 구분하기 위해 사용했으며, 비록 윤곽선을 고려하여 만드는 것이 어렵다는 것을 깨달았지만, 그는 그럭저럭 물고기를 만들 수 있게 되었다. 그는 집에 갈 때까지 간직할 정도로 그 작품에 남다른 자부심을 느꼈다.

미술치료사로서 나는 미술치료와 재료를 소개하고, 전문적인 사용 기법을 통해 변화 과정에 기여하는 기회를 가졌다. 특히, 한정된 예산에서 창의력 또한 중요하다. 비록 무의식의 수준이지만 허버트의 머릿속을 가득 채우고 있던 혼란스러움을 극복하도록 보완한 이 같은 방법은 심리적 장애를 극복하기 위한 하나의 상징이 될 수 있을 것이다(그 이후로 허버트는 자신의 경험에 대해 말하지 않았다).

베일리

베일리(Bailey)와의 접촉이 길어질수록 보다 치료적인 문제에 관여하게 되었다. 비록 자신을 주장하거나 그의 작품을 공개적으로 다루지는 않았지만, 그는 감정적인 면에서 보다 특별했다. 나는 작품 자체의 성공을 통해 소년범들의 경험을 통합시키는 것에 큰 의미를 부여했다.

베일리는 소란스럽고 파괴적인 동요의 매력에 이끌려 그 속에 빠져드는 매우 격정적인 청소년이었다. 그는 전체적으로 단정하지는 않았다. 그는 점토로 물고기를 만드는 작업 대신에 '헬리콥터' 라는 산뜻한 생각을 해냈다. 우리는 이것을 완성하기 위해 며칠 동안 치열하게 노력했다. 이처럼 가능할 것 같지 않은 작품에 함께 매달려서 어떻게든 성공시키는 것은 매우 중요한 의미를 가진 듯했다. 나는 베일리가 열성적으로 어려움을 극복해 나갈 때 많은 보수 작업을 해 주었다. 그는 균열을 잘 참아 냈으며 작품의 뒷면을 카드나 밧줄 같은 것으로 채우는 것과 같은 수정에 대해 혼란스러워하지 않았다. 색칠할 준비가 되자 그는 흰색과 검은색 물감을 선택했으며 세 모서리에 조종사의 초상화를 그렸다. 그리고 주요 프로펠러에 '산성 산성(ACID ACID)' 과 '영국(ENGLAND)' 이라고 문자를 쓰는 등 매우 신선한 면을 보여 주었다. 그는 물감이 마르는 동안 시간이 지체되는 것을 참을 수 있었다(나는 의도적으로 빨리 건조되는 물감을 제공했다). 그러나 수업 시간에 그의 행동은 여전히 거칠었다. 기회만 있으면 점토를 던졌으며 작업을 거부했다. 그렇지만 나는 그가 화를 내지 않고 작업할 수 있다는 것을 알게 되었다.

그가 자연적인 무엇인가에 반응하기를 바라면서 작은 통나무를 사 주었다. 그의 소망은 편자를 만드는 사람이 되는 것이었는데, 통나무의 껍질을 벗기고 말 다리를 다듬으면서 그것에 흥미를 느꼈다. 어떤 작업이 실패의 전조인가, 아니면 누군가의 생존에 도움을 주는 것인가를 알아차리는 것은 매우 어렵다.

나는 베일리가 다리를 만드는 것을 지켜보았다. 그리고 모양이 잘못될 때면 내가 준 작은 나무들로 작업을 즐기는 것이 어떻겠느냐고 제안했다. 그는 나무에 이끌려 이렇게 작업하는 과정과 관심을 보이는 것에 즐거워했다. 그 나무의 길이는 약 6피트(약 1.8m)였으며 가지는 없지만 뿌리는 있었다. 그는 뿌리로 '래스터패리언 스타일'[3]의 머리카락을 만들었다(그 자신은 백인이었다).

이 단계에서 베일리는 수업 중에 덜 성가신 존재가 되었다. 그는 더 이상 주변에 물건을 던지지 않았으며, 집단의 구성원이 될 수 있을 듯이 보였다. 또한 보다 독립적으로 작업할 수 있었다. 그럼에도 불구하고 모성적인 관심 면에서 나에게 긍정적인 감정전이를 보이는 듯해 이전보다 더 조심스러워짐을 느꼈다. 그는 내가 순순히 그를 양자로 입양할 것을 제안하면서 우리의 이름이 동일해져야 하며, 나를 '엄마'로 불러야겠다고 말했다. 나는 그 대신 다른 사람에게 대답함으로써 그 문제를 해결했다. 우리 모두는 비록 비애감을 느꼈지만 농담조로 말했다. 베일리가 집단의 새 구성원에게 내가 자신의 어머니라고 말하면, 나는 그 농담에 대해 인내심을 가지고 무덤덤한 말투로 "그래, 그래, 맞아."라고 말하는 법을 알게 되었다. 그가 모든 구성원들에게 어떻게 행동하는지 주의 깊게 지켜보면서 그의 유아적인 소동을 억제하여 가능한 한 집단에 혼란스러움과 충격을 주지 않도록 하는 것이 중요하게 여겨졌다.

나무 작업을 하면서 베일리는 나무를 똑바로 세우는 대신에 작업 벤치로 사용하기로 결정했다. 이것은 '그만의 공간'이었다. 그가 작업복을 요구해서 낡은 무명 작업복을 한 벌 사 주었는데, 그는 그것을 자신의 위치가 승급되기 전까지 매 회기 시작 전에 입었다. 이 무명 작업복이 제공자로서의 나와 작업자로서의 그를 연결시켜 주었다고 느꼈다. 그는 이러한 허용을 이용하지 않았으며, 이 연결이 그의 내면에 있는 깊은 무의식적 욕구라고 느꼈다. 그가 이것을

---

3) 자메이카 등지에 사는 흑인들의 독특한 헤어스타일(레게 스타일)−역주.

이용하지 않으리라는 믿음을 감정전이의 표현으로 받아들임으로써 그의 감정을 사려 깊게 고려하여 그를 도울 수 있기를 바랐다.

베일리는 무명 작업복과 작업 벤치 특수 목재를 통하여 억제된 형식으로의 복귀를 위한 교훈으로 사용할 수 있었다. 그러나 '래스터패리언 스타일'의 작업이 끝나 갈 무렵에 집중할 수 있는 행동을 이끌어 낼 확실한 것이 없었다. 그래서 나는 베일리에게 나뭇조각으로 '집단'을 만들 것을 제안했다. 공급된 목재는 흥미로운 형태로 활용이 가능했지만, 반쯤 작업된 버려진 조각들이었고 대개는 문질러서 닦은 것이었다. 아교와 못을 사용하여 재료를 선별하여 붙이고 과격한 망치질을 제외한 모든 재료(합법적인)를 가지고 집단 구성원들은 주어진 시간 안에 아무 문제없이 작업을 완성할 수 있었다. 나는 또한 이것이 부분으로부터 전체성으로의 유추가 되기를 희망했다.

그가 '집단'([그림 3-4] 참조)에 대해 매우 웅대한 견해를 가진 반면, 그들 중 일부는 그 의견대로 수행하는 것이 불가능하다고 했으며, 따라서 그의 생

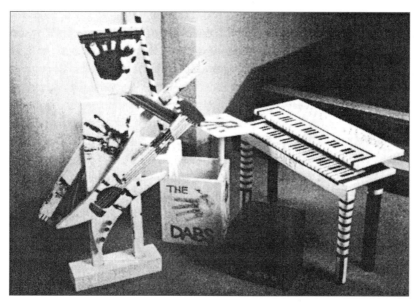

[그림 3-4] 베일리: 집단(달인들)

각은 재평가되어야 했다. 보다 적합한 형태는 실패라기보다는 긍정적인 타협으로 볼 수 있었다. 베일리의 역량과 집중력이 떨어질 무렵에 나는 그와 '집단'이 향상될 수 있도록 가능한 방법을 찾으려고 노력했다(우리는 그가 한 사람 이상의 과업을 해낼 만한 지구력이 없을지라도 이것을 여전히 '집단'이라고 불렀다). 그가 긍정적인 태도에 지쳐서 돌발적인 행동을 할 것처럼 보일 때면 평가를 시도했으며, 그 시점에서 새로운 동기를 부여하는 변화를 주었다.

베일리가 '집단'을 색칠할 때 나는 순서와 질서감을 확립하는 데 집중했다. 어떤 조각은 희게, 어떤 것은 검게 그리고 안쪽 면과 바깥 면, 뒷면과 전면부는 덮개가 필요했다. 나는 그의 물건들을 모두 덮을 수 있도록 넓은 신문지로 둘렀다. 자동차용 스프레이는 교정시설에서 허용되지 않았기 때문에 흰색과 검은색의 에나멜을 몇 통 샀으며, 그는 몇 회기 동안 그것으로 색칠했다. 나는 장식용으로 핸드프린트를 제안했는데, 이것으로 그의 손은 항상 더럽혀져 있었으나, 그는 이 과정을 지나칠 정도로 즐거워했고 나는 그가 씻을 수 있도록 학급에서 사용했던 '특별' 세제를 제공했다.

'집단'에는 많은 흥밋거리(무엇인가를 대리하는)가 있었는데, 어떤 의미에서는 그것이 매우 유치해서 심각하게 생각한 것은 없다. 집단을 '달인들'이라 부르는 것은 우리가 항상 즐기던 농담이었다. 나는 나사 달린 장식 손잡이를 몇 개 샀는데, 베일리는 자신을 위해 지출되는 금액에 깜짝 놀랐다. 그리고 색깔 있는 밴드와 끝 부분이 은으로 장식된 펜(줄 달린)도 구입했다. 이 모든 것은 그의 자존감을 높여 주었다. 그러나 가장 극적인 상황은 그가 한 뭉치의 절연테이프를 사용했을 때 발생했다. 나는 그가 건반을 어떻게 처리할지가 궁금했으며, 제공된 절연테이프를 벗길 것으로 예상했다. 베일리는 깔끔하고 질서정연하며 균형 있게 건반을 장식하기 위해 몇 시간을 몰입하고는 건반의 모든 부분을 흰색으로 덮었다. [그림 3-4]에 나타난 것처럼, 그것은 테이프다. 그는 채점 펜으로 검은 건반을 칠할 것을 요구했으며, 그의 이름이 앞에 문장으로 그려졌다. 그의 더할 나위 없는 자부심으로 완성된 '집단'은 교도관이나 교육 직원, 소년범들의 칭찬을 받으며 눈에 잘 띄는 곳에 전시되었다. 수용 생활에서 매우 잘 치장된 성냥개비 작품이나 세밀하고 환상적인 그림을 사진처럼 복제하여 칭찬받기는 어렵다. 아마도 베일리의 작품은 열정적이고 솔직했으며, 그의 감정적 요구와 일치했던 것 같다. 불행히도 그는 얼마 후에 다른 소년범을 면도날로 공격하여 학급에서 추방되었으며, 그 후 교도관을 공격하여 격리 수용되었다.

허버트와 베일리는 상처가 너무 많았기 때문에 아마도 미술치료의 체험이 개인적인 삶에는 적용되지 못했던 것 같다. 미술치료사로서 나는 가능한 한 허버트나 베일리가 느꼈을 감정을 이해하기 위해 노력해 왔으며, 그들의 무의식에 나의 의식적인 배려를 제공하면서 마치 내가 그들이 된 것처럼 노력하곤 했다.

치료적 지지가 치유를 이끌어 낼 때 가끔 수용적인 행동으로부터의 발전이 있다. 상징적인 양육을 경험하고 나면 수혜자는 그 자신의 성공에 대한 책임을 갖게 된다. 미술치료에서 미술 매체는 내면의 치유와 연관되어 제공된다. 이러한 매체로 작업하는 것은 개인적인 질서감을 확립하고 그 자신의 잠재력을 상징으로 표현하는 데 도움을 준다.

창조자로서의 미술치료사는 소년범들에게 모범 사례가 되어야 하며 자신의 능력을 매일의 일상에서 창조적으로 전환시켜야 한다.

쿡

쿡(Cook)은 감성적이고 공격적인 성향을 지닌 큰 체구의 젊은이였다. 그는 선고된 형량에 따라 그랜든 언더우드 교정시설에 가기를 원했지만, 그의 공범이 행했던 공포스러운 행위에 대해 자랑스럽게 증언하는 바람에 장기형을 선고받았고, 성인 교정시설을 거쳐서야 출옥할 수 있었다. 그는 수용 생활을 잘 알고 있는 어떤 가족을 묘사했다. 그는 내연녀와 어린 아들이 있었는데, 그들을 향한 그의 태도는 소유욕에 근거한 헌신적인 애정이거나 무자비한 소유욕 중 하나였다. 그는 그의 아들을 강제로 데려오려 했었다거나 그의 어머니가 자신의 말에 만족스러운 답을 주지 않으면 어머니와 싸울 것이라는 등의 이야기를 했다(그의 아들은 어머니의 코를 뭉개 버린 적이 있다). 그의 앞니 두 개는 싸우다가 부러져서 없었는데, 그는 마치 성인 남성과 호기심 어린 소년의 혼합체처럼 보였다.

그는 매우 화가 났을 때 자신의 억울한 형량에 대해 호소했다. 누구에게나 법은 의표를 찌르거나 강제되는 무엇인 것이다. 그것은 그가 수업 시간 동안에 내부의 적대적인 요소들과 투쟁했던 방법에서 알 수 있었다.

집단에 참여했을 때 다른 사람과의 차이점이 그에게 주요한 장벽이 되었다. 그는 대다수의 젊은이들에 비해서 무식했으며, 수업에서 사용했던 책을 읽지 않으려 했다. 그는 아들을 위한 집을 만들자는 나의 제안에 동의했다. 내가 이것을 제안했던 이유는 베일리가 부스러기 목재물로 이미 많은 작업을 해 놓았기 때문이었다. 쿡은 필요한 모든 것을 길이만 보고 선택하고 수집했다. 나는 균형과 측정에 관여하지 않았다. 쿡은 많은 목재를 선택했으며, 보다 다양하고 적합한 조각이 무엇인지 의논했다. 그 작업을 진행하면서 그의 넘치던 욕구가 꺾이고 풀이 죽기 시작할 바로 그 무렵에 나는 밝은색의 니스를 샀으며, 그것으로 구조물을 채색하게 하여 흠집을 재빨리 지우도록 했다. 부드럽거나 또는 딱딱한 목재 표면에 색칠이 잘되지 않아서 이 수고는 실망스럽게 되었지만, 쿡은 작업 계획과 색칠을 즐겼으며 그 결과물에 만족했다.

또 다른 수업 시간에 벽돌로 자기 이름이 새겨진 가방을 만들었다. 내가 그것을 사진 찍자고 제안하자 그는 격양된 반응을 보였으나 곧 진정하고 작품을 촬영했다. 학급의 다른 구성원들이 보다 나은 배열을 제안하자 쿡은 두 번째 사진을 위해 벽돌을 재배치했다. 쿡에게는 사람들이 그의 작품의 가치를 알아주는 것이 필요하다고 느껴졌다. 그는 가족이 방문했을 때도 벽돌 작업에 시간을 할애했다.

쿡은 내가 수차례 만났던 집단에 속해 있었다. 나중에 나는 단지 목재 작업실에서만 작업하도록 정리했지만, 그 당시에는 교정시설을 개조한 일반 미술실에서 함께했다. 수업 중에 한 번은 서로 포즈를 취하게 해서 구성원 중 몇 명의 초상화를 그렸다. 쿡은 여기에 등장했다. 그는 '나의 눈을 통해' 그 자신을 바라봄으로써 자기에게 매혹되기를 바라면서 다른 사람들이 그리는 그림에 관심을 보였다. 그는 그것을 '마법'처럼 여기는 것 같았으며, 나는 이것이 몇 가지 의미가 있다고 생각했다. 하나는 그가 그림을 좋아한다는 것이며, 다른 하나는 그림을 통해 '보이는' 그 자신을 보았다는 것이다. 그가 그 자신을 보았다고 생각하게 된 것은 내가 그 과정을 쉽게 제공했으며, 나의 그림에서 그 자신을 발견하도록 만드는 데 집착하지 않았기 때문이다. 그는 그 그림이 자신의 어머니에게 전해지기를 원했지만 복잡하고 때로는 경직된 교정시설의 절차 때문에 분실되었다. 어떤 면에서는 이러한 감정이 매우 평범한 것이지만 또 다른 면으로는 쿡이 다른 사람들, 특히 자신의 어머니에게 긍정적으로 '보이기'를 시도했다는 점에서 섬세한 감정전이가 있었다고 믿는다.

이 시점에서 쿡은 내가 소유한 작품 사진에 매우 관심을 보였으며, 나에게 몇 점을 줄 것을 요청했다. 나는 그렇게 했으며, 그는 신입들에게 '여자(Miss)'가 작업한 조각품에 대해 마구 떠벌렸다. 집단 구성원 대부분은 내가 조각한 누드 조각상을 보고 보다 자유로워졌다. 이러한 조각품들은 그들이 평소에 보던 것과는 달랐으므로 남자 누드에 대해 언급할 뿐만 아니라 여자 누드에도 호기심을 보였다. 그리고 여성인 내가 어떻게 여자 조각상을 만들게 되었는지 궁금해했다. 또한 그들은 내가 형태와 세부 묘사에서 자유롭다고 느꼈으며, 나의 작품에 감명받았다. 나는 여성을 대하는 그들의 태도가 변화되고 있음을 알 수 있었다.

쿡은 나의 조각품 중 하나를 모사하고 싶다며, 많은 분량의 목재를 가져다줄 것을 요구했다. 이 같은 요구에 익숙했기 때문에 모사 자체는 괜찮다고 생각했지만 조각의 형태가 그의 기술로는 쉽지 않은 것이어서 우려되었다. 나는 그가 적합하지 않은 목재를 구입했다고 생각하는 점과 그 목재에 알맞은 형태가 무엇인지에 대해 의논했다. 쿡은 열정적으로 최선을 다해 작업했으며, 그의 것이 된 그 목재에 대해 고심했다. 그는 목재의 껍질을 벗겼으며 자와 나무망치를 사용하는 것에 익숙해졌다. 그리고 나는 조각의 머리를 떼어 놓기 위해 그가 목재 블록을 어떻게 사용하는지를 보았다. 그 조각을 완성하는 데는 수개월이 걸렸다. 조각의 방향과 계획을 세우는 초기 작업은 매우 일반적이었으며, 나는 쿡에게 정확히 무엇을 해야 할지 말해 주어야 했다. 그는 이 단계에서 기술을 습득하는 것이 어렵다는 것을 깨달았으며, 나에게는 습득된 것처럼 보이는 것도 스스로는 습득되지 않은 것처럼 여겼다.

쿡은 고든(1978)이 '혼합된 불안감'에서 묘사했던 스스로의 불명확성에 대해 스트레스를 받기 시작했다. 그는 기술을 습득하지 않으려 했으며, 때로는 지시에 소리 높여 항의했지만, 나는 그에게 작업에 부적합한 지시는 내리지 않았다. 이 시점에서 그를 도우려는 나에게 때로는 집단의 초심자보다 더 거칠고 명확하게 항의하면서 분노와 소유욕을 드러냈다. 나는 이 같은 상황에서는 그를 도울 수 없다고 말했다. 왜냐하면, 첫째 그가 원하는 것을 알기 위해 그의 머릿속을 들여다볼 수는 없으며, 둘째 현재 그는 자신에게 필요한 기법을 모두 알고 있고 즉시 사용할 수 있으며, 셋째 내가 그를 도와주지 않는 것이 그를 화나게 할지라도 나는 집단 전체를 위해야 한다는 것이었다.

나는 분노가 그를 압도하여 난폭하게 조각하는 것을 우려하지 않았으며, 그가 조각을 구타하거나 심지어 때려 부술 것인지도 묻지 않았다. 그의 행위에 대한 나의 신뢰가 전달되기를 바라면서 초연한 마음으로 그에게 신경을 집중했다. 수업의 막바지쯤에 그는 마치 소년처럼 상기된 얼굴로 눈을 크게 뜨고 조각품을 가져왔다. 그것은 매우 격정적인 순간이었다. 그는 스스로 마음을 움직여서 나와 함께 만들었던 것과는 매우 다른 형태를 창조했다. 그는 명백히 스스로에 대해 매우 만족했으며, 나는 그가 한 일에 대해 얼마나 흥분했는지 말해 주었다. 그것은 그를 크게 고무시켰다. 내가 도움을 지체한 것이 악의적인 것이 아님을 그가 알았을 것이라 믿는다.

소녀의 형상을 완성한 후에 그의 태도는 누그러졌으며, 마치 독설가나 부랑자처럼 던지던 농담과 자신이 조각한 소녀에 대한 매질이 줄어들었다. 그는 조각품을 앞에 두고 자신이 그녀를 만들었다고 자랑스럽게 말했다. 그는 나에게 얼굴과 땋은 머리 부분을 도와줄 것을 요청했고 나는 그 요구를 들어주었다. 나는 그가 만든 작품이 마술과 같은 것은 아니라는 것 그리고 나도 또한 노력해야 하는 일이었음을 더 잘 이해했다고 느꼈고, 나를 한 인간으로서 좀 더 받아들일 수 있게 되었다고 느꼈다. 그는 또한 자신이 생각하기에 부정적으로 여겨지는 나의 조각에 대해 불만을 표현했다.

🔊 [그림 3-5] 쿡: 어린 소녀

쿡은 이전의 그의 작품 방식을 보여 주기 위해 조각품의 받침대로 사용할 통나무를 요구했다. 나는 큰 참나무 원목을 구입했으며, 쿡은 그 받침대를 만들기 위해 한 조각을 톱질한 후 나머지는 다른 조각에 사용하도록 내버려 두었다. 그는 이번 학기가 끝나면 내가 떠날 것을 알고 있었고, 자신이 계속 작업할 수 있게 되기를 원했다. 그는 받침대를 설치하고는 은못을 사용하여 '그녀의 항문을 뚫자!' 같은 몇 마디 농담을 했지만 조각을 니스로 칠하고 받침대에 올려놓으면서 다시 신중함을 보여 주었다. 집단원 중 하웰은 그가 표면을 설계하는 것을 도왔다.

쿡은 혼자 작업하게 될 것을 걱정하면서 자신의 다음 조각에 대한 지침을 써 줄 것을 요구했다. 나는 도표와 그림으로 지침을 작성하여 교정시설에서 복습할 수 있도록 눈에 잘 띄게 특별한 폴더에 저장해 두었다. 그는 자신이 원한 것이 바로 이것이라며 기쁜 표정으로 말했다. 그가 교정시설에서 조각을 계속할 것 같지는 않았기 때문에 그것이 활용되었는지는 모른다. 그러나 나는 단순한 언어(그의 독해력을 감안하여)로 속담을 인용한 메시지를 남겨 두었다. '침착하라. 자존심을 가져라.'

기나긴 형기와 기술적인 향상으로 그는(유능하고 모성애 강한 여성 지도자와 함께) 사무실 청소를 배우기 위해 작업장을 옮겼는데, 그 일을 매우 잘 해냈다. 내가 일 년 후에 교정시설을 방문했을 때 쿡은 장점과 신뢰감을 가진 교육 반장이 되어 있었다. 청소반에서 나와 차를 마시며 즐거워했으며, 우리는 조각에 대해 제법 심도 있는 이야기를 나누었다. 잠시 후 그는 어느 교실에서 벌어진 소동을 중재해 주며, 그가 평소 존경하고 또한 그를 소중하게 대해 주었던 교사를 도와주기 위해 나갔다.

로버츠

쿡이 소녀상을 작업하는 동안, 집단의 몇몇 구성원들도 여성상을 조각하기 시작했다. 그 작품들에는 나의 작품과 정체성 면에서 많은 유사점이 있었으며, 또한 다른 점도 있었다. 쿡과 같은 집단에 속해 있던 로버츠(Roberts)는 노력하거나 자신을 통제하기보다는 비꼬기를 즐기는 성향을 가진 젊은이였다. 그는 합판으로 된 조그만 상자를 만들고 난 후 다른 사람이 사랑의 하트(또 하나의 좋아하는 소재)를 만든 것을 보고서 자신도 '마음속의 장미'를 조각하기 시작했다. 양각은 최소한의 기술로 효과적인 결과를 가져올 수 있는 기법인데, 로버츠는 조각이 마무리되어 감에 따라 보다 주도적이 되었고, 자신의 '심장'에 대해 매우 만족해했다. 나는 그것을 매달 수 있게 해 주었다. 그는 그 작품에 펜으로 '엄마'라고 적었다.

그러고 나서 쿡과 같은 형태를 조각하고 싶어 했는데, 나는 약 3.6m(쿡의 나무 길이인 9m보다 훨씬 작은)의 조각으로 시작하도록 했다. 로버츠는 이 작업에 매우 몰입했으며, 독립적으로 작업했다. 그 당시 그는 다른 수업에는 만족을 느끼지 못하고 있었다. 수업 기간의 막바지가 되자 목공 작업실에서의 추가 수업을 원했으며, 직원들은 기꺼이 동의했다. 이것은 그가 다른 집단에 속했으나 작업에 적응하면서 암묵적인 빈정거림에 주저하지 않고 대항하게 되었다는 것을 의미했다. 냉소주의와 학급 내에서의 일관된 외설스러움(비록 발설되지는 않았지만)에 비추어 볼 때, 놀랍게도 그는 작품의 주제로 임신한 복부를 흔쾌히 수용했다. 그것은 나무조각에 대한 그의 호기심 어린 솔직한 심정을 보여 주었다. 그 작품은 그의 어머니(심정적인 의미로)가 되었으며, 그는 어머니가 다음 면회를 올 때까지 그 작품을 완성하기 위해 열심히 작업했다.

여기서 나는 일반적으로 그것이 무의식적일지라도 많은 작품 속에는 깊은 상징성이 개입된다는 것을 느꼈다. 작품은 신화에 잘 재현된 원형적인 뼈대일 뿐 아니라 목격 가능한 표현이라 믿는다. 그래서 사람은 자기 자신의 발전이 혼란스러워지는 단계에서 직감적으로 상상력이나 상징물을 활용하는 듯하다. 저마다의 이유를 가지고 방문하는 내담자들을 이해하는 데서 원형적인 방법의 해석을 부여하지 않는 것이 중요하다. 그들에게는 신뢰할 수 있는 절차를 통해 무엇인가를 조명하게 해 주는 것으로 충분하다. 나는 작품을 접하면서 내담자가 광범위한 감정을 감내하여 실생활에서 이러한 감정을 통제할 수 있게 되기를 희망했다.

그리고 나의 학생들에게 너무 많은 것을 기대한다는 것을 깨달았다. 그들의 형량에 따른 주업무는 여전히 존재했으며, 이전에 그들이 체득한 방어벽 역시 여전히 존재했다. 나는 초기의 미술치료를 통해 비록 비이성적일지라도, 그들이 표출한 감정으로부터 해방되기를 원했다. 그들은 자신의 동의 여부와 관계없이 각자의 교정시설로 복귀해야 했으며, 치료사들도 그 점을 이해했다. 많은 교도관들이 온정적인 접촉을 허용했으며, 주로 여성 교사들에 의해 모성적인 영향을 받을 수 있었다. 대부분의 소년범들은 이해받고 있다고 느꼈으며, 그들 자신의 제한된 범위 내에서 그렇게 행동했다. '좋은 작품'에 대해서는 많은 직원들이 소년범들과 같은 견해를 가졌으나 '아주 솜씨 있는' 작품을 치료로서 가치롭게 전환하는 것은 어렵다는 것을 알 수 있었다.

이러한 이해와 지지의 결핍에도 불구하고, 그것은 가치 있는 노력이었다. 나는 대부분의 사람들이 지닌 공격성을 알 수 있었으며, 내가 알았던 각 개인에게 전념했다. 예의 바르게 존중하고 상상력 있게 행동함으로써 나는 이러한 자질이 그들에게 흡수되어 그들의 새로운 행동 양식의 일부가 되기를 원했다.

떠날 때가 다가오자 나는 집단과의 이별을 준비했다. 마지막 날 두 개의 파티를 열었고 모두에게 비스킷과 커피와 내 작품 사진으로 만든 카드를 주었다. 우리는 카드 게임을 함께했다. 그들은 이 파티가 스스로에게 '급격한 변화적' 요소로 작용하고 있다고 느꼈다. 파티는 우리 모두에게 어떤 감정과 의미에서 영향을 주었다.

드베럴의 집단은 파티를 하는 중에 유치한 욕구와 탐욕과 갈망을 표현하면서 무덤덤하게 떠났지만, 쿡의 집단은 보다 통합된 감정을 보였다. 구성원들은 둘러앉아 비스킷을 나눠 먹으면서 우리가 미래에 해야 할 일에 대해 이야기했다. 오후의 휴식 시간에 이 집단원들은 떠났지만 쿡과 다른 두 명이 머뭇거리며 떠나지 않았다. 한 명은 쿡이 받침대를 만들 때 도왔던 하웰이었다. 나는 방을 떠나면서 쿡과 악수를 나누었는데, 그가 갑자기 나의 뺨에 키스하자 다른 청년도 키스했다. 이러한 행동은 교사로서 내가 가졌던 감정(초기의 갈등이 가져다준)과는 또 다른 무엇이어서 나는 매우 감동받은 채 그 자리에 서 있었다. 이 세 명의 젊은이들은 껑충껑충 뛰고 까불면서 대열 속에 묻혀 교정시설로 돌아갔다. 그들은 작별 인사를 하기 위해 다시 왔으며, 하웰 또한 앞으로 다가와서 나의 뺨에 키스했다. 나는 이것이 그들의 지각 있는 결심과 순응의 감정을 표현하는 것이라고 느꼈다. 그리고 그들이 준 작별의 선물을 받아들였다.

이러한 사건들을 돌이켜 보면서, 내가 기술한 내용 중에 처벌이나 제한과 같은, 치료에서 '하지 말아야 할' 몇 가지 상호작용이 있었음을 깨달았다. 그러나 나는 이러한 상호작용이 사심 없는 치료적 원칙에 근거한 것이라고 아직도 믿고 있다. 우리에게는 상호 결속감과 미술이 있었고, 과정이 진행됨에 따라 치료적인 동맹 관계가 이루어졌다. 나는 실습 기준에 집중하면서, 그들이 느끼는 작품의 특별한 의미를 지켜보면서, 각 개인이 겪는 공황장애를 경험할 수 있었다. 나의 원칙적인 목표는 상황의 어려움에도 불구하고 미술의 즐거움 그 자체에 본질적인 무엇인가가 존재한다는 데 두었다. 그리고 매번 각 집단을 만날 때마다 즐거워지도록 나 자신을 단련시키며 내 마음 또한 변화시켜야 했다.

의식적이지 않더라도 작품의 치료적 측면은 유용하다. 우리가 작품을 만들면서 경험한 모든 것들이 그들의 감정을 뒤흔들면서 분위기를 좌우했다. 나는 작품 창작 그 자체의 경험이 그들의 자아 확장에 기여할 것을 기대했다. 자주 혼란스럽고 뒤엉킨 상황에서 그래도 해결의 실마리를 제시했다는 점에서 변화와 창작 과정에 대한 나의 체계적인 태도와 치료적인 원칙에 감사한다.

▶ 참고문헌

Casement, P. (1985). *On Learning From The Patient*. London: Tavistock/Routledge.

Gordon, R. (1978). *Dying and Creating*. London: Society of Analytical Psychology.

Redl, F., & Wineman, D. (1951). *Children Who Hate*. New York: Macmillan Publishing Co. Inc.

Sluzki, C., & Ransom, D. (Eds). (1977). *Double Bind*. London: Academic Press.

Tustin, F. (1986). *Autistic Barriers in Neurotic Patients*. London: Karnac Books.

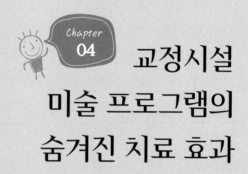

Chapter
04

교정시설
미술 프로그램의
숨겨진 치료 효과

콜린 리치스(Colin Riches)

당신이 당신 자신을 선하고 건설적인 방법으로 표현할
때, 당신은 한 가지 길보다 더 많은 길이 있다는 것을 깨
닫게 된다. 거기에는 또 다른 길이 있다. 이것이 미술의
영역이다.

서 론

1986년에 나는 올버니 교정시설에 미술공예센터를 설립했는데, 그곳은 최상급 보안 교정시설이었다. 센터는 교정시설 교육 분야에서 처음으로 설립되었는데, 최고 18명의 수용자들에게 전일제 고용과 교육을 제공했으며, 수용자들의 대부분은 중범죄를 저질러서 장기 복역 중이었다. 두 명의 전임 교사와 두 명의 시간제 교사들이 프로그램을 실시하였고, 프로그램은 색칠하기, 그림 그리기, 목공예 같은 것으로 구성되었으며, 지역사회의 자선단체 임무도 맡고 있었다. 로열 미술대학이 실시한 3년간의 연구 계획은 그 센터가 수용자들의 복지와 교정시설 통치방식에 공헌했다고 평가했다. 나는 또한 처칠 협회의 회원으로서 미국을 방문하면서 교정시설 미술에 관한 많은 연구를 할 수 있었다.

미술은 모험, 자기 계발 및 자기표현에 관한 것이며, 교정시설은 규제와 강요된 통제 및 위험을 최소화하는 곳이다. 이렇게 외관상으로는 양립할 수 없는 두 세상이 수용자들에게는 치료적인 유익을 가져다주고 교정시설에는 보다 안정된 통치방식을 가져다주는 유익한 협력으로 결합될 수 있다. 이 장에서는 HMP 올버니 교정시설의 미술공예센터에 참가한 장기수들이 미술 활동으로 얻은 유익함에 대해 기술하였다.

교정시설에서의 미술: 불가능할 것 같은 협력

모든 교정시설에는 전략적으로 교정시설 복역의 목적에 대한 글이 게시되어 있다. 교정시설 게시판은 구금의 두 가지 원칙적인 기능을 정의하고, 이를 직원들에게 상기시킨다. 그 두 가지 원칙은 법원이 위탁한 자들을 보호·감독하는 것과 석방된 다음에도 법을 준수하고 유익한 삶을 살 수 있도록 인간적으로 돌보고 도와주는 것이다. 수용은 수용자를 교정하고 재활시키기까지 처벌하고, 범죄 욕구를 제한하고 단념시키려는 의도를 가지고 있다. 하지만 이러한 기능은 교정시설에서의 일상생활에서 분쟁을 일으킬 수 있다. 왜냐하면 교정 프로그램을 실시하기 위해서는 종종 보안 및 계호 기능이 완화되어야 하기 때문이다. 위험한 수용자들은 이러한 훈육상의 완화를 악용할 수 있으며, 혼란을 일으킬 수 있다. 이러한 점은 보다 권위적인 교정시설 직원들로 하여금 미술 등의 예술 활동이 교정시설의 보안과 통제를 유지하는 자신들의 가장 중요한 책임에 위험이 된다고 생각하게 한다.

'특별한 병원에 관한 공식적인 보고서(Report of the Review of Rampton Hospital)'(1980)는 보안이 우선시되는 기관에서 치료적인 활동을 제공하는 데 대한 어려움을 언급하고 있는데, 그 보고서에 따르면 총체적인 보안은 대부분 치료적인 활동을 통해 얻어진다.

미술교육과 미술치료를 포함하는 치료 및 재활 프로그램은 수용자와 교도관 및 교사 혹은 치료사 간에 상호 신뢰와 존경이 있고 훈육이 위험하지 않을 때 일반적으로 성공하게 된다. 미술과 교정시설이라는 두 개의 다른 세상이 만나는 지점에서 약간의 긴장은 피할 수 없으며, 이러한 불가능할 것 같은 협력 관계의 성공은 공동 목표를 추구하면서 상대방의 기법과 욕구를 존중해 주는 데 달려 있다.

수용의 효과는 매우 다양하며, 수용자와 교도관들은 심리적 압박을 벗어나기 위한 전략을 개발한다. 대부분의 교정시설 직원들은 수용자들이 수용되는 것만으로는 개선되지 않는다는 것을 알고 있다. 반면에 많은 수용자들은 지루함, 권태와 스트레스에 적응하려고 노력하지만, 그들의 태도와 행동은 악화된다.

올버니 교정시설의 수용자인 믹(Mick)은 다음과 같이 기록했다.

　　바깥세상의 삶과 영향으로부터 고립되었고, 가정생활은 없다. 가치는 흐려졌고, 언어는 거칠어졌으며, 정신적인 활동은 제한된 틀에 갇혔다. 감성적인 영감은 둔해지고, 이러한 상황에 점점 더 개의치 않게 된다. 자신감은 급속도로 손상되어 궁색해지고 상처받기 쉬워졌다. 수용자들은 단지 이러한 잘못된 자신감의 상실을 감추기 위하여 실제적인 폭력을 야기할 수 있는 공격적인 성향을 보이게 된다.

　많은 수용자들은 수용에 뒤따르는 악화의 잠재성을 예리하게 알고 있다. 18년을 복역 중인 A급 수용자[1]인 마이크(Mike)는 "우리는 모두 실패자들이다. 그렇지 않다면 우리가 여기에 있지 않을 것이다. 우리는 도움이 필요하다."라고 말했다.

　최근 수년간 내무성과 교정국의 수많은 보고서들은 교정시설 생활에 의한 심신의 해악과 비인간화 문제를 바로잡기 위한 건설적인 대안과 창조적이고 목적적인 활동의 필요성을 강조해 왔다. 미술치료 프로그램은 개인의 발전과 자존감 그리고 약간의 자율을 촉진함으로써 이러한 목표에 중요한 공헌을 할 수 있다.

---

1) 수용자들은 보안의 정도에 따라 A~D 등급으로 분류된다. A급 수용자들은 그들의 탈출이 대중과 경찰, 국가에 위협이 되는 자들이다. 그들은 최고의 보안 수준에서 B급 수용자들 사이에 있는 '분산된 교정시설'에 감금된다. A급 수용자들을 하나의 요새 같은 건물에 모아 두는 것보다 몇몇 수용자들 사이에 분산하는 것이 더 안전하고 인간적이라고 여겨진다. 이 장과 관련된 치료 기간 동안 올버니 교정시설은 분산 교정시설이었으며, 약 12%의 A급 수용자들이 있었다. 미술공예센터는 이 수용자들의 22%를 담당하였다.

미술, 미술교육과 미술치료: 연속체

수용자들과 그들의 작업에 대해 상세히 토의하기 전에, 먼저 미술가와 미술교사 그리고 미술치료사의 개념을 명확히 설명하고 구분하는 것이 도움이 될 것이다. 각 분야의 교육 간 경계는 유동적이지만 교육의 실행자들은 각각의 역할에 서로 거리를 두는 것에 대해 일반적으로 조심스러운 입장을 가진다.

미술가는 미술 활동을 직업으로 한다. 미술가는 상상하고 탐험하게 하는 주제들을 찾아내고 그들의 생각을 시각적인 형태로 표현한다. 미술교사는 학생들의 기술을 발전시키는 데 중심을 둔다. 그들은 사생하고 색칠하는 기술을 가르치는 데 가치를 두며, 학생들은 그 기술을 사용하여 여가 활동으로 미술을 즐기거나 소수의 경우 직업으로 발전시키기도 한다.

미술 및 공예 교육은 우리들로 하여금 감각을 통해 환경에 대한 지식을 얻게 함으로써 보다 일반적인 지적 기능을 제공한다. 이러한 지식의 조직은 감각적 인식 과정의 일부분으로 세상의 무한한 복합성을 이해하게 해 준다. 미술교육은 이러한 재능을 계발하고 발전시켜 줌으로써 우리 자신과 사회 그리고 환경에 대한 이해를 넓혀 준다.

수용자들을 위한 미술교육의 특별한 장점은 시범과 실습으로 가르친다는 것이다. 이것은 '행함으로써 배우는 것'이며, 따라서 특별히 학문에 편중된 교육 체제 때문에 실패한 사람들에게 적절하다. 수용자들은 미술에서의 성공으로 인하여 과거에 소외되었다고 느꼈던 학업적인 교육 프로그램에 참가할 용기를 가질 수도 있다.

텍사스 휴스턴에 있는 청소년 감찰센터의 지도교사는 미술 프로그램에 대하여 다음과 같이 말했다.

소년범은 미술가와 더 빨리 관계를 형성한다. 그들은 자신을 못생겼다고 생각한다. 그래서 어떤 것을 아름답게 만드는 것은 새로운 경험이 되며, 불행한 존재인 소년범에게 희망을 준다. 미술 수업은…… 또한 학과과정에 다시 참여하는 것을 도와주고…… 소년범이 가정으로 돌아갔을 때 성공의 기억을 갖게 해 준다.

　미술교육의 또 다른 기능은 지성과 감성 그리고 손기술을 통합함으로써 개인의 전체성을 향상시키는 것이며, 그럼으로써 개인의 경험이 탐구되고 표현될 수 있다. 의사소통은 전체성의 개념 면에서 절대적이다. 미술교육은 학생으로 하여금 스스로에게 독립적인 시각을 가지게 함으로써 그들의 경험을 입증하도록 용기를 준다. 이 점은 특히 수용자들에게 중요한데, 그들 중 많은 사람들이 제한된 언어적 기법을 갖고 있기 때문이다. 유능한 화가가 된 종신수 데니스(Dennis)는 "내가 가진 이 순간의 가장 큰 문제는 매우 위축되어 있다는 것이다. ……나는 말을 편안하게 하지 못하기 때문에 표현의 수단으로 미술을 사용한다."라고 말했다.

　미술교육의 몇몇 측면이 치료적인 과정과 밀접한 관련이 있는 것은 분명하다. 특히, 개인의 자존감을 향상시킨다는 면에서 그렇다. 미술과 미술교육 그리고 미술치료의 관계는 각각의 훈육이 구분되는 목표를 가진 연속체의 관계다. 미술치료는 우선적으로 시각적 이미지와 상징을 만드는 치료 과정과 그 과정에서 일어나는 통찰력에 초점을 두고 있다. 이 과정은 대인관계에서 거부되거나 수용될 수 없는 감정을 유발할 수 있고, 그럼으로써 이 감정은 자기 속에 응집될 수 있다. 완성된 미술품이나 미적인 기법의 발전은 그다지 중요하지 않다. 미술치료사에게 그림은 목적을 위한 수단이지 완성된 그림 그 자체가 목적이 아니기 때문이다.

　'치료적'이라는 단어의 개념 정의는 미술, 미술교육 및 미술치료의 연속체 중 어디에서 사용되는가에 따라 달라질 수 있다. 이 장에서 '치료적'이라는 단어는 일반적인 미술치료의 특별한 훈육과 관련된 의미보다 폭넓게 정의된다. 여기서의 개념 정의는 수용자에게 긍정적이고 눈에 띄는 변화를 촉진하는 어떠한 예술적 행위를 포함한다. 비록 그러한 변화들이 일시적이고 '부정적으로' 측정되는 경우까지도 포함한다. 예를 들면, 어떤 폭력적인 수용자가 다른 수용자를 공격하는 비율이 일 년에 10회에서 5회로 줄었다면 이 수용자의 행동은 개선되고 있다고 말할 수 있다. 만약 그 개선 상태가 부분적으로 미술 프로그램의 참가에 따른 것이라면, 그 프로그램은 그에게 약간의 치료적 효과가 있다고 할 수 있다.

이 글에서 '치료적'이라는 단어의 개념 정의는 올버니 교정시설 미술 프로그램이 "시간을 보내도록 도와주기 때문에 치료적이다."라고 말한 어떤 A급 수용자의 견해까지도 포함하고 있다. 캘리포니아 주립교정시설의 미술 프로그램 또한 한 연구자에 의해 '치료적'이라고 기술되었는데, 수용자들이 비난받지 않고 긴장을 풀고 표현할 수 있는 시간을 허락했기 때문이다.

이러한 숨겨진 치료적 효과는 교정시설 미술 프로그램에서 의도되지 않았음에도 불구하고 종종 자발적으로 발생하며, 개념적으로 정의되거나 측정되기 어렵다. 그럼에도 불구하고, 그것은 개인과 기관 모두의 복지에 중요한 공헌을 할 수 있다.

미술과 공예 과정

올버니 교정시설에서 수용자들의 작업은 많은 교정시설 미술 수업이나 미술 전시회에서 방문자들이 보게 된다. 대다수의 작업은 예측할 수 있는 주제를 묘사하는 기술적 능력으로 특징지어진다. 올버니 교정시설에서는 82점의 미술품을 평가했는데(수용자들의 작업의 전형이 될 특징을 판별하기 위해 미술공예센터에서 일하는 세 명의 교사들이 평가했다), 79%는 기술적인 기법과 구성 면에서 탁월하거나 매우 훌륭한 것으로 평가되었다. 이것은 미술교사나 미술가로부터 최소한의 지도를 받은 작품들의 경우였다(Riches, 1991). 수용자들의 작품은 작품성보다는 숙련공의 태도와 방법을 가지고 만든 공예품과 숙련된 기술을 보여 주는 그림이라고 할 수 있다.

기술적인 기법이 탐험과 색 그리고 표현으로서의 미술 관념에 부합되는 소수의 작품도 있었는데, 수용자는 그 자신에 대한 진정한 무엇인가를 표현하기 위해, 자신의 작품에서 어떤 소리를 찾는 것이다. 이런 종류의 작업은 주제와 구성을 예측하기 어렵다. 그것은 종종 교정시설에서의 자신의 현재 상황과 연관된 것을 반영한다.

일반화해 보면, 작업에서 전자의 카테고리는 원칙적으로 공예 과정으로 특징지어지고, 후자는 미술 과정으로 특징지어진다. 이 두 개념은 상호 배타적이지 않으며, 실제에서 상당히 겹치는 부분이 많지만, 수용자 미술에서 두 부분의 광범위한 영역을 구별하는 것은 중요하다. 왜냐하면 두 영역은 그 치료적 효과가 다르기 때문이다.

공예 과정은 규범적이다. 숙련공은 특별한 최종 작품을 만들기 위하여 특정한 재료와 기법 및 과정을 사용한다. 도구와 재료를 사용하는 훌륭한 실행의 원칙이 있으며, 그것은 시범을 통해 배울 수 있다. 공예 과정에는 기술의 발전을 평가하고 성공을 측정하며 최종 작품의 가치를 명확히 하는 질적인 척도가 있다. 숙련공에게 과정은 목표를 위한 수단이며, 최종 작품이 가장 중요하다. 최종 작품이 성공적이라면, 그 제작자는 자기만족의 보상, 즉 시장성 있는 최종 작품으로서 다른 사람의 존경과 뒤따르는 자존감의 향상을 만끽할 수 있다.

수용자들의 작업 중 소수는 기법과 별 관련이 없으며, 그들은 시각적 표현에서 자신의 목소리를 찾는 것을 즐긴다. 이 작업은 미술 과정과 관련이 있다. 공예 과정과 달리, 미술 과정은 예측할 수 없으며 미리 묘사될 수도 없다. 그것은 분명한 시작도 없고 잘 정의된 목적물도 없다. 그 과정은 미술가로서의 생각이 표면으로 떠오르고 탐구되는 연속체다. 그러나 그것들은 시각적인 이미지로 다시 떠오르기 전에 한동안 잠재의식 속에 가라앉아 있을 수도 있다. 화가 그래엄 서덜랜드(Graham Sutherland)는 자신의 작업 활동 방법의 초기 단계를 다음과 같이 서술하고 있다.

> 나는 산책을 하기도 한다. 내 주위에 모든 것들이 있다. 나는 본다. 사람들이 대부분 우연히 보게 되는 어떤 것들은 다른 것들보다 더 강한 인상을 준다. ……난 내가 하는 것 혹은 내가 하려고 하는 것을 항상 이해하지 못한다. ……내 마음은 수동적이다. 그리고 공허하다. ……점차 어떤 아이디어가 떠오른다. ……보았던 것들이 재인식되고 처음 보았던 것과는 다르게 느껴지며 새로운 어떤 것으로 은유되고 변화된다. 하지만 이 모든 것은 같은 것이다 (Sutherland, 1973: 14).

종종 미술가는 자신의 생각을 소통할 수 있도록 만들 때까지 자신이 표현하려고 하는 것을 분명히 알지 못한다. 그의 목적물은 '어둠 속에서' 행해야 하는 많은 토론의 결과로 현실화된다. 미술가는 그동안 자신의 아이디어를 탐구하고 구체화된 형태로 만들려고 한다. 하지만 아무것도 말할 것이 없고, 자신의 노력이 공허한 것임을 발견할 위험이 항상 있다. 위험을 감수하는 것은 미술 과정에서 본질적인 것이다. 노력에 대한 긍정적인 성과를 거둘 가능성이 있다면, 미술가는 내부 혼란과 분열 및 정체성 상실의 두려움을 감내할 준비가 되어 있어야 한다. 미술가는 중간 매체의 압박과 싸우는 동안 처음에 느낀 아이디어의 힘을 지켜 내야 한다. 미술가가 사용하는 재료와 기술 및 기법은 자신의 아이디어를 탐구하고 표현하는 데 종속된다. 일단 아이디어에 표현적인 형태가 주어지면, 미술가는 더 많은 불확실성에 직면하게 된다. 왜냐하면 미술가의 작업에서 표현적인 내용을 평가하기 위한 분명하고 객관적인 기준이 없기 때문이다. 만족감이나 충족감은 쉽게 사라지기 마련이다. 미술 과정

의 비규범적인 특성 때문에 결점의 확인이 어렵다. 같은 이유로 비록 그 과정
이 촉진된다 하더라도 쉽게 가르칠 수는 없다.

수용자의 기능으로서의 미술치료

수용자들의 기능적인 미술 작품은 '좋은 그림은 어떠해야 하는가'에 초점
을 두는 것이 특징이며, '대중적인 표준을 따르는 것이 좋은 것'이라는 선입
견에 의해 대부분 결정된다. 수용자들의 주된 관심은 아이디어를 탐구하고 소
통하는 것보다는 '좋게 보이는 것'이다. 그들은 이러한 목적을 성취하기 위해
기능적 과정의 지시적인 방법에 의존한다. 그래서 표면적으로는 미술의 목표
를 추구하지만, 실제에서 그들의 그림, 데생, 조각은 공예품(기능적 작품)으로
취급된다. 미술에 관심이 있는 대부분의 수용자들은 좋은 그림은 어떻게 보여
야 하며 내용이 어떠해야 한다는 개념을 가지고 있다. 이러한 선입견이 그들
의 기법이나 주제의 선택을 결정한다.

많은 교정시설들이 노력해야만 시각적인 자극을 얻을 수 있는 시각적인 사
막이다. 교정시설 환경이 더 자극적이라면, 몇몇 수용자들은 교정시설의 환경
을 묘사했을 것이다. 그러나 그들의 대부분은 책이나 잡지에 실린 사진을 통
해 간접적인 형상을 선택한다. 데생하고 색칠하는 방법을 알려 주는 기초적인
책부터 유명한 미술가들의 작품을 모사하는 것을 거쳐서, 잡지와 컬러로 된
부록까지 섭렵한다. 불가피하게 정형화된 주제는 풍경, 유명인의 초상화, 남
성잡지의 여성 누드, 동물, 정물 그리고 남성적 라이프 스타일을 상징하는 멋
진 차와 오토바이 등에 대한 것이다. 아이디어의 근원으로서 환상적인 재료를
사용하는 초현실적인 관점의 좀 더 창의력 있는 그림들도 있다. 모든 재료의
취급은 감성, 향수 그리고 항의의 요소들을 담고 있지만, 수용자들의 그림에
는 교정시설의 규정과 경험에 기반한 중요한 결함이 있다.

그림이 완성되었을 때 어떻게 보여야 한다는 수용자들의 선입견은 그들의 작업 방법과 기법을 결정한다. 그들은 실험, 탐구, 표현에서 발생할 수 있는 위험을 피하고, 지시된 방법, 예측 가능성, 작품의 질에 대한 분명한 측정을 보증하는 기능적 과정을 선호한다. 그림에 대한 선입견은 매체의 선택에까지 확대된다. 유화물감은 화가에게 걸맞은 매체로 인식되기 때문에 종종 사용된다.

종종 수용자는 그림을 더 잘 그리게 될수록 태도가 더 엄격해지고 잘 훈련된 방식을 벗어나려고 하지 않는다. 한 수용자는 전성기 르네상스의 기법이 그 자신에게 적합하고 유일한 화법이라고 믿었으며, 인상파와 현대미술은 쓰레기 취급했다. 그는 대가들의 고전적인 기법을 배우려는 시도에 좌절하면서도 성공할 때까지 계속했다. 하지만 그가 그린 중세 전투 장면 속에 묘사된 오토바이를 탄 사람은 화가 티치아노 티션(Tiziano Titian)의 기법에서 보면 전혀 어울리지 않았다.

그림의 내용에 맞는 적절한 기법의 기준은 수용자들이 자신의 그림을 분명한 기준에 의해 평가받는 것에 달려 있다. 즉, 성공은 원작과 얼마나 같게 그렸느냐에 따라 결정된다는 것이다. 종신수 데니스는 교정시설 내에서 명성 있는 화가였다. 그는 다음과 같이 말했다.

당신이 많은 사람들에게 인상파 그림을 보여 주면 그들은 그것이 무엇인지 모르겠다고 말한다. 교정시설의 많은 수용자들은 사진과 같은 리얼리즘을 보기를 원한다. 그들은 예술을 전체적으로 보지 않으며, 그것이 정확할 때 좋아 보인다고 말한다. 나는 그런 경우를 많이 봐 왔다. 그들은 내 그림이 사실적이기 때문에 좋아한다.

완벽하게 모사하는 것이 수용자들에게는 매우 중요한 것이므로, 그들은 자신이나 부탁받은 다른 사람의 인물을 사실적으로 모사한다. 가족이나 친구들의 사진은 교정시설의 숙련된 미술가에게 전해지고, 수용자들은 그림이나 데 생으로 이미지를 확대한다. 여권 크기의 사진에 더 많은 가능성을 부여해서 그것은 예술 작품의 수준으로 향상된다. 이러한 초상화들은 높은 수준의 전문 적 기술을 가지고 있음을 말해 주지만 그것은 단지 인물화와 관련된 기술을 보여 줄 뿐이다.

앞에서 언급한 82점의 미술 작품에서 1/3이 사진 자료를 보고 모사했다는 것 이 알려졌다(Riches, 1991). 수용자들이 일반적으로 모사를 연습하는 두 가지 이 유는 시각적으로 무미건조한 환경과 그것의 압박으로부터 정신적으로 탈출하 고 싶은 욕구 때문이다. 특히, 수용자들이 수업을 거의 받지 않고 그림을 그릴 때, 모사는 기능적 활동으로서의 미술이 되며 기법적인 기술이 완벽하게 표현 될 수 있다. 또한 많은 수용자들에게 모사는 훈육의 수련을 견딜 필요 없이 유 명한 미술가의 지위로 솟아오르는 수단이 된다. 강도 행위가 부에 이르는 지 름길인 것처럼 모사는 이들에게 성공으로 가는 지름길이다. 미술의 역사를 살 펴볼 때 배움의 목적으로 모사를 하는 것은 오랜 전통이다.

이 전통은 20세기 중반에 쇠퇴했으나 교육의 방법으로 재부상했다. 많은 교 정시설 미술은 알게 모르게 그 전통의 한 부분을 차지하며, 모사는 몇몇 수용 자들에게는 미술적인 개발을 위한 정당한 '입문 과정'이 될 수 있다. 모사는 매체와 미술 내용의 더 실질적인 만남을 향한 첫걸음이 될 수 있다.

'집에서 거실을 그려 본' 경험밖에 없다고 말한 한 수용자는 미술책을 보고 여러 인상파 그림을 모사했고, 그 과정에서 유화물감을 사용하는 데 상당한 재 능을 발휘했다. 이것은 그로 하여금 그의 기억 속에 있는 아내에 대한 감성적 인 그림과 표현적인 자화상을 그릴 수 있게 했으며, 이 두 그림은 교정시설 미 술을 알리는 국립전시관에 전시되었다. 그는 교사들의 칭찬을 자신을 놀리는 것으로 받아들였으며, 그것에 회의적이고 부정적이었다. 그 그림들을 완성한 후 곧바로 초상화 그리기 과정에 참여했으나 능력을 발휘하지 못하고 자신감 을 잃어버렸다. 그가 자신의 작품을 좀 더 높이 평가했더라면 그림을 그리는 것에 흥미를 가졌을 것이고 충분한 자신감을 가지지 않았을까 생각해 본다.

데니스는 처음 그림을 그리면서 다른 수용자들의 작품을 어떻게 모사했는지 서술했다.

> 나는 그림을 그리는 무기징역수를 알고 있었다. 그는 초상화와 교정시설의 풍경을 그리는 데 뛰어났다. 그에게 미술 재료를 빌려 달라고 부탁하면서 사용법을 보여 달라고 했다. 그는 그렇게 해 주었다. 그리고 보드에 그림을 그린 후 격자를 그어서 나에게 주었다. 그 후 나도 다른 보드에 똑같이 그렇게 했다. 그러고 나서 그는 보드를 다시 가져가서 밑칠을 하고 나에게 모사하도록 돌려주었다. 나는 붓과 물감의 사용이 숙달될 때까지 그것을 반복했다.

미술가와 미술교사들은 모사가 직접적인 시각 세계와의 관여를 방해하고 잘못된 미술의 가치를 촉진하기 때문에 모사를 혐오한다. 그러나 수용자들의 미술적 관심사는 그들의 교사들과 항상 같지는 않다. 그들의 관심사는 '비록 다를지라도' 타당할 수 있다.

기능적인 미술 활동으로부터 수용자들이 얻게 되는 개인적인 효과는 앞에서 말한 공예적인 과정과 연관이 있다. 공예 활동 자체가 '시간을 보내는' 타당한 방법이며, 그것은 예측 가능하고 평가될 수 있는 최종물로서 가치가 있다. 작업이 잘되면 자부심을 느낄 수 있으며, 수용자들과 교도관 모두에게 칭찬을 받을 수 있고, 그 물건을 만든 수용자에게 필요한 높은 자긍심을 심어 준다.

개인적인 만족감을 주는 것에 덧붙여, 기능적인 미술 활동은 두 가지 다른 목적으로 행해질 수도 있는데, 그 둘은 수용자의 자존감을 증진시키는 데 기여한다. 수용자들의 대부분은 면회 온 가족이나 친구들에게 그림이나 데생 혹은 작은 조각품을 건네준다. 또 다른 종신수인 브라이언(Brian)은 이렇게 말했다. "면회자에게 무엇인가를 준다는 것은 멋진 일이다. 그것은 그들에게 면회를 와 주어서 고맙다고 말하는 하나의 방법이기 때문이다. 그리고 나는 무력하게 느껴지지 않는다. 나는 적어도 다른 사람을 위하여 무엇인가를 할 수 있다." 그것은 또한 수용자 자신을 바깥세상에 위치시키는 한 방법으로, 단지 기억뿐 아니라 그 작품 안에 계속 존재하게 된다.

때로는 나무로 정교하게 조각된 실물 크기의 사람 두개골 같은 기괴한 선물이 건네지기도 한다. 그것을 만든 존은 말했다.

> 나는 아내에게 줄 몇 개의 선물을 만들었다. 나는 내가 조각한 두개골을 그녀에게 줄 것이다. 그녀는 선물을 받았지만 그것을 보고 싶어 하지는 않을 것이다. 그녀는 내가 그것에 리본을 달아서 포장한 후 크리스마스트리 옆에 바로 놓을 수 있도록 해 주기를 원할 것이다. 그녀가 크리스마스에 두개골을 열어 볼 것을 상상해 보라!

수용자 자신을 위하여 만든 몇몇 작품들은 후에 다른 수용자가 가지고 있는 것이 발견되었다. 앞에서 언급한 가족사진을 보고 그린 초상화들은 종종 다른 물건이나 담배 1, 2온스로 교환된다. 몇몇 수용자들은 같은 방법으로 자신의 빚을 청산한 것으로 의심받기도 하는데, 이는 교정시설의 규칙을 위반하는 행위다.

만약 가장 폭넓은 의미로 정의한다면, 기능적 미술 활동과 관련된 효과는 많은 수용자들에게 '치료적'이라고 할 수 있다. 수용 생활의 괴로움이 줄어들고, 살아가는 것이 조금은 쉬워질 수 있다. 게다가 다른 수용자와 교도관의 칭찬으로 자부심이 높아지기도 한다.

수용자의 자기표현으로서의 미술치료

수용자들이 미술 과정에 존재하는 위험을 부담할 준비가 되면, 자신과 환경에 대하여 진정한 무엇인가를 말하는 소리를 더 잘 들을 수 있다(하지만 교사의 격려 없이 수업을 받지 않고 이 과정을 추구하는 수용자는 없다). 시각적인 이미지는 수용자들의 외적인 세상이나 개인적인 내면세계와 관련이 있거나 실제 경험을 분명하게 표현하기 위해 사용된다. 기법적인 기술은 중요한 것이 아니며 단지 수용자의 아이디어를 분명하게 표현하기 위한 수단일 뿐이다.

미술 과정에서 처방의 부족은 동등하게 결과에도 적용된다. 그런데 그것은 예상외로 나타날 수 있고, 그것만 따로 분리해서 생각하면 보다 긴 수업과 교육과정의 부분으로서 나타날 수 있다. 그 활동은 모사도 아니고 다른 사람의 생각을 해석하는 것도 아닌, 진정한 자극에 대한 반응이다.

올버니 교정시설에서 수용자들은 미술 활동을 시작하는 것에 대한 불편함을 자화상을 그림으로써 우회하여 표현하였는데, 이것은 수용자들의 예술 활동에서 가장 진정한 작품이다. 종신수가 그린 이와 같은 자화상([그림 4-1] 참조)은 그 자신을 직접적으로 관찰한 것에 대한 반응을 표현한 것이며, 그가 이전에 그린 소심하고 생기 없는 야생동물 그림으로부터 벗어난 두드러진 이탈을 보여 준다.

신뢰와 자신감의 형성은 미술 과정에서 중요하다. 왜냐하면 수용자는 아무것도 말할 것이 없다고 느낄 수 있으며, 자신의 그림이 비난받거나 놀림받을 것이라고 생각할 수 있기 때문이다. 이것과 관련된 염려에 대해서는 나중에 논의할 것이다.

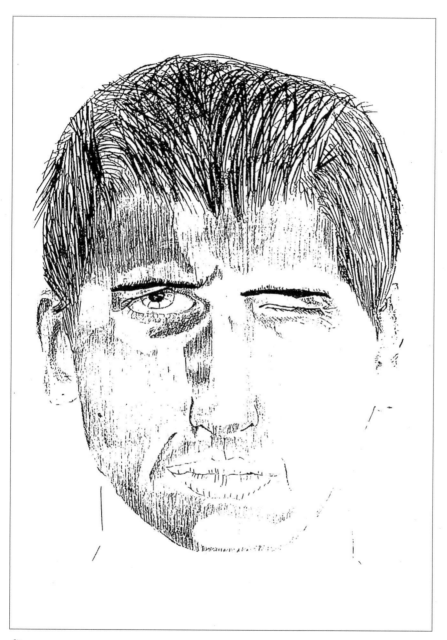

[그림 4-1]　한 종신수의 자화상. 1992년 올버니 최상급 보안 교정시설에서. 종이와 연필

올버니 교정시설의 미술공예센터에서 작업하는 다섯 명의 수용자들의 활동
은 표현적인 미술 활동의 본보기로서 묘사될 것이다. 그리고 미술 활동의 치
료적인 효과도 증명될 것이다. 앞의 두 가지 본보기는 교정시설 영역의 치료
프로그램의 필요성과 가치를 강조하고 있다.

대 니

센터가 개관한 지 3주 후에, 위험 인물이라는 명성을 가진 대니(Danny)가 나
타났다. 대니는 그곳에서 다른 수용자들과 자신의 문제를 논의하는 데 분열적
인 영향을 미치면서 8주 동안 거의 활동하지 않았다. 대니는 어느 날 다른 수
용자가 기본적인 조각 도구만으로 건축용 빌딩 벽돌을 사용하여 두상을 성공
적으로 조각한 작품에 주목하게 되었다. 대니는 그때부터 병적인 머뭇거림에
서 벗어나 거의 광적인 에너지로 작업하기 시작했다. 2주 내에 그는 두 개의
두상을 조각했고, 포스터물감과 니스 칠로 마무리했다. 그 두상은 큰 눈을 하
고 있었고, 뭉크(Munk)의 〈절규〉를 연상시켰으며, 금방이라도 소리를 지를
것처럼 커다랗게 입을 벌리고 있었다. 그것은 강력하고 혼란스러운 분노의 표
현이었다. 교사는 그에게 목탄으로 두상을 그리게 하면서 생각을 계속 탐색하
라고 제안했다. 그림은 지나치게 꾸며진 결과로 조각품의 진정성을 떨어뜨리
고 있었다. 이 작품 활동에 만족하지 못한 그는 집중력이 떨어졌고, 초기의 수
다스럽고 비활동적인 상태로 되돌아갔다.

다시 작업할 것을 설득하는 지도교사의 시도에 저항하던 대니가 다른 수용
자의 작업과 최종 작품을 감상함으로써 미술 활동에 다시 뛰어든 것은 매우
흥미롭다. 의도하지 않았던 실제 시범은 언어적인 설득이 실패한 곳에서 성공
을 거두었다. 건축용 벽돌이라는 매체를 통해 그는 고통을 표현할 수 있었고,
먼저 시범에 의해 그 과정이 시작되었다. 도구와 매체를 다루는 대니의 방식
은 수용자들의 일상적인 방식을 벗어나 관습을 조롱한 것이었는데, 그의 비전

형적인 작업방식은 가장 강력한 방법으로 그의 감정을 표현할 수 있게 만들어 주었다. 이 두 개의 두상을 만든 작업은 만약 이 경험을 해 보지 않았다면, 미술교육 과정에서 완전히 소외되었을 수용자의 미술 활동에서 몇 가지 중요한 요소들을 보여 준다.

불행히도 대니의 행동은 다시 파괴적이 되었고 그는 센터에서 쫓겨났다. 그 후 얼마 되지 않아 그는 다른 교정시설로 이감되었다가 18개월 후에 다시 올버니 교정시설로 돌아왔다. 대니가 매우 혼란스럽다는 것을 깨달은 교정시설 심리상담가가 그를 상담했다. 상담하는 동안, 대니는 2년 전에 만든 조각품 중 하나에 대하여 이야기했다. 그는 그것을 자기 안에 있는 '죽음과 어둠'으로 묘사했다. 한 달 후 그의 행위는 교정시설에 있는 가구를 부술 정도로 악화되었고, 그는 머리를 벽에 부딪치지 못하도록 제재를 받아야 했다. 놀라운 사실은 대니가 정신적 건강이 악화된 지 18개월이 지난 뒤에도 조각 행위를 비존재적인 느낌(자신이 존재하고 있지 않은 듯한 느낌)을 표현한 중요한 사건으로 기억하고 있었다는 것이다. 좀 더 지지적이고 치료적인 환경이었다면, 대니는 이러한 이미지를 탐구하도록 격려받았을 것이고, 그의 고통은 어느 정도 치료될 수 있었을지도 모른다.

크리스

종신수 크리스(Cris)는 선택적 침묵과 고립적인 태도를 전략적으로 사용하며 수용 생활을 했다. 몇몇 수용자들의 공격적인 위협에도 불구하고, 그는 커다란 하드보드에 유화물감을 정열적으로 칠하면서 단호한 침묵을 유지했다. 그의 그림은 반추상적인 표현방식으로 거칠게 그려진 진흙색 그림에서 밝고 균일한 색깔과 분명하고 뚜렷한 형태의 윤곽으로 변형되었다. 나중의 그림은 아르프(Arp)의 부조 형태와 몇몇 미로 형상을 연상시킨다. 그의 작업 패턴에는 사이클이 있었는데, 한때는 묘사라기보다 그의 얼어붙은 공격성을 드러내는 것처럼 보였다. 그러나 다시 변화된 형상은 더 정확하고 신중히 통제된 형태였다. 그러고 나서는 더욱더 혼란스러운 처음의 그림으로 돌아오곤 했다.

한번은 크리스가 어색해하면서 자신이 그림을 그리는 이유를 이야기했다.

> 나는 분노와 죽음의 감정을 그린다. 모든 미술가는 그들의 감정을 그린다. 그것이 그림을 그리는 유일한 방법이다. ⋯⋯만약 내 감정을 그리지 않는다면, 나는 누군가를 죽일지도 모른다.

많은 교도관들은 크리스가 얼마 버티지 못할 것이라고 말했지만, 교사를 위협하는 행동으로 쫓겨날 때까지 예상외로 9개월간 센터에 머물렀다. 그림은 크리스의 좌절과 공격적인 환상을 표출할 수 있도록 해 주었다. 더 구조적이고 치료적인 프로그램으로 그의 감정을 언어적으로나 시각적으로 분명히 표현할 수 있도록 격려했다면, 그의 작품에 나타난 행위의 반복적인 패턴을 깨고 내향적인 태도가 변화되었을지도 모른다.

닐

이 사례는 교정시설의 수용이 자신에게 미치는 영향을 작품을 통해 표현한 한 수용자의 표현적이고 기법적인 기술을 보여 준다. 닐(Neil)이 센터에 왔을 때는 18년간의 복역을 시작하는 중이었다. 그는 지적이고 논리적이며 공동 작업과 예술 작품에 친숙했으나 실제 그림 그리는 기술은 없었다. 그가 센터에 왔을 때 마침 개설된 미술대학의 기초 과정에 대한 소개가 있었는데, 그는 기꺼이 참여했다.

그 과정의 초기 과제 중 하나는 자화상이었다. 그는 자신과 유사하게 그렸지만, 색채 감각과 색상을 다루는 기술은 거칠었다. 일 년 후 그는 두 번째 작품으로 보다 감성적인 자화상을 완성했다. 그리고 3개월 후에 세 번째 작품을 완성했다. 그림을 그리는 사이에 그는 과제를 계속했는데, 과제는 나무 부조 조각과 대가들의 그림을 모사하는 것이었다. 그는 자신이 네 번 모사한 모네의 작품에 큰 관심을 갖게 되었다. 그리고 자화상 그리기와 모사에 몰두했다. 왜냐하면 주제가 교정시설에 의해 제한되기 때문이다. 그는 "상상의 세계에서 나는 어딘가 절벽 위에 이젤을 세워 놓고 그림을 그리곤 한다. ……나는 교정시설의 장면을 그리고 싶지는 않다."라고 말했다.

세 번째 자화상을 그린 지 6개월 후와 첫 번째 작품을 그린 지 2년 후에 그는 3개의 거울을 이용하여 전신의 자화상을 완성했다. 이것은 매체에 대한 숙달과 공간 구성의 이해는 물론 심리학적인 통찰의 수준을 보여 주었다. 그는 작품을 재검토하면서 다음과 같이 회상했다.

나는 네다섯 개의 자화상 작업을 했다. 첫 번째 작품은 7세 아이가 보는 관점에서 그린 것처럼 소박했다. 점차 작품은 성숙해졌고 발전되어 갔다. 나는 더 큰 자신감을 느꼈으며, 마지막 작품은 앞의 작품들보다 더 빨리 완성되었는데, 그것은 자신감의 성장과 더 이상 겁내지 않는 것의 상징이다. 미술은 개인이 그 자신을 발견하도록 도울 수 있다고 생각한다. 미술은 개인적인 성장을 돕고 자신에 대한 시야를 넓혀 줄 것이다.

그는 미술 활동이 수용자들의 낮은 자존감을 향상시키는 수단으로서 중요한 기능을 갖고 있다고 믿었다. 많은 수용자들이 자기 이해가 매우 부족하고, 이로 인해 반사회적인 행위를 하게 된다고 그는 계속해서 말했다. "당신이 자신을 선하고 건설적인 방법으로 표현할 때, 당신은 한 가지 길보다 더 많은 길이 있다는 것을 깨닫게 된다. 거기에는 또 다른 길이 있다. 이것이 미술의 영역이다."

빌

이 사례는 기법에 대한 강한 선입견이 강조되는 공에 작업과 오랫동안 그림 그리기를 한 수용자의 작업에서 진정한 개인적 표현을 보여 준다. 빌(Bill)은 지적이고 논리적이었지만, 40년 인생의 절반을 교정시설에서 보내고 있었다. 이 기간 동안 그는 독학으로 성공한 미술가 또는 기능인이 되었다. 그리고 한 미술대학 강사로부터 '재능 있는 아마추어'로 불렸다. 그는 기법의 범주 내에서 기술을 개발했는데, 수용의 압박에 직면한 그의 작품은 대단히 독창적이었다. 하지만 매체의 다양성을 탐구하려는 그의 의도는 작품 내용에서는 확대되지 않았고, 단지 옛날을 그리워하거나 때로는 '무관심한 척하는' 것의 경계에 있었다.

그의 작품이 변화를 나타내기 시작한 것은 빌이 센터에 머문 3년 6개월 중 6개월쯤 되었을 때다. 지역의 가톨릭계 초등학교에서 '성모상' 조각을 부탁했는데, 그는 주목으로 조각하는 데 동의했다. 성모상의 절반은 실물 크기였으며, 아기 예수를 안고 서로 마주 보고 있는 형태로 조각되었다. 이 조각품은 강하고 엄격했으며, 종교적인 형상과 관련된 감성이 결여되어 있었다. 그다음에는 아프리카 부족의 토템 같은 조각품을 만들었다. 빌은 그것을 '걸어 다니는 죽은 아이디어'라고 묘사했다. 대형 작품에 대한 도전을 직면하는 과정에서 빌은 자신의 기능적인 면을 발휘할 수 있었으며, 어느 정도 자신만의 표현법을 발견할 수 있었다.

그가 기법에서 벗어난 그림을 그릴 수 있기까지는 많은 시간이 걸렸다. 그는 자신을 위협한 두 명의 수용자를 그린 초상화에 대해 이야기하면서, 그림을 그릴 때 느낀 감정을 표현하는 것에 관심을 나타냈다. 그림은 풍부하고 어두운 톤으로 두껍게 칠해졌다. 불행하게도 그 그림의 실체를 나타내는 질감은 광택제 때문에 가려졌으며, 완성된 작품에서는 위협과 관련된 그의 진정한 감정 표현은 전혀 나타나지 않았다.

[그림 4-2] 빌: 조류의 두개골에 대한 연구. 1989년 최상급 보안 올버
니 교정시설에서. 종이와 아크릴

그가 석방되기 전, 미술대학의 전임 과정에 지원하기로 결정한 후 일 년 동
안 그에게 큰 변화가 일어났다. 언젠가 지도교사들이 그에게 실생활과 관련된
그림을 더 많이 그려 보라고 격려한 적이 있었다. 빌은 교정시설 생활에 대한
연구를 시작했고 단색 그림으로 그것들을 표현했다. 그 그림들은 매우 실제적
이고 흥미로웠는데, 그중 가장 강력했던 것은 그가 교정시설의 벽 뒤에서 발
견한 '조류의 두개골에 대한 연구'였다([그림 4-2] 참조).

미술 과정과 기능 과정의 차이점은 추상적인 내용 때문에 빌이 그의 후기
작품을 평가하는 것이 더 어려워졌다는 것을 의미한다. 그는 이전의 기능적인
작품에 대해 다른 수용자들로부터 더 이상 칭송받지 못하는 어려움에 직면해
야 했다. 그가 이런 어려움을 수용할 수 있게 되었다는 것은 자신감과 자존감
의 소중함을 깨닫게 된 것을 의미한다.

일 년 전 그는 자신의 작품에 대한 매우 민감한 비평을 받아들이기 시작했
다. 당시 다른 사람들의 비언어적인 태도조차 그의 자신감을 잃게 만들었을

것이다. 그가 센터에 머물던 기간 중에 그의 미래에 대해 깊이 생각하게 되었을 때 그는 자포자기에 빠진 적이 있었다. 그러나 한편으로는 필사적으로 교정시설에서 영원히 벗어나고 싶어 했다. 또 다른 한편으로는 석방된 후에 정규적인 직업이 없다면, 곧 범죄를 저지를 것이고 그가 필사적으로 벗어나고 싶어 하는 악순환을 반복할 것이라는 것을 알고 있었다.

······만약 그러한 겁쟁이가 되지 않았더라면, 나는 반복적인 악순환을 끊기 위한 준비를 하며 지내 왔을 것이다. 나는 좀 더 나은 사람이 되기 위해 무엇을 해야 하는지 알 수 없었다. 나에게 보이는 모든 것은 또 다른 형벌, 형벌, 형벌뿐이었다.

아마 이러한 절박한 심정 때문에 그는 지금까지 해 온 모든 것에 회의를 느끼고 정규 미술 과정을 공부하려고 했을 것이다. 몇 번의 좌절 끝에 그는 기초 과정에 들어갈 것을 제안받았고, 석방 후 그는 그 제안을 받아들였다.

데니스

이 마지막 사례는 다수의 전문적인 미술가들에게도 친숙한 것으로, '갈채 효과의 억제'라고 하는 문제다. 앞서 언급한 종신수 데니스는 완성된 화가로서 센터에 왔다. 그는 국립전람회에서 '우수 신인상'을 수상했으며, 그의 작품은 한 수집가에게 팔렸다. 그는 교정시설에서 그림 그리기를 배웠고, 또한 그것이 주된 관심사였다. 이러한 면에서 그는 많은 수용자 미술가들과 달랐다. 수용자들의 대부분은 교정시설과 직면하기 위한 수단이 아니라 벗어나기 위한 수단으로 간주했다. 그는 말했다.

나는 항상 내 주위에서 보이는 것을 그린다. 나는 의식적으로 내 앞에 있

는 것을 해석하지 않는다. 나는 나의 그림을 역사적 기록으로 보며, 그래서
미래의 사람들은 1980년대와 1990년대의 교정시설이 어떻게 생겼는지 알
수 있을 것이다.

그의 그림은 교정시설을 주의 깊게 관찰한 연구물이다. 그 그림은 멋지고,
환경에 대한 저항이나 주장이 담겨 있지 않은 단순한 사실만을 진술한 정확한
시각적 기록이다. 데니스가 이렇게 그림을 그리는 이유는 그의 작품을 팔 수
있었기 때문이다. "……그래서 나는 매우 유명해지기를 원한다." 그에게는 그
림을 그리는 두 번째로 중요한 이유가 있다. "……나의 인생은 엉망이었다. 나
는 인생을 정돈하기 위하여 그림을 그린다. 나는 내 그림을 좋아한다." 그는
그림이 더 표현적이고 논리적으로 변화하는 데 도움을 준다는 것도 잘 알고 있
었다.

데니스는 센터에 있는 15개월 동안, 사실상 로열 아카데미의 여름 전람위
원회의 위임으로 독방 구역에 있는 교정시설 창문의 대형 그림을 그린 것을
제외하고는 별로 그림을 그리지 않았다. 대신에 그는 목세공 공예와 목조각
에 대부분의 시간을 보냈다. 그가 그림 그리기를 계속하지 않는 데는 두 가지
이유가 있었다. 그는 교정시설이 제공하는 주제가 고갈되었다고 생각했으며,
그의 작품의 생명력으로 간주되는 도료의 부족으로 방해받고 있다고 느꼈다.

주제와 매체를 가지고 그림을 그리면서 그는 화가로서의 영역을 넓힐 수 있
었지만, 이러한 두 요인에 의해 그림 그리는 것에 저항했다. 그는 성공과 높은
자존감을 유지시키는 공식을 알고 있었기 때문에 그것을 놓아 버리는 것을 몹
시 주저하는 것처럼 보였다. 결국 그는 슬럼프에 빠졌지만, 목공예는 그에게
일시적인 위안이 되었다. 이와 같은 한계에도 불구하고 언어적 소통에 어려움
이 있는 데니스에게 그림은 소통의 통로가 되었다.

데니스는 또한 미술 연구의 직접적인 결과로서 클래식 음악의 즐거움을 알
게 되었다. 그는 어떻게 이런 일이 일어났는지 나에게 말해 주었다.

그것은 내가 미술가와 작곡가에 관한 책을 집어 들었을 때 시작되었다. 작곡가에 관한 책에서 나는 '명작'에 대해 읽게 되었다. 그 후 나는 음악이 걸작의 그림과 어떻게 비교될지 궁금해졌다. 그래서 어느 날 클래식 음악을 들었다. 그것은 구스타프 홀스트의 〈행성〉이라는 곡이었다. 나는 특별히 바이올린 음악을 좋아한다. 나는 음악을 느낄 수 있었고 편안해졌으며 흥분되었다.

비난받는 것에 대한 두려움

미술 작업은 어떤 수용자들에게는 긴장으로부터 이완을 가져다주는 것임에 틀림없다. 수용 생활에서 수많은 감정이 강하게 일어날 때, 수용자들이 감정의 위험 요소를 제거하거나 탐색하고 소통할 수 있는 이러한 합법적인 수단을 이용하지 않는다는 것이 이상하다.

자신의 개인적인 경험을 탐색하고 표현하기를 꺼리는 이유는 개인적 감정을 드러내면 비난받을지도 모른다는 두려움 때문일 것이다. 많은 수용자들이 공격적인 가면 뒤에 자신을 숨김으로써 수용 생활을 견딘다. 이것은 앞에서 믹이 말한 것처럼 당혹감과 자신감의 상실감을 감춰 준다. 비난의 두려움, 오해, 놀림받음은 수용자들이 자기표현을 하는 데 강력한 장애물이 된다. 대니는 이러한 두려움을 다음과 같이 표현했다.

많은 수용자들이 분석된다고 생각하기 때문에 미술치료를 두려워한다고 생각한다. 교정시설의 많은 사람들이 자신의 감정을 보여 주는 것을 두려워한다. 나도 그랬고, 아직까지도 약간 그렇다. 그것은 이용당하는 듯한 두려움이다. 그러나 나는 많은 사람들이 도움을 원한다고 믿고 있다.

대니는 교정시설 직원, 특히 심리학자들이 수용자의 미술 작품에 표현된 이미지로부터 숨겨진 의미를 찾아낼 수 있다는 잘못된 믿음에서 유래하는 또 다른 걱정을 설명하고 있다. 따라서 수용자들은 이러한 이유로 미술 활동을 자신에게 해로운 것으로 인식하며, 자신들의 복역 기록에 남는다고 생각한다. 미술 분야에서 A급으로 매우 유능한 화가인 한 종신수는 몇 년 동안 자신의 그림에 붉은색을 사용하는 것을 피해 왔는데, 그것은 누군가가 그에게 붉은색은 분노와 폭력을 상징한다고 말했기 때문이다. 그는 '그들'이 자신을 폭력적이라고 생각하는 것을 원하지 않았다.

많은 수용자들이 미술로 표현하는 작업에서 개인적 경험을 탐구하기를 꺼리는 또 다른 이유는 미술 과정 자체의 어려움과 예측 불가능한 본질에 있다. 이 과정은 종종 수용자들이 따라갈 수 없는 요구를 한다. 왜냐하면 교정시설 복역에 대한 스트레스 때문에 불안과 불확실성을 견딜 수 있는 그들의 능력이 저하되어 있기 때문이다. 일단 그들이 그 과정에 참여했다면, 수용자들의 저항은 그들이 겪게 될지도 모를 고통과 혼란의 두려움 때문에 더욱 강화된다.

한 수용자의 불안은 신경쇠약에 대한 빈번한 공포를 보여 준다. 그는 열린 미술대학의 학생이었는데, 첫 번째 프로젝트는 성공적으로 완수했으나 두 번째 프로젝트에서 신경쇠약에 걸렸다. 두 번째 프로젝트는 자유 표현으로, 다양한 매체와 도구를 이용하여 기호를 만드는 작업이었다. 그는 커다란 종이에 검은색 물감으로 에너지가 넘치는 붓 자국을 채워 나갔다. 지도교사와 토의하면서 그는 자신의 작품에 대한 상당한 불안감을 이야기했는데, 그것은 다른 수용자들이 그의 작품을 보고 그가 상당히 억압되어 있다고 말했기 때문이었다. 수차례의 설득 끝에 그는 다른 사람들에게 결과를 조심스럽게 숨기면서 그 작업을 완수했다.

가끔 어떤 수용자는 동료의 견해를 무시하고 거리낌 없이 참신하게 광범위한 이미지를 탐색하기도 한다. A급 수용자인 매트(Matt)의 경우가 그렇다. 그는 격렬하고 다양한 색상으로 질감 있는 그림을 그리고자 자유롭게 다양한 소재를 사용했다. 그리고 그림에 대해 다음과 같이 말했다.

나의 작품에는 많은 고통이 담겨 있다. 내가 말한 의미를 이해한다면 볼 수 있을 것이다. 나는 또한 그 속에 분노를 표현한다. 나는 거기에 사람들에게 주는 메시지가 있다고 생각한다. 그것은 물론 가면에 관한 것이다. 나는 항상 가면에 관심이 있었다([그림 4-3] 참조).

[그림 4-3] 매트: 가면, 1992년 최상급 보안 올버니 교정시설에서. 종이 위에 펜

신뢰는 시각적인 미술 활동을 통하여 수용자의 감정을 탐구하고 정직하게 표현하는 데 필수적이다. 미술교육을 거의 받지 못한 수용자는 지도교사로부터 격려와 지도를 받아야 한다. 그들의 관계는 공포와 심적인 고통이 만연한 교정시설에서 긍정적인 치유의 힘이 될 수 있다. 이러한 점에서 양립할 수 없을 것처럼 보이는 교정시설과 미술이라는 두 세상은 상당히 유익한 협력체로 만날 수 있다.

미술교사의 숨겨진 역할은 수용 생활의 권리 침해에서 비롯되는 고통을 완화시키도록 도와주는 것이다. 그 역할은 교사가 수용자의 존엄성을 인정함으로써 성취된다. 수용자는 희생양도 아니고, 곁다리도 아니며, 같은 인간일 뿐이다. 교사와 수용자 관계의 본질은 슬픔을 같이 느끼고 같이 울어 주는 '관심'에 있다. 거기에서 사회적인 무법자(범죄자)와 창조적 무법자(미술가 혹은 미술교사)가 만나게 되는 상호 동일시가 일어나는 것이다.

교사의 역할은 중재자 혹은 촉매자로서의 역할이다. 수용자에게 관심을 가지고 그들의 일반적인 인간성을 이해함으로써 수용자의 환경에 대해 감정적으로 이해하고 그들의 고통과 긴장을 함께 느낄 수 있다. 미술 매체를 통해 교사는 한 번 공유되었고, 수용할 수 있고, 그럼으로써 더 다루기 쉬워진 그들의 감정을 되돌아볼 수 있다. 교사는 수용자들과 협력함으로써 상상력을 통해 그들의 고통을 더욱더 건설적으로 사용할 수 있다. 미술 작품은 그것을 완성함으로써 자존감과 자긍심이 높아진 수용자들을 반영하는 것이다.

미술치료실은 수용자에게 자신의 감정과 상상의 내면세계를 탐색할 수 있는 안전한 공간을 제공한다. 그러한 탐색 작업은 위험을 내포하므로 정직성과 용기를 요구한다. 그것은 상호 신뢰가 바탕이 된 상황에서 이루어질 수 있다. 표현적인 미술은 특별히 이처럼 개인적인 탐색과 자체적으로 자신의 감정을 처리하는 과정에 적합하다. 창조적인 자기표현의 위험과 불확실성은 개인적인 탐구와 성장의 위험 및 불확실성에 밀접하게 연관되어 있다. 보다 기능적인 미술 활동은 이것의 위험 부담을 받아들이기 어려운 수용자들에게 자긍심을 높여 주는 대체 수단이 된다.

매일 쓸데없는 일을 하는 것보다 더 큰 의미가 있다

사례연구는 교정시설 미술 프로그램의 치료적인 측면을 보여 준다. 항상 그런 것은 아니지만, 미술 프로그램이 일반적인 프로그램의 치료 효과에 공헌하는 다른 이점들도 있다.

올버니 교정시설 센터의 수용자들은 자신들의 작업에 개인적인 흥미를 가지고 작업을 선택하고, 자신들의 방식대로 해 나갈 수 있는 자유를 가질 기회가 매우 많았다. 엄격하게 통제된 일상에서 자율적으로 행동할 수 있는 활동에 가치를 두는 것은 별로 놀라운 일이 아니다.

'개인의 인격은 그 자신의 자유의지에 의한 것'이라는 말이 있다. 이러한 관점에서 수용자들이 작업을 자유롭게 선택하고 스스로 해 나감으로써 그들의 자긍심은 강화될 것이다. 강요된 규범을 지켜야 하는 곳에서 스스로 선택한 활동을 함으로써 교정시설에서 개인의 정체성을 확인할 수 있다. 한 수용자는 센터에 대한 그의 견해를 다음과 같이 표현했다.

다른 작업장은 일이 단조롭다. 나는 로봇과 같다. 그러나 여기서는 하던 일이 싫증 나면 다른 일을 할 수 있다. 미술치료실 환경은 훨씬 편안해서 사람들은 기꺼이 작업하려고 한다. 더 많은 감정의 교류가 있고, 당신은 우리를 감시하지 않는다. ……나는 상자 안에 갇혀서 기가 죽어 있다. 그러나 여기에 와서 나는 스스로를 느끼기 시작한다. 이것은 일종의 치료다.

두 번째 유익함은 수용 생활이 주는 압박으로부터의 휴식이다. 수용자들은 교정시설에서 느끼는 일상의 권태와 획일화, 소외감과 고립감 그리고 수용자의 복지에는 관심 없이 계속해서 처벌하려고만 한다는 생각을 자주 드러낸다. 수용자들은 이러한 압박감을 덜어 주는 활동을 환영한다. 예를 들면, 지루한 산업근로로 시간을 보내고 지루함을 덜기 위해 작업을 떠맡는다. 수용자들은 미술이나 다른 교육 프로그램 활동을 강제된 삶의 환경을 일시적으로 잊을 수 있는 '제거 활동' 으로 받아들인다.

수용자들이 말한 내용을 보면, 이것이 올버니 교정시설 센터의 중요한 기능이었다는 것을 알 수 있다.

> 이곳은 오아시스다. ……이곳은 별천지다.
> 여기는 교정시설이 아니다. 우리는 교정시설 문화를 떠나왔다.
> 나는 교정시설에서 나왔다.

> 여기에 있으면 압박을 극복하기가 훨씬 쉽다.
> 나는 즐겁기 때문이다.
> 이것은 현실도피다.
> 여기에 있으면 나는 교정시설에 있다고 생각되지 않는다.
> 나는 교정시설로부터 탈출하는 중이다.

> 여기에 오면 긴장이 없어진다. 교정시설의 어떤 다른 장소와도 다르다.
> 여기서는 교정시설에 대해 생각하지 않고 나 자신을 완전히 잊어버릴 수 있다.

놀이터라기보다는 전쟁터와 같은 환경에서 오는 극심한 스트레스가 수용자들의 작품에 표현되어 있다고 한 구성원에게 말했을 때, 그는 웃으면서 이미 주위에 충분한 압박이 있으며 그림 그리기가 그러한 압박으로부터 자신을 자유롭게 해 준다고 말했다. '제거 활동' 이라는 개념은 수용자들이 왜 미술 활동의 주제로 교정시설의 생활을 거부하는지 설명해 준다. 교정시설과 관련된 그림을 왜 그리지 않느냐고 물었을 때, 닐은 말했다.

> 나는 그것이 교정시설을 나가고 싶어 하는 욕구의 일부라고 생각한다. 교정시설의 풍경은 그리고 싶지 않다. 그것은 나에게 아무것도 주지 않는다. 그것은 종이에 그리지 않아도, 나의 마음에서 지워지지 않을 만큼 충분히 각인되어 있다. 나에게 기쁨을 주는 멋진 것을 그리고 싶다. 교정시설 건물과 담벼락과 철조망을 그리는 것에 전혀 끌리지 않는다.

교정시설 미술 작품 전람회는 이것을 증명한다. 연례적인 국립 케스틀러(Koestler) 전람회에서 교정시설의 생활을 묘사한 작품은 1/4도 되지 않았고, 최근에는 2.5%로 낮아졌다. 교정시설의 생활로부터 일시적으로 탈출할 수 있는 야외 풍경, 야생동물 그리고 환상적인 형상들이 훨씬 더 일반적이다.

제거 활동과 관련된 세 번째 일반적인 유익함은 시간을 빨리 보낼 수 있다는 것이다. 올버니 교정시설 수용자들에게 센터에서 보내는 시간이 다른 곳에서 보내는 시간보다 빨리 지나가느냐고 묻자, 대부분이 그렇다고 하였으며, 그렇지 않다고 생각하는 사람은 없었고, 소수는 결정하지 못했다. 미술 프로그램은 수용자들이 '시간 죽이기'를 할 수 있는 몇 가지 선택 중 하나일 뿐이지만, 효과적인 것임은 틀림없다.

교정시설을 위한 자원

올버니 교정시설의 기록 자료와 직원들의 일화는 미술공예센터 프로그램의 치료적인 유익함이 센터 밖으로까지 확대된다는 것을 보여 준다. 수용자들에게 영향을 미치는 요인들은 복잡해서 미술 프로그램과 향상된 행동 간의 인과 관계를 분명히 하는 것은 불가능하다. 그럼에도 불구하고, 그 둘 사이에 관계가 있다는 것을 보여 주는 증거가 있다.

이 관계를 측정하는 한 가지 방법은 수용자들이 미술 프로그램에 참가하기 전과 참가하는 동안에 범한 규칙 위반 건수를 조사하는 것이다. 이러한 규칙 위반은 폭동에서 태업(작업장에서 게으름 피우기)에 이르기까지 '정당한 지시와 훈육에 저항하는 것'에 대한 일반적인 과실을 말한다. 13개월 동안 올버니 미술공예센터의 미술 프로그램에 참가한 수용자는 36명으로 이들의 복역 기록에 대한 분석은 프로그램에 참가하기 전의 기록과 비교했을 때 29%의 범칙 감소를 보여 주었다. 특별히 폭력적인 6명의 수용자들은 상당한 감소를 나타냈다.

프로그램에 참가한 수용자와 인접한 교정시설 산업 목재 작업장에 참가한 수용자들도 비교되었다. 프로그램에 참가한 수용자들이 목재 작업장에 참가한 수용자보다 18% 높은 행동 개선 비율을 보여 주었다. 덧붙여 2년간의 연구 기간 동안 센터에 참가한 수용자들에게서는 '작업하기를 거부하는' 범칙은 일어나지 않았다. 같은 기간 동안 다른 산업 작업장에서는 수용자들의 17%가 작업하기를 거부했다.

이러한 통계 자료들은 교정시설 간부들의 관찰에 의해 재확인되었는데, 그들은 미술공예센터 수용자들의 행위가 산업 작업장과 내부 시설에서 일하는 수용자들보다 일반적으로 낫다고 평가했으며, 직업훈련 작업장과 비교될 만하다고 말했다. 센터를 감독한 훈육관은 센터의 정규 훈육관으로 근무한 최근 6개월 이상의 기간 동안, 한 명도 보고서에 기록하거나 경고할 필요가 없었다고 말했다.

수용자들의 생활관을 감독하는 시설관리자들은 수용자들의 작업 태도 및 교정시설에서의 적응 능력의 향상을 기록했다. 수용자들은 자신들이 가치를 두는 활동을 보호하려고 한다. 그들은 자기 자신에게 제한을 부여함으로써 자신이 즐기는 것을 지키려 한다는 것을 알고 있다.

교도관과 수용자들은 그들의 관계가 작업장의 완화된 환경에서는 종종 향상되는 것을 보아 왔다. 작업장을 순찰하는 또 다른 교도관은 "당신은 이 작업장의 차이점을 반도 알아차리지 못하고 있다. 당신은 돌아다니면서 다른 녀석과 잡담을 할 수도 있다. 다른 작업장에서는 그렇게 하지 못한다."라고 말했다. 한 수용자는 말했다. "다른 시설에 근무하는 직원들이 내가 만든 작품에 대해 나에게 말을 걸어왔다. 그것은 관계의 발전을 돕는 것이다. ……그것은 교도관과 수용자 간의 벽을 허물어 준다."

장기복역 교정시설에서는 유대 관계가 통제의 가장 중요한 요소이며, 수용자들의 욕구를 이해하는 것은 외적인 통제의 필요성을 감소시켜 준다. 이러한 의미에서 센터의 이완된 분위기는 수용자들의 복지뿐만 아니라 교정시설의 복지에도 공헌하는 것이다.

하지만 모든 교정시설 직원들이 규칙 위반의 감소를 긍정적인 것으로만 보지는 않는다. 교정시설의 상급 관리팀의 한 직원은 센터 직원이 '절대 평화주의' 정책을 펴는 것을 비난했다. 그는 작업장이 수용자들의 협력과 선의를 북돋워야 한다는 생각에 반대했다.

영국에는 미술 프로그램과 수용자 행위 간의 관계에 관한 연구가 없지만, 미국에서는 이에 대한 연구가 있어 왔다(Brewster, 1983; Califonia Department of Corrections Research Unit, 1987). 1977년에 캘리포니아 미술교정 프로그램이 시작되었을 때, 수용자들이 특별한 교육에 참가하는 것을 격려하고 미술가로서 작업할 수 있도록 미술가들이 주립교정시설에 파견되었다. 1987년까지 이 프로그램에 의해 17개의 교정시설에서 9만 명(43%)에게 미술 활동의 제공이 확대되었다. 1983년에 행해진 연구는 AIC 참가자들의 교정시설 규칙 위반이 75%에서 81%까지 축소되었다고 밝혔다. 1987년의 두 번째 연구는 그들이 석방된 지 2년 후, AIC 프로그램에 참가하지 않은 사람들은 42%가, 참가자들은 69%가 문제없이 자유롭게 살고 있다는 것을 증명했다. 한 교도행정관은 "우리는 AIC의 비용을 지불하지 않을 수 없군요."라고 말했다.

결 론

지금은 미술 프로그램이 심리적인 치유와 성장에 중요한 역할을 한다는 것이 널리 받아들여지고 있다. 처벌이 규준이 되고 제한된 지원을 제공하는 것이 최선인 최악의 경우, 무관심과 적대감에 직면해야 하는 교정시설에서 이러한 수용을 기대하는 것은 어렵다. 교정시설에서 일하는 미술교사들은 그곳에서 종종 고립감과 자신의 무가치감을 느끼며, 개인적인 성장과 치유의 개념은 수용자들과 직원들에게 회의적으로 보일지도 모른다.

하지만 1980년대 말에 이르러, 교정국은 더욱더 목적적이고 창조적인 영역을 개발하여 교정시설 간부들을 고무시킴으로써 수용자들의 복지에 높은 우선순위를 두기 시작했다. 동시에 교정시설 미술 프로그램은 교정시설과 상급 관청의 수준에서 더 많은 실적을 쌓아 갔다.

시각적 미술 프로그램에 높은 치료적 효과가 있다는 것은 분명하다. 복역 중인 수용자들에게 이러한 효과는 단순히 복역 기간을 무사히 마치도록 돕는 데 있을지도 모른다. 16년 형을 선고받은 A급 수용자는 올버니 센터에 온 지 9개월 후에 다음과 같이 말했다. "나는 지금까지 줄곧 활동하여 세 점의 그림을 그렸다. 처음 여기에 왔을 때 나는 연필도 쥘 수 없었다. 그러나 지금은 그것이 나를 교정시설에서 버틸 수 있게 하는 유일한 것이다."

몇몇 수용자들은 자신의 감정을 드러내는 것을 꺼려 했으나, 한 수용자는 올버니에는 최소한 감정을 표출할 수 있는 장소가 있다고 생각했다. 그는 다음과 같이 말했다.

비록 그것이 누군가의 숨겨진 감정을 깨운다 할지라도, 그것은 악을 위한 잠재력보다는 선을 위한 잠재력을 가지고 있다. 악은 이미 여기에 있다. 비록 감정이 표출되고 적절히 처리될 수 없더라도, 최소한 그것은 감정이 표출되려고 했다는 것을 증명한다. 거기에는 쓸데없는 짓을 하는 것보다 더 큰 무엇인가가 있다. ……나는 어떤 위험이 있다고 생각하지 않는다. 왜냐하면 그 사람은 이미 쓰레기통(교정시설)에 위임되었기 때문이다.

소수의 수용자들에게 미술 프로그램의 효과는 교정시설을 넘어서 석방 후의 생활에까지 확대되었다. 미술대학의 기초 학년이 끝날 무렵, 빌은 그가 미술 기법을 개발함에 따라 이루게 된 개인적 성장과 치유를 돌아볼 수 있었다.

나는 동료 수용자와도 관계를 가질 수 없는 비참한 늙은 수용자로 1986년에 그 워크숍에 참가했다. 그렇게 많은 공예를 다양하게 시도해 볼 수 있었던 자유, 나의 재능을 발견했을 때의 자부심과 기쁨이 나 자신을 좋아하도록 도와주었다. 나는 지적으로도 성장하기를 원했으며, 처음으로 그것이 가능하다는 것을 믿었다. ……나는 매우 운이 좋았다. 나는 나를 도와줄 어떤 것을 발견한 것이다.

▶ 참고문헌

Brewster, L. G. (1983). *An Evaluation of the Arts-in-Corrections Programme of the California Department of Corrections*. Prepared for William James Association, Santa Cruz, California and California Department of Corrections.

California Department of Corrections Research Unit (1987). Unpublished paper quoted in Peaker, A. & Vincent, J. (1990). *Arts in Prisons: Towards a Sense of Achievement*. London: Home Office.

HMSO (1980). *Report of the Review of Rampton Hospital*. Cm 8073. London: HMSO.

Riches, C. (1991). *There is Still Life, A Study of Art in a Prison.* Unpublished M. A. Thesis, Royal College of Art.

Sutherland, G. (1973). 'Recent Work', Exhibition Catalogue, Marlborough Fine Art, London.

Chapter 05

작업 방법

홀로웨이 교정시설에서의 여성 미술치료

핍 크로닌(Pip Cronin)

미술치료를 통해 표현되는 이미지는 수용자들이 지속
적으로 향상되도록 돕는다. 이미지는 수용자들이 자신
의 감정을 표현하는 데 더 적절한 방법을 찾게 하며, 자
신의 개인적인 이미지를 이해함으로써 변화될 수 있는
기회를 제공한다.

이 장에서는 저자가 미술치료사로서 홀로웨이 교정시설에서 작업한 방법과 이미지 및 미술치료의 가능성을 고찰하고자 한다. 특히, 치료적인 중재가 거의 없는 수용 생활에서의 불확실성을 경험한 여성 수용자와의 작업에 대해 이야기할 것이다.

서 론

  HMP 홀로웨이는 500명 미만을 수용하는 런던 북부의 여성 교정시설이다. 원래는 '나쁜' 범죄자보다는 '미친' 여성 범죄자들을 위해 지어진 건물이다. 빅토리아 시대의 교정시설인 이 건물은 1970년대 후반에 붉은 벽돌을 사용한 병원 건물로 대체되었다. 홀로웨이가 영국과 웨일즈의 모든 여성 범죄자들을 수용하려는 계획은 실현되지 못했다. 여성 수용자 인구의 전반적인 증가에 따라 여성 교정시설은 지역화되었다. 게다가 여성 수용자에 대한 처우 방침도 수정되었다. 따라서 홀로웨이를 포함한 여성 교정시설은 남성 교정시설의 방침과 유사하게 운영되도록 재조직되었다.

  현재의 건물은 5층으로 되어 있고, 중앙에는 넓은 중앙 정원과 운동장이 있다. 주 거주 공간에 덧붙여 병원 구역과 산모와 아이들을 위한 부속건물이 있다. 건물 주위에는 매일 지정된 시간에 작업하는 작업장이나 선택된 활동을 하는 장소로 이동하기 위한 원형 통로가 있다. 작업의 종류에는 체육관, 주방, 정원, 직원 식당 및 상점에서 교육에 참가하거나 사역하는 것이 포함된다. 교정시설 내에서의 복역에는 교회와 의학, 보호관찰, 심리학적 부서가 제공된다.

  현재 이 교정시설은 재범과 누범 여성들을 수용하고 있다. 형량 기간은 종신수부터 몇 주간의 구금에 이르기까지 다양하다. 수용자의 대부분은 유럽인, 아프리카계 카리브인, 아프리카 흑인 여성 등이다. 범죄는 살인, 과실치사, 폭행, 성폭행, 절도, 강도, 방화, 마약 범죄 등이며, 절도와 마약 밀매가 최근 가장 흔한 범죄다. 연령층은 상당히 범위가 넓지만, 25~39세의 여성이 대부분을 차지한다.

병원 구역은 두 개의 격리된 병동에 약 90명의 여성을 수용할 수 있다. 일반 수용자보다 심각한 정서장애가 있거나 취약한 여성들은 정신과 병동에 수용되고, 의료병동에는 마약 상습범이 높은 비율을 차지한다. 의료병동의 많은 마약 상습범들은 짧은 치료 기간이 끝나면 다른 거주 구역으로 옮겨 가기 때문에 수용자의 변동이 크다. 이 두 부서의 여성 수용자들은 자신들의 재판이 끝나기 전에 정신감정 보고서를 기다리고 있거나, 1983년 「정신건강법」에 따른 관청의 감독하에 있는 정신병원으로 이송되기를 기다리고 있다.

입원 대상에 속하지 않는 다수의 수용자들은 전체 형기 동안 의료병동에 머무르기도 하는데, 왜냐하면 이들은 자살이나 자해의 위험이 있거나 일반 수용자들과 잘 지낼 수 없다고 분류되었기 때문이다. 방화, 기물 파손, 소규모 절도 및 협박 행위와 같은 범죄는 이런 여성 수용자들의 집단에서 전형적인데, 이들은 때로 석방 후 적절한 보살핌을 받지 못하여 얼마 되지 않아 다시 교정시설로 돌아오는 '회전문 증후군'에 걸려 있다. 상당수의 수용자들은 교정시설 밖의 삶이 불안정하기 때문에 교정시설을 선택한다. 의료병동에 수용되는 다른 여성들은 성범죄, 살인 혹은 아동 범죄를 저지른 수용자들이다. 그들은 다른 수용자들의 공격적인 행위로 위해를 당할 수도 있기 때문에, 보호를 위하여 의료병동에 수용된다.

많은 여성들은 자신의 감정을 적절한 방법으로 표현할 만한 능력이 없기 때문에 마약과 술을 남용하고 방화하거나 공격적이고 폭력적인 행위를 하는 파괴적인 생활양식을 갖게 되어 수용되기도 한다. 그들은 수용됨으로써 자신의 통제할 수 없는 감정을 막아 주는 버팀목이 없다는 것을 발견하게 될 것이다. 고통스러운 경험의 재표출에 대한 일반적인 반응은, 한 예로 마약 금단증상을 보면, 분노를 폭발시키거나 자기 파괴적인 행위를 함으로써 감정을 행동화하는 것이다.

여성 수용자들은 미술 재료를 다룸으로써 혼란, 심경 변화, 고뇌를 표현하고, 말할 수 없는 감정을 상징적으로 표현할 수 있게 된다. 처음부터 미술 재료는 분노와 공격성을 '행동화' 하기 위해 사용되었을지도 모른다. 여기서 재료와 이미지의 물리적인 경계는, 혼란스럽고 상처받기 쉬운 상태에 있는 여성 수용자가 곤란한 감정을 억제하고, 그럼으로써 보다 파괴적인 형태로 행동하려는 것을 완화하는 수단이 된다. 이 작업은 시작과 억제에 관한 것이고, 이미지의 내용에 관한 탐색은 나중에 다루어질 것이다.

교정시설은 분명히 많은 여성들에게 대단히 불확실한 장소다. 가족, 친구, 친숙한 환경으로부터의 고립, 오랫동안 재심을 기다리는 것 그리고 법정에 서야 하는 스트레스는 불안감을 야기한다. 이 모든 것의 누적은 수용자로 하여금 자신의 문제에 압도당하게 할 수 있다. 재구금 중인 여성과의 단기 작업에서 다른 매개변수를 정의하기는 어렵지만, 형상은 구체적인 어떤 것일 수 있다. 이미지는 현재 일어나는 것에 초점을 둔다.

교정시설은 처벌과 자유, 선택의 상실과 연관이 있다. 이러한 환경에서 변화를 위한 치료를 제공하는 것은 어렵다. 하지만 어떤 이들에게는 교정시설에 있는 것이 일시적으로 바깥세상의 생활에서 한 걸음 물러나서 재인식할 수 있는 기회가 되기도 한다. 교정시설 범위 내에 조성된 공간과 치료적 환경 내에서 반성을 위해 조성된 공간 사이에는 평행선이 그어질 수 있다. 여기서 이미지가 유용하게 작용함으로써 여러 경험을 연계시켜 줄 잠재력이 존재하고, 그로 인해 수용자들은 치료 모임의 내용과 교정시설과 범죄 사실 등을 연계시키는 기회를 갖게 된다.

홀로웨이 교정시설의 여성 수용자가 자신의 경험을 묘사할 만한 적절한 방법을 찾는 과정에서 만나게 되는 어려움에 대해 생각하다 보면, 당시 의료병동에 수용되어 있던 레나(Lena)와의 대화가 떠오른다. 그녀는 나중에 언급할

도자기 집단의 구성원 중 한 명이었다. 홀로웨이에 처음 왔을 때, 그녀는 법정에 출두하는 것에 대한 불안을 나에게 이야기했다. 그녀는 재판 절차를 잘 몰랐기 때문에 자신이 원하는 것을 말할 수가 없었다고 말했다. 그녀의 세상은 사법체제와는 매우 달랐기 때문에, 재판상의 언어를 이해할 수가 없었다. 그녀는 슬프고 절망적으로 보였다.

나중에 이것에 대해 생각해 보았을 때, 그녀가 말한 것을 이해할 수 있는 또 다른 방법이 있었다. 교정시설에 있게 된 것은 그녀의 인생 초기에 시작되었던 사건 중 최정점에 있는 사건이라는 것, 그녀의 슬픔은 그녀의 감정과 경험을 글로 나타낼 수 없는 어떤 것을 표현하고 있을지도 모른다. 나중에 나는 레나가 도자기 집단에 참가해서 잠재되어 있던 압도적인 에너지로 파괴적인 감정을 억제하기 위해 어떻게 이미지를 사용했는지 이야기할 것이다.

작업의 영역

이 글을 쓸 즈음, 나는 교육 부서에서 일하면서 다음 장에 간략하게 서술한 교정시설 미술치료 사업을 위해서도 일했다. 교육을 담당하는 한 사람으로서 의료병동에 있는 여성들을 위하여 미술, 공예, 기본 교육 프로그램을 제공하는 기술훈련 부서에서 일했다. 이 프로그램에서 중요한 것은 소집단으로 작업하는 것이며, 여성들이 의료병동을 떠나서 다른 활동을 하게 될 때 안전하고 지원적인 환경을 제공하는 것이다. 우리 팀은 교육, 작업치료, 드라마와 미술치료 같은 여러 가지 기술과 훈련방식 등 다양한 스타일을 가지고 있다.

미술치료 사업은 1994년 7월까지 2년 동안 교정시설에 미술치료를 제공하고 평가하기 위한 자금 지원을 받아 왔다. 이 평가가 더 많은 지원을 이끌어 내기를 희망한다. 이 사업은 두 명의 미술치료사와 한 명의 방문 미술치료 감독관 그리고 교정시설 심리를 담당하는 직원들의 지원으로 운영된다. 여성을 위한 교정시설 체제의 향상을 위해 치료법 적용의 적합성을 고려하고 치료법

적용과 평가를 담당하는 시스템이 있다. 수용자들에게는 가능한 한 교정시설이 지원하는 미술치료에 참여할 수 있도록 최소한의 기간 동안 교정시설에 있게 될 것이라는 것을 확신시키려 노력한다. 나의 교육에서의 작업은 전적으로 집단 활동인 반면, 미술치료 사업의 자금 지원은 필요한 경우 개인적인 회기를 제공하는 것을 가능하게 했다.

계속해서 기술훈련 부서의 집단 프로그램에 대해 이야기하겠다. 첫 번째는 의학 부서에 생긴 미술 집단이다. 많은 재구금 여성들과의 작업과 수용 생활에 적응하려는 여성이 직면하는 문제들을 주제로 이야기할 것이다. 나의 역할 중 가장 중요한 것은 수용자가 수용 생활의 현실에 대처하도록 도와주는 것이다. 그림의 이미지는 재구금 여성이 느끼는 공포와 불확실한 감정을 '수용하는 능력'을 길러 주는 기능을 한다.

다음은 교육 부서에서 일주일에 두 번 주관하는 도자기 집단에 대한 설명이다. 이 수업에는 의료병동에 있는 여성들이 참가한다. 종종 집단의 경계(이 사례에서 내가 집단에 제공한 한계)는 의문시된다. 앞에서 말한 레나의 작업을 돕기 위해 나는 얼마나 많은 준비를 했는지 모른다. 반면 또 다른 집단의 일원인 제니퍼(Jennifer)는 내가 집단에 홍차나 커피를 제공하지 않았다는 이유로, 교정시설을 떠날 것과 그 속에서 쌓아 온 인간관계를 끊는 것 사이의 양가감정을 탐색하고 있다. 집단 구성원들은 책임감을 기르기 위하여 자신의 잠재력을 발휘하고 진흙을 사용한 작업 과정을 탐색한다.

이 장의 후반부에서 교정시설 미술치료 사업에 위임된 마리아(Maria)와 함께한 네 번의 개인 미술치료에 대해 살펴볼 것이다. 여기서 나의 관심은 특히 상처받기 쉬운 여성이 자신의 내면과 바깥세상의 경계에 대한 혼란을 표현하도록 방법을 제공하는 것이다. 그녀가 표현한 이미지와 종이 그 자체는 그녀의 혼란스러운 감정을 담는 시각적인 그릇으로 기능한다.

의료병동에서의 미술 집단

이 집단은 의료병동에서 실시되었다. 의료병동은 중증 정신장애와 광범위한 정서적·신체적 문제를 가진 40명의 여성을 수용해야 하는 어려움 때문에 불안정한 분위기였다. 몇몇 여성들은 주간 활동에 참여했는데, 대다수 신참자들은 의사나 다른 전문 직원의 진료를 받아야 했으므로 매일 오랜 시간 동안 병동에 있었다. 일주일에 세 번 열리는 미술 집단은 지원서를 작성하지 않고도 참가할 수 있다. 많은 여성 수용자들은 즉각적으로 제공되는 미술 회기에 열정적으로 반응했다.

원래 복도의 개방된 구역에서 그 집단을 열었다. 이러한 공공장소에의 접근성은 그들로 하여금 자신이 참가하기 전에 무슨 일이 일어나고 있는지 살펴볼 수 있게 했다. 단점은 고립된 여성들이 미술 집단에 참여할 때 안정감을 제공해 주지 못하는 것이다. 최근에 들어서 나는 다른 수용자들과 쉽게 어울리지 못하고 더 상처받기 쉬운 여성들에게 초점을 맞추어 좀 더 조용한 방으로 옮겼다.

부서 직원들은 미술에 흥미를 보이거나 격려가 필요한 수용자에게 어떤 활동에 참가할 것을 제안한다. 나는 직원들의 말을 참고하여 수용자들이 참가하기를 원하는지 개인적으로 면담한다. 그리고 어떤 것을 시도해 보는 기회를 가질 것을 강조한다. '미술을 잘하는 것'은 중요하지 않다. 수용자들에게 집단의 시작 시간과 종료 시간을 이야기해 주고, 스스로 마음이 움직일 때 참석하도록 제안한다. 집단 활동은 1시간 15분 동안 진행된다.

재구금자들이 넘쳐 나는 분주한 의료병동에서 여성들은 정기 의료검진과 법적 방문 혹은 가족 면회로 호출을 받는다. 미술 집단에서는 이러한 실제적인 일에 대해 알고 작업하는 것이 중요하다. 이러한 방법으로, 미술 집단은 여성 수용자들이 교정시설에서 느끼는 불안감을 해소하는 장소가 될 수 있다.

작업은 오래전 일에 관련된 주제보다는 면회와 같은 즉각적인 문제에 초점을 두는 경향이 있다. 기대하는 면회가 좌절되면 어쩌나 하는 걱정과 함께 관심받고 있다는 강렬한 느낌을 제공할 수도 있다. 종종 여성 수용자들이 가족이나 친구의 면회를 기다릴 때 그림을 그리려고 노력하는 것은 가치가 없다고 말하거나 시작하려는 의도가 실패할 것이라고 말함으로써 이러한 감정을 나타낸다. 치료의 초점을 집단 참여에 대한 어려움에 맞추면, 면회와 면회자들과 관련된 잠재된 걱정을 표현하게 할 수 있을지도 모른다.

데이와 오노라토(Day & Onorato, 1989: 129)는 치료사가 교정시설 환경 자체를 받아들이는 것이 중요하다고 말한다.

> 그들은 교정시설에 밉보이는 존재로서 자신을 만들어 가는 데 초점을 두기보다는 수용의 현실을 다루도록 돕는 데 초점을 두어야 한다. 이러한 방법은 수용자가 부모와 다투는 혼란스러운 아이가 되지 않게 도와준다.

경험적으로, 특히 작업이 분열되었을 때 이렇게 밉보이는 존재가 되기 쉽다. 치료에 필요한 경계를 지키기 위해서는 교정시설의 환경과 한계에 친숙해져야 다른 직원들과 문제점을 타협하거나 토의할 수 있다. 유머와 융통성이 생명력이다!

첫 번째 단계

미술 집단에 참여하는 데는 많은 이유가 있다. 그림 그리기는 가장 중요한 목적이 아니다. 미술 집단은 수용자들이 어떤 활동에 참여하려는 첫 번째 시도일 수 있다. 그래서 나의 목표는 그녀들 자신들의 방식대로 진행하는 것을 허락하는 것이다. 미술 집단의 첫 번째 회기에서 수용자는 '내가 무엇을 하기를 원하는가?' 하고 물을 수 있다. 교정시설에서 선택을 하는 것은 일반적이지 않다. 그래서 스스로 생각해 보라는 요구를 받은 여성의 얼굴에는 고민하는 모습이 엿보인다. 미술과 학교를 연결시키는 것은 평범한 것이지만 여기서는 의존성과 교정시설 내에서의 성인 상태의 박탈이 부수적으로 덧붙여진다. 여성이 수용됨으로써 어린아이가 되어 가는 과정은 팻 칼렌(Pat Carlen)의 스코틀랜드 여성 수용자에 대한 연구에 잘 나타나 있다(Carlen, 1983: 109).

이미지를 만들기 위한 첫 번째 단계를 수행하면서, 여성 수용자는 자신의 불확실성, 자신감의 상실과 실패의 두려움을 이야기할지도 모른다. 이미지를 통해 이러한 생각을 처리하는 것은 교정시설에 있는 것에 대한 인식과 감정의 표현을 이끌어 낼 수도 있다. 수업 중에 나는 개인적으로 여성들과 이야기를 나누는데, 이러한 대화를 통해 자신의 수용에 대한 생각을 다른 여성과 공유하게 될 수도 있다.

각각의 수업은 '1회기' 로 다루어져야 한다. 왜냐하면 그녀들이 이 프로그램에 계속 참여한다는 보장이 없기 때문이다. 이러한 환경에서 그림은 명상도구가 될 수도 있다. 이미지는 탐색되지 않은 채 남겨질지도 모른다. 반면 그림과 그림에서 일어난 일에 대해 이야기를 나누고 논의의 초점이 맞추어진다. 몇몇 여성은 수업이 끝날 때까지 그림을 완성하지 못한다. 그래서 다음 수업이 있기 전에 다른 곳으로 이송될 것을 걱정해 좌절하기도 한다. 나는 그들 자신이 그림을 가져가거나, 벽장에 두라고 제안한다. 때로는 그림에 표현한 것에 대한 대화를 나누는 것이, 나중에 그 집단 수업에 다시 돌아오게끔 한다. 법정에 출두하기로 되어 있고, 집행유예를 선고받기를 희망하는 여성들에게는 그 집단 수업으로 돌아온다는 생각이 지금까지 표현되지 않았던 교정시설로 되돌아오는 것에 대한 공포를 유발할 수도 있다.

만약 한 수용자가 "그냥 보러 왔다." 라고 말한다면, 깊이 관여하지 않으려는 이 말에 담긴 그녀의 마음을 존중해 준다. 비록 호기심이나 다른 이유로 인해 집단에 참가했더라도 말이다. 그리고 수용자와 이야기할 기회를 찾으려 노력하면서 다시 한번 기술과 전문성은 필요 없다고 말해 준다. 다른 재료를 사용하는 것도 마찬가지라고 수용자들을 격려할 수도 있다. 때로는 미술치료실에 있는 책을 이용하라고 제안하기도 한다. 여성 수용자와 같이 앉아서 그녀가 관심을 갖는 그림에 대해 토론하는 것은, 그녀가 미술 재료를 사용하는 데 필요한 신뢰를 형성할 수 있다. 수용자가 망설이는 모습을 보일 때 지지해 주는 것은 좋은 유대 관계의 경험이 부족한 여성에게 중요한 단계가 될 것이다.

맨디(Mandy)는 몇 달 동안 가만히 앉아서 다른 사람들이 그림 그리는 것을 지켜보기만 했다. 그녀는 거칠었고, 자신이 속한 부서에서 교정시설의 체제와 직원들에 대한 수용자들의 불만을 이야기하는 대변인 역할을 했다. 그녀는 징계를 받아 석방이 무기한 연기되었기 때문에 전혀 행복하지 않았다. 가끔씩 그녀는 종이에 왁스나 파스텔로 산이나 야외 풍경을 그리는 데 몰두하곤 했다. 그림을 다 그린 후에는 자신이 왜 그런 패턴을 그렸는지 부정적인 시각으로 의문스러워하면서 무관심한 태도로 그림을 탁자 위에 버려 두었다. 그녀는 그림 속에 어떤 의미를 담아 표현하는 것을 무척 어려워했고, 그것에 대해 이야기하기를 원하지도 않았다. 그녀가 그림을 포기할 때마다 그 그림을 나의 벽장에 보관하도록 제안했다. 그녀의 거리를 존중해야 한다는 생각에서 그 그림을 돌보는 것만이 그녀의 노력을 알아주고 평가해 줄 수 있는 방법이었다. 그녀는 오랫동안 지켜보고 나서야 그림을 그리곤 했다. 그녀는 미술이나 나와의 관계를 발전시키는 것이 매우 어려운 것 같았다.

맨디가 자신의 석방이 멀지 않았다는 것을 듣게 되었을 때, 그녀는 다른 수용자들과 모여 앉아서 아무것도 하지 않는 것에 대해 나에게 비난하기 시작했다. 두 번의 수업 동안, 다른 여성들이 미술 집단의 '쓸데없는 짓'에 참가하고 있을 때, 나 자신이 매우 불확실한 위치에 있다고 느껴졌다. 그럼에도 불구하고, 마침내 맨디에게 "잘 가!"라고 말하면서 그동안 그녀가 나에게 미친 상당한 영향력과 상실감을 실감해야만 했다. 나는 그저 역전이의 관점에서 그녀의 허세 뒤에는 자신의 석방으로 나를 위협하고 싶은 집착이 있었음을 지켜볼 수

밖에 없었다. 그녀는 사람들을 신뢰하지 못했기 때문에 공격만이 자기 보호의 수단이었다.

이 글과 관련하여 교정시설의 집단 수업에서 '행동상으로 아무것도 하지 않는' 자신에 대한 어려움을 느낀다. 교정시설에서는 할 것이 많지 않기 때문에 수용자들을 게으르게 만들지만, 부서 직원들은 집단에 참가하는 사람들이 '전념할' 것이라는 기대를 가지고 있다. 소수의 수용자들이 활동에 적극적으로 참여하지 않을 때도 내가 아무런 행동도 취하지 않는 이유에 대해 직원들과 이야기하는 것이 중요하다. 이러한 이해가 없다면, 미숙한 직원의 간섭이 이 과정에 참여하는 수용자들의 향상을 방해할 수 있다.

교정시설에서 일하게 되면 불가피하게 자신의 동기와 편견에 대한 의문이 생기게 된다. 나는 누구를 돕기 위해 여기에 있는가? 수용자와 교정시설의 삼각관계의 한 부분으로서, 나는 수용자들의 교정시설에 대한 감정뿐만 아니라 내 자신과 관계된 전이 문제에 대해서도 작업하는 중이다.

여성 수용자는 이미지를 만드는 데 몰두할 때 강력한 안도감을 느낄 수 있다. 짧은 시간이지만 수용자는 문제를 뒤로 하고 이미지와 놀 수 있다. 그러나 집단 수업은 여성이 신뢰하지 않는 교정시설 환경의 확장으로 경험될 수 있으며, 이것은 창조적인 방법으로 집단을 이용하는 능력에 영향을 미친다.

자녀 또는 다른 부양가족이 있는 여성들은 수용되면서 자녀를 떠남과 동시에 양육자의 역할을 상실함으로써 무력감이 두드러지게 나타난다. 그래서 미술 집단 회기에서는 교정시설에 수용됨으로써 느끼는 박탈감뿐만 아니라 개인적인 상실 및 역할 변화와 관련된 박탈감도 다룬다.

집단에 속한 것에 대한 개인적인 반응도 있을 것이다. 홀로웨이 교정시설에 수용된 많은 여성들은 과거에 가정과 다른 집단에 속한 경험이 안전하거나 유익한 환경은 아니었기 때문에 교정시설의 어떤 집단도 상당한 불안을 야기할 수밖에 없다.

교정시설에서의 집단 활동은 수용자들이 미처 따라오기에 매우 힘들지도 모른다. 미술 재료를 가지고 노는 것에 대해 어색해하는 것과 '아이들이 더 잘 하겠다.'라는 말은 어린 시절과 비난, 실패에 대한 위험과 관계된 것처럼 보인다. 이미지는 이러한 감정을 보다 의식적으로 끄집어내고 안전하게 봉쇄하는 구체적인 수단을 제공한다.

작업 확대하기

수주 혹은 수개월간 한곳에 머무는 여성은 미술 집단의 정규 구성원이 될 수도 있다. 신뢰가 높아지면서 수용자는 자신의 그림에 표현된 이미지에 대해 더 많은 내용을 함께 나누려고 한다. 다시 죄를 짓고 홀로웨이 교정시설로 돌아오는 여성들은 자기가 전에 교정시설에 있을 때 그린 중요한 그림에 대한 선명한 기억을 가지고 다시 미술 집단에 나타날 수도 있다. 수용자들이 전에 그린 그림으로 돌아왔을 때, 그것은 조각 난 인생에서 연약한 삶을 지탱시켜 줄 수 있을 것처럼 보이며, 나는 종종 이 사실에 놀라게 된다. 수용자들은 자신이 교정시설로 되돌아오는 것은 파괴적인 범죄의 악순환에 빠졌다는 것을 알려 주는 우울한 증거 정도로 생각하는데, 이들이 신뢰할 수 있고 창조적인 관계에 도움을 줄 수 있는 구체적인 형태의 그림을 가진다는 것은 특별한 의미가 될 것이다.

다음으로 두 개의 도자기 집단을 살펴보고자 한다. 이곳에서 여성들은 진흙으로 작품을 창조함으로써 보살핌을 받으려는 욕구와 성장에 대한 욕구를 잘 다룰 수 있었다. 내가 자포자기의 심정에 빠졌을 때, 그녀들이 자신들의 감정을 진흙 이미지를 통해 구체화함으로써 다시 힘을 얻게 된 치료 회기에 대해 이야기하고자 한다.

도자기 집단

배 경

교육 부서에 있는 도자기실에 두 개의 집단이 열렸다. 한 집단은 아침에 열렸고, 다른 집단은 같은 날 오후에 열렸다. 교육 부서는 아침, 오후, 저녁에 각각 열 개의 학습반이 돌아가는 바쁜 곳이었다. 규율을 책임지는 교정시설 간부는 교실에 참석하지는 않지만, 드물게 분쟁이나 안전 문제가 발생하여 중재가 필요한 경우에는 즉시 나타난다. 그러므로 가르치는 사람들은 상대적으로 중립적이고 비규율적인 역할을 유지할 수 있다.

의료병동에서 온 수용자들은 교육 프로그램으로 두 개의 도자기 수업에 하나 혹은 둘 다 참여할 수 있으며, 스스로 선택할 수 있다. 어떤 수용자들은 교정시설에 머무는 짧은 기간 동안 몇 주간 참석하고, 또 어떤 사람들은 더 긴 기간 동안 집단에 참석한다. 출석은 판결 결과와 의료병동에서 다른 지역으로의 이동에 따라 달라진다. 결과적으로 두 번 이상의 회기에서 같은 구성원을 만난다는 것은 드문 일이다.

부서에서 열리는 다른 집단 미술 수업과 마찬가지로, 여성들이 면회나 다른 일정 때문에 호출을 받을 때는 정규적인 중단이 생긴다. 단위 부서에서의 활동만 하던 여성들이 교육 부서로 오는 결정은 중요한 단계다. 이것은 이동과 관련된 수용자와 단위 부서 그리고 교육 부서 직원 사이에서 협의되고 결정된다. 소수의 수용자들은 새로운 환경에 처음 접하면서 수용자들이 위협적이라는 것을 발견할지도 모른다. 나는 수용자들이 집단 회기에 참석하기 전에 단위 부서에서 먼저 만나려고 노력한다. 이러한 접촉과 소규모 집단은 이동을 좀 더 수월하게 해 줄 수 있다. 여성들은 어느 정도 동기부여가 필요하고, 때가 되면 교육을 위해 단위 부서를 떠날 준비가 된다. 여성 수용자가 집단에 실제로 참여할 때 집단은 여성이 감정을 드러내고 공유할 수 있도록 준비하는 장소가 된다.

나는 수용자들이 필요로 할 때 기법을 가르치면서 개인적인 아이디어를 시도해 보라고 격려한다. 진흙으로 하는 작업은 이미 반응할 수 있는 색채와 질감을 가지고 있기 때문에 백지로 하는 회기보다는 가끔 덜 걱정이 된다. 재료를 잘 다룸으로써 거기에 좌절감을 쏟아 낼 수도 있다. 어떤 여성은 재료를 다루는 데 도움이 필요하지만, 그것을 가지고 유용하게 작업할 수 있는 수용자들도 있다. 여기서 몇 가지 기법적인 조언을 해 주는 것은 그들이 잠재적인 혼란을 피하도록 도와준다. 회기마다 구성원이 변함에도 불구하고, 재료의 질감에 대해 느끼는 비슷한 감정과 무엇을 만들지에 대한 고민 그리고 작업 종료에 대한 걱정(실질적인 의미와 심리적인 의미에서)은 집단에 필요한 즉각적인 초점을 제공해 준다.

만들고 굽는 더딘 진흙 작업의 과정은 법정 출두와 급작스러운 이송 계획 때문에 항상 쉽게 들어맞지는 않는다. 작업 종료에 대한 불확실성은 어떤 수용자에게는 극복하기 힘든 좌절이 될 수 있지만, 어떤 이들은 자신의 불투명한 미래를 탐험하기 위해 이러한 재료를 사용할 수 있다. 도자기를 만들고 굽는 더딘 과정은 마치 많은 수용자들이 느껴 온 것처럼 서두를 수도 없는, 기다려야 하고 지연되는 경험을 상징하는 것과 같다.

홀로웨이 교정시설을 떠나는 것과 사후 보호의 유용성에 대한 관심은 내가 부활절 휴가에서 돌아와 만든 두 개의 연속적인 집단에서 일어났다. 오전과 오후 각각의 수업에는 4명의 여성이 있었고, 그중 제니퍼와 레나는 하루 동안 두 번의 회기에 모두 출석했다.

두 개의 집단

제니퍼(Jennifer)는 병원으로 이송될 예정이었으나, 그녀에게 적합한 장소가 없어서 계속 지연되고 있었다. 그녀는 법원의 판결을 기다리며 재판에 주기적으로 출두하면서 수개월 동안 도자기 집단에 참석했다. 재판에 출두하기 바로 전 주에 그녀는 매우 불안해져서 교정시설 규칙을 위반하려는 경향이 강해지곤 했다. 가끔 그녀는 자해를 하기도 했는데, 그것은 어떤 감정이 느껴지지 않도록 해 준다고 말했다. 도자기 집단 회기에서 그녀는 현재 환경에 고착되어 버린 것에 대한 감정을 표현한 듯한 작은 형상과 동물을 진흙으로 만들었다. 때로는 괴상한 특성을 작품에 연결시키거나 형상의 느림에 대해서 이야기했다.

레나는 재구금 중이었고, 몇 개월 동안 도자기 수업에 참가하고 있었다. 초기 수업에서 그녀가 진흙 작업을 잘할 수 없을 때는 대신 해 주지 않는다고 나에게 종종 분노를 표현했다. 그녀는 나에게 화를 내면서 나를 제외한 다른 직원들은 매우 좋아한다고 강조했다. 레나는 교정시설 직원들에게 그녀의 감정을 쏟아 내려는 경향이 있었고, 관계를 유지하는 데 어려움이 있었다. 나는 지원과 조언은 해 주었으나, 작업을 대신 해 달라는 그녀의 계속적인 요구는 들어주지 않았다. 그녀는 점토를 다루는 데 점점 자신감을 가지게 되었고, 그녀의 이름을 걸 수 있는 몇 개의 작품을 완성했다. 그 후 그녀가 나에게 하는 요구는 줄어들었다. 어느 날 그녀는 새로운 작품을 시작하면서 장난기와 비꼬는 말투에 유머를 섞어서 "이것은 나 혼자 힘으로 해야 할 것 같아."라고 집단원들에게 말했는데, 이 말은 나의 관심을 끌었다.

레나는 점토 작업을 통해 처음에 도움을 요구할 때와는 두드러지게 달라졌고 자신에게 독립적으로 창조할 수 있는 능력이 향상되고 있음을 인식하는 듯 보였다. 휴가를 가기 전 마지막 수업에서 그녀는 "전적으로 혼자 무엇인가를 만들 계획이다."라고 말했고, 내가 그것이 무엇인지 짐작해 보기를 원했다. 이번 수업에서 그녀는 자신의 독립에 대한 증거로서 작업에서 나를 배제시킬 것을 결심한 듯 보였으며, 작업을 끝낸 다음 만족스러운 모습으로 화분을 만든 것이라고 말했다.

휴가 후의 첫 번째 회기에서 레나는 전날 수업에서 그녀가 원하는 관심을 얻지 못한 것에 화를 내면서 치료사가 그녀를 무시했기 때문에 혼자서 어떻게 작업을 해 나갔는지에 대해 이야기했다. 나는 그것을 나의 2주간의 부재에 대한 비판으로 받아들였다. 그녀는 무력감을 거칠게 표현함으로써 집단을 위압했으나, 마침내 그녀가 3주 전에 만든 화분을 색칠하기 시작했다.

제니퍼 역시 마음을 잡기 어려웠으며, 그녀는 어떤 것도 하고 싶지 않다고 말했다. 다음 날 그녀는 확실히 법원에서 병원으로 이송될 것이라고 이야기하면서도 재판 출두에 대해 걱정하는 것 같았다. 그녀는 친구들에게 이미 작별을 고한 상태였지만, 병원에는 자리가 없을 가능성이 있었다. 제니퍼는 커피를 무척 좋아한다고 말하면서 근처에 있는 자판기에서 한잔 사 달라고 말했다. 그리고 다른 교사들은 모두 커피를 제공하는데, 도자기 교실에는 아무것도 없다고 말했다. 집단에서 음료를 제공하지 않은 것은 상대적으로 짧은 수업이었기 때문이며, 제니퍼가 여러 번 이것에 대해 불만을 표한 것은 집단의 한계였다.

앞의 경우들처럼 그날 제니퍼는 집단에서뿐만 아니라 교정시설 혹은 병원 체제로부터 자신에게 제공되는 배려가 무엇인지를 모르는 것처럼 숨기고 있다는 것을 느꼈다. 마치 내 자신이 '돌보지 않는 엄마' 처럼 느껴졌다. 그녀는 다른 교사들에게 가서 작별을 고하기를 원했으며, 그녀가 이러한 감정을 가지고 집단에 머무는 것은 분명 매우 어려운 것이었다.

집단의 좌절감은 커져만 갔고, 모든 사람들이 작업을 멈추면서 나는 무력감을 경험했다. 그러나 집단원들에게 내가 2주간 거기에 없었다는 것을 상기시키면서, 그들에게 보살핌받지 못한 것에 대한 어떤 감정이 있다고 말했다. 집단원들은 조용해졌고, 어색한 분위기가 되었다. 나는 다른 치료사가 나에게 해 준 이야기—적절한 것을 제공해 주지 못해 집단에서 '얕잡아 보임' 을 경험한 것—에 대해 상기했다. 그는 집단 수업에서 경험한 절망을 유머로 인정함으로써 살아남았다. 나 역시 내가 그들에게 쓸모없는 존재임을 느꼈다고 말했다. 수용자들이 진정으로 원하는 것이 아닌 점토만을 제공했을 뿐이라고,

내 마음을 드러내면서 부드럽게 스스로를 달랬지만 위기감을 느꼈다. 반응을 보인 것은 기분이 완전히 바뀐 제니퍼였다. 갑자기 그녀는 다른 곳에 가고 싶다는 표현 대신에 그 방에서 일어나고 있는 일에 주의를 기울이기 시작했다. 그녀는 내가 매우 쓸모없다는 데 동의하면서 과장된 유머로 나를 위로하기를 반복했다.

그리고 나서 집단원 중 한 명이 조용히 점토로 컵과 받침대를 만들기 시작했다. 제니퍼는 각설탕을 몇 개 만들었다. 다른 사람들은 장난스럽게 점토 설탕 그릇, 티스푼과 비스킷을 만들어서 탁자의 중앙에 놓았다. 집단 구성원들은 그들의 다과회에 대해 농담했다. 집단원들은 '다과회'를 차림으로써 서로를 배려하게 된 것처럼 보였다. 제니퍼는 그 '다과회'에서 3년 전 집단 미술 수업에서 나를 처음 만났을 때를 회상했으며, 그때 그녀가 그린 그림에 대한 추억을 떠올렸다.

그날 오후에 레나는 압착주조접시를 만들기로 결심했다. 그리고 오전에 그랬던 것처럼 더 이상 집단을 압도하지 않으면서 평상시와 다른 집중력으로 작업하는 모습을 보였다. 수업의 중간쯤에 그녀는 커피를 가져왔다고 말하며 격식을 차리면서 모든 사람에게 즐겁게 커피를 대접했다. 오전 수업에는 참석하지 못한 제니퍼가 직원 중 한 명에게 줄 선물을 만들기 위해 다시 왔다. 그녀는 부서에 있는 친구에게 줄 그녀의 얼굴 주형을 만들 수 있는지 물었다. 그녀는 제니퍼를 자녀로 '입양한' 여성이었다. 그녀가 처음 홀로웨이 교정시설에 온 것을 기억하고 자신을 입양한 어머니에게 그녀의 얼굴 주형을 남겨 주고 싶어 하는 것을 보며, 홀로웨이 교정시설에서 좋은 인간관계를 유지하는 그녀의 능력을 보는 것 같았다.

그러나 가면을 만들 만한 적절한 재료가 없었으며, 그녀는 얼굴을 복제하는 또 다른 방법을 찾는 데는 관심이 없었다. 그녀가 이 작업을 중요하게 여긴 것은 병원으로의 이동과 관련된 불안을 완화하고자 하는 자신의 욕구를 강조한 것이라 여겨진다.

다과회에 대한 더 많은 생각

나는 '다과회'가 평소 이야기할 수 없었던 격리와 돌봄에 대한 서로의 감정을 재현한 것이라고 생각한다. 그리고 점토 작업은 이러한 감정을 구체화시켜 주었다.

레나에게 집단과 점토는 자신의 분노와 좌절감을 담아 '수용하는' 역할을 했다. 나의 휴가 후에 이러한 감정이 표면으로 떠올랐을 때, 그녀는 '무시되었다'는 생각과 함께 점토를 글자 그대로 그녀의 파괴 가능성을 담고 있는 '그릇'으로 사용할 수 있는 것처럼 보였다. 그것은 그 단계에서는 탐색될 수 없는 감정으로 나의 부재와 관련된 불안에 대한 방어기제로서 작용한 것이다. 다과회 후에 레나가 집단원 모두에게 진짜 커피를 기쁘게 대접한 것은, 나를 향한 분노를 무의식적으로 표현한 것으로 보였다.

홀로웨이는 제니퍼가 집처럼 느끼는 장소였다. 제니퍼에게 이곳은 첫 번째 교정시설이 아니어서, 그녀는 수용자와 직원들 간에 좋은 관계를 유지하고 있었다. 그녀는 '아이'처럼 돌봄을 받을 수 있는 홀로웨이에 머무는 것과 그녀의 범법과 수용의 악순환에서 벗어날 수 있는 병원으로 이송되는 것 사이에서 분열되는 것 같았다. 도자기 집단은 그녀에게 이러한 이동에 대한 불안과 혼란을 표현할 기회를 제공했다. 내가 그녀를 돌보는 것에서 '실패'를 깨달았을 때, 그녀는 다과회를 통해 그녀의 관계를 유지하면서 보살핌과 악순환의 고리를 끊는 양자택일의 가능성을 탐색할 수 있었다.

이 집단은 제니퍼와 같은 수용자들이 오랜 기간에 걸쳐 가끔씩 이용할 수 있었다. 이와는 별도로 개인 미술치료를 위해 특별히 진행한 네 번의 회기에 대해서 이야기하고자 한다.

마리아

미술치료 사업은 교정시설 내에서 언제 그리고 누구에게 미술치료가 유익한 개입이 될 수 있는가를 살펴보는 것이다. 예를 들면, 재판을 기다리는 것에 미술치료를 이용하는 수용자의 능력은 어떻게 영향을 미치는가? 형사 제도의 틀 안에서 수용자의 향상을 위해 치료 시기를 맞추는 것이 실질적으로 가능한가?

어떤 수용자들은 자신의 불확실성을 완화할 수 있다면, 재판 중에(선고를 받기 전에) 미술치료를 시작할 수도 있다. 이러한 작업은 예정된 법원 일정에 따라 계획되며, 어떤 여성들은 형량이 확정될 때까지 기다린다. 그래서 미술치료는 석방될 때까지 더 오랫동안 지속될 수 있다. 교정시설은 선고 후에 곧바로 일반적인 절차에 따라 다른 곳으로 이송하기보다는 수용자의 치료가 끝날 때까지 홀로웨이에 남는 것을 허용하고 있다.

마리아(Maria)가 방화죄로 선고받은 3년 형 중 마지막 남은 몇 개월을 복역하고 있을 때, 별 기대 없이 그녀를 만나기 시작했다. 하지만 그녀의 치료에서 중요한 시기인 첫 달에, 마리아는 교정시설을 떠나 있는 동안 규칙을 어겼다. 그 결과 다른 교정시설로 이감되는 처벌을 받았고, 치료는 갑자기 종결되었다. 나는 그녀가 참가한 네 번의 미술치료에 대해 이야기할 것인데, 이러한 환경에서 정신역동적인 접근의 어려움에 대해 강조할 것이다.

외면적으로 마리아는 비의료 부서에서 상당한 책임감과 신뢰성이 요구되는 일을 맡고 있었으며, 교정시설에 잘 적응하는 것으로 보였다. 하지만 심리상담가와의 정규적인 면담에서 그녀는 자신의 감정에 접근하는 데 혼란과 어려움을 겪는 것으로 나타났다. 그녀는 섭식장애의 전력이 있었고, 친구를 쉽게 사귀지 못했다. 그녀는 자신의 문제에 대해 이야기할 수 있는 능력이 없었지만, 도움을 원하는 것 같았다. 그래서 그녀의 감정과 접촉하게 하는 방법으로 미술치료가 제안되었다.

평가에서 마리아는 그녀의 단위 부서에서 했던 논쟁에 대해 혼란스럽고 분열된 방식으로 답했다. 마리아는 현재로 돌아와서 미술치료실에서 종이를 보면 자신이 몇 문장도 쉽게 쓸 수 없다는 것을 떠올린다고 말했다. 자신이 말로 잘 표현하지 못하는 것을 '속에 담아 두는 것'이라고 묘사했고, 질문을 받았을 땐 머릿속이 '텅 빈 것 같은 느낌'이라고 설명했다. 그녀는 생각을 표현하거나 어떤 방법으로든 구체화하는 데 상당한 불안감을 가지고 있었다.

마리아는 교정시설의 어느 누구도 잘 알지 못한다면서 '바깥'에서도 오랫동안 혼자서 지냈다고 말했다. 그녀는 직원이나 다른 수용자가 말을 걸어오면 그들의 의도를 의심했다. 그녀는 교정시설에 대해, 그곳에서 일할 수 있게 해주는 '모든 것이 한 장소에 있는 정원이 있는 집'이라고 묘사했다. 교정시설에서의 통제는 그녀가 바깥에서는 해낼 수 없는 것을 잘 처리하게 도와주는 방식이었다. 그녀는 교정시설 '밖'에는 아무것도 없다고 느꼈다. 나는 마리아에게 자신을 살펴볼 수 있는 6주간의 치료를 제안했다.

첫 번째 회기

마리아는 말하기 시작했으나 혼란스러워하며 주저했다. 자신의 방에 숨어 있는 것과 '바깥'에 있는 것 사이에 일어나는 그녀의 생각을 표현할 수 없다고 말했다(후자를 일반적인 교정시설이라고 이해했으나, 지금은 그녀가 미술치료실에 대해 언급하고 있었다는 생각이 든다). 그녀에게 말하는 대신에 재료를 사용할 것을 제안했다. 이것은 그 자체로 잠시 동안 혼란을 일으켰다. 그리고 그녀에게 종이를 선택하라고 제안하자, 그녀는 망설이면서 "이것이 돋보인다."라고 말하고는 선홍색의 설탕 포장 종이를 선택했다. 그것은 정말 돋보였기 때문에 그녀의 선택이 놀라웠다. 그다음에는 '그것을 덮기 위한' 검은색 종이를 집어 들었다. 그러고는 그녀가 숨을 수 있는 자신의 자리에 걸어 두었다. 마리아는 앉아서 무릎 위에 놓인 두 장의 종이를 깊게 응시한 후 마침내 "색을 가지고 작업할 수 있나요?"라고 물었다. 나는 그녀가 그 재료를 글자 그대로 '가지고 있는 것'을 보고 놀랐다. 그 허락을 구하는 질문은 그녀가 앞으로 나아갈 준비가 되었다는 신호로 보였다.

나는 종이 위 어디쯤에 그녀 자신을 놓고 싶은지 물었다. 그녀는 분홍색 종이의 가운데에 조그만 원을 그리고는 그것을 검은색 종이로 다시 덮었다. 그녀는 자신을 '바깥' 어디에 둘 것인지 생각하는 중이라고 말했다. 그리고 검은색 종이의 중앙에 무엇인가를 그리는 것처럼 움직이다가 멈추어서 '가족'이라고 설명했다. 그 후 원 주위에 상자를 그렸는데, 그것은 '소음에 둘러싸인' 그녀의 방을 의미했다. 그녀가 방을 떠나는 것은 그 소음으로부터 도망가는 것이라고 설명했고, '다른 작은 것들' 때문에 다시 돌아오게 된다고 말했다.

마리아는 숨는 것과 '바깥'에 있는 것 사이를 오가는 것에 대한 생각으로 치료에 임하기 시작했다. 색지는 이러한 생각을 탐색할 수 있는 고정된 경계를 가진 공간으로 그녀에게 미리 만들어진 '생각을 담는 곳'이 되었다. 밝은 분홍색 종이를 선택한 것은 나에게는 물론 그녀에게도 놀라운 경험이었을 것이다. 종이 위의 자신을 조그만 원으로 보이게 하면서도(그리고 수업에 참가함으로써), 그녀는 계속해서 검은색 종이 아래로 사라지는 것이 필요했다.

마리아는 치료 회기를 창조적으로 보내기를 원했지만 숨고 싶은 그녀의 욕구는 감정을 '바깥'으로 드러내는 데 어려움이 있다는 것을 보여 준다. 검은색 종이 위에서 표현될 수 있는, '바깥'에 있는 것에 대한 더 많은 생각은 가족과 관련된 감정으로 이끌어 주면서 '그녀의 방'으로 묘사된 경계를 창조할 필요성을 말해 준다. 이러한 실행은 교정시설의 안전과 통제로부터 '아무것도 아닌 바깥'으로의 이동으로, 미래의 석방을 의미하는 것으로도 보인다.

이런 생각을 하면서도 마리아는 재료를 사용하는 것을 방해하지 않으려는 마음을 갖고 있었다. 그녀는 수업 초기에 보여 준 혼란스럽고 주저하면서 이야기하는 모습에서 조금씩 나아갔고, 이미지를 다루는 동안 망설이는 듯했지만 작업을 즐기게 되었다. 다시 혼란스러워졌을 때조차 그녀는 방의 소음을 피해 도망갔다가 다시 잡혀 온다는 말을 하면서 이러한 경험을 이미지로 구체적으로 표현했다. 치료의 초기 단계에서 재료의 탐색은 마리아에게 말로는 표현할 수 없는 생각을 표출하는 방법을 제공했다.

두 번째 회기

마리아의 환경이 바뀌었다. 그녀는 교정시설에서 새로운 직업을 가지게 되었고 다른 부서로 이동했다. 교정시설 안에서 그녀의 경계는 상당히 바뀌었다. 지난주의 그림 그리기로 돌아와서 그녀는 "그 방은 더 클지도 몰라."라고 말하면서 검은색 종이 표지를 벗겨 냈다. 한참을 가만히 있던 그녀는 이미 그려 놓은 원과 상자 주위에 더 큰 녹색 사각형을 덧붙였다. 녹색은 '임시적'이었다. 더 큰 이 방에서의 그녀의 위치에 대해 묻자, 그녀는 큰 사각형에 상응하는 큰 타원을 그렸다. 그림 속에서 그녀는 새로운 환경을 채우기 위해 더 커졌다. 나중에 그녀는 그것이 마치 실제적인 것처럼, 오늘 그녀는 사람이 말하는 것에 반응하지 않는 곳이 가장자리 근처 이곳에 있다고 말했다.

마리아는 그림의 이미지를 통해 자신이 경험한 물리적 경계의 변화에 대한 감정과 사람과 접촉하는 데 어려움을 겪는 자신을 연결시켰다. 그림에 대해 이야기를 나누면서 나는 그녀가 표현한 자신의 이미지가 팽창과 수축을 반복하는 느낌에 대해 말했고, 그녀는 자신의 신체를 때로는 뚱뚱하고 때로는 말랐다고 보는 시각과 즉각적으로 연결시켰다. 그녀는 섭식장애에 대한 텔레비전 프로그램을 봤다고 말하면서 더 많은 정보를 원했다.

마리아는 새로운 직무를 맡은 자신을 믿지 못하겠다고 말했는데, 그 일은 교정시설에서 덜 안전한 곳에 위치하고 있어서 더 많은 책임감이 따르기 때문이었다. 이것은 미술치료에서 그녀가 느낀 혼란의 일부를 외현화하는 데 대한 책임감에서 오는 불안감을 상징화한 것일 수도 있다.

회기가 끝날 즈음 그녀는 임시로 그린 녹색 사각형 안에 선을 하나 그었다. 그 선은 빨간색으로 강조되어 있고, '위험' 이라고 표시했다. 그리고 그곳은 그녀가 '진실' 을 말하는 곳이었다. 이것이 가족을 의미한다고 덧붙이면서, 그녀는 이 장소에 있는 그녀와 다른 사람에게 폭발성이 있고 위험하다고 말했다. 위험한 공간에 대한 생각과 그녀의 양가감정이 깃든 은둔 장소인 상자(첫 번째 수업에서 그린 방) 사이에는 연관이 있는 것 같았다. 일과 가족에 대한 이야기는 아직 불확실했지만, 자신의 이미지를 탐색함으로써 마리아는 매우 활기 찬 치료 시간으로 느꼈다.

자신의 내면이 드러나는 것에 대한 불안은 이 수업의 마지막에 또 다른 형태로 나타났다. 마리아는 누가 그 그림을 보게 되는지 물었고, 그녀를 아는 사람이 자신의 그림을 보지 않기를 바랐다.

세 번째 회기

마리아는 물건을 잃어버리지 않도록 폴더를 정돈해서 가장자리를 테이프로 감아 놓기를 원했다. 나는 다른 사람들이 그림을 보는 것에 대해 지난주에 그녀가 했던 질문을 떠올렸다. 그녀는 신뢰할 만한 가치가 없어 보이는 것에 온통 마음을 빼앗기고 있었기 때문에 도움이 필요했다. 다른 전문가들의 도움을 받는 것을 어려워하는 그녀에게 이러한 특별한 개입을 필요로 하는 발전의 신호를 보면서 그녀가 느끼는 불안은 그녀가 치료적 관계를 신뢰할 만한 능력이 없다는 것과 교정시설에는 자신이 고립되는 것을 막아 주는 경계가 적절하지 않다는 것에 대한 두려움 때문이라고 생각했다.

그녀는 특별히 결심한 것처럼 보이지는 않았지만, 더 이상의 노출을 금지시키는 것처럼 자신의 폴더를 테이프로 감아 놓고 표지에 있는 자신의 이름을 지웠다. 그녀는 '바깥에서 일어난 일'(이것은 '수업 후'였다고 설명하면서)과 '작품으로 향하는 것' 에 대한 걱정을 이야기했다. 그녀가 2주간 새로운 일을 무사히 해낸 것에 대해 이야기했을 때, 나는 우리의 수업도 '시험 삼아 해 보는' 것으로 느끼는지 궁금해졌다. 폴더 가장자리를 테이프로 감은 것은 그녀의 이미지와 그녀 자신을 함께 물리적으로 유지하는 방법으로 보였다. 그것은 또한 '작품으로 향하는 것'으로 나아갈, 치료 과정에서의 더 이상의 관여를 허락하지 않았다.

네 번째 회기

마리아는 흰색 종이와 파란색 종이를 선택하고는 "그것들이 같이 있으니 멋있어 보인다."라고 말했다. 그녀는 종이를 움직이고, 분리시키고, 위치를 바꾸어 겹쳐 보기도 했다. 그리고 나서 흰색 종이 가장자리 바깥 '탁자 위의 여기'에 있다고 말했다. 그녀는 교정시설 바깥에서의 문제들은 '여기 안에' 있다고 덧붙였다. 그녀는 또 갑자기 명확한 어투로 "혼란 때문에 지긋지긋하다."라고 말하면서 왜 자신이 흰색을 선택했는지 설명했다. 흰색은 그녀가 흰색 작업복을 입고 일하는 데 대한 어려움을 떠올리게 했다. 그녀는 "다른 사람들은 모두 잘해 나가는데, 아마 문제를 일으키는 것은 나일 것이다."라고 말했다. 그녀가 더 이상 종이와 수업 자체의 경계에 얽매이지 않는다는 것을 의미하는 듯했다.

반은 검고 반은 흰 종이를 만드는 것에 대한 더 많은 생각들은 '검은색 종이 위에 휘갈겨 쓴 후 엉망으로 만들기'를 원하는 것으로 변해 갔다. 그녀는 연필로 두 면을 잇따라 휘갈겨 쓰더니 슬픔을 느끼면서 갑자기 멈추었다. 그림의 선을 정돈하려고 애쓰면서 그녀는 '아이처럼' 멍청해진 것 같다고 말하고는 몹시 언짢아했다. 이 혼란스러운 활동을 통해 마리아는 '바깥'에 있는 것에 의해 생긴 불안으로부터 물러서는 것처럼 보였다.

치료가 끝나 가자 그녀는 이 시간이 계속되기를 희망했다. 그녀는 시간이 있는지 물으면서 미친 듯이 종이 위에 마구 선을 그어 나갔고, 다시 멈추고는 자신의 우유부단함에 대해 이야기했다. 나는 그녀가 흰색과 파란색 종이를 그녀의 폴더에 같이 넣기 전에 무엇인가를 토해 내기 위해 마지막 순간을 보냈다고 느꼈다. 마리아는 감정의 노출을 경험하면서 '혼자 나락으로 떨어지는' 것에 대한 불안감을 더욱더 느끼는 것처럼 보였다.

종 결

이 4회기 동안의 치료는 감정의 외현화에 대한 어려움에 맞서기 위해 마리아가 어떻게 미술치료를 이용했는지를 보여 준다. 그녀는 재료를 가지고 자신의 경계에 대한 혼란을 표출할 수 있었으며, 이것을 가족과의 경험은 물론 교정시설에서의 경험과 연관시키기 시작했다. 하지만 네 번째 회기의 마지막에 보여 준 절망적인 상태는 미술치료에 깊이 빠져드는 것에 대한 그녀의 불안이 커지고 있음을 보여 준다.

그 후 일반적으로 18개월 이상 복역해야 주어지는 교정시설 밖의 통근 작업장에서 그녀가 술에 취한 채 돌아옴으로써 교정시설 규칙을 어겼다는 이야기를 들었다. 결과적으로 그녀는 직업을 포함한 특권을 잃었고, 다른 교정시설로 이감되었다. 이 경우에는 마리아가 계속해서 치료를 위해 머무는 것이 허락되지 않았다.

마리아는 교정시설의 통제를 벗어나 외부 통근 작업장에서 일하는 것과 치료에 대한 불안을 행동으로 나타낸 것처럼 보인다. 그녀가 이러한 사건을 겪고 이감됨으로써 나는 그녀를 적절히 보호하는 데 실패했다고 느꼈다.

마리아의 이감은 그녀의 관계 패턴을 스스로 통제할 수 없는 불행한 환경으로 끝내게 할지도 모른다. 고립되는 것에 대한 그녀의 불안이 미술치료 시간에는 완화될 수 있었으나 '바깥'에서는 과도하게 위압감을 느끼는 것처럼 보였다. 마리아의 입장에서는 이감에 대해 충분히 비난할 수 있었지만 그것에 대한 분노에도 불구하고, 그녀는 일이 이 지경에 이르게 된 데 대해 약간의 책임감을 느끼고 있었다. 그리고 미술치료 회기를 통해 희망의 실마리를 찾을 수 있었다고 말했다.

결 론

홀로웨이에서 미술치료사로서 일하기 위해서는 보통 처벌이 주어지는 환경에서 이를 재고함으로써 변화를 위한 공간을 제공하여 문제를 해결하는 것이 필요하다. 게다가 많은 수용자들은 교정시설이 제공하는 안전에 대한 잠재적인 욕구를 가지고 있다.

의료병동에서 실행하는 미술 집단의 많은 부분은 수용자들이 자신과 대화하는 수단으로 이미지를 사용할 수 있도록 충분한 신뢰를 갖게 하는 데 초점을 둔다. 재료와 이미지는 여성이 치료적인 관계에 관여할 때 발생하는 두려움과 불안을 위한 '수용체'로 기능한다. 이것은 과거에 파괴적이고 안전하지 못한 관계를 경험한 집단에 특별히 유용하다. 다른 집단에는 참가할 수 없는 여성 수용자에게 미술 집단은 교정시설에 있는 동안이나 혹은 석방 후에 더 많은 도움을 요구할 수 있도록 도와주는 첫 단계다.

이 장의 후반부는 치료 수업의 영역 밖에서 불안이 행동으로 표출되면서 생기는 문제들을 보여 주었으며, 치료는 미완성으로 종결되었다. 갑작스러운 종결이 교정시설에서의 작업에서만 생기는 것은 아니지만, 그것은 수용으로 생긴 의존성 때문에 특히 해를 입은 것으로 경험될 수 있다. 마리아의 경우에는 보다 큰 행동 패턴의 일부로서 사건을 보게 되는 인식을 갖게 되었다.

이처럼 전이와 불확실성을 경험하는 환경에서 작업하는 어려움은 치료를 거의 종결할 수 없는 상황으로 더욱 악화된다. 미술치료를 통해 표현되는 이미지는 수용자들이 지속적으로 향상되도록 돕는다. 이미지는 수용자들이 자신의 감정을 표현하는 데 보다 적절한 방법을 찾게 하며, 자신의 개인적인 이미지를 이해함으로써 변화될 수 있는 기회를 제공한다.

주

이 견해는 저자의 견해이며, 내무성이나 형사국의 견해와 반드시 일치하는 것은 아
님을 밝혀 둔다.

▶ 참고문헌

Carlen, P. (1983). *Women's Imprisonment. A Study In Social Control.* London: Routledge and Kegan Paul.

Day, E. S., & Onorato, G. T. (1989). 'Making Art in a Jail Setting.' In H. Wadeson, J. Durkin & D. Perach (eds). *Advances in Art Therapy.* New York and Chichester: John Wiley.

선을 벗어나다

상처받기 쉬운 수용자들의 미술치료

샨 에드워드(Shân Edwards)

교정시설 체제 내에서의 미술치료는 중요한 역할을 한
다. 그러나 내무성 정책에서 치료와 재활을 형사 정책
의 핵심으로 삼을 때까지 그 효과는 제한적으로 남을
것이다.

서 론

이 글에서 나는 베드포드 교정시설(Bedford Prison)을 소개하고, 이곳에서 미술을 가르치는 것이 어떻게 미술치료 훈련에 이르게 됐는지 설명하고자 한다. 이 초기의 연계 이후에 교정시설 내의 두 개의 부속건물에서 미술치료를 시도하게 되었다. 이러한 시도는 내담자 집단과 그들의 독특한 환경에서 영향을 받았다.

나는 특별히 상처받기 쉬운 수용자들과 이러한 환경에서 작업하는 어려움과 제약에 대해 설명하면서 편향되지 않으려고 노력했다. 교정시설은 수용자는 물론 직원들에게도 어렵고 부담스러운 환경이다. 그러나 이처럼 어려운 현실에도 불구하고 수용자와 관련한 교정시설 정책에 영향을 미칠 만큼 인정받지도 못한다.

이 글에는 수용자를 교정시설 복역으로부터 분리하는 1983년 「정신건강법」에 근거를 둔 시도들도 포함되어 있다. 펜톤빌(Pentonville), 리틀헤이(Littlehey), 그렌던(Grendon) 같은 교정시설들은 수용자를 위한 치료 프로그램을 처음으로 시작했다. 치료 프로그램은 이 지역에 대한 내무성 정책의 부족으로 교정시설 직원들의 권한으로 시작되었다. 하지만 교정시설에 기반을 둔 정책들은 베드포드 교정시설에 딸린 C1 부속건물의 폐쇄에서 볼 수 있듯이, 힘이 거의 없다.

자원 삭감, 민영화의 위협, 교도행정의 알 수 없는 미래의 방향 때문에 이러한 프로그램들은 거의 남아 있지 않고, 수용자 대부분에게 유용하지도 않다. 이 지역에서의 향상은 결과적으로 더디고 계획성 없게 되었으며, 주류가 아닌 변방에 계속 머물게 되었다. 내가 이 장의 제목을 '선을 벗어나다: 상처받기 쉬운 수용자들의 미술치료'라고 붙인 것은 이러한 인식과 관심 때문이다.

베드포드 교정시설

베드포드는 미결수들이 보석을 허가받거나 재판에 회부되어 유죄 선고를 받고 석방될 때까지 수용하는 지역사회를 위한 지역교정시설이다. 유죄 선고를 받은 수용자는 장기복역 교정시설로 이감될 때까지 이곳에 수용된다. 어떤 남성 수용자들은 사건의 복잡성이나 재판을 통해 통고받게 될 여죄 때문에 수개월 동안 수용되었다. 수용자들은 재판의 결과가 어떻게 될지 모르기 때문에, 수용 생활로 시간을 보내는 것이 가장 어려울 수 있다. 그들은 '석방'이나 '무죄'를 기대할 수도 있고, 지나치게 비관적이 되어서 긴 형량을 걱정할 수도 있다.

수용자들은 재판 결과의 엄정함이나 관대함에 대해 토론하며, 자신의 법정 변호사만큼이나 법에 대해 잘 알고 있는 것처럼 보인다. 왜냐하면 내가 담당한 대부분의 수용자가 상습범이기 때문이다. 그들은 각 재판의 과정과 결과를 흥미 있게 지켜본다. 그리고 미술치료실에서의 대화는 종종 상당한 유머 속에 실제 형량이나 추측한 형량에 대한 이야기로 흘러간다. 유머는 긴장과 불안을 완화시키기 위해 자주 사용된다.

안도감은 유죄 선고와 형량에서 가장 중요하다. 불필요하게 가혹하거나 불공정한 유죄 선고라고 여겨지지 않는다면, 수용자들은 일반적으로 무거운 형량을 선고받았다고 생각하는 사람들에 대해 관대하지 못하다. '형기를 치를 수 없으면 죄짓지 말라.'라는 말은 범죄의 결과인 수용의 불가피성에 대해서 교정시설에서 떠도는 말이다.

이런 것들이 구금 중인 수용자들과 가장 가까운 주제이자 관심사다. 결과적으로, 그들은 종종 자신의 문제를 연으로부터 없애 주고 생산적으로 시간을 보낼 수 있는 활동에 참가하기를 열망하는 가장 적극적인 학생들이다. 교육 시간은 또한 바깥세상의 감각을 불러일으키는 동료 수용자나 직원들과 더 많은 시간을 보낼 수 있게 해 준다.

반면에 이러한 측면은 또 다른 수용자들이 교육 수업에 참가하지 않는 이유가 될 수도 있다. 어떤 수용자들은 교정시설을 은둔 장소로 사용하고 스스로가 바깥세상으로부터 격리되기를 원한다. 그들은 결합하는 것이 매우 어렵다는 것을 알고, 수용에서 오는 감정적 어려움을 외면하기 위하여 모든 바깥세상과의 인연, 심지어 가족과의 관계조차 끊어 버릴지도 모른다. 하지만 교정시설에서의 교육은 자발적이며, 많은 학생들이 수업에 참가함에 있어서 긍정적인 의도를 가지고 있다.

교정시설에서의 미술교육

나는 10년 전에 미술대학을 졸업하고 베드포드 교정시설에서 미술을 가르치기 시작했다. 교육부가 규칙 43[1]항을 실행하는 부서에서 형태 만들기(모델링)를 가르칠 누군가를 찾고 있다는 이야기를 들었다. 나는 면접을 보고 그 일을 제의받았고, 수업이 열릴 방을 살펴보았다. 그곳의 직원에게 점토가 어디 있느냐고 묻자, '모델링'은 '성냥 모델링'을 뜻하며, 많은 교사들이 해 보지 않았으므로 걱정할 필요가 없으며, 곧 잘할 수 있을 것이라는 대답을 들었다.

이것이 교정시설에서의 미술교육에 대한 주된 소개였고, 나는 국내에서 생산되는 성냥의 다양성과 그 질에 놀라울 뿐이었다. 점토는 8년 동안 교정시설에서 사용되었는데, 지금은 사용되지 않는다. 나는 다른 미술 재료를 수업에서 소개했으며, 이후에는 교정시설의 교육 부서에서 담당했다.

나는 규칙 43항을 실행하는 부서에서 수용자들을 가르치는 동안 많은 사람

---

1) 규칙43(Rule 43)은 수용자 자신의 보호를 위해서 격리를 가능하게 해 주는 수용자에게 유용한 조항이다. 전부는 아니지만, 규칙 43 수용자들의 대부분은 성범죄자들이다.

들이 교정시설에서의 생활과 문제, 자신의 범죄와 그것과 관련된 감정에 대해 '짐을 내려놓을' 필요가 있다는 것을 알게 되었다. 그리고 수용자들은 그것을 직접적인 언어로, 혹은 그들의 작업을 통해 표현했다. 개인적인 미술 작품을 만들라고 학생들을 격려함으로써 점차 다루기 어렵게 느껴지는 주제들이 떠오르는 것은 불가피한 일이었다.

면회 오는 배우자나 자녀에게 건네기 위해 가벼운 장난감이나 성냥갑 보석상자를 만든다고 해도, 수용자는 상실감, 슬픔, 분노, 죄책감을 느끼며 대화에 참여하게 된다. 이렇게 만난 첫 번째 학생들은 나에게 수용과 격리, 범죄에 대하여 많은 것을 가르쳐 주었다. 돌이켜 보면 나는 순진하고 착한 학생이었다.

미술치료 훈련

교정시설에서의 작업은 결국 내가 미술치료 공부를 하도록 결심하게 만들었다. 교육 부서 책임자는 나를 전적으로 격려해 주었다. 나는 교정시설 훈련을 위한 연구비로 자금을 지원받았으며, 세인트 알반스(St Albans)에서 시간제로 미술치료 대학원 수업을 시작했다. 비상근 훈련을 맡는 한 가지 조건은 교정시설에 미술치료를 제공해야 한다는 것이었다. 나는 두 개의 미술치료 수업을 하기로 계약했는데, 하나는 규칙 43 수용자들과의 수업이었고, 다른 하나는 본관에서 하는 수업이었다. 본관에서 하는 수업은 나중에 시간표상의 문제로 교정시설 병원의 부속건물인 C1 구역에서 하게 되었다.

교정시설에서는 새롭고 혁신적인 작업이 때로는 회의적이고 심지어는 적대적인 것으로 간주된다. 다행히 나는 이미 교정시설 미술교육으로 꽤 자리를 잡고 알려져 있었기 때문에 홍보는 그 효과를 톡톡히 보았다. 어쨌든 그 이유로 해서 미술치료는 교육에 바탕을 두고 있는 것으로 여겨졌고, 아직도 그렇게 여겨지고 있으며, 교도관들은 수용자들을 '수업을 듣는 학생'이라고 부른다.

어쨌든 집단이 어떻게 불리는가 하는 것은 별 문제가 아니다. 중요한 것은 그 시간 동안 무엇을 하느냐는 것이다. 치안상의 이유로 집단에 교도관 몇몇을 참여시키지 않을 수 없다. 교도관의 참여는 개개인에 따라 자신이 어떻게 받아들여지는지, 수용자를 위한 치료나 교육이 어떻게 비쳐지는지, 그리고 수용자와 관련된 개인적 편견에 따라 좋을 경우에는 일시적으로 도움이 되거나 최악의 경우에는 파괴적인 결과를 초래하기도 한다.

나의 목적과 목표를 더 잘 인식한 다음에, 집단에 교도관을 참여시키는 것이 미래를 위해 도움이 되기 때문에 양쪽 부서 모두에 계획되었다. 이후 미술치료의 이론과 실습에 관한 정보와 통찰력을 주기 위해 미술치료 워크숍을 개최하게 되었다. 이렇게 함으로써 나는 수업 관련 부서 직원들에게 수용자들이 만든 작품과 관련하여 더 적절하게 언급할 수 있게 되었다. 나는 수용자들과 함께하기 위해 노력하며, 그들의 감수성이 더욱더 풍부해지기를 기대했다.

1983년의 「정신건강법」

「정신건강법」에 의해 정의된 것처럼, 정신적으로 병들어 있고 심하게 손상된 사람이 교정시설이 아닌 병원에 있어야 한다는 것에는 의문의 여지가 없다(Richer, 1990: 15).

사회복지위원회는 1985~1986년 교도의료행정 검토서에서 이와 같이 표명했다. 하지만 교정시설에 계속 머무는 이러한 사람들의 존재는 이 법의 조항이 병원으로의 전환을 확실하게 하지 않는다는 사실을 확인시켜 준다. 교정시설의 의료 직원들은 분명한 정책이나 자금 또는 훈련 없이 이 문제를 처리하고 있다.

정신적으로 상처받기 쉬운 수용자들의 대부분은 「정신건강법」의 보호를 받지 못하고 교정시설 체제에서 복역해야 한다. 그 법의 범위 내에서, 오직 치료받을 수 있는 경우에만 병원으로 이송된다. 그러므로 그들의 병이 치료될 수 없다고 진단된 사람들은 자격이 없다. 또 다른 제한은 격리 병동의 부족과 병원 입원실의 부족으로 법의 적용을 받는 이송자들의 수를 제한하는 것이다.

교정시설에서 정신적 질병을 찾고 치료하는 데 의욕이 없다는 것을 보여 주는 자료를 보면, 의료 기구의 통계는 별 소용이 없다. 평가하기 힘든 소위 '경계선상' 사람들은 분명히 교정시설로부터 병원으로 이송되지 않을 것이다. 1985년에 영국 의료협회는 "경계선급 정신이상 수용자들은 복역 중인 사람의 약 20~30%를 차지하며, 그들이 어디에 있든지 그들은 (치료가) 거부된 사람들이다."(Richer, 1990)라고 평가했다.

현재 이러한 수용자들 외에 교정시설에 들어오는 '부적응자'의 수는 점점 증가하고 있다. 그들은 집이 없거나, 상대적으로 가벼운 범죄를 저질러 짧은 형량을 복역하기 위해 수용된다. 그들은 술과 약물 남용 문제를 갖고 있거나, 인격장애 또는 학습장애를 가지고 있기도 하다. 이러한 '상처받기 쉬운' 사람들의 교정시설 입소 증가는 장기 심리치료 병원을 폐쇄한 정책의 직접적인 결과라고 지적되어 왔다. 더불어 소수인종 집단의 경험에 대한 자료 수집이 필요하다.

> 내무성 연구와 통계국(Ward, 1990)의 최근 통계에서, 1987년과 1989년의 「정신건강법」 47조항의 적용을 받아 병원으로 이송된 252명의 수용자 중 23%가 일반적인 교정시설 수용 인원의 14~15%를 차지하는 소수인종임을 알 수 있다. 아프리카계 캐리비언 남성들은 또한 「정신건강법」 Part 3의 적용을 받아 격리병원과 안전병원에 수용된 환자들 사이에 두드러지게 나타난다(Grounds, 1990: 36).

수용에 대한 대안

정신적으로 문제가 있는 수용자들의 수용에 대한 여러 대안이 있다. 루턴 (Luton)[2]에서는 정신적으로 장애가 있는 수용자들에게 적절하고 잘 구성된 치료 계획을 제공함으로써 감금이 아닌 다른 형태로 전환하려는 목표를 가진다. 정해진 목표는 다음과 같다.

- 개인의 작업으로부터 얻어진 정보를 공유함으로써 평가의 질을 향상시킨다.
- 가장 적절한 기관의 선택 혹은 여러 기관의 연합을 최대한 활용한다.
- 이러한 수용자들과 관련된 기관의 공유된 책임감을 유지하고 향상시킨다.
- 이러한 책임에 대한 평가의 관점을 떠나 사후 관리 혹은 집단원들의 개인적인 치료를 확대함으로써 재범과 재발을 방지한다. (정신장애 수용자들을 위한 루턴 내부기관 평가위원단 안내지)

이 위원단은 보호관찰공무원, 정신과의사, 임상심리학자, 사회복지사 및 지역사회 정신보건 간호사로 구성된다[CPN(Community Psychiatric Nurse)은 교정시설의 병원과 법원에서 일하며 최근 교정시설에 새로 도입되었다].

조정자는 법원이 요청하는 심리평가를 정신과의사 혹은 심리학자와 정신보건 간호사에게 의뢰한다. 그들은 보호관찰공무원과 함께 사례를 토의한 다음,

---

2) 영국 잉글랜드 베드퍼드셔 주에 있는 행정구(특별도시). 런던 시에서 북서쪽으로 48km 떨어져 있고 남북 종단 자동차 도로(M1)의 동쪽에 있다-역주.

위원단 회의를 위해 개개인의 평가를 준비한다. 내담자를 알고 있는 관계자나 다양한 전문가들이 치료 계획 회의에 초대될 수 있다. 토의 후에는 정신과의사와 보호관찰공무원에 의해 조정된 관리 계획 정신의학적 보고서와 사회조사 보고서(지금은 '판결 전 보고서'라고 한다)가 제출된다.

위원단은 매달 넷째 주에 모이며, 필요하다고 판단되면 언제라도 소집된다. 정신의학적 사정이 요청되면, 보통 6주간의 휴회 기간이 요구된다. 피고가 구류되어 있으면 휴회 기간은 3주로 단축된다. 이것은 국가적으로 조정된 계획이 아니며 그 원칙은 다른 지역의 유사한 위원단에 적용될 수도 있다. 그러나 아직까지 그런 위원단은 없는 것으로 알고 있다.

베드포드 교정시설은 유치소나 이와 같은 수용의 대안적 방법이 있다는 것을 모르거나 제공할 수 없는 법원을 거쳐 오는 수용자들을 수용한다. 그들의 범죄가 어떤 선택안을 내놓기에는 너무 심각한 것일 수도 있다. 결과적으로 상처받기 쉽고 정신적으로 병든 수용자들은 교정시설에 계속 수용된다.

C1 구역의 역사

베드포드 교정시설은 정신적으로 병들고 상처받기 쉬운 수용자들을 돌보는 데 어려운 상황에 놓여 있다. 이곳은 지역교정시설이기 때문에 그들을 돌보기 위한 적절한 시설과는 관계없이 수용을 목적으로 이송된 모든 사람들을 받아들여야 한다.

이러한 결과로 정신질환이나 학습장애 진단을 받거나, 수용 후에 병들게 된 남성 수용자들을 위해 1990년에 C1 구역이 설립되었다. 존스 박사는 해당 부서에 마약 사용자와 알코올중독자들에게 중독치료 프로그램을 실시할 것을 권유했다. 이러한 이유로 그 부서는 교정시설 병원과 밀접하게 연관되어 있었고, 병원 직원들에 의해 운영되었다. C1은 수용자들이 수용되면 정기적으로 아무도 없게 되기 때문에 어떤 수용자에 대한 세밀한 관찰이 필요한 경우에는 그를 교정시설 병원으로 이송했다.

이 구역의 처음 계획은 특히 약물과 알코올에 의존하는 사람들을 위한 치료 프로그램을 제공하는 것이었다. 이것은 존스 박사에 의해 시작되었고, 수용자들은 이 프로그램에 참여하기를 바랐다. 그것은 그 구역에 있는 특권으로 여겨졌기 때문이다. 나는 교육부를 통해 고용되었는데, 교육부는 이미 그 구역에서 학급을 운영하고 있어서 존스 박사를 만나지는 못했다. 미술치료 수업은 그녀가 계획한 프로그램과 병행하면서 운영되었다.

나는 C1 구역에서 미술치료 집단을 운영하는 것에 희망적인 전망을 가지고 있었다. C1 구역은 그 교정시설에서 재활(사회 복귀)에 깊은 관심을 보이는 한 구역이었고, 내담자의 요구에 상응하는 치료 정책을 수립하기 위해 진지하게 접근했다. 직원들은 진심으로 그들의 어려움에 관심을 보였고, 그들의 관계는 치료 프로그램의 중요한 부분으로 여겨졌다. 부서가 소규모로 운영되는 것과 직원 간의 밀접한 관계는 이러한 것을 가능하게 했다. 나는 교정시설의 다른 부서처럼 단순히 수용의 본질만을 따르는 것은 싫었지만, '선을 벗어나서' 일하기보다는 재활 정책의 '선 내에서' 일하기를 원했다.

하지만 수용기관 그리고 지역교정시설이라는 본질이 주는 어려움이 항상 존재했다. 어떤 수용자가 교정시설에 들어올 때, 의료적인 단서를 갖고 오지는 않는다. 과거에 무슨 약을 처방받았는지 등 수용자의 정신건강 진단에 대한 정보가 없다. 상처받기 쉬운 수용자는 행동이나 말로 표현하지 않으면 수용 단계에서 간과되기 쉽다. 그리고 정보는 수용자 자신에 의해 자발적으로 제공되는 것이 아니다.

이러한 환경에서 일할 때 미술치료사가 가지는 문제는 직원에 의한 정보의 차단이 아니라 치료 프로그램에 적용할 만한 그 어떤 정보도 가지고 있지 않다는 것이다. 의료 직원들은 치료사가 몇 번의 수업에서 내담자와 작업하여 수집한 것을 종종 되풀이할 수 있을 뿐이다.

처음에 이 부서의 업무는 잘 진행되었는데, 직원들은 치료 업무에 충당되었다. 하지만 존스 박사의 전근과 교정시설 행정의 인원 삭감으로 후임자가 없어지게 되자, 부서의 용도는 바뀌기 시작했다. 베드포드 교정시설은 정원 초과로 유명해졌고, C1 구역은 점차 거처할 곳이 없는 수용자들을 위한 숙박 장소가 되었다.

그것은 종종 수용자들 간에 계층을 만들면서 그 부서의 본질을 심하게 변질시켰다. 치료적 관점에서 볼 때 그것은 재앙이었다. 그 기간은 다른 직원들에게도 가장 어려운 시기였는데, 교정시설의 다른 부서들도 수용자들의 초만원에서 비롯된 압박과 승산 없는 싸움을 해야만 했다. 직원들은 다른 임무로 호출되었고, 수업은 급작스러운 통지를 받고 취소되거나 시간 전에 끝내야 했다.

C1을 치료적인 부서라고 언급하는 것은 어쩌면 희망 사항일지 모른다. 치료 프로그램은 물론 부서 정책과 수용자 위탁도 불분명했다. 직원 훈련을 위한 예산도 없었다. 이것은 그 부서가 존스 박사에게 너무 의존적이었다는 것을 뜻한다. 그래서 그녀가 떠나자, 남겨진 조직은 교정시설 체제의 압력으로 결국 무너져 버린 것이다.

이것은 직원과 수용자들에게 어려움과 좌절감을 주었지만, 새로운 병원 부서의 실질적인 정책 발전을 위한 근본을 일깨워 주었다. C1은 폐쇄되었고, 교정시설 확장 건물의 한 공간에 새로운 병원 부서가 문을 열었다. 이곳은 약물 치료와 감시가 필요한 수용자들을 맡았는데, 그들은 신체적인 장애가 있거나 과거에 C1 구역에 수용되었던 상처받기 쉬운 수용자들이다.

이곳에서는 매우 중요한 한 가지 변화가 있었다. 예전의 부서는 지하에 있어서 수용실은 약간의 채광이 되지만, '협동' 구역과 학급, 치료 집단을 위한 공간은 자연 채광과 통풍이 되지 않았다. 그것은 교정시설의 다른 부서와 격리된 지하 감옥에 있는 것과 같았다. 그 공간의 한쪽 벽에는 정서적인 느낌을 주고 바깥세상을 떠올리게 하는 정원이 그려져 있었지만, 전반적인 분위기는 폐쇄공포증을 불러일으키고 격리감을 느끼게 했다.

반면 새로운 부서는 수용자들을 1층에 수용하고 있다. 공간은 밝고 통풍이 잘되며 정원과 운동장이 잘 보이는 큰 창문이 있다. 그곳에서는 일하러 다니는 사람들도 보이고 교정시설 건물 위로 하늘도 보인다.

또 다른 중요한 변화는 비록 시간제이지만 지역 정신보건 간호사를 채용한 것이다. 그녀의 일은 나의 일과 연관이 있었는데, 그녀는 나와 잘 협력했다. 그녀는 수용자들과 법원을 위해 일하는 것은 물론 교정시설 내에서 일하는 여러 직원들 사이에서 다리 역할을 해 주었다. 나는 그녀가 지닌 수용자들에 대한 정보가 매우 가치 있다는 것을 알게 되었고, 나의 작업에서 덜 고립되었다. 이것은 내가 '선을 덜 벗어나' 있고 수용자로 하여금 마음을 열도록 격려하는 데 더 나은 위치에 서게 되었다는 것을 의미한다. 미술치료 회기 사이에 수용자들은 집단 형태로 그녀를 만났지만 필요한 경우에는 일대일로 만나기도 했다. 이제 우리의 상처받기 쉬운 수용자들을 돌보는 보다 본질적이고 영구적인 정책의 기초가 수립되고 있다.

미술치료에 대한 접근

수용자들이 모든 활동에 참가할 것을 기대하는 부서의 정책 때문에 C1에서의 미술치료 회기에는 재판 중이거나 선고를 받은 모든 수용자들이 포함되었다. 수업에 참가하는 인원은 그 부서에서 관리하는 총 인원인 12명이 되기도 했고 또는 2명이 되기도 했다.

이 교정시설에서의 치료 시간은 종종 법적인 방문, 보호관찰 방문, 법정 출두에 의해 방해받는다. 한 회기와 다음 회기 사이에 수용자들은 법원에 출석해서 석방되거나 선고를 받고 장기복역 교정시설로 이감되기도 한다. 이러한 일에 대한 사전 고지는 없다. 몇몇 수용자가 사라지고, 또 다른 수용자로 즉시 대체되는 상황을 지켜보는 것은 나와 집단원들에게 가장 당혹스러운 일이 되곤 했다. 이러한 상황은 치료를 끝내기 위한 준비를 어렵고 산만하게 만든다. 수용자를 장기복역 교정시설로 배치하면서도 숫자 말고는 아무것도 고려되지 않는다. 형기가 끝나기 몇 주 전에 이감되는 것도 가능하다. 이러한 일은 특별히 재판이 열리고 있을 때 일어나며, 형기의 대부분은 이미 구금 중에 채워진다.

이러한 환경 때문에 우리 집단은 도대체 방향을 잡을 수 없었다. 우리는 일주일에 한 번 두 시간 동안 만났다. 서로 다른 욕구를 수용해야 하므로 나는 미술 재료를 자유롭게 사용하면서 다양한 표현을 해 볼 수 있는 기회로 미술치료를 소개했다. 그리고 미술 재료는 점토, 연필, 물감, 파스텔, 크레용으로 제한했다. 나는 미술치료 집단에서 성냥갑으로 물건 만들기, 천에 그림 그리기, 가벼운 장난감 만들기를 하는 미술 수업이나 수공예 수업과 차이점을 두기를 원했다. 교정시설에는 면회객에게 작품을 주거나, 자선을 위한 물건을 만드는 수용자들의 전통이 있다. 그러나 나는 미술은 탐구적이고, 자신을 위해 실행될 수 있으며, 표현된 기술이 중요한 것은 아니라는 생각을 심어 주기위해 노력했다. 또한 작품에 대해 판단하거나 점수를 매기지 않는다는 것을 분명히 했다.

참여는 자유로웠고, 생산적인 작업을 강요하지는 않았다. 왜냐하면 미술치료 작업은 자발적인 참여로 이루어져야 한다고 생각했기 때문이다. 집단 구성원들은 스스로 그것이 유익한 경험이라는 것을 알고 더 적극적으로 참여하곤했다. 이 시기에 만든 작품들을 되돌아보면, 대부분의 사람들이 작품을 만들수 있는, 충분히 안전한 환경을 만든 것으로 보인다.

그러나 '숙박자' 들이 점거한 뒤로, 이러한 가능성의 환경은 변질되었다. 집단원 사이에는 신뢰가 없었다. 또한 욕구와 능력이 너무도 제각각이었기 때문에 독립된 공간이나 공개된 공간에서 모든 수용자들의 작업은 어려웠다. '숙박자' 들은 적극적으로 재료를 가지고 작업하는 반면, 상처받기 쉬운 수용자들은 앉아서 지켜보는 상황이 발생했다. 이러한 소극성과 참여 의욕의 결핍은

다른 상황에서도 일어났을지 모르지만, 이것을 악화시킨 것은 이질감과 차별
감이었다.

집단의 소극적인 구성원에 대해 많은 인식을 하게 되면서부터 나는 집단원
을 연결하는 다리 역할을 하기 위해 노력했다. 나는 상처받기 쉬운 수용자 집
단원들과 함께했지만, 적극적인 수용자들과의 대화에도 참여했으며, 때로는
그들의 작품에 관심을 갖기 위해 그들과의 경계를 연결하기도 했다. 한번은
상처받기 쉬운 수용자 한 명이 내 쪽의 탁자로 건너와서 연필과 종이를 가지
고 부분적으로 헬멧을 쓰고 있는 머리를 그렸다. 그는 수업이 끝날 때까지 그
그림이 마치 집단의 저쪽 편에 머무르게 해 주는 통행증인 것처럼 그 그림과
함께 그곳에 있었다. 그러나 이후 그는 다시는 작품을 만들지 않았으며, 몇 주
후 그에게 배정된 교정시설로 이감되었다.

기술 향상과 작업 방식

미술 학급과 미술치료 집단을 구분함으로써 일부 수용자들이 지도를 요구
했을 때 나는 약간 난처했다. 비록 그들이 재료를 잘 사용하지 못했기 때문에
몇몇에게 기초적인 색깔 혼합 기술을 가르쳐 준 적은 있지만, 이러한 것은 나
에게 매우 생소한 일이었다.

나는 아직 치료사의 역할을 하기에는 초보자였고, 결론적으로 내가 생각하
는 그 역할이 무엇인지 분명히 할 필요가 있었다. 내가 '치료사' 역할에 더 많
은 자신감을 가지게 되었을 때, 미술을 가르치는 것과 미술치료의 연관성(이
것은 무엇보다도 내가 미술치료 훈련을 받은 이유다)이 다시 표면화되었다. 나는
이 주제에 대해 감독관과 의논했다.

나의 감독관은 매우 기민한 성격의 상급 보호관찰관인데, 타비스톡 클리
닉(Tavistock Clinic)에서 훈련을 받았으나 미술치료에 대한 지식은 없었다.

그는 정물화 그리기는 미술치료에 별 도움이 안 되며 교육과 치료는 다르다는 데 동의했지만, 나에게 이 주제는 더 복잡한 것이었다. 우리는 미술의 유용성, 개성의 발전, 수용자가 그림을 그리거나 색칠하는 것을 배우려는 이유, 학교 미술을 따르는 결과로 생길 수 있는 제한에 대하여 매우 유익한 토론을 시작했다. 미술과 미술품 만들기의 광범위한 주제에 대해 그와 이야기하는 동안, 내담자 집단과의 미술치료에 대한 나의 생각을 재정립할 수 있었다.

미술치료 집단에서 가르침은 있을 수 있다. 그것은 수용자가 일상의 사물과 사람을 새로운 시선으로 바라보고 모방하며 관찰한 것을 종이 위에 표현하도록 격려한다. 또한 그것은 수용자가 미술 작업을 하는 데 자신감을 주며, 다른 미술 재료들을 실험하고 탐구하는 방법을 열어 준다.

나는 이제 내가 가진 지식을 억제하고 있다는 것이 이상하다는 것을 깨달았기에 가르치면서 공유하고자 한다. 나의 경험으로 이미지에 대한 참여 부족은 그 이미지에 반영된 것을 볼 수 있는 수용자의 기술이 부족하기 때문이다. 수용자의 묘사가 서투를 때 그 작품에서 미술치료사가 찾을 수 있는 의미는 무엇이겠는가? 상처받기 쉬운 일부 수용자들의 미술적 기술이 향상되자 그들의 자신감이 높아졌다. 만약 수용자들이 이 영역에서 배우고 성취한다면 자신의 삶에서 다른 성취도 가능해 보이기 시작할 것이다.

최근에 한 수용자는 '똑바로 하겠다.'고 결심했다. 그가 주의 깊게 보고 정확하게 그리려는 욕구를 가지게 된 것이 내가 너무 지나치게 강조해서 그런 것은 아닌지 궁금했다. 그는 격렬하고 갑작스러운 불안을 겪었지만, 그의 그림에 대해 더 이상 걱정하지는 않는다. 왜냐하면 그는 다시 바라볼 수 있고, 더 좋은 모양을 만들 수 있다는 것을 배웠기 때문이다. 그는 이렇게 배운 기술을 시험해 보는 것을 즐기며, 기술은 점점 향상되고 있다. 그의 삶에는 그가 '바로잡기' 원하는 다른 영역이 있을지도 모른다. 그는 잘못한 것에 대해 처벌받았을 것이다. 그리고 자긍심을 잃어버렸을지 모른다. 그런 그가 그림 그리기를 배우고 작업하는 것은 잘못된 것을 바로잡을 수 있는 힘을 그에게 주었을 것이다. 이렇게 집단에서 사용되는 언어는 종종 인생의 다른 주제를 반영할 수 있다.

어떤 수용자는 좀 더 표현적인 미술 작품을 만드는 것으로 나아가기 전에 전통적인 미술 작업 기술을 배울 필요가 있다. 이것은 마치 '추상이 연구되기 전에' 사실주의가 이해될 필요가 있는 것과 같다. 피카소 작품의 발전(그리고 일반적인 미술의 발전)은 이러한 과정을 반영한다. 또 어떤 사람은 자신이 느낀 것을 묘사하기 전에 자신이 본 것을 묘사할 수 있는 능력을 기를 필요가 있다.

치료 집단에서 가르침 자체가 우선순위를 가져야 한다는 것을 지지하는 것은 아니다. 그러나 수용자가 배우기를 원할 때 기술과 정보의 공유가 제한되어서는 안 된다.

유사한 배움은 언어를 배우는 것에서도 일어난다. 말할 수 있는 어떤 사람은 언어 형태에 대한 인식의 부족으로 단어를 실험하는 것에 여전히 제한받을 수 있다. 수용자들은 다른 사람들의 단어 선택에 대해 계속 배움으로써 더 창조적인 방법으로 자신을 표현하는 방법을 배울 수 있다. 나는 창조성에 대해 배우는 것과 치료 사이에는 연관이 있다고 확신한다.

집단 회기가 열릴 때, 나는 새로운 수용자들에게 내 자신을 소개하고 이 집단은 일주일에 두 번, 미술 재료를 자유롭고 실험적으로 사용하는 시간이라고 설명한다. 또한 완성된 작품보다 활동이나 과정이 더 중요하며, 작품을 만들 때 자신이 원한다면 기억이나 감정이 떠오르는 것은 당연하다고 말한다. 나는 또한 내담자의 기술보다 서로 소통하는 것이 더 중요하다고 말해 준다. 그리고 미술 작업의 재미있고 탐구적인 면을 돋보이게 하려고 노력한다. 비록 여기에서 내가 교사는 아니지만, 원한다면 가르쳐 줄 것이고 개인의 욕구에 맞출 것이라는 사실을 분명히 말한다. 이러한 모든 측면은 보통 치료 회기 중 어느 순간에 적용된다.

이 집단의 열린 특성 때문에 어떤 '교과서적인' 미술치료가 될지도 모르지만, 나의 목표는 다양한 욕구를 수용할 수 있는 편안하고 환영받는 분위기를 만드는 것이며, 또한 그래야만 한다.

수용자가 충분히 안전하다고 느끼게 되면 이미지나 대상에 의미 있는 변화가 나타난다. 예를 들어, 그 자신에 대해서 이야기하는 것이 어려운 한 수용자는 서로 다른 특성을 가진 동물들의 형상을 점토로 만들기 시작했다. 당나귀가 토끼로 변했다. 나는 두 동물이 그의 인격의 두 가지 면을 보여 준다고 느꼈으며, 그는 그것들을 만들고 난 후에 그 점을 분명하게 표현했다. 미술 작품을 만드는 과정은 이러한 연결을 떠올리는 것을 가능하게 만든다.

또 다른 수용자는 커다란 코일 항아리를 만들고 있는 중이다. 수주 동안 그는 자꾸 커지는 점토 크기와 점성을 유지하는 데 어려움을 느끼면서 악전고투하고 있다. 이 일을 마치는 것이 그의 목표였으며, 그 항아리는 전체 집단의 생존의 상징이 된 듯하다. 그는 가방에서 작품을 꺼낼 때마다 부딪쳐서 금이 가거나 생각지도 못한 틀어짐이 생긴 것은 아닌지 항아리를 조심스럽게 살펴보았다.

그 항아리는 크고 둥근 형태로 밑바닥이 크기에 비해 너무 작았다. 둥근 형상과 풍부함은 나로 하여금 선사시대의 풍요를 상징하는 '빌렌도르프의 비너스'를 떠올리게 했다. 그 집단의 한 사람은 그것이 순무처럼 보인다고 말했다. 그는 원예를 즐기고 수확하는 것을 좋아했다.

수용자는 그처럼 훌륭한 물건을 만들 수 있을 것이라고 상상하지 못했으므로 자신의 성취를 자랑스럽게 여겼다. 그는 점토로 할 수 있거나 할 수 없는 것에 대해 배워 왔고, 더 중요한 것은 성취의 증거로 그 항아리를 가지고 있다는 것이다. 그의 가장 큰 걱정은 되돌릴 수 없는 실수를 하는 것이다. 그는 어떤 일을 실험하고 실행하는 자신의 능력에 대해 자신감이 없었기 때문에 가르침을 필요로 했다.

이 수용자는 어렸을 때 뇌 손상을 입었다. 항아리를 만드는 동안 그는 학교가 자신의 무능력—집중력 부족과 지시를 이해하지 못함—을 허용하지 않았다고 이야기했다. 결과적으로 그는 괴롭힘을 당했고, '까다로운 아이' 라는 꼬리표가 붙게 되었다.

자신의 능력 밖에 있다고 생각한 기술을 배우고 과정을 즐길 수 있다는 사실의 발견은 그 자신을 다른 사람들과는 다르지만 동등하게 유능한 사람으로 보게 되었다는 것을 의미한다. 그는 이제 자신을 위해 고난을 극복하고 결정을 내리며 위험을 감수하고, 자신이 '할 수 없는' 혹은 '어려운' 역할에서 벗어나려고 노력한다. 이것은 교정시설에서 종종 나타나는 가장된 자신감이 아니라, 용기를 바탕으로 인생에 심오한 변화를 가져다줄 수 있는 자신감이다.

치료와 겹치는 미술 수업의 또 다른 면이 있다. 많은 수용자들은 이미지와 형태를 '읽는' 방법을 모른다. 그리고 미술 작품에 반응하고 그것에 대해 토론함으로써 얻게 되는 가능성에 대해 인식하지 못하는 것 같다. 그들은 자신에게 변화될 수 있는 잠재력이 있다는 것을 깨닫지 못하고, 자기 작품에 표현한 것을 이해하지 못한다. 잠재된 자각은 일깨워질 수 있다.

종종 우리는 다른 미술가들의 작품을 볼 때, 작품이 그 작가의 기술보다도 더 많은 것을 이야기한다고 생각한다. 미술의 모호함(여러 가지 의미)을 읽는 것은 또한 삶의 상황에 대해 다양한 각도에서 바라보지 못하는 경직성을 무너뜨리도록 도와준다. 혼자 힘으로 그림에 '있는' 것을 바라보고 생각하는 방법을 배우고, 다른 사람의 이미지에 '있는' 것을 듣고 보는 것은 다양한 관점이 존재한다는 것을 증명할 수 있는 방법이다. 이것은 많은 사람들에게 어려운 개념일지도 모른다. 그러므로 미술에 대한 일반적인 이야기를 하는 것이 발견을 위한 안전한 방법일 것이다.

숙고를 통해 배우는 한 가지 중요한 면은, 수용자는 적극적인 참여를 통해 혼자 힘으로 기술을 습득한다는 것이다. 그리고 나서 그 자신의 이미지를 만드는 것으로 나아가거나 이미지를 선택해서 그것의 의미를 발견하고 탐색할 수 있다. 어떤 수용자에게는 잠재의식의 표면화를 허용하기 위해 이렇게 의식적으로 배우는 과정이 필요한 것으로 보인다. 이 집단의 수용자들의 대부분은 자기 자신을 관조하는 방식으로 생각하지 못한다.

교정시설의 본질인 강제성은 자신이 어디에 머물고, 무엇을 할지에 대한 선택권이 수용자에게 없다는 것을 의미한다. 유사하게, 수용자들은 일반인이 개인치료를 받기 위해 선택하는 방식으로 치료 프로그램의 참여를 선택하지 않는다는 것이다. 그들은 프로그램의 참가자로 예정되고, 만약 거절하면 벌칙을 받을지도 모른다(Kopp, 1974). 이것이 수용자들이 침대에서 하루 종일 시간을 보내는 것을 막기 위한 부서 정책이다.

미술치료 집단에서 가능한 한 높은 '자발성'을 갖게 하기 위해, 나는 참석만이 요구된다는 것을 분명히 했다. 종종 나의 위치 때문에, 미술 작업이 수용자 자신을 위해서라기보다 나를 위해 행해진다고 느끼는 것은 강제적인 문화의 결과다. 이것은 또한 학교에서도 일반적이다. 그러므로 의미 있는 작업을 위한 재교육 혹은 비교육(de-education)이 필요하다. 그리고 그 속에서 수용자가 참여하고 즐김으로써 작업이 이루어져야 한다.

새로이 수용된 사람은 계류 중인 재판, 자유와 가족, 친구들의 상실(때로 혹은 영원히) 그리고 수용이 의미하는 모든 것을 다루어 보도록 권유된다. 교정시설의 미술치료사는 수용에 따라 발생하는 모든 감정을 다룬다. 그러나 의학적인 진단이나 범죄와 관련된 작업으로까지 확대하지는 않을 것이다.

교정시설의 미술교사로서 나는, 이미지의 내용과 학생들의 의사소통을 적절히 다루지 못한 나의 무능을 알게 되었다. 미술치료사로서 내가 별다르게 작업한 것으로 보이지는 않을 것이다. 그러나 '차이점'은 어떤 일이 생기든지 해결하고자 하는 노력과 그 경험을 반영하여 활용하는 능력과 자신감에 있다(Schaverien, 1992).

결 론

베드포드 교정시설에서 실행한 상처받기 쉬운 수용자들과의 작업을 서술하면서 중요한 주제 중의 하나는 '어떤 것도 딱 들어맞지 않는다.' 는 것이다. 보살핌을 위한 포괄적인 프로그램 전략이 결핍되어 있고, 교정시설의 다른 직원들은 진정한 의사소통이나 방향에 대한 상식이 부족하다. 이것은 교정시설의 본질 때문이다. 교정시설에는 상처받기 쉬운 수용자들이 수용되어 있고, 그러한 수용자들을 돌보고 재활시키는 분명한 정책이 부족하다. 이곳에는 깨뜨려야 할 악순환이 여전히 존재한다.

한때 웜우드 스크럽스(Wormwood Scrubs) 교정시설의 소장이었던 존 맥카시(John McCarthy)는 교정시설 환경을 '쓰레기통 형벌' 이라고 타임지에 기고한 후 사직했다. 그는 지금은 전과자와 정신적으로 병든 사람들을 지원하는 리치몬드협회에서 일하고 있다. 그는 이렇게 말했다.

수용의 실제적인 과정…… 가끔 자선이 베풀어지는 수용 생활의 체제적인 삭막함이 변화될 때까지, 갱생 지도의 가장 좋은 형태나 수용자들이 석방 후에 직면하는 문제들이 무엇인지 묻는 것은 소용이 없다. 갱생 지도가 효과적이려면 수용자들이 자존감과 자기 자신과 다른 사람들에 대한 책임감을 가지고 교정시설을 떠날 수 있어야 한다고 믿는다. 이렇게 되려면 똑같은 자질이 모든 직원들에게 주어지고 유지되어야 한다. 이러한 자질이 교도행정에 있어 서비스 정신을 지닌 사람의 성장을 지지하는 것이다. 나는 그러한 직원들을 많이 만났으나, 진실을 말하고 행하는 집합적인 교정시설의 영혼을 발견하지는 못했다(McCarthy, 1990).

교정시설 체제 내에서의 미술치료는 중요한 역할을 한다. 그러나 내무성 정책에서 치료와 재활을 형사 정책의 핵심으로 삼을 때까지 그 효과는 제한적일 수밖에 없을 것이다.

▶ 참고문헌

Ground, A. (1990). 'The Mentally Disordered in Prison.' *Prison Service Journal, 81*, 29-40.

Kopp, S. (1974). *If You Meet the Buddha on the Road—Kill Him.* London: Sheldon Press.

Luton Inter-Agency Assessment Panel for Mentally Disordered Offenders. Information Leaflet. Available from Luton Magistrates' Court.

McCarthy, J. (1990). 'Recall' *Prison Service Journal, 81*, 12-13.

Richer, A. D. (1990). 'Should the Prison Medical Service Develop its Role in the Treatment of Mentally Ill Offenders?' *Prison Service Journal, 81*, 15-18.

Schaverien, J. (1992). 'Art Therapists and Artists in Hospitals.' *Mailout, 22*.

Ward, P. W. (1990). 'Diversion of the Mentally Disordered Offender from Custody: Research and statistics available centrally.' Paper presented to Mental Health Foundation Conference on 'Diversion from Custody: the mentally disordered offender: needs and alternatives', Harrogate, 28-30.

Chapter 07

지역보안시설에서
미술치료사로 일하기
아드리안 웨스트와의 대화에서

바바라 카번(Barbara Karban)

B는 악은 고통에서 나오고 그것은 다른 사람을 고통스
럽게 한다고 말했다. 그는 그림을 그리면서 내가 그의
'악마적인 면'을 보지 못하도록 양쪽 팔을 악마 가면 그
림 위에 올려놓았다. 그러나 자신의 내면의 노출이 그
를 수용하는 나의 태도에 영향을 주지 않는다는 것을
깨닫자 그는 자신을 계속해서 더 깊게 바라볼 용기를
가지게 되었다.

극단적인 환경

지역보안시설(Regional Secure Unit: RSU) 주위에는 담이 둘러쳐져 있다. 그곳의 내담자들은 1983년의 「정신건강법」에 의해 강제적으로 수용되었다. 이들은 법원이나 정신과의사에 의해 대중(종종 그들 자신에게도)에게 잠재적으로 위험하다고 판단되었기 때문에 보안이 요구되었다. 이들의 전력은 매우 다양하지만, 진단은 정신적 질병과 인격장애의 좁은 범위만을 다룬다. 이들의 공통점은 대개가 위험하며, 때로는 치명적인 범죄가 되는 폭력을 저지른 적이 있다는 것이다.

일부 내담자들에게는 RSU에 감금되는 것이 특수 병원 내의 훨씬 강도 높은 보안시설에 감금되기 전의 마지막 과정이 된다. 특수 병원에서 RSU로 이송된 또 다른 내담자들에게 이곳은 공동체 생활이 가능할 만큼 재활이 되었는지 진단하는 중요한 시작점을 뜻한다. RSU는 정신적인 질병으로 범죄행위를 저지른 사람들로부터 사회를 보호함과 동시에 그들에게 의학적 치료를 비롯한 치료적 도움을 제공한다. 그러므로 치료사는 통제와 치유라는 두 가지 역할을 한다. 비록 미술치료사에게는 통제 역할이 적을 수도 있겠지만, 그럼에도 불구하고 그것은 내담자들과 작업하는 방식에 영향을 미친다.

내가 일하는 RSU는 종합병원 부지 내에 특별한 목적으로 세워진 보안시설이다. 성인 남녀를 위한 4개 병동이 있으며, 1인실 40개가 있다. 내담자의 20% 이하가 여성이다(하지만 간략하게 이 장에서는 그/그녀라는 말 대신에 '그'라고 표현하겠다). 내담자들이 이 시설에 머무는 것은 평균 18개월이다. 이 시설에 출입하기 위해서는 보안출입시스템을 이용해야 하며, 이 외에 보안에 종사하는 직원의 비율이 높은 것을 보면 삼엄한 보안이 이루어지고 있음을 알 수 있다.

특수 병원이나 RSU에서 일하는 것은 어떤 사람에게는 자신의 극단적인 면을 탐험하기 위해 스스로를 극단적인 상황에 둘 수 있는 기회라는 말이 있다. 그럴 수도 있겠지만 나는 분명한 동기 없이 이 일을 하게 되었다. 9개월 동안 일자리를 찾지 못하다가 이 일을 맡게 되었으니 말이다. 하지만 극단적인 것이 구체적으로 어떤 것을 의미하는지는 알지 못했다.

이 일을 시작한다는 것은, 가장 정확하게 표현하면 '깊은 물에 뛰어들기'다. 즉, 경험도 없는데 갑자기 어려운 일에 당면하게 되는 것이다. 내가 만난 내담자들은 대부분 호감 가는 사람들이어서, 이들이 저지른 범죄와 결부시켜 생각하기는 어려웠다. 그러나 이들이 저지른 범죄행위가 시간이 지나면서 차차 보이기 시작했다. 나는 그들에게 양가감정을 가지고 있었는데, 한편으로는 이들이 한 짓을 잊을 수 없다는 것과 다른 한편으로는 다른 평범한 사람들처럼 되도록 그들을 치료해야 한다는 것이었다. 그것은 두려워해서는 안 되는 꽤 힘든 일이었다.

공포와 직면

되돌아보면, '깊은 물에 뛰어들기'는 공포와 직면—그 장소에 대한 두려움, 내담자에 대한 두려움, 범죄지표(index offense)[1]에 대한 내담자 자신의 두려움, 직원에 대한 두려움, 직원의 내담자에 대한 두려움, 직원 서로 간의 두려움 등—을 포함한다는 것을 깨달았다. 이러한 공포는 이전에 맞닥뜨렸던 것들과는 상당히 달랐다. 매일 아침 그곳에 들어서는 순간 나는 공포를 느꼈

---

1) 내담자의 마지막 범죄로, 이것 때문에 내담자는 1983년 「정신건강법」에 의해 분류되었다.

다. 그것은 내가 정상적인 현실을 떠나서 훨씬 더 긴장된 세상으로 들어가는 것 같은, 마치 낯선 세상으로 떠나는 배 위에 오르는 기분이었다.

미술치료 훈련 수업을 하는 동안 나는 다양한 환경에서 작업했으나 이처럼 극단적이지는 않았다. 그렇지만 학습장애가 있는 사람과 대처 수단이 매우 미약한 병원에서의 작업은 꽤 힘든 부분이 있었던 것이 사실이다. 게다가 나의 미술치료 훈련 수업에 대해 법정 심리치료사의 어떠한 언급도 없었다. 그리고 당시 나는 이 분야에서 일하는 어떤 미술치료사도 만난 적이 없었다.

이 일을 시작하자, 내가 아는 미술치료사뿐만 아니라 친구들조차 겁을 내거나 당황해했다. 이 같은 반응은 탈선적인 구성원을 거부하려는 우리 사회의 자연스럽고 정당화된 욕구처럼 보였다.

지금도 교정시설에서의 치료 작업에 대해 이야기하면 보통은 충격받은 듯한 침묵이 흐른다. 나는 이 글을 통해 아직까지도 위협을 느끼는 사람들에게 미술치료는 이러한 극한 환경에서도 존재할 수 있으며, 그곳에서 중요한 기능을 한다는 것을 전하고 싶다.

미술치료의 역할

RSU에서 나는 학제적 팀(multidisciplinary team: MDT)에 속한 미술치료사다. MDT는 또한 정신과의사, 간호사, 사회복지사, 작업치료사, 심리학자로 구성된다. 우리의 임무는 공동으로 내담자를 계속해서 평가하고, 그들의 잠재력을 일깨우는 것을 도움으로써 그들이 자신이나 사회에 더 이상 위험한 존재가 되지 않도록 하는 것이다.

소수의 내담자들은 정신적 질환으로부터 어떤 안정성을 가져야만 심리치료적인 중재가 도입될 수 있다. 그리고 그러한 안정성은 때로 약물 투여로 성취되거나 유지된다.

효과적인 치료는 내담자에 대한 분명한 이해에 달려 있다. 그래서 정신과의 사와 심리학자들의 주요 관심사는 내담자가 앓고 있는 질환의 인과관계를 이해하고, 그 문제를 공식화하는 것이다. 불가피하게 이들은 몇몇 매우 기본적인 질문에 대한 답을 구하기 위해 내담자의 과거에 잘못된 것은 없는지, 내담자에게 일어난 나쁜 일과 다른 사람에게 한 나쁜 행동 모두에 초점을 맞춘다. 예를 들면, 내담자가 자신의 과거 범죄행위를 인식하고 있다는 것을 생각해 보면서, 그가 지역사회로 복귀했을 때 얼마나 위험한 존재일지를 생각한다.

미술치료는 보완적이지만 다른 강조점을 가지고 있다. 그것은 문제점, 증상, 범죄지표, 과거보다는 미래에 대한 통합과 내담자의 가능성에 우선적으로 초점을 둔다. 게다가 전통적인 심리치료가 과거의 관계에 중점을 두면서 내담자와 치료사 사이의 전이 관계에 초점을 맞추는 반면, 미술치료는 전적으로 현재에 초점을 둔다. 그러므로 미술치료는 분석적인 접근보다는 통합적인 접근방식을 따른다. 따라서 내담자의 과거와 관련된 측면을 모두 알고 있을 필요는 있지만, 그것들을 분리된 정신적 영역 안에 두어야 한다. 그것들은 나의 마음속 어딘가에 남아 있다.

이러한 미술치료의 '보완적이지만 다른 강조점'은 내가 MDT의 주간병동 회의에 제공하는 정보에서 명백해진다. 가끔 내담자의 승낙을 받고 이들의 작품을 보여 준다. 왜냐하면 그것은 내담자의 비언어적인 측면으로 새로운 정보를 제공하기 때문이다.

미술 작품은 때때로 MDT를 놀라게 한다. 왜냐하면 작품은 내담자의 통합과정과 변동 그리고 분열과 침체의 국면을 보여 주기 때문이다. 그것은 정신적인 과정, 변화, 약물의 부작용뿐만 아니라 무덤덤해지는 등 감정적인 상태와 기분 변화를 비추어 주는 것처럼 보인다.

예컨대 급성 정신질환자는, 처음에는 정신적으로 혼란된 상태를 나타내다가 시간이 지남에 따라 안정되어 가지만, 종종 다양한 변화 없이 충동적으로 되어 간다. 많은 정신질환자들이 이 질병의 특성인 무관심과 수동성에도 불구하고 자신의 예술적인 세계를 지키려고 한다.

　내담자의 미술치료 작품이 때때로 MDT에 공개되고, 미술치료사뿐만 아니라 그들에게도 심각하게 받아들여진다는 것을 내담자가 아는 것은 치료 과정의 일부분이 된다. 또한 이들의 작품이 미술치료실 벽뿐 아니라 RSU의 복도나 병실에 전시된다는 것은 이들에게 중요한 의미를 가진다.

　법정의 내담자는 더 이상 숨길 것이 없으며, 자신과 대부분의 직원들에게 그의 범죄지표가 알려졌다는 것을 받아들여야만 한다. 내담자가 자신으로부터 덜 숨을수록 직원들은 그를 더 잘 안다고 느끼게 되며, 이것은 RSU를 통한 그의 향상에 중요한 부분이다. 그러므로 미술 작품을 전시하는 것은 미학적인 기능보다 치료적인 기능을 가지고 있다. 이러한 이유로 미술치료실 복도를 전시실로 개조하도록 허락받았다. 틀은 사진틀과 같아서 미술 작품은 정기적으로 바꾸어 끼울 수 있으며, 모든 내담자들은 자신들의 작품을 전시할 수 있다.

세 공간의 관계

　RSU의 전반적인 목표는 개인을 지역사회(혹은 적어도 그들의 정신적 혼란을 허락하는 안전한 상태)로 재통합하는 것이므로, 자유에의 점진적인 노출과 관용은 이들의 평가에 매우 중요한 부분이다. RSU가 제공하는 모든 치료의 역할은 내담자의 통제력 부족과 자유를 다루는 능력의 계발을 연계시키는 것으로 볼 수 있다. 이것은 선택하고 책임지는 능력을 배우는 것을 포함한다.

　미술치료가 RSU에서 특별한 기능을 가지는 것은 이러한 영역에서다. 미술치료는 내가 세 개의 중첩된 공간 혹은 세 방향의 관계—미술치료실, 작업 공간(내담자가 작업하는 종이), 미술치료와 관계된 치료적 공간—라고 부르는 것에 초점을 둔다. 이것들은 함께 경계와 통제를 만들어 내고, 동시에 그러한 경계 내에서 행동의 자유—자발성, 창조성, 결정하기 등—를 조장하고 장려한다.

악마는 고통에서 잉태되어 다른 사람을 고통스럽게 한다

대부분의 내담자들은 매우 불리한 환경 때문에 발생한다. 이들은 자신들이 한 행위로 인해 부모, 가족, 그들이 속한 공동체 그리고 궁극적으로 자신으로부터 거부당해 왔다. 치료적인 작업은 내담자를 거부하는 것이 아니라 수용하는 것과 관계된다. 하지만 내담자들과 일하는 우리마저도 때로는 거부하려는 강력하고 자연스러운 충동을 처리해야 한다. 이러한 거부의 배경 어딘가에 범죄의 희생자가 자리하고 있다. 내담자와 작업을 계속하기 위해서는 이러한 양가감정을 처리하는 개인적인 방법이 필요하다.

나 자신의 개인적인 철학은 한 내담자가 나에게 말한 "악마는 고통에서 잉태되어 다른 사람을 고통스럽게 한다."라는 말과 관련이 있다. 이 말은 대부분의 내담자들이 공감한다. 자신의 삶과 자신을 거부하면서 겪었던 고통을 다른 사람에게 겪게 하는 것은 복수했다고 느끼는 유일한 방법인 것이다. 이들이 범죄에서 행한 것은 자신의 고통을 외부로 투사한 것이며, 그것은 또다시 다른 이들로부터 완전한 거부를 초래한다.

동시에 나의 철학은, 내담자의 밑바탕에 있을지도 모르는 생물학적 혹은 신경심리학적인 과정을 무시하는 것도 아니고, 환경과의 결합을 두둔하는 것도 아니다.

미술치료 과정

RSU의 미술치료사로서 내가 맡은 주요 임무 중 하나는 의사소통 장애를 극복하는 것이다. 미술치료실은 내담자들이 참여하기 위해 자발적으로 오는 공간인데, 이것은 RSU가 제공하는 비자발적인 수용과는 다르다.

하지만 이 같은 사실에도 불구하고, 대부분은 처음에 무엇을 하려는 동기 없이 온다. 내담자와 직원들은 모두 나의 수업을 '미술치료' 보다는 '미술' 이라고 부르는 경향이 있다. 그리고 학교 미술 시간의 선입견(때때로 나쁜 기억)을 가지고 있다. 그들은 그림을 그릴 수 없다고 말하고, 미술이 자신의 재활과 무슨 관계가 있느냐고 묻는다. 그들이 극복해야 할 첫 번째 과업은 여기에 오는 이유를 발견하는 것이다.

그렇기 때문에 이들이 빈 종이 위에 무엇을 표현하든지 간에 대단한 열정으로 환영해 준다. 나는 종종 한 장의 백지로 내담자와 대화를 시작함으로써 초기 저항을 극복한다. 이것은 그가 그림을 그릴 수 없다거나 종이 위에 자국을 만들 수 없다는 느낌을 극복하도록 도와준다.

이러한 '상호작용 그림 그리기' 는 선, 점, 모양, 불규칙한 곡선, 색을 가지고 체스를 두는 것과 유사하다. 그것은 상대방과 함께 창조한 전체적인 그림을 항상 염두에 두면서 다음 수를 놓기 위한 것과 유사한 종류의 집중을 요구한다. 나는 내담자에게 생각하지 말고 오히려 '공간을 통해 움직이는 것' 을 느끼고 즐기라고 격려한다.

대부분의 경우 이런 활동에서 내담자가 많은 노력을 들이지 않고도 자유롭게 작품을 만들도록 유도하고 그 효과를 경험하게 한다. 이것은 또한 종이 위에서 선택하고 결정하는 것은 특별한 기술을 필요로 하지 않는다는 것을 내담자에게 확인시켜 준다. 내담자는 이미 잠재적으로 창조적이다. 이러한 단순한 치료적 도구는 종종 놀라운 결과를 가져오는 창조적이고 치료적인 과정을 시작하게끔 한다. 다음에 이어지는 내담자의 개인적인 이야기는 이와 같은 과정을 보여 주는 좋은 예다.

미술치료

RSU에서의 첫 번째 미술적인 시도는 책을 보고 연필로 옛 대가들의 작품을 모사하는 것이었다. 그것은 매우 형편없는 모사였으며, 자기표현을 위한 공간은 허락되지 않았다. 그저 2시간을 헛되이 보냈을 뿐이었다. 그때 바바라(저자)가 자신과 같이 낙서하자고 나를 초대했다. 그녀가 어떤 모양을 먼저 그리고 난 후 내가 그것을 보고 마음속에 떠오르는 것을 그림으로써 대답하는 것이었다. 그렇게 종이가 채워질 때까지 계속했다. 이것은 학교에서 나에게 주입한 개념―나는 '좋은 미술품'을 만들기 위해 노력해야 한다(그러나 나는 '훌륭한 미술가'가 아니므로 이것은 불가능하다)―으로부터 해방되는 계기가 되었다. 나는 곧 내가 그린 것을 보고 깊은 인상을 받기 시작했다. 나는 바바라와의 낙서를 회상시키는 초기 그림을 특별히 기억한다. 그것은 매우 개인적인 특성을 갖고 있었다. 그 그림은 복잡하고 공들인 것으로, 그 당시 내가 겪고 있던 감정이 흩뿌려져 있었다. 다음은 일련의 추상적인 그림이었다. 이것의 '가장 좋은 점'은 나에게 출구―감정뿐만 아니라 나의 세계관을 표출하는 출구―를 제공하는 데 성공적이었다는 것이다. 나의 세계관은 나 자신과 다른 사람들의 성장 가능성을 허락하면서 덜 염세적으로 변해 가고 있었다. 여러 주가 지나고 나서, 나는 더 사실적인 방법으로 그림을 그리기 시작했다. 특별히 어머니를 포함해서 나의 인생에서 중요한 사람들이 함께 사는 나의 집을 그렸다. 이것은 내가 과거의 사건과 타협하는 과정에서 중요한 단계였다.

나는 최근 수개월 동안 바바라와 개인적인 수업을 진행하고 있다. 내가 점토로 작업하는 동안 우리는 이야기를 나눈다. 나는 스스로에 대해 훨씬 편해졌으며 두려움도 덜 느끼게 되었으므로, 내가 만드는 물건의 형태는 더 자유로워졌고 스타일도 더 탐험적으로 되어 가고 있다. 우리의 대화는 처음부터 끝까지 내가 만드는 공예품만큼이나 중요하다. 나는 RSU에 머물면서 미술치료가 매우 본질적인 역할을 하는 자기 계발 과정에 참여하고 있다(이 내담자는 지금 사회에서 호스텔에 기거하며 매우 잘 근무하고 있다).

일단 내담자들이 '상호 이야기 그림 그리기'를 통하여 미술치료를 경험하게 되면 종종 그들 자신의 힘으로 무언가를 하는 데 정말 열심이다. 그리고 그들 중 일부는 미학적인 면과 기술적인 면에서 믿을 수 없을 만큼 향상된다. 이러한 향상으로 그들의 자존감이 높아진다. 이들이 '할 수 있다'는 것을 인정하는 것은 이들을 존중한다는 것을 반영한다.

같이 작업하는 데 가장 만족스러운 내담자는 통찰력이 있어서 자신의 과거뿐만 아니라 자신의 내면세계와 잠재력에 접속할 수 있는 사람들이다. 미술치료에 반응하는 사람들은 종종 자신과 기꺼이 직면하려는 사람들이며, 이러한 방법으로 자신의 창조성을 발견할 수 있다.

빈 종이를 마주 보면서, 내담자는 다른 사람과 마찬가지로 그 자신의 무(nothingness)와 직면해야 한다. 어떤 내담자는 이것을 힘들어하며 다시는 오지 않는다. 미술치료에서 전체적인 신뢰 분위기가 중요한 이유는 바로 이 때문이다.

나는 공공연한 판단이나 비교(나는 개인적으로 이것을 '공격 형태'라고 믿는다)를 하지 않는다. 왜냐하면 그것은 두려움을 불러일으키기 때문이다. 또한 내담자들이 자신의 작품이나 다른 사람의 작품을 비난하는 것을 허락하지 않는다. 그리고 나는 그 점에 있어서 꽤 직선적이다. 이것은 자질이 엉망이거나 기술이 유치한 수준이거나에 관계없이 내담자들이 서로의 작품을 수용하는 관용의 분위기로 이끌어 준다.

그 외의 경우에는 매우 비구조적이고 비지시적인 방법으로 작업한다. 이것은 이들과 작업해 온 경험과 내담자들이 자신의 욕구에 대해 나에게 이야기해 준 것에서 발전되었다. 내담자의 대부분은 집단으로 작업하는 것을 어렵게 여기기 때문에 집단의 응집력이 문제다. 내담자는 집단 내에서 개개인으로 남고 싶어 한다. 그래서 집단을 유지하는 것은 형식적인 구조라기보다는 집단정신이다. 내담자는 작품을 만들지만, 우리는 그것에 대해 토론하기 위해 원형으로 모이지 않는다. 그들에게 공유란 매우 어렵다. 그래서 나는 집단에서 각각의 개인과 개별적으로 작업한다. 그럼에도 불구하고 이들은 서로 소통하며 서로의 작품을 바라본다.

그리고 내담자에게 떠오르는 것은 무엇이든지 표현하도록 격려한다. 물론 더 많은 체계가 필요한 내담자들도 있다. 이 경우 그들에게 식물 또는 자신의 방을 그리게 하거나 영감을 떠올리기 위하여 책을 보라고 제안한다. 나의 주된 역할은 내담자가 하는 것이 무엇이든 격려하고 비판하지 않는 것이다.

가끔은 이미지가 그들에게 무엇을 말하거나 뜻하는지 묻곤 하는데, 답은 그들이 결정하도록 내버려 둔다. 해석하는 사람은 결코 내가 아니라 항상 내담자다. 나는 스스로를 그들의 그림을 해석할 수 있는 전문가라고 생각하지 않는다. 예를 들어, 나는 붉은색이 분노를 뜻한다고 생각하지만, 내담자에게는 그것이 전혀 다른 무엇을 의미할 수도 있기 때문이다.

이 내담자들은 예전의 다른 내담자들과는 다르게 자신들의 방어기제를 존중해야 한다는 것을 가르쳐 주었다. 그래서 나는 그것을 무너뜨리려는 시도는 하지 않는다. 내담자는 그곳에 있을 이유가 있어서 있는 것이고, 나는 내담자가 자신의 방어 수준을 낮출 준비가 되어서 이야기해 주기를 기다릴 뿐이다. 대부분의 경우에 나는 그들의 범죄지표를 알고 있는데, 그들이 이야기하는 것들은 내가 이미 알고 있는 사실보다 더 나쁘지 않다.

하지만 중요한 것은 '지금-여기'에 존재해야 한다는 것이다. 창조성은 자발적이고 새로우며, 치유를 위한 잠재력이 있다. 만약 내담자가 매우 짧은 순간만이라도 자신의 과거로부터 물러설 수 있다면, 그는 이 모든 것에도 불구하고 자신이 여전히 온전한 사람임을 느낄 수 있을 것이다. 이것은 내담자가 자신의 과거나 범죄지표를 부정하거나 자신이 행한 범죄로부터 스스로를 분리시킬 수 있는 범위까지 통제하는 것을 허락하는 것과는 다르다. 반대로 만약 내담자가 자신의 전체성과 접속할 수 있다면, 범죄지표는 그의 일부가 된다. 그것은 잊힐 수 없다.

치료 과정은 두 사람 사이의 대화와 같다. 거기에서 그들은 서로 진실을 찾는 중이다. 진실의 탐구는 내담자의 지적인 총명함에 의존하는 것이 아니라 내담자와 치료사 상호 간의 신뢰, 정직성 그리고 인내에 달려 있다. 이것은 내담자의 과거와 현재의 실재에 대한 엄연한 사실에 직면하기 위한 힘을 점차적으로 얻기 위한 것으로, 때로는 장기간에 걸쳐 두 사람 모두의 헌신을 요구하기도 한다.

두려움을 확대하지 않는 것에 대하여

미술치료를 통해 내가 배운 가장 중요한 교훈 중 하나는 어떠한 환경에서도 두려움을 확대하지 않는 것이다. 두려움에 반응하거나 반응하지 않는 데는 어떠한 선택이 있다. 두려움이 있다는 것을 알지만 나는 그것을 확대하지 않으려 하며, 겁내지 않으려고 노력한다. 같은 방법으로 내담자의 과거 범죄 사실과 잠재적인 폭력성에 대한 상상을 확대하지 않으려고 노력한다. 그리고 이것을 내면의 수양으로 여긴다. 나는 내담자들이 아무것도 하지 않은 것처럼 접근해야 한다. 하지만 그들이 RSU에 있으며, 그들의 범죄행위에도 불구하고 사회가 그들을 수용해야 한다는 것을 내담자와 나는 알고 있다. 내담자의 잠재적인 폭력성과 두려움을 인식하는 것은 자연스러운 경계를 만들어 낸다. 아무리 이들을 좋아하게 되더라도 내가 어디에 있는지 결코 잊을 수 없다는 것을 나도 알고 있는 것이다.

자기 노출

방어 심리 중에 이해가 되고 수긍이 가는 한 가지가 있다. 내담자에게 나 자신에 대해서는 거의 이야기하지 않는 것이다. 내담자들은 나에 대해 아는 것이 거의 없지만, 나 역시 그들에 대해 얼마나 많이 알고 있느냐고 때때로 자문하게 된다. 나는 항상 내담자로 하여금 자신을 더 잘 이해하도록 돕는 것이 나의 역할이며, 내 이야기를 하기 위해 그곳에 있는 것이 아니라고 말한다. 그러면 내담자들은 그것을 받아들인다. 심리적으로 면밀히 나 자신을 숨기지는 못하지만, 나의 과거와 RSU의 바깥 생활에 대해서는 그들에게 알려 주지 않는다. 다만 현재 시점에서 전적으로 그들을 위하여 그곳에 있다는 사실은, 그들이 나를 개방적이고 상처받기 쉬운 한 인간으로 바라보도록 도와준다. 폭력의 잠재성과 두려움이 있는 곳에서 상처를 공유하거나 마음을 개방하는 것은 강력한 치료적 도구가 된다.

성적인 것에 대하여

나는 여성이고, RSU에 있는 대부분의 내담자는 남성이다. 우리가 성적인 존재라는 것을 그들도 알고, 나도 안다. 서로의 성적인 면을 수용하지만 그 부분을 부각하지 않으면서 또 의식하지 않고 행동하는 데는 어떤 취약성이 존재한다. 성적인 것은 두려움만큼 상당 부분 존재하며, 또한 성에 대한 두려움도 있다. 비록 대부분의 사람들은 그것을 부정하지만, 당신이 그것을 부정할 수 있는 방법은 없다. 예를 들어, RSU의 내담자들은 특히 직원들이 무엇을 입는지에 매우 관심이 많다는 것을 알게 되었다.

어떤 내담자가 나의 블라우스 지퍼가 약간 열려 있는 것을 보고(안에 티셔츠를 입고 있었지만) 괴로워하면서 지퍼를 올려 달라고 한 사건을 기억한다. 이 사건으로 어떤 사소한 일도 문제가 될 수 있다는 것을 깨달았다. 신체를 가려야 할 필요를 인식하고 있으므로 나는 비치는 옷과 같은 유혹적인 옷을 입는 것은 자제한다. 어떤 사람들은 간혹 이러한 측면에 대한 인식이 결핍되어 있어 나를 놀라게 한다.

두려움을 확대하거나 확대하지 않을 수 있는 선택권이 존재한다고 믿는 동일선상에서 성적인 면을 확대하지 않도록 내담자와 나 자신 사이에 이해가 필요하다. 성에 관한 주제는 공공연하다. 그것은 숨겨야 하거나 외면해야 할 어떠한 것이 아니다. 그러므로 치료사의 지위나 권위로써 스스로를 방어하지 않는다. 나 자신이 취약하다는 것을 인정할 뿐이다.

비밀성

내담자가 자신이 말한 모든 것이 다른 사람에게 공개된다는 것을 안다면 신뢰 관계는 성립될 수 없다. 하지만 환경적인 특성과 범죄의 심각성 때문에 내담자는 어떤 것은 알려져야 한다는 것을 받아들여야 한다. 만약 내담자가 자신과 다른 사람들을 위험하게 만드는 것에 대해 이야기한다면 내가 보고할 수밖에 없다는 것은 처음부터 서로 간에 합의가 되어야 한다.

개인의 희생과 손실

5년 전 RSU에서 일하기 시작했을 때, 나는 지금보다 훨씬 열정적이었다. 내담자에게서 입은 상처와 만연된 두려움에 대한 무의식적 방어는 물론, 어떤 순진성 때문일 수 있다. RSU에 처음 온 일부 새로운 직원들에게서 같은 형태의 과장된 열정을 본다. 긴장된 환경에 대한 자기방어는 스스로를 소진시킬 수 있다. 내담자와의 관계에 치료 이상으로 관여하는 것은 그 사실을 미처 깨닫기도 전에 과도해질 수 있다. 그러므로 어떤 방법으로든지 스스로를 돌보는 것이 필요하다. 이것은 스스로의 창조성과 계속 접촉하는 것을 뜻하며, 나에게는 명상을 의미하기도 한다.

사 례

미술치료가 이처럼 실제적인 내용을 제공하면서 좀 더 논리적이고 확실한 결론에 도달하려는 시도를 하고 있다는 것을 알고 있다. 하지만 특히 법정 정신의학에서 미술치료는 여전히 미개척 분야다. 이 분야가 성장하기 위해서는 더 많은 경험과 자료 그리고 토론이 필요하다. 그러므로 사례연구는 큰 가치가 있으며, 다음의 예들은 지금까지 토의한 다양한 차원들을 통합시켜 줄 것이다.

A씨

병 력

＊나이: 45세

＊16개월 전에 재범 교정시설에서 RSU로 이송됨

＊죄명: 아내 살인

＊진단: 편집형 정신분열증

＊정보: 사 형제 중 장남으로 영국에서 태어났다. 4세 때 부모가 이혼하여 어머니가 가족을 부양했으며, 어머니는 자녀들에게 위압적인 존재였다. 어머니가 사망할 때까지 자녀들은 아무도 결혼하지 않았다. 어머니는 환청 증상을 보이는 정신분열증 환자였으며 치료받은 적이 없었다. A는 30세 때 정신분열증이 발병되었으며, 그때부터 장기간 정신병원 입원 전력을 가지게 되었다.

A는 자신이 스스로나 다른 사람들에 의해 살해당할 것이라는 지속적인 두려움을 갖고 있으며, '바깥'에 있다는 생각은 그를 두렵게 한다. 그는 초기에 자신의 마음속에서 누군가를 느닷없이 망상적인 학대자의 모습으로 떠올렸으며, 그런 경우 자신뿐만 아니라 상대에게 위험한 존재였다. 그렇기는 하지만 그는 모범 내담자가 되지 않을 수 없는, 중년의 다정하고 상냥한 사람이다.

미술치료 작업

A는 처음부터 미술치료 집단 회기에 오는 것을 좋아했다. 그는 미술 재료를 쉽게 사용했다. 아마도 미술가였던 그의 어머니로부터 상당한 재능을 물려받은 것 같았다.

A가 약물의 힘을 빌리지 않고 두려움을 다루는 유일한 방법은 '두려워하는 것을 두려워하지 않도록' 배우는 것이었다. 비록 A는 자신의 두려움을 언어적으로 공유하지 못했지만, 미술 작품을 통해 다른 사람들과 소통하고 공유할 수 있었다. 그는 자신의 두려움에 직면하는 것에 미술치료 회기를 매우 효과적으로 사용했으며, 그의 작품은 이 점을 분명히 보여 준다.

초기 단계에 그는 학대에 대한 생각에 사로잡혀 있었다. 그래서 그가 할 수 있는 모든 것을 반복해서 다양한 국기(영국, 캐나다 등)를 그리고 또 그렸다. 국가의 정체성을 상징하는 국기가 A에게 동질감을 제공해 주고, 아마도 소속감과 안정감을 주었을 것이라고 추측할 수 있을 뿐이다.

그를 위한 국기를 디자인해 보라는 나의 제안을 A가 받아들이면서 변화가 시작되었는데, 국기에 그의 이름과 그가 가장 좋아하는 담배의 상표를 그렸다. 그다음 고양이를 그리고는(과거에 그가 고양이를 좋아한 것에 대해 우리가 이야기한 후에) 그 자신도 놀라워했다. 그리고 그의 감정과 이미지를 연결하기 시작했다([그림 7-1] 참조).

[그림 7-1] A씨: 고양이

그림을 세밀하게 보지 않더라도, 고양이의 자세와 얼굴 표정이 A 자신이 느끼는 삶을 향한 경계와 두려움을 반영하는 것처럼 보인다. 이것은 다음의 두 그림에서도 확인되었는데, 그것은 그 당시 A가 말한 자살에 관한 생각을 표현하고 있다. 첫 번째 그림은 허공에 내던져진 외로운 새를 그린 것이다(그림 7-2) 참조).

[그림 7-2] A씨: 외로운 새

🗣️ [그림 7-3] A씨: 교수대, 거미, 고양이, 나비, 뱀

다음 그림은 교수대와 거미, 뱀 그리고 나비를 보고 있는 고양이 그림이다
([그림 7-3] 참조).

한편 상어는 갑자기 나타났고 A를 의식적으로 미소 짓게 했다. "이것은 나
의 수호 물고기입니다."라고 그는 자랑스럽게 말했다. "다른 사람들이 경비견
을 가지고 있듯이, 나는 수호 물고기를 가지고 있습니다. 그는 나의 친구 알피
입니다"([그림 7-4] 참조). 상어를 자신의 '친구'로 만들고 이름까지 지어 주면
서 A는 두려움과 그 자신의 위험에 대한 공포를 직면할 수 있었다.

[그림 7-4] A씨: 상어

죽음에 대한 몰두는 더 깊어져서 개 해골을 끌고 가는 인간 해골(담배를 피우면서) 그림을 그리게 만들었다([그림 7-5] 참조). 그는 자신의 해골 그림을 보고 내가 충격을 받을 것이라고 생각했지만, 반대로 내가 그것을 긍정적으로 보자 매우 안도했다. 나는 우리 모두의 의복과 살 안에는 매우 비슷하게 생긴 해골이 공통적으로 존재한다는 사실을 지적했다. 이 생각은 그와 그의 새로운 친

[그림 7-5] A씨: 해골

구 '해골 알피'를 보러 온 다른 모든 내담자들을 즐겁게 했다('알피'는 그가 자신의 모든 '친구'에게 붙이는 이름이었다. 이것은 그 자신의 위험성과 사귀는 방법처럼 보였다). 내담자들이 모두 공통적으로 가지고 있는 해골에 대해 웃었을 때, A는 순간적으로 다른 사람들과 하나가 되는 감정을 처음으로 경험했다. 이것은 지독한 고립감과 두려움을 극복하도록 이끌었다.

거북이를 그린 A의 선택은 그의 약물 처방이 바뀐 이후에 더디지만 꾸준한 향상을 의미하거나, 부작용으로 축 늘어지는 그의 감정을 의미하는 것일 수 있다([그림 7-6] 참조).

[그림 7-6] A씨: 거북이

얼마 동안의 매우 어두운 퇴보 후에, 그의 최근 이미지들은 훨씬 더 밝아 보였다. 특히 '저녁식사 시간의 생쥐들'([그림 7-7])은 그의 피해망상이 호전되고 있음을 보여 주었는데, 이는 집단에 참여하는 능력이 향상되고 있다는 증거다.

저녁식사 시간

[그림 7-7] A씨: 저녁식사 시간의 생쥐들

B씨

병력

＊나이: 27세

＊4년 전에 특수 병원에서 RSU로 이송됨

＊죄명: 불법 무기 소지, 가벼운 폭행과 실제적인 신체 손상을 야기하는 폭행

＊진단: 정신분열증

＊정보: 서인도제도 출신 부모의 사생아로 영국 출생이다. 5세 때 부모가 이혼한 후로 초년에는 아버지와 별로 접촉이 없었으나, 후에는 정규적으로 그를 방문했다. 어머니는 정신분열증으로 짐작되는 정신병을 앓았으나 치료받지 않았다. B는 어머니가 양육했다. 어머니는 정신병 때문에 정서적이나 육체적으로 그를 적절히 돌보지 못했다.

그는 10세 때까지 야뇨증이 있었으며, 파괴적이고 폭력적인 전력을 가지고 있다. 그는 몇 번이나 어머니를 심하게 공격했으며, 나중에는 학교에서 또래 학생들을 폭행했고, 교정시설에서는 수용자들을 폭행했다. 그의 의료 기록에 나타난 주요 장애는 사람을 신뢰하지 못함, 현실감 부족, 정신적 혼란에서 비롯되는 공격적인 생각 등이다.

B는 치료를 통해 훌륭한 향상을 보였고, RSU에서 3년을 보낸 후에 한 호스텔에 자리를 제공받았다. 그는 자신의 관계, 환경, 약물이 바뀌는 것에 극도로 민감했다. 단지 4개월 후에 RSU에 다시 입원한 사실을 보면 변화에 민감한 부분이 있음에도 너무 일찍 퇴원시킨 것이 아닌가 생각된다. 이 사건은 정신 상태의 퇴보에 의한 것이며, 이 때문에 호스텔에서 동료 거주자를 폭행하게 되었다. 그가 RSU에 재입원한 후, 다시 안정감을 회복하는 데는 일 년이 걸렸다.

미술치료 작업

B는 RSU에 머물기 시작하면서부터 미술치료 집단 수업에 참가했다. 그는 또 호스텔로 자리를 옮기기까지 2년 동안 개인 미술치료를 받았다. B와의 작업은 매우 더뎠으나 RSU를 떠난 후 퇴보가 있을 때까지 분명한 향상의 징후를 보였다. 재수용 후 6개월이 지나서 그와 개인적인 작업을 다시 시작했다. 그는 전에도 나와 작업했었고, 그 작업은 성공적이었기 때문에 개인 수업은 그가 신뢰와 안정감을 회복하도록 도울 수 있을 것이라고 생각했다.

내가 RSU에 왔을 때, B는 단지 몇 개의 미완성된 연필 선을 그려 놓고 있었다. 그는 어떤 것에 대한 의욕이나 동기가 없었으며, 집중력은 형편없었고, 읽고 쓰는 기술이 부족했다. 그는 선을 그리자마자 지웠는데, 그것은 충분히 완벽하지 않았기 때문이다.

종이 위에 나타난 결과는 빈약했지만 몇 개의 선이 그려져 있었고, 지적인 느낌이었다. 이것은 잠재의식 중에 스스로가 무엇을 하기를 원하는지 알고 있다는 것을 나타내는 분명한 표시였다. 나는 동물을 그리는 그의 능력과 모사하지 않고 동물의 모습을 잘 표현해 내는 감성적인 능력에 깊은 인상을 받았다.

그는 처음 수업에서 다음 수업까지, 자신이 왜 미술치료실에 있는지, 무엇을 했는지, 이것이 그의 치료와 무슨 관계가 있는지 잊어버린 것처럼 보였다. 그 자신과 모든 형태의 활동에 대해 부정적인 태도를 완전히 포기하지 않는 것은 나에게는 지난한 전쟁이었다.

결국 수업 중에 그에게 약간 강요해도 될지를 묻게 되었고, 그는 나의 배려와 의견을 좋아했기 때문에 동의해 주었다. 안정감을 얻기 위해 약물치료와 병행한 개인 미술치료는 집단치료와 함께 그가 필요로 하는 연속성을 제공해 주었다.

다음의 선 그림은 모두 개인 미술치료 시간에 그린 것이다. 그림은 그가 작업이 의미 있다고 믿는 순간 어떻게 집중력과 그림 표현 능력을 향상시켰는가를 보여 주며, 게다가 그의 폭력성, 슬픔, 희망의 감정 등이 마치 출구를 발견한 것처럼 보인다.

[그림 7-8a] [그림 7-8b] [그림 7-8c] [그림 7-8d]는 모두 몇 번의 수업에 걸쳐 한 장의 커다란(전체로 축소하기에는 너무 큰) 종이 위에 그려졌다. 첫 번째 개인 미술치료에서 그에게 어린 시절의 좋았던 기억과 관련된 이미지에 초점을 둘 것을 제안했다([그림 7-8a] 참조). 그것은 새로운 제안으로 보였다. 왜냐하면 그는 불행한 성장 시절에 대해 매우 분개했으며, 여전히 어머니에 대한 분노로 들끓었기 때문이다. 그는 붉게 타오르는 뜨거운 난로 옆에서 노는 것([그림 7-8a]의 오른쪽 참조)과 자신이 화상을 입지 않은 것에 대한 놀라움을 이야기하면서 생기를 띠었다.

그는 자신을 매혹시킨 공룡([그림 7-8b] 참조)에 관한 책을 기억했다(멸종 동물에 관한 주제는 계속 반복된다). 첫 번째 수업에서는 성냥개비 모양의 그림이 두 번째 수업에서는 거의 완전한 공룡 모습으로 변한 그림의 변형에 놀랐다.

[그림 7-8a] B씨: 나의 집

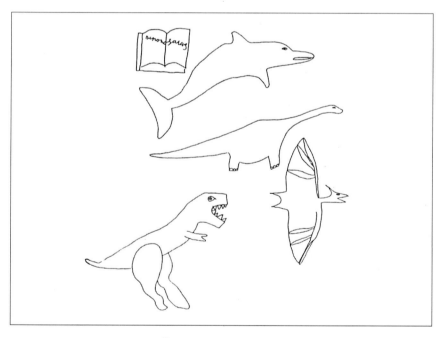

[그림 7-8b] B씨: 공룡

[그림 7-8c] B씨: 장난감

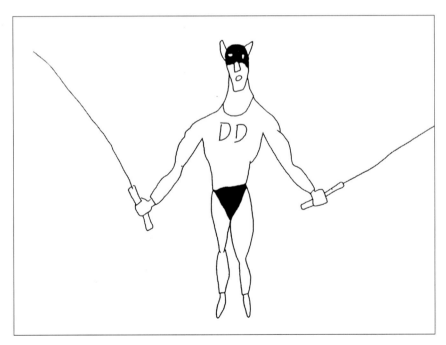

[그림 7-8d] B씨: 슈퍼맨

🔊 [그림 7-8e] B씨: 거대한 헐크

[그림 7-8d]는 B가 사랑했던 분홍색과 파란색의 비행기 및 말과 기수 같은 장난감들을 보여 준다. 그런데 어머니가 그것들을 버렸고 이것은 그에게 깊은 분노와 슬픔을 키웠다.

'슈퍼맨'([그림 7-8d])과 '거대한 헐크'([그림 7-8e])는 어린 시절 그에게 영웅이었으며, 역할모델이었다. 그는 악에 대항하여 선을 지키는 그들과 일체감을 느끼고 있다.

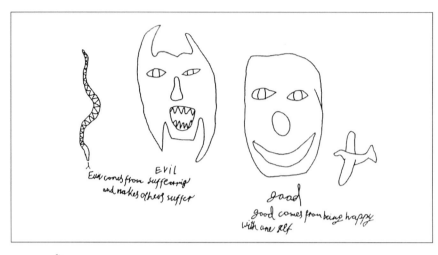

![그림] **[그림 7-9]** B씨: 악은 고통에서 잉태되어 다른 사람을 고통스럽게 한다

    B가 바로 "악은 고통에서 잉태되어 다른 사람을 고통스럽게 한다."라고 말한 내담자다([그림 7-9] 참조). 그는 이 그림을 그리면서 내가 그의 '악한 면'을 보지 못하도록 양쪽 팔을 악마 가면과 뱀 그림 위에 올려놓고 있었다. 그는 자신의 내면의 노출이 그를 수용하는 나의 태도에 영향을 주지 않는다는 것을 깨닫자, 계속해서 자신을 더 깊이 바라볼 용기가 생겼다. 이와 같은 수용은 자신에게 또 다른 면이 있음을 볼 수 있게 도와주었고, 그는 어느 면을 자신과 동일시할지 선택할 수 있었다.

    그의 분노와 폭력성을 표출한 몇몇 이미지가 있다. 그는 [그림 7-10] '두 개의 화난 얼굴'이 부모가 그를 바라보던 모습 같다고 말했다.

[그림 7-10] B씨: 두 개의 화난 얼굴

'멸종된 새' ([그림 7-11])는 또 다른 이미지로 그의 슬픔을 나타내고 있다. 처음 이 새의 이야기를 어머니에게서 들었을 때 그는 슬픔에 복받쳐 울었으나 어머니는 왜 우는지 묻지 않았다고 말했다.

[그림 7-11] B씨: 멸종된 새

[그림 7-12] B씨: 검은 까마귀

[그림 7-13] B씨: 검은 문어

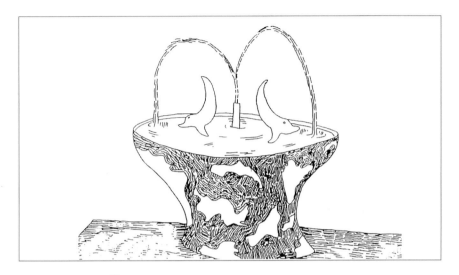

  [그림 7-14] B씨: 분수대에 있는 돌고래 두 마리

    '검은 까마귀'([그림 7-12])와 '검은 문어'([그림 7-13])의 이미지는 훨씬 더 분명하다. 이 이미지들은 그에게 자신의 위험성을 인식하고 인정하게 했다.

    그가 사회로 석방(시험적인 석방)되기 전에 그린 마지막 그림은 '분수대에 있는 돌고래 두 마리'([그림 7-14])다. 두 마리의 돌고래는 어머니와 자신이 삶에서 통합되는 것(그것은 물로 상징된다)을 나타낸다고 말했다. 그는 어머니를 다시 만나는 것에 대해 낙관적으로 생각했고, 그를 이해해 주고 용서해 주기를 바랐다. 그러나 불행히도 그렇게 되지는 않았다.

C양

병력

＊나이: 35세

＊6개월 전에 RSU에 수용됨

＊죄명: 중대한 신체 상해(GBH)

＊진단: 편집형 정신분열증, 인격장애

＊정보: 자메이카 출생으로 부모가 영국으로 이주한 후 할머니에게서 양육되었다. C는 5세 때 비로소 부모와 어린 동생들과 함께 살기 위해 영국으로 오게 되었다. 그러나 자신의 경험과는 매우 대조적으로, 초기 어린 시절을 행복한 것으로 기억했다. 가족들은 C가 없어도 된다고 느낄 만큼 완전한 가족을 구성하고 있었다. 그녀는 어머니와 극단적으로 맞지 않는다고 생각했고, 어머니가 적절하고 의지할 만한 정서적 양육을 제공하지 못한다고 느꼈다. 이것이 그녀가 어머니에게 정신이상적인 공격을 가한 주된 이유였으며, 이 일로 그녀는 브로드무어 병원에 수용되었다. 그러나 그곳에서도 직원들과 마찰이 있었으며, 환청을 겪었기 때문에 10년 동안 수용되었다. 그녀는 이미 더 심각한 범죄를 저지른 다른 수용자들보다 더 오랫동안 수용되었다. 그래서 사회로 석방되기 전 단계로 RSU에 오게 되었다.

미술치료 작업

C는 RSU에 머물기 시작하면서부터 집단 미술치료와 도자기 수업에 참가했다. 그녀는 또한 석방되기 전에 개인 미술치료에 16회기 참석했다. 그녀는 내가 지금까지 작업한 내담자들 중 가장 어려운 내담자이며, 또한 내가 가장 많이 배우게 된 내담자다.

치료적인 관계에서는 항상 강렬한 전이가 생기는데, C는 나에게서 그녀의 이상적인 어머니를 보았다. 동시에 최대한으로 사랑, 의존 및 신뢰를 시험할 기회를 가지게 되었다. 만약 이러한 것들이 부족하다고 느끼면, 그녀는 실제 어머니에게 한 행동의 유형을 반복하면서 나를 파괴할 위험이 있었다. MDT는 이러한 위험을 알고 있었지만, 마지못해 그리고 특별히 감독한 후에 C의 개인 미술치료에 동의했다. 그녀는 참을성 있게 일 년을 기다렸다.

C는 미술치료실에 오는 것을 좋아했고, 가능하다면 매일 올 것이라고 이야기했다. 극도의 기분 변화, 월경 전의 심한 긴장 증상, 대부분의 시간에 들리는 환청에도 불구하고 40개의 이미지(약간의 유화를 포함해서)와 창조력이 풍부한 20개의 점토 조각물을 만들었다. 그리고 작품을 만들자마자 대부분 남자 친구나 가족에게 주었다.

직접 만든 작품을 선뜻 누군가에게 줄 수 있는 능력은 그 자신의 공허함과 결핍감을 조절하도록 도와주었다. 미술 재료의 실재는 그녀가 분리되었다고 느끼는 자신의 실재와 접촉할 수 있게 해 주었다. "당신이 만든 모든 것은 아름답습니다. 왜냐하면 당신은 진짜이기 때문입니다. 나는 전부 상상입니다." 한때 그녀는 매우 슬퍼하면서 이렇게 말했다.

그녀는 매우 재능이 있었고, 비범한 미적 감각을 가지고 있었다. 그녀의 질병, 우울, 성급함, 반항적인 본성조차 그것을 완전히 억누를 수는 없었다. 차림새는 항상 놀라웠고, 가끔은 충격적이었다.

그녀 자신과 그녀의 현실은 미적 감각에 연결될 수 없었음에도 불구하고, 미술치료실, 미술 작품 그리고 그녀와 나의 관계는 이러한 미적 감각을 반영해 주었다. 나는 그녀에게 RSU에서 향상된 단계들을 보여 주면서 C의 초상화를 몇 장 그려 주었고, 그녀는 그것들을 소중히 간직했다.

그녀가 작품을 만들 때 보인 유일한 문제점은, 이것 때문에 그녀는 마지못해 도움을 요청했지만, 작품을 세울 수 있도록 튼튼하게 만들지 못한다는 것이었다. 만약 내가 보강해 주지 않으면 점토에 너무 공을 들인 그녀의 작품은 축 처지거나 무너지거나 분해되었다. 그럴 때마다 그녀는 항상 포기하려고 하면서 실패를 나의 탓으로 돌리며 비난하고 화를 냈다. 하지만 그녀의 작품이 살아남아 결국 잘 완성될 때는 크리스마스트리 앞에 선 아이처럼 행복해했다.

이 글은 C가 보인 비난과 거부당하는 것에 대한 지속적인 불안 상태 그리고 수용과 사랑, 개인적인 문제의 핵심에 대한 그녀의 필사적인 추구를 묘사하고 있다.

그녀 자신의 실존에 대한 감각이 약해질 때마다(보통 거부되었다고 느낄 때) 누군가나 어떤 그 무엇으로부터 즉각적인 재확인을 받지 못하면 자살 충동을 느끼기 시작했다. 그녀는 그런 생각에서 대부분 자유롭지 못했다.

C의 주제 선택은 극도로 다양했다. 그러나 이미지를 만드는 과정을 사용하는 데서 RSU의 여성과 남성이 어떻게 다른지 잘 보여 준다. 남성은 풍경, 동물, 식물, 추상적인 기하학적 모양, 그들의 감금된 실존으로부터 정신적 탈출을 꿈꾸는 형태 등 외부의 대상에 집중하면서 자신의 욕구를 바깥으로 투사하려는 경향이 있다. 반면에 여성의 주제는 자신의 몸과 신체적이고 감성적인 욕구와 구체적으로 관련되어 있고, 통과와 관련된 의식, 그들 자신의 내부에 갇혀 있는 감정과 관계가 있다. 그래서 여성은 의복, 신발, 결혼식, 아이를 안고 있는 어머니 등을 자주 그린다. 이렇게 미술치료는 남성과 여성의 삶의 차이점을 반영하고 더욱 상세히 보여 준다.

이것은 파괴성을 표현하는 방법으로 확장될 수도 있다. 남성은 종종 다른 사람에게 폭력성을 투사하는 경향이 있는 반면에 여성은 종종 그것을 자신과 자신의 몸이나 정서적으로 가까운 아기나 어머니 같은 사람에게 향하게 한다.

미술치료 집단 수업에서 C는 통합에 대한 욕망을 표현하는 작품을 만들었다. 반면에 그녀가 공개되지 않는 수업이라고 인식하는 개인 미술치료 시간에 만든 이미지는 성적인 것과 자신을 향한 파괴성을 담고 있다. 그녀의 신체 이미지는 종종 머리가 없고 팔다리가 절단되어 있는 형상으로 표현되었다. 과격성 때문에 이 그림들은 여기에 싣지 않았다.

C에게는 아직 브로드무어 병원에 있는 남자 친구가 있었으며, RSU에 온 후 처음 몇 달 동안은 여전히 그와 결혼하기를 희망했다. '약혼반지'([그림 7-15]) 와 '웨딩드레스'([그림 7-16])는 앞에서 말한 것들을 보여 준다.

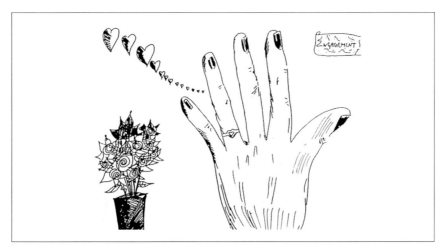

[그림 7-15] C양 : 약혼반지

[그림 7-16] C양 : 웨딩드레스

[그림 7-17] C양 : 아이를 안고 있는 어머니

    C의 공적인 속성과 사적인 속성의 반전은 치료 과정의 후기 단계에서 일어났다. 전체적인(잘려진 것 대신의) 몸의 부드럽고 통합된 이미지가 개인 수업에서 나타났고, 더 사적인 이미지가 집단 수업에서 표출되었다. 후자의 두 이미지는 '아이를 안고 있는 어머니'([그림 7-17])와 사랑을 나누는 '연인'([그림 7-18])에 대한 것이다.

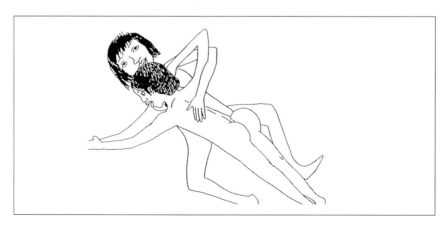

[그림 7-18] C양 : 연인

치료적 과정의 맥락에서 볼 때, 이러한 이미지들은 아이를 원하거나 육체적인 정사의 욕구라기보다는 어머니로서 자신을 더 잘 돌보아 주고, 그녀 자신에게 안기고, 이해받는, 그녀 자신과 하나가 되고 싶은 그녀의 욕망에 관한 것이다.

터번을 쓰고 있는 '자화상'([그림 7-19])은 마지막 개인 미술치료 시간에 그린 것이다. 이것은 사람 전체를 그렸다는 점에서 의미가 있고, 또 자신의 모습이 책상 위에 있는 종이에 그대로 비치고 있다.

C는 자신을 그릴 때 어린 소녀로 표현했지만, 이제 현재의 자신을 그리면서 마침내 전체적인 자기 이미지에 도달한 것으로 보였다. 그녀는 이 그림을 그리는 동안 그녀의 실존을 받아들일 수 없었기 때문에 이제까지의 삶이 전반적으로 꿈속으로의 회피였다는 것을 깨달았다. 그녀는 또한 다른 사람들이 자신의 실재를 결정하도록 했다. 첫 번째는 어머니, 다음은 이모 그리고 지금은 공공기관이 그녀의 실재를 결정해 왔다.

희망과 통찰의 순간적인 많은 드러남이 있었고, 그만큼의 절망이 드리워지기도 했다. 최근에 C는 지역사회에 있는 호스텔로 가기 위해 가족 가까이에 있는 병원으로 석방되었다. C는 RSU를 떠나기 전 잠시 나에게 왔다. 그리고 우리가 함께한 작업이 그녀에게 얼마나 소중했으며, 그것이 자신을 얼마나 많이 변화시켰는지 느끼고 있다고 말했다. 그녀가 이 말을 전하는 방식은 성숙하고 진지했다. 나는 그녀에 대해 뿌듯함을 느꼈으며, 우리가 함께 살아 있다는 것이 행복했다.

🔊 [그림 7-19] C양 : 자화상

결 론

이 글은 지역보안시설의 미술치료사로서 법정 내담자들과 작업한 나의 경험을 기술하고 있으며, 주로 내담자들에게서 배운 점을 이야기하였다. 다른 심리치료 기법이 의미 있는 것처럼 미술치료가 가진 가치를 보여 주고자 했다.

미술치료는 통합과 '지금-여기'를 강조하면서 개인의 창조성의 자각을 제공하며, 세상과의 관계에서 그 자신을 다르게 경험하는 잠재력의 각성을 제공한다. 이러한 경험은 관리와 행정에 뛰어난 사람의 인식을 필요로 한다. 미술치료가 사회에 위협이 되는 사람의 치료와 재활에서 정당한 자리를 차지하기 위해서는 그들의 지원과 장려가 필수적이기 때문이다.

＊이 글은 바바라 카반과 아드리안 웨스트(Adrian West)의 대화를 녹음한 것에서 발췌하였다.

두려움과 혐오감

미술치료, 성범죄자와 성

린 올리치(Lynn Aulich)

성범죄자들과 작업하는 것 그리고 그들이 치료 회기에
가져오는 내용은 치료사에게 두려움과 혐오감, 증오를
불러일으키는 것을 불가피하게 만든다.
무조건적인 사랑의 실패는 치료 전체를 소멸시키는가?

이 장에서 나는 청소년 성범죄자의 치료에 미술치료가 공헌할 수 있는 점에 대해 논의할 것이다. 여기서 언급되는 성범죄는 성의 본질에 대한 것이기 때문에 특히 그들 작업의 다양한 측면을 보여 줄 수 있도록 실제 사례를 활용할 것이다.

성범죄자와의 작업은 사회 및 치료를 제공하는 여러 분야에 걸쳐 각 세계 내에 널리 퍼져 있는 성 역할의 구성과 성적인 태도에 대한 논의를 초래한다. 이는 또한 수용자, 미술 작품 그리고 치료사 사이의 정신역학에도 영향을 미친다. 성범죄자와 작업하는 치료사는 개인적인 도전에 직면하게 되는데, 성적인 것과 성 역할에 대한 자신의 태도를 돌아보게 되고, 수업 중에 발생한 주제들이 안겨 주는 혐오, 극도의 불쾌감, 분노, 공포와 같은 감정과 직면하게 된다. 치료사의 무조건적인 사랑과 비판단적인 태도에 대한 기대와 근본적인 가정 그리고 내담자로부터의 동기부여와 압력은 심한 억압에 놓일 수 있다. 이러한 상황에서 치료사와 내담자의 상대적인 위치는 성범죄자에 대한 이해를 돕고, 효과적인 치료가 되기 위해 고정될 필요가 있다.

성범죄자와의 작업에 대한 대중적이고 전문적인 관심이 증가하고 있으며, 성범죄와 범죄자의 본질과 범위를 알려 주는 더 많은 정보가 주어짐으로써 긴장감이 높아지고 있다. 성범죄 피해자와의 작업에 더 많은 주의가 집중되는 것과 같이 성학대자의 치료에 대해서도 관심이 요구된다. 무엇보다도 예방적인 치료가 효과적이며, 그렇지 못할 때 역으로 희생자가 성학대자가 될 수도 있기 때문에 이것은 매우 중요하다.

성범죄에 대한 대중의 인식

성범죄자의 치료는 그들이 정서적으로나 정신적으로 불안정하거나 정신병을 앓고 있는 것에 덧붙여, 심각한 범죄행위에 대한 도덕적이고 정치적인 함축된 의미 때문에 더 복잡해진다. 대중의 논쟁은 그들에게 징역형이 아닌 치료 프로그램을 운영하는 데 드는 시간과 노력 그리고 돈을 투자할 만한 가치가 있는지에 대해 양극화되고 있다.

사회집단으로서 우리는 성범죄를 다루는 데 어려움이 있다. 성범죄자에 대한 대중의 인식은 주로 대중매체에 의해 구성되고 영향을 받는데, 대중매체는 인간의 환상과 상상의 가장 어두운 부분에서 생겨난 성적 짐승, 괴물, 악마와 같은 창조물들이 가득한 인쇄물을 생산한다. 이들은 가장 필수적이고 소중한 금기 사항을 범하고, 용인될 수 있는 행동의 경계를 가로질러 입에 담을 수 없는 행위를 저지른 사람들이다.

흔히 있는 평범한 강간 사건이나 학대 사건은 보고되지 않는다. 그래서 법률적이고 대중적인 정책에 변화를 초래할 수 있는 진정한 정치적 논쟁을 위한 요구는 다루어지지 않는다.

남성, 여성, 아동을 위한 교육 기회와 사회적이고 환경적인 조건을 개선하는 것 그리고 가해자의 치료와 처벌의 실상을 철저히 조사하는 것과 같은 예방적인 활동은 충분히 검토되지 않고 있다.

도덕적인 분노와 혹독한 응징에 대한 요구는 연쇄 살인마와 낯선 자들의 습격과 같은, 흔하지 않은 과격한 사건에 주의를 이끄는 교묘한 보도와 감정적인 소재에 의해 드러난다. 역설적인 것은 성범죄자들이 치료를 받지 않는다면, 야수화되어 가는 수용의 기간 동안 단순히 희생양으로서 인생을 소비하게 될 것이고, 이것은 분명 가장 두렵고 비인간적인 악마를 잉태할 것이라는 사실이다. 최근의 연구에 따르면, 심각한 강간을 당한 대부분의 희생자들은 치료가 범죄자들에 대한 최선의 처분임을 인정하는 분위기다(Soothill & Walby, 1991).

처벌만으로 성범죄의 악순환을 멈출 수 없다는 것이 일반적인 인식인 것이다. 이것은 청소년 성범죄자에게 가장 중요한 문제로, 그들은 성적인 존재로서 앞으로의 인생이 남아 있기 때문이다. 최근의 연구는 성범죄는 주기적이고, 반복적이며, 미리 계획된 것이라는 사실을 보여 준다. 그것은 사고 과정의 기본적인 왜곡, 다른 사람의 행동과 태도에 대한 총체적인 오해와 잘못된 해석에 기반을 두고 있다. 이러한 왜곡은 다른 사람에 대한 비정상적이고 용인될 수 없는 행동을 초래한다.

종종 성적으로 가학적이며 불쾌감을 주는 행위는 그 사람이 성숙해지면서 더 잔혹해지고 빈번해지면서 악습이 되풀이된다. 범죄자의 상당수는 자신의 범죄가 사춘기가 시작되는 청소년기에 시작되었다고 털어놓았으며, 대다수가 자신의 가학적인 행위는 어린 시절에 시작되었다고 보고했다. 그것은 가정에서, 학교에서 그리고 더 넓은 공동체에서의 일상적인 삶에서 남녀 관계에서의 성(sex), 성적인 것(sexuality), 단순한 의미의 성에 대한 태도를 통해 학습된다.

성적인 가학행위가 청소년이나 아동에게서 보일 때, 개인, 가족, 교사, 보호자 그리고 보건복지 관계 직원들은 모두 보도와 행동의 측면에서 꺼려 하게 된다. 그것은 종종 무시되거나 심각하지 않은 것으로 치부되고, 단순한 성적 호기심, 성적인 실험 혹은 장난으로 비치기도 한다.

1992년에 국립아동복지국(National Children's Home)에서 발행한 「아동 및 청소년 성학대자에 대한 조사위원회의 보고서(The Report of The Committe of Enquiry into Children and Young People Who Sexually Abuse Other Children)」는 학대행위에 대한 정의를 제공하고 있으며, 최근에 청소년 성범죄자에게 실시한 치료의 장점과 요약을 담고 있다.

단지 수용만으로 성범죄자의 행위에 대한 동기를 해결하고 성적인 문제에 대한 지식을 얻고, 그들의 감정에 대한 통찰을 얻을 수 있을 것인가? 또한 수용만으로 그들 스스로 새롭고 건강한 행동 패턴을 익히고, 사회에 다시 복귀했을 때 안전을 지킬 수 있도록 도울 수 있는가? 인격의 성숙이 이루어지고 있는 청소년의 범죄행위를 다루는 것은 매우 중요한 문제다. 그들이 치료를 긍정적으로 잘 받아들여서, 자신의 역기능적인 방어수단을 버릴 수 있도록 격려해야 하고, 그러기 위해 우리의 인식은 개방되고 변화되어야 한다.

배경: 안전시설에서의 처치

청소년 안전 부서에 수용된 청소년들에게 집단치료가 적절하지 않은 이유는 그들이 정신적, 인격적, 정서적으로 치료를 받아들일 만큼 성숙하지 않았기 때문이거나, 사회에 남아 있도록 허용하기에는 범죄의 심각성이 너무 크기 때문이다. 안전 부서는 평가와 치료를 실시하는 동안에 내담자가 자신이나 다른 사람에게 해를 끼치지 못하도록 내적 통제가 부족한 내담자에게 외적 통제를 제공한다. 또한 안전 부서는 언어적인 부분에서도 안전을 보장한다. 하나의 기관으로서, 가능한 한 마치 가정과 같은 환경을 추구하여 신체적 · 정서적 돌봄과 보호를 제공한다. 지금껏 줄곧 심한 박탈감을 느껴 왔던 내담자가 따뜻하고, 감정적으로 이해받는 지지적인 환경을 경험하는 것은 오히려 충격적인 일이다.

청소년 법정의 정신건강서비스는 평가와 치료를 위해 국민건강보험제도 내에서 16개의 침실이 마련된 전문화된 주거집단을 제공하고, 또한 외래환자의 상담을 위해 지역사회서비스를 제공한다. 집단은 심한 정신적 · 정서적 장애를 가진 11~18세의 청소년들로 이루어진다.

전국적으로 서비스에 의뢰되는 건들은 교육, 정의, 건강 그리고 사회복지를 포함하는 많은 다른 기관으로부터 이루어진다. 청소년 안전 부서는 다학문적 체제로 이루어져 있는데, 여기에는 아동 · 청소년 전문의료진과 법의학 정신과의사가 포함되어 있다. 다른 참여진은 간호학, 심리학, 사회복지학, 미술치료, 음악치료 또는 작업치료를 전공하거나 훈련받은 사람들이며, 특수 교사도 있다. 내담자는 또한 자신의 행동을 유발한 신경학적 요인에 대한 진단을 받는다.

이곳에서의 작업은 두 가지로 이루어진다. 첫째, 각각의 내담자를 위한 가장 적합한 치료를 평가하고, 적당한 장소를 추천하는 것이며, 얼마나 위험한 내담자인지, 재범의 가능성은 어느 정도인지 고려하는 것이다. 둘째, 치료를 제공하는 것이다. 내담자가 이행하기 전에 재범의 위험을 평가하고 보호하는 것과 사회의 안전을 보장하는 것은 매우 중요하다.

치료 프로그램은 신체적 · 정서적 · 정신적 건강, 치유, 교육 그리고 내담자 개인의 발전을 보장하기 위해 고안된다. 집단은 치료 과정에서 행동적 · 인지적 · 심리치료적 접근을 한다. 청소년 집단은 다양한 문제들을 가지고 있지만, 성적 공격성이 가장 큰 비율을 차지한다. 그리고 내담자는 이 집단에 들어오게 된 이유를 다른 사람에게 드러내지 않을 것을 제안받는다. 따라서 다양한 집단들은 내담자 자신과 관련된 어떤 꼬리표도 없이 자신의 목적이나 행동에 따라 명명된다. 공격 혹은 특정한 문제는 개인 회기에서 다루어진다. 성범죄자들을 위한 집단 글쓰기 프로그램은 외래환자의 서비스를 위해서도 실행 · 개발되고 있다.

동반자

치료 집단은 법적으로 안전한 집단이며, 입원환자들의 대부분은 다른 사람 혹은 자신에게 위험할 수 있다는 점이 고려된 것이다. 간호팀은 남성 혹은 여성끼리 혹은 동료들이 내담자의 성별에 따라 항상 짝을 지어 치료한다. 간호팀은 생활 초기에 매일 내담자에게 부모 역할을 해 준다. 내담자와 직원들 간의 남성 대 여성의 비율은 이 부서를 운영하는 데 매우 중요하다. 다른 훈육 부서에서는 개인치료 기간 때 한 명의 간호 직원을 동반자로 둔다. 예를 들어, 남성 치료사와 작업하는 여성 내담자는 반대로 여성 동반자를 둘 수 있다. 동반자는 폭행 또는 강력한 반항으로부터 직원을 보호하기 위한 것이다. 집단에서 동반자는 능동적인 역할을 맡지만, 개인치료에서 동반자는 일반적으로 수동적이다.

성범죄에 관련된 남성 내담자와 작업하는 여성 치료사에게 동반자는 치료 회기의 역동 및 치료적 관계를 형성하는 데 중대한 요소가 된다. 직원의 개인적인 안전은 어떤 환경에서도 희생될 수 없다.

개인치료 기간에 생기게 되는 치료적 관계의 이상적 형태는 상황에 맞게 조정되어야 한다. 내담자는 이미 수용될 수 있는 행동의 경계를 넘어서 있으며, 긴장이 많은 상황에서도 그러한 행동을 하지 않을 것이라는 믿음이 증명될 때까지는 치료 상황에서 동일한 일이 재발될 수 있다고 가정한다. 일단 내담자와 혼자 있는 것이 안전하게 느껴지고 그것을 확신한다면 동반자가 항상 필요한 것은 아니다.

비록 이따금 동반자가 활동적으로 치료 회기에 참여할지라도, 대체로 그들은 다음 문이 열릴 때까지 방 밖에서 기다리고 있으며 수동적이다. 동반자의 존재는 나의 분노를 상당히 잠재우고, 좀 더 완화시켜 주며, 이것은 내가 만약 혼자였다면 위험했음에 틀림없을, 내담자의 분노를 표현하게 하는 데 매우 중요하다. 또한 동반자는 치료 회기에서 일어난 일에 대해 피드백을 줄 수 있는 목격자의 역할도 할 수 있다.

부정적인 측면에서 동반자는 내담자와 공모하여 치료사의 권위를 손상시키거나, 치료에 임하는 것을 피하려는 주의 산만한 내담자와 공모하여 치료사를 조종할 수 있다. 또는 동반자의 존재는 그가 위험하다고 생각한 내담자에게 좋은 인상을 줄 수 있으며, 이것은 내담자가 진지하게 행동을 부인할 때 그것을 극복하도록 도와줄 수도 있다. 반대로 또한 공격행위를 함으로써 획득한 내담자의 자존감과 내적인 힘을 강화시킬 수도 있다. 그러나 내담자는 미술

치료 회기와 과정 속에 존재하며, 그 과정과 동반자의 존재는 치료 작업과 내
담자의 행동을 방해하지 않는다.

미술치료: 팀의 일부분, 사정과 치료

집단에서 미술치료와 음악치료는 진단과 치료에서 비지시적이고 자유로운
정신역동적 접근을 제공한다. 이것은 다른 훈련법에 의해 제공된 고도로 체계
화된 인지적 · 행동적 치료에 근거한 것이다.

사정: 미술치료 집단

이 부서의 사정 기간은 보통 4주 동안 진행되지만, 필요한 경우 연장될 수
있다. 모든 훈련은 내담자 자신의 평가와 추천 기관의 토의로 이루어진다. 사
정은 대개 개인치료 회기에서 이루어지는데, 구조화된 면담, 질문지, 심리
적 · 신체적 · 신경학적 검사를 통해 실시된다. 그리고 집단에서의 일상생활
에 대한 관찰이 참조된다. 사정은 매주 미술치료 집단 내에서 이루어진다. 집
단은 현재 사정되고 있는 모든 내담자들을 위해 이루어진다. 그리고 집단에서
의 미술 작업은 매우 개인적인 방식으로 진행된다.

4주간의 시간은 내담자들이 역동적으로 작업하거나 정체성을 형성하기에
충분하지는 않지만, 집단에서 매일 함께 생활하는 것을 통해 형성된 우정과
동맹을 관찰하는 것은 가능하다. 사정의 초기 목적은 치료에서 어떤 주제를
선택하더라도 미술 재료를 탐색하고 사용하는 내담자를 격려하는 것이다. 치
료 과정은 매우 자유로운 주제나 경험을 어떤 단서 없이 탐색해 보거나 내담
자의 의견을 반영하여 제공된다.

집단은 내부적인 구조에서는 매우 유연하지만 외적인 통제를 받는다. 그리

고 집단에 대한 구성원들의 기대에 대해 평가한다. 미술 작업을 거부하는 내담자에게는 마음 깊은 곳의 원인을 탐색하도록 지지해 준다. 그럼에도 불구하고 내담자는 비밀을 지키기 위해 집단에서 자신의 범죄와 관련된 그림을 좀처럼 그리지 않는다.

미술 작업은 종종 내담자의 마음이 집, 가족, 친구 혹은 그와 관련된 경험으로부터 멀어지고 닫혀 버린 상태를 반영해 준다. 각 개인이 겪는 시간은 가족과의 갑작스러운 단절, 짧은 기간의 배치 또는 성인 교정시설로부터의 '구출'로 경험될 수 있다.

집단에서의 이런 반응은 개인적인 것으로 개성의 조합과 관계된다. 미술치료 집단은 강한 분노, 좌절 그리고 두려움을 표현할 수 있는 기회와 방법이 제공되는 공간이지만 종종 폭발적이다. 그러나 안전함 속에서 해롭지 않은, 창조적인 형태로 이루어지기도 한다. 그림은 때로 종이뿐만 아니라 천장, 마루, 벽과 가구를 가격한다. 몇 가지 규칙 중 하나는 어느 누구와의 약속도 그리고 작업도 어길 수 없다는 것이며, 이것은 집단 내에서 좀처럼 깨지지 않는다. 대조적으로 집단은 가끔 철회될 수 있는데, 이것은 완성된 작품과 언어적인 침묵의 결과로 일어날 수 있다.

이와 같은 회기는 언어적인 정보, 크게는 비언어적인 정보, 집단에서의 상호작용을 관찰하는 입장에서 활용되며, 미술 작업에서 바라보는 것뿐만 아니라 토론하는 것을 듣고 그것에 대해 의견을 나누는 데 활용된다.

진단은 이 집단 혹은 다른 장면에서의 치료뿐만 아니라 미술치료를 활용한 치료에서 내담자의 적합성을 보는 것이다. 만약 집단이 추천한다면, 나는 개인적인 미술치료에 접근하는 준비로서 이 집단에서의 내담자의 반응을 활용한다. 내담자들은 훈련받은 치료사로부터 구체적인 계획에 따라 치료를 제공받는다. 내담자의 요구나 진단 결과에 따라 미술치료를 실시할 수도 있고, 그렇지 않을 수도 있다.

이러한 협정은 1989년에 처음 이루어졌다. 그 이전에는 보통 3개월의 치료 기간을 가졌으며, 미술치료 실시에 대한 평가는 개인적인 작업을 통해 이루어졌다. 앞에서 언급한 일부 내담자들은 1989년 이전에, 그리고 다른 사람들보다 먼저 집단에 참여한 경우다.

치 료

치료방법은 각 내담자들의 필요에 따라 집단 혹은 개별 회기의 형태를 띤다. 필요에 따라 집단으로 치료하기도 하지만 대개는 개별적으로 이루어진다. 특별한 상황에 놓인 내담자는 종종 미술치료에서 어떤 구조화된 과제가 없을 때는 위협적으로 받아들이며, 미술치료를 대화의 형태로 바라보는 데 익숙하지 않다.

미술 작업은 가끔 학교를 연상시키는데, 많은 청소년 내담자들에게 학교는 부정적인 경험을 연상시킨다. 미술은 종종 유치하고 '아동'에게만 적절한 것으로 간주되며, 이는 내담자들이 그들의 친구들에게 보여 주고자 하는 이미지와는 맞지 않는다.

미술 작업에 능숙하여 칭찬을 받거나 자부심을 가지게 된 내담자들은 미술치료를 처음 접하면서 매우 혼란스러움을 느끼며 치료적 요소는 오히려 방해적 요소가 된다. 왜냐하면 미술 작품으로 다른 사람들에게 감동을 주고 싶은 욕망을 던져 버리는 것은 어렵기 때문이다. 자기가 이미 성취한 지위와 자부심을 가진 어떤 활동을 고통스럽고 불편한 감정을 탐색하는 데 쓴다는 것이 쉬운 일은 아니다. 미술치료는 감정, 기억, 경험 그리고 관계 등 내적 세계라는 견지에서 볼 때 우리를 둘러싸고 있는 세계를 어떻게 보고, 이해하며, 해석할 것인가에 대한 통찰을 배우고 획득하는 것이다. 공적인 활동에서 사적인 활동으로 중요도가 변한다는 것은 문제의 소지를 지니고 있다.

성범죄자들의 대부분은 절대로 자기 잘못을 인정하지 않는다. 범죄 사실은 피해자들의 요청 및 강간, 폭행에 대해 경찰에게 보고함으로써 밝혀지게 된다. 즉, 변화하고자 하는 욕망에서 치료에 대한 동의가 이루어지는 것이 아니라 법정의 지시에 따라 이루어진다는 점은 치료에 대한 중요한 암시를 제공해 준다. 비록 실패의 가능성이 있을지라도, 형사법제도를 통해 사회는 범죄자들에게 그들의 행위가 받아들여질 수 없고 치료가 필수적이라는 것을 알게 해야만 한다.

수용자들이 치료에 순응하는 정도는 소년범이 얼마나 위험한지, 그리고 미래에 어떻게 될 것인지에 대한 중요한 지표가 된다. 버틀러위원회(The Butler Committee)는 위험성의 척도를 다음과 같이 정의하였다. "신체적 폭력이란 신체적 상해를 유발하거나 지속적인 심리적 손상을 끼치는 행위로서…… 우리의 생각에는…… 사회가 가장 우려하는 것이지만 다른 어떤 범죄의 피해자들에 의해 겪게 되는 심리적 피해도 간과되어서는 안 된다"(Mackay & Russell, 1988).

청소년 성범죄자들은 일반적으로 자신의 범행을 부인한다. 그들은 또한 피해자들에 대한 자신의 행동의 영향을 최소화하거나 혹은 전혀 이해하지 못하기도 한다. 치료에 동의하는 동기는 높지만—그 결과로 자유를 얻게 됨—사실 불편하고 저항이 생기는 고통스러운 과정이 포함되어 있으므로 진심에서 우러난 중요한 태도나 행동에서의 변화는 강력한 저항을 받게 된다.

미술치료 첫 회기에서는 나와 내담자 간에 회기를 어떻게 이끌어 갈 것인가에 대해 이야기를 나누게 된다. 나는 미술치료가 무엇인가에 대해 설명하고 어떤 재료가 쓰일 것인지, 그리고 이 회기가 어떻게 구성될 것인지에 대해 설명한다. 미술치료 회기는 내담자에게 방향을 제시하고, 어떤 벽장에 어떤 재료가 있고, 어디에 찰흙과 물통을 두는지 등을 설명하면서 시작한다. 모든 미술 재료들이 작업대 위로 한꺼번에 나오는 것은 아니다. 나는 주로 내담자들이 작업을 시작할 때 스스로 먼저 시작하도록 독려하는 데 시간을 보낸다. 이것은 그들이 가진 미술적인 경험과 관심사 그리고 이 부서에 대해 일반적으로 그들이 어떻게 느끼는가를 나누는 대화를 통해 이루어진다. 내담자가 아무것도 없는 처음부터 스스로 작업하기를 기대하는 것은 너무 과한 일이기 때문에 주로 우리의 대화에서 나온 자유 주제로부터 시작하기를 권한다.

미술은 교육과정의 일부분으로 학교 시절부터 시작해서 작업치료 그리고 야간이나 주말의 여가 활동에서도 접할 수 있다. 내담자들은 항상 이러한 미술과 미술치료 간의 차이점을 분간해 낸다. 그러나 이것은 종종 거부되거나 잘못 인식되기도 한다. 많은 내담자들이 시간과 재료를 어떻게 사용할지 결정하는 데 대해 놀라게 된다. 어떤 내담자는 자신에게 정확하게 무엇을 하라고 지시하도록 매우 열심히 나를 조종하려고 시도하거나, 책을 가져와서 복사하는 사람, 학교나 작업치료에서 가져온 그림을 끝내기도 하고, 미술치료 이전에 배치받았던 모임에서 이미 끝낸 그림을 다시 만들어 보기도 한다.

이러한 모든 것들은 안정감을 느끼기 위한 수단으로 이해해야 하며, 이는 토론과 시각적 발달을 위한 기초로 사용되고 허용된다. 또한 내담자가 공황과 공포로 얼어붙는 상황을 피하기 위해 모든 노력이 이루어진다. 내담자가 자신감을 갖고, 이 회기들에 대한 특성을 이해하고, 그들을 지원하는 나를 신뢰하기 시작할 때 소품을 이용한 방어에서 벗어나 창의적인 발전이 이루어질 수 있다.

미술치료 회기 중에는 내담자들이 안전 부서가 제공하는 가능한 범위 내에서 그들 스스로가 결정을 내리고 그 결과에 책임을 지게 하는 기회가 많이 주어진다. 이 자유권에 대한 반응은 각 개인마다 다양하다. 어떤 내담자들은 정확하게 그들이 무엇을 해야 할지 지시받기를 간절히 원한다. 또 다른 내담자들은 스스로를 통제할 수 없어서 혼란스럽고 엉망인 상태를 진정시켜 주는 강력한 외적 제한이 필요하며, 제한이라는 것이 있다는 사실을 인지하는 경험이 필요하다. 일부 내담자는 회기 그 자체에 대한 영향력을 자신들이 가지려고 들며, 이로 인해 꽤 체계적으로 치료사의 기술이나 역할을 폄하하기도 한다. 내담자가 성범죄자인 경우에는 미술치료 회기 동안 지배권과 통제권에 관한 문제가 특별히 중요하다(주로 그 회기와 더욱 중요하게는 치료사에 대한 주도권을 가지고 싶어 하는 사람들은 주로 성범죄자다).

일정 기간 동안 내담자와의 치료 과정이 진행되고 나면 더 이상 치료가 필요하지 않다고 결정하게 되는 시기가 온다. 이러한 문제는 내담자들이 그 회기 동안 느낀 감정과 종결의 이유에 대해 토론하는 시간을 가진 뒤 앞으로의 상황을 예상하고 처리된다. 이것은 성범죄를 저지른 내담자에게는 매우 중요한 문제이며, 그 이유는 높은 거부 수준 때문이다. 나의 경험에 의하면, 그들은 자신들이 이 부서로 보내진 것에 대한 이유, 그들의 행동이 다른 사람에게 상처를 줄 수도 있다는 사실, 그들이 하는 행동이나 다른 사람들이 그들을 대하는 반응에는 어떤 의무가 있다는 사실을 받아들이는 데 매우 어려움을 겪고 있다. 고통스러운 경험을 인정하는 그 자체가 어려움이므로 그들은 미술치료를 다른 어떠한 것보다 위협으로 받아들이며 그래서 회기를 거부하게 된다.

회기에 참여하기를 거부하는 것은 거의 대부분 회기 내에서 일어나기보다는 공공연히 발생한다. 그리고 그 거부는 때로 여성의 권위를 받아들이지 않는 형식으로 나타난다. "어떤 여자도 나에게 무엇을 하라고 명령할 수 없어요." "나는 그 여자가 말하는 것을 하지 않을 거예요." 이 성별과 관련된 구별은 직원들이 이성 내담자를 대할 때 중요하게 고려해야 할 점이다. 성범죄자의 치료는 성 역할 및 남성 직원과 여성 직원 간 상호 교류 면에 있어서 상당한 지각을 요구한다.

미술치료를 계속하도록 내담자를 독려하는 데 드는 시간과 노력은 대부분의 치료사들이 다른 영역에서 일하는 데 소요되는 것보다 훨씬 많다. 거부를 포기하고 난 뒤 대부분의 내담자들은 치료에의 참석과 협조를 자신의 지배권 상실로 받아들이게 됨으로써 무력감과 모욕감을 느끼게 된다. 그 결과로 내담자 자신의 지배권을 다시 되찾고자 하는 것이 그 회기 중의 중요한 요소가 되고, 그래서 시각적 내용을 사용해서 공격행위를 하게 된다.

다음 사례는 어떤 내담자가 나의 역할을 깎아내리고 능력을 무시하면서 나를 모욕하는 것으로 회기 동안 지배권을 획득하기 위해 시도한 내용에 대한 것이다. 따뜻하고 긍정적인 관계를 형성하는 데 있어서 어려움을 겪는 것은 작업 과정 및 나와의 상호 교류 측면, 두 영역 모두에서 나타났다.

사례: 힘과 통제

그레이엄(Graham)은 작고 단단한 근육질의 15세 소년으로 3개월의 치료 진단을 받았다. 첫 번째 회기에 문을 열고 들어오는 순간부터 그는 지배력을 얻은 것처럼 보였다. 그는 떠날 때까지 앞으로 우리가 할 작업이나 그가 사용할 수 있는 다른 매체를 보여 주거나 설명할 기회조차 주지 않았다.

그레이엄은 집에서 자신의 '보물'로 가득 찬 커다란 손가방을 가져왔다. 그리고 치료 시간에 학교에서 완성해야 했던 자동차 계획을 선택했다. 그는 가장 좋아하는 그림을 집어 들고는 종이 위에 자동차 모양을 따라 선을 그렸다. 차에 이어 집과 잔디와 하늘 등이 추가되었다. 그가 놀이를 하는 동안 나는 미술치료 회기에 대해 이야기했다. 그러나 그는 전혀 듣지 않았고, 놀이에 몰두하여 나를 완전히 밀쳐냈다. 그리고는 치료실을 떠나면서 이 회기는 그가 경험했던 시간 중 가장 나빴으며, 매우 지겨웠다고 말했다.

두 번째 회기에서 그레이엄은 치료실 안으로 나를 따라 들어왔지만 불편한 모습으로 내 뒤에서 굳은 자세를 유지했다. 그는 이전에 자신이 그린 그림을 가져왔고 작업은 계속되었다. 그는 나의 소개말을 무시하면서 다시 주도권을 잡았다. 이때 나는 그레이엄 옆에서 조용히 작업을 시작했다.

이전 회기의 분위기가 지속되는 가운데, 그레이엄은 자신의 집을 갈색 수채화 물감으로 칠하기 시작했고, 매우 꼼꼼하고 세밀하게 확실한 대칭을 이루도록 연필과 자로 그림을 그렸다. 그는 조심성 없이 물감을 뿌리기 시작했다. 나는 그것을 눈치채고, 물속에 종잇조각을 떨어뜨리고, 그것을 탁자 위에 펼쳐서 각기 다른 색깔들을 섞었다. 그레이엄은 똑같이 해 보기를 원했다. 그는 자신의 작품을 동화책 속 캐릭터인 '미스터 그래디' 라 부르면서 보라색의 큰 배 모양을 그리고 목과 손발, 얼굴을 길게 그린 후에 색칠했다.

그는 더욱 빠르고 열성적으로 조금 더 큰 종이에 다시 작업하기 시작했다. 작업을 하면서 점점 나와 가까이 있는 탁자 둘레에 그림의 흔적을 남겼다. 그리고 큰 붓과 커다란 동작으로 그림 위의 물감을 가볍게 치기 시작했다. 그는 이전에도 이런 작업을 한 적이 있으며, 다시 하니까 싫증이 난다고 말했다. 그러고는 갑자기 팔을 뻗어 나의 그림을 가로질러 검은색으로 큰 대각선을 그렸다.

나는 치료실에 있는 동안 그가 무엇을 해야 하는지, 그리고 나의 그림과 나의 공간을 침입한 그를 어떻게 느끼는지 말해 주었다. 그는 나를 무시하면서 자신이 어떻게 느끼는지 말하지 않았고, 자신의 그림을 집어 들어 찬장 문을 찔렀다. 그는 앉아서 첫 번째 그림을 계속 그리면서 마치 커튼과 문처럼 보이는 사물을 세부적으로 첨가했다. 그리고 "검둥이와 돼지와 검은 경찰들이 여기에 산다."라고 외쳤다. 그는 회기에 대한 느낌이나 그림에 대한 나의 질문에는 반응하지 않았다. 미술치료를 마칠 시간이 되자 그는 자신의 모든 그림과 나의 그림에 자신의 이름을 썼다. 이 회기 후에, 나는 그레이엄과의 작업에서 어떻게 느끼고 무슨 일이 일어났는지 깊이 생각하면서 지냈다.

나는 그의 범죄가 나의 행동과 그의 행동에 어떻게 관련되는지 생각했다. 그가 뱉은 말에서 시작된 나의 의문은 그의 그림 내용에 관한 전면적인 질문으로 다가왔다. 나는 그의 설명을 더 선명하게 이끌었을지도 모를 질문을 던졌다. 내가 말한 모든 것이 정말 어리석은 질문으로 그를 짜증나게 만들었다면, 나는 이미 그 답을 알고 있어야 한다. 예를 들어, 나는 '미스터 그래디' 가 누구인지 그리고 무엇을 하는지 물었다. '이전에 이런 작업을 모두 해 봤다.' 는 그의 반응에 이번 경험이 어떠했는지 물었다. 그리고 나의 그림에 그가 색칠하고 자신의 이름을 썼을 때, 그것은 나에게 매우 위협적으로 느껴졌다고 설명했다.

그레이엄은 두 가지 추잡한 폭행과 가혹한 신체적 상처를 치료받기 위해 배치되었지만, 여성과 소녀들을 30~40회나 음란하게 폭행한 죄로 고소되었다. 그는 전담 치료사에게 자신이 어떻게 희생자를 선택했고 폭행했는지 열심히 설명했다.

대상자는 13~40세의 여성이었다. 그는 여성이나 소녀를 선택하고 그들을 지켜본 뒤, 인적이 드문 해안을 점검하고 나서 점차 가까이 접근하여 그녀들의 가슴을 만진 후 재빨리 달아났다. 그는 또한 강간을 할 수 있는 기회를 기다리면서 좀 더 심한 폭행을 준비하고 있었던 것 같다. 그는 또 동료들은 모두 여자 친구가 있었기 때문에 자신도 빨리 여자 친구를 만나서 섹스를 해야 한다고 생각했다.

회기에서 나는 그의 희생자 중 하나처럼 느껴졌다. 어떤 내담자들은 슬그머니 접근하여 침입했다. 자신이 중요한 사람인지 아닌지, 자신의 정체성이나 느낌은 중요하지 않았다. 그들에게는 여성에게 공격을 가하고, 자신의 욕구를 만족시키는 것만이 중요했다.

다만, 특별 호위를 받으며 진단받는 동안에도 아무에게나 성적인 폭행을 시도할 만큼 어리석지는 않았다. 그러나 그가 어떠한 방법으로든지 자신이 바라던 것과 유사한 목적을 달성한다고 느꼈다. 비록 나의 그림과 공간을 침범하고 매우 공격적이었지만, 혼자 힘으로 그것을 획득하면서 그의 행동은 여성으로서나 치료사로서 나의 권위를 떨어뜨렸고, 인간으로서 나의 무능함을 드러나게 하였다.

이러한 초기의 두 회기에서 그는 통제의 쟁점이 치우친 것에 대한 염려를 입증하였는데, 그것은 협력적인 성관계의 형태 안에 그의 어려움을 감추기 위한 것으로 나타났다. 그의 소중한 보물 손가방은 새로운 가능성을 가로막고, 한 장소에서 다른 장소로의 이동이 가져다주는 불확실성과 두려움을 상징하는 것으로 보인다. 그가 그린 집과 자동차는 새로운 장소로 이동하는 그 자신을 나타내며, 집단 치료진에게 받는 위협적인 감정과 그 집에 살고 있는 사람에 대한 모욕과 인종차별적인 요소를 표현하고 있다.

세 번째 시간에 그는 연필로 피가 뚝뚝 떨어지는 단검을 정교하고 화려하게 그렸다. 이 시간에는 조금 편안해 보였지만, 여전히 나를 무시하고 통제하면서 침묵 속에서 작업했다. 나는 이 치료에서의 나의 역할에 대해 분노하기 시작했다.

나는 그가 나의 개입 없이 혼자 미술 작업하는 것을 수용하기 위해 나를 필요로 하지 않는다는 것을 인정했다. 그리고 그가 다른 모습을 보일 때까지 이 감정을 참기로 결심했다. 그러나 어떤 효과적인 중재에 대한 무력감과 개입이 무시되는 것에 불편한 감정을 느꼈다. 나는 오로지 기다려야 했다.

그는 단검을 그린 후, 그 위에 '무서운 얼굴'을 그렸다. 그는 그 얼굴을 자신의 형이나 의붓아버지 또는 아버지와 가장 비슷하다고 말하면서 나의 질문과 설명을 무시하고 탁구채와 공을 가지고 치료실을 둥글게 걷기 시작했다. 그는 점차 나의 주변을 중심으로 원을 돌며 걸었다. 나는 그만 돌고 같이 그림을 그리자고 제안했다. 그는 종이를 분할하여 중간 아래로 선을 그었다. 그는 종이 위에 붓으로 위아래를 찔러대는 행동을 계속했고, 빨간색을 반복적으로

🔊 [그림 8-1] 그레이엄: 고추 머리

사용하여 어지럽히거나 갈색으로 난장판을 만들었다. 단검을 그리는 것을 시작으로 나를 향한 위협적인 행동과 남성의 얼굴, 그 이상의 회기까지 어떤 결론을 남겨 놓는 것을 이 행동과 관련지었다. 그는 불쌍하고 화난 얼굴로 나를 보면서 해서는 안 될 말을 하고 나갔다.

다음 회기에 그레이엄은 지난번보다 매우 따뜻하고 사교적인 모습을 보였다. 그가 나의 존재를 인식하기 시작했다고 느꼈다. 그는 모든 것을 할 수 있다고 말하면서 점토 덩어리를 즉시 자르는 것으로 통제권을 소유했다. 그의 주장과 또 다른 남성의 통제 수단으로 내가 제안하는 것이 무엇이든 간에 효과적으로 막았다. 한 작업치료사가 그레이엄에게 머리를 만드는 방법을 가르쳤고, 그는 새로운 무엇인가를 배우는 것을 매우 즐거워하며 하나 더 만들기를 원하였다. 그는 내가 제안하는 것은 무엇이든 다 막아섰고 그와 다른 남성의 통제만을 고집했다.

그는 대못 같은 머리칼을 가진 '펑크' 머리를 만들고 그 위에 커다란 점토 페니스를 덧붙인 다음 '고추 머리(nobhead)'라고 불렀다. 그는 그것은 자신의 형이라고 말한 뒤 음경을 잘라 버렸다. 그리고는 그것이 그 자신이라고 했다. 그것은 무게를 지탱하지 못하는 2개의 허약한 다리와 통통한 몸집을 가진, 그래서 계속 휘청이는 모형이 되었다.

다음 회기에서 그는 어머니를 위한 선물로 모형에 색칠하기를 원했다. 작업하는 동안 그는 다정하게 마음을 열고 "고향에 있는 모든 사람들은 엄마를 알고 사람들은 같이 차를 마시거나 엄마를 방문한다."라고 이야기했다. 그가 어머니에 대해 언급한 첫 시간이었다.

갑자기 그는 "지겨워지려고 해!"라고 외쳤다. 그는 그림을 계속 그렸지만 그의 붓이 풀과 섞여져서 그려지지가 않았다. 그는 문가에 서 있는 동반자에게 고함을 치기 시작했고 성적인 모욕과 함께 그를 '고추 머리'라고 부르기 시작했다. 그의 불안 수준은 매우 높아졌으므로 동반자를 그의 안전장치로 사용하였다.

그의 분노는 점점 고조되어 붓으로 탁자를 치기 시작했고, 작품을 때리고 또 때려 부수어 버렸다. 그는 울기 시작했고 자신이자 그레이엄이자 '고추 머리'이기 때문에 어쨌든 원하지 않았을 어머니에 대해 말하기 시작했다. 그러나 나의 지지를 받아들일 수 없었던 그는 울면서 치료실 밖으로 뛰쳐나갔다. 그는 의자를 쓰러뜨리면서 오직 자신의 전담 치료사에게 말했다.

그는 다음 회기에 오는 것을 거부하였기 때문에 그와의 '중립적'인 영역에 대해 이야기하면서 시간을 보냈다. 그는 내게 치료 시간이 지겹다고 말했고, 나는 거의 일을 할 수가 없었다. 나는 결코 원하지 않았던 그의 어머니와 의붓 아버지 그리고 형에 대해 이야기함으로써 그를 화나게 하고 당황하게 만들었다. 그는 나를 미워한다고 말하면서 '드래곤'이라고 불렀다.

다음 회기에 그는 웃음 띤 얼굴로 일찍 왔다. 우리가 어느 정도 눈에 보이는 성과를 만들었는지 궁금했다. 그는 남성의 머리에 커다란 페니스를 얹은 것을 그리고는 이전의 두 회기에서 자신이 나를 당황하게 만든 것을 마음속에 남기지 말고 보내 버리라고 요구했다. 그와 나의 역할이 완전히 전도되었다. 나는 응하지는 않았지만 그의 제안에 대한 나의 의견을 말해 주었다. 나는 지난 회기 동안 그렸던 그의 그림이 가슴 높이의 방패를 들어 올린 여성들로 가득한 전함이었음을 깨달았다. 그는 그 작업에 부족함을 느끼며 "그것은 어린아이의 것처럼 아무것도 아닌 것처럼 보인다."라고 설명했다. 그는 항상 다른 소년들과 싸웠던 학창 시절의 경험을 말하면서 화를 내며 격해졌다. 그리고 모든 소녀들과 여성, 특히 어머니가 자신을 얼마나 미워하는지에 대해 계속 이야기했다.

그는 나에 대해 어떻게 생각하는지 보여 주기 위해 그림을 그렸다. '미술에서의 린…….' 나는 그것이 무엇을 의미하는지 추측하려고 애썼다. 그 그림은 담쟁이덩굴……. 혼자서는 절대로 떠나가지 않을 섬뜩하고 불쾌한 물건이었다. 내가 쳐다보자 꽃을 더 그려 넣고는 "사랑이란…… 린과 제임스(나의 남편)를 위한 음악"이라고 말했다. 그는 "나는 아직 당신을 증오한다. 당신은 무시무시하게 거북한 질문을 항상 한다. 그게 전부다." 라고 말했다.

다음 회기에서 그는 집단을 떠나게 되었다. 그에게는 다른 안전한 집단에서 실시하는 매우 구조적인 행동치료가 필요했기 때문에 결정된 것이었다. 그는 엄청나게 뚱뚱한 남성이 달리고 있는 잡지 그림을 주었는데, 그 남자가 숨을 쉬는 것을 지켜보는 것은 편하지 않은 일이었다. 그림은 우스꽝스럽고 무척 재미있었다. 그 남성은 계란이 얹힌 스푼을 쥔 채 달리고 있었다. 그레이엄은 계란과 스푼은 없애 버리고 길게 확장된 주먹은 남겨 둔 채 그 의미를 온전히 바꿔 버렸다.

친아버지는 그가 두 살 때 가족을 남겨 두고 떠났다. 그레이엄은 아버지의 부재와 관계된 것을 그림에 드러내는 것을 명백히 원하지 않았다. 성범죄와 관련된 그의 어려움을 탐색하면서 그의 욕구가 아들로서 버림받았던 것에 기인한다는 것을 알았다.

그는 학교에서 본 아이의 출산과 관련된 성교육 비디오에 대해 말하는 것으로 이 회기의 시간을 거의 다 보냈다. 그의 대화가 음경에 대한 48개의 속어를 암송하는 여교사로 옮겨졌을 때, 현실에서 공상으로 전환하고 있음을 알아챘다. 그는 자기 자신에 대해 말하기 전에 동반자가 여전히 여기에 있는지 확인하기 위해 소리쳤다! 그는 있었다. 그레이엄은 매우 화가 나고 긴장된 채 바라보면서 콜라주에 사용하는 가위로 펠트펜을 문지르기 시작했다.

아버지와 콜라주 작업, 성에 대한 이야기와 분노, 파괴적인 행동에 대해 이야기하면서부터 잔인하게 변하고 감정이 고조되는 그에게서 위기를 느꼈다. 이 상황에서 가족과 성범죄의 관련성 그리고 감정을 추적하는 것은 현명하지 않다고 느꼈다. 매우 화가 날 때 그는 또한 성적으로 자극받았고, 나의 두려움과 불쾌함은 안중에 없었으므로 매우 위험한 상황인 것이다.

나는 떠나는 과정의 재작업을 위해 이 상황에서 그를 진정시키기로 결심했다. 아무도 자신의 작업에 접근할 수 없게 하기 위해서, 그는 포트폴리오에 다양한 줄로 매듭을 묶어 결박했던 것을 뒤집었다. 그는 다음 장소로 이동할 때 집단원들 뒤에서 떠나기를, 어지럽혀진 감정의 흔적을 지워 버리기를 원했다.

마지막 회기 전에 그는 치료사에게 욕을 하기 위해 타임아웃을 요청했다. 그는 늦게까지 남아서 큰 그림을 작업하면서, 종이 위에 물감을 튀기고, 쏟아 붓고 얼룩으로 더럽혔다. 그리고 그 가까이에 오지 못하게 나에게 경고했다. 작업이 진행되었을 때, 갈색 덩어리로 묘사된 어떤 이미지를 보고 그는 '배설물'이라고 이름 붙였다. 그런 후 나를 배설물로 된 그림으로 싸고 싶다고 말했다. 갈색 물감으로 덮인 손과 팔을 뻗쳐 나의 가슴을 가리키면서 나를 향해 실험하기 시작했다.

이것은 조금 짓궂은 태도로 끝났다. 나는 치료실의 다른 쪽으로 이동했다. 그는 자주색과 빨간색을 섞어 만든 무시무시한 자주색으로 홍수를 묘사한 그림을 그리면서 나를 위협하기 시작했다. 그리고 그것으로 다양한 무늬를 만들어 강타한 후 물을 많이 사용하여 깨끗이 씻었다. 그는 깨끗이 씻는 과정에 매우 몰입했다. 마치 강간과 자신의 웅어리진 마음을 깨끗이 씻어 내려는 듯 보였고, 나는 그림과 흔적을 지운 다음 물기를 다 말리고 떠날 수 있도록 치료 시간을 연장하면서 기다려 주었다.

되돌아보면 이러한 회기들은 많은 내용을 드러냈는데, 만약 성적인 학대를 받았다면 그가 기억하기에는 너무 어린 나이의 경험이라는 것이 놀라웠다. 이것은 가족 내에서 그가 남성에 의해 학대당했고, 어머니는 그곳에서 그를 보호해 주지 못했다는 것을 암시한다. 그레이엄이 치료를 위해 계속 남아 있었더라면 그의 범죄행위와 관련하여 계속적으로 탐색할 수 있었을 것이다.

이 평가 회기의 가장 충격적인 양상은 그가 통제력을 갖고 유지하는 것, 건설적인 관계 형성에서 무능함과 불완전함을 느끼는 그의 감정으로부터 그 자신을 방어하는 욕구가 강하다는 것이다.

이러한 회기에서의 또 다른 중요한 양상은 명백하게 성적인 내용— '미스터 그래디'의 자주색 페니스나 발기한 페니스에 칠해진 혼란스러운 색깔과 분노, 머리에 페니스를 얹은 남성의 그림 그리고 '고추 머리'라 부르는 지속적인 작업처럼—과 성적인 언급이 있었다는 것이다. 그가 성적인 이미지를 활용했던 방법은 상당했다. 그것은 그 자신과 친아버지, 형, 의붓아버지에 대한 경멸과 분노를 표현하는 데 활용되었다.

아마도 우리가 함께 작업하는 것은 위험한 것이지만 그의 성에 관한 명백한 언급은 여성과 어떻게 관계를 형성하는지 알게 된 유일한 방법이었으며, 여성에게 적합하다고 믿은 행동으로서 나를 향한 직접적인 것이었다. 따라서 치료진이 그의 가정을 방문하였을 때, 명백한 성차별주의와 남성이 여성에게 폭력을 가하는 것이 용인될 수 있는 환경이었음을 느낄 수 있었다. 이것은 그가 살아왔던 사회의 실제로서 그 자신의 태도를 형성했다. 모든 여성은 열등하고, 항상 성적으로 이용 가능하며, 가사에 필요한 것이라는 태도다.

이러한 마초적 태도의 다른 양상은 동성애에 대한 두려움과 분노였다. 만약 숨겨진 동성애의 성향을 가졌다면 이것은 더욱더 여성과의 관계를 복잡하게 하고 왜곡할지도 모른다.

집단은 그레이엄에게 행동치료를 하는 다른 기관에서 2년 동안 더 치료받을 것을 권했다. 그러나 우리의 권고는 무시되었고, 그는 사회로 복귀했다. 그는 또 다른 범죄로 곧 체포되었고 현재 보호 중이며, 성범죄에 대한 어떤 치료도 받지 않고 있다고 한다.

반치료적 미술치료

다음 사례는 사정 기간 동안 여성 미술치료사가 남성 성범죄자와 함께 작업하는 것이 항상 적합하지는 않음을 보여 준다. 이 경우 남성 치료사는 좀 더 성공적이었는데, 문제는 미술치료가 아니었다. 그러나 치료사의 성과 결합되어 그것은 위험하고 파괴적인 것이 된다.

집단에서 일상생활을 하는 동안 이루어지는 행동 관찰은 재범 위험을 평가하는 데 항상 충분한 것은 아니다. 집단은 매우 특별한 환경으로 적절한 스트레스와 긴장이 주어지고, 내담자는 이전에는 기회가 주어지지 않았던 뜻밖의 영역에서 뛰어난 모습을 발휘하거나 종종 발전할 수 있다. 대부분의 내담자는 보다 사회적이고 창조적인 그리고 인격적인 발전을 이루기 때문에 더 이상 범죄를 저지르지 않을 것이라는 생각에 안심하기 쉽다.

이 영역에서의 성취는 인간의 발달이라는 측면에서 뛰어난 것이기도 하지만, 우리는 이러한 긍정적인 변화가 잠재적인 피해자에 대한 접근에서 보다 숙련되도록 해야 한다는 사실을 인식해야 한다.

미술치료사로서 나의 역할은 그와의 관계에서 미술 재료를 통해 경험을 털어놓도록 내담자를 돕는 것으로, 내담자의 개인력에 대한 탐색, 그의 시각으로 세상을 바라보고 해석하고 이해하는 것, 스스로에 대하여 느끼는 것 또는 다른 사람들과 사건에 대한 감정을 내담자와 함께 나누는 것이다.

미술치료 전문가로서 취임한 지 한 달쯤 되었을 때 클리브(Clive)와 작업을 시작했다. 그는 14세였는데, 두 번이나 성인 여성을 강간하려고 시도했다. 집단에서 그의 발전은 매우 모범적이어서, 치료사들은 그가 수용된 이래로 진지하게 발전하고 성숙했다고 느꼈다.

여성 치료사로서 그와 작업하면서 남성 치료사가 담당할 때와는 완전히 대조적인 모습을 보인다는 것을 알았다. 나는 이처럼 나에 대한 그의 부정적인 시각으로 인해 점점 소외되었으며, 실제로 그를 두려워하게 되었다. 나를 향한 그의 행동은 점점 신체적 위협으로 변해 갔다. 예를 들어, 한번은 여성을 경멸하는 성적인 욕설을 퍼부으면서 젖은 걸레 자루를 집어 들고, 그것을 '린'이라고 하면서 반복적으로 마루에 걸레 자루를 내던졌다.

MDT가 결정한 미술치료 회기는 그와 나 자신 모두에게 파괴적인 투쟁과 통제를 위한 투쟁을 일으킨 면에서 '치료적인 것에 반하는' 것이었다. 나는 그의 격렬한 증오를 다루는 데 미숙함을 느꼈고, 이를 치료적 혜택으로 변화시키기에는 부족함을 느꼈다. 클리브는 미술치료에서 '풀려난 것'을 마치 승리로 받아들이는 듯 행동했고, 증오와 위협행위가 나를 제거하는 데 효과를 발휘했다고 믿었다.

이 경우에 그 소년과 관념적으로 작업하는 치료사가 유용하다는 평가가 있었지만, 미술치료에서 어떤 경우에는 남성 치료사가 좀 더 건설적일 수 있다. 클리브는 치료 기간이 연장되어 엄격한 행동치료 집단으로 옮겨졌다.

되돌아볼 때, 그레이엄이나 클리브의 경우에서 나타나듯이 어떤 내담자와는 반치료적 관계가 되기 쉽다는 것을 알 수 있다. 치료 과정에서 제기된 문제들을 풀어내기 위해서는 경험과 능숙한 관리를 필요로 하고, 그 과정이 계속되는 동안 정확히 반치료적인 것을 정의 내려야 한다. 현재 4주간의 평가 기간이 충분하지 않다고 생각하는 이유는 전후 관계에서 미술치료가 작업하지 못한 문제를 떠올리게 할지도 모르기 때문이다. 내담자와의 작업을 평가하기 위한 치료는 3개월 정도가 적당하다는 것이 나의 견해다.

사례: 성학대받은 성범죄자

테드(Ted)는 입원환자로 2개월 동안 미술치료를 받은 후, 외래환자로 치료를 받았다. 16세인 이 소년은 이웃의 아이를 돌보는 동안 그녀의 딸을 성폭행했다. 그는 친어머니와 의붓아버지, 배다른 여자 형제와 살았다. 그러나 몇 년 전 친아버지가 죽기 전까지 그로부터 성폭행을 당해 왔다.

입원환자로 있을 때 치료의 초점은 작은 소녀를 성폭행한 그의 행동에 맞춰졌다. 불가피하게 그 자신이 당한 성폭행은 그림의 일부분을 차지했지만, 다른 사람을 희생시킨 사실을 변명하는 데 사용하지는 않았다.

미술치료 회기에서 테드는 친아버지로부터 성폭행당한 경험, 아버지에 대한 혼란스러운 감정과 슬픔의 감정을 탐색했다. 아버지에 대한 가족의 태도는

'어느 면에서든 불쾌하고, 폭력적이고, 쓸모없는 인간'으로 죽는 것이 더 낫다는 것이었다.

테드의 그림은 대부분 자신의 몸에 대한 것으로, 그의 팔다리와 구멍 그리고 모호한 표현으로 성적인 면에 기초한 것이었다. 테드는 사춘기인 13세 때 호르몬 장애가 원인이 되어 가슴이 발달하기 시작했다. 치료는 성공적이었지만 가족의 태도는 그의 상황에 도움이 되지 않았다. 그의 그림에서는 아버지와의 항문성교에서 느낀 감정을 위장하고 싶어 하면서 아버지를 고통받고 상처 입은 존재이기 때문에 통제력을 상실하고 술에 취한 괴물로 표현하였으며, 아버지의 '화난' 모습을 묘사했다([그림 8-2] 참조).

테드는 아버지의 고통에 민감했지만 그 자신에 대해서는 이해가 부족했다. 그는 아버지의 지독한 강간을 달래려는 노력으로 섹스를 이용한 것으로 짐작된다. 테드는 성폭행에 대한 책임은 자신에게 있으며, 오직 자신이 비난받아야 한다고 느꼈다.

테드와 그의 범죄에 대해 상담한 치료사는 그의 어른스러운 감정과 행동이

[그림 8-2] 테드: 그의 구멍으로 막 기어 들어오려는 괴물 같은 아버지

범죄의 원인을 여덟 살짜리 피해자의 탓으로 돌리면서, 동의하에 일어난 일로 느끼고 있다고 보고했다. 이것은 상황의 실제에 대해서 완전히 왜곡한 것이며, 현실의 감정과 어린 소녀에게 한 행동에 대한 전체적인 부인이었다. 테드는 자신의 피해자가 느꼈을 마음을 상상하고 공감하는 능력이 없는 것처럼 보였다. 왜냐하면 아버지가 가한 성폭행에 대해 자신이 느끼는 감정을 공식적으로 드러낼 수 없었기 때문이다. 이와 같은 성폭행의 경험은 죄책감을 갖게 하였으며, 테드는 이 감정을 역으로 피해자를 비난하는 데 사용했다.

테드는 자존감이 매우 낮아서 감탄을 자아내기 위해 착취를 영웅화시킨 이야기와 웅장한 환상으로 또래와 성인을 자극시키려 했다.

6개월간의 평가와 치료 후에 테드는 많이 좋아져서 더 이상 사람들을 위협하지 않았다. 따라서 더 이상 합법적으로 안전 부서에 수용될 수 없었으며, 사회에 복귀하기 위한 퇴원 준비가 시작되었다. 그러나 아직까지 그 자신이 당한 성폭행 문제는 해결하지 못했기 때문에 3개월간 공동체 팀의 지속적인 지지를 받았다. 그는 수양부모와 살기 위해 집단을 떠났으며, 친어머니와의 접촉도 가능했다.

테드는 외래환자가 되어 버스를 두 번 갈아타는 지루한 여행을 하면서도 매주 한 번 집단에 참석했다. 그는 습관적으로 일찍 도착했고, 다른 내담자들과 만나기를 원했다. 테드는 가족을 잃어버리고 혼자였지만 수양가족과 살아가는 데 적응하기 위해 노력했다. 그림에서 자신의 몸과 가슴, 항문, 페니스를 지속적으로 그리면서도 성적인 부분이 아닌, 다른 전체적인 몸에서 오히려 격리된 요소들을 자주 그리기도 했다. 그는 소박한 색을 만족스럽게 혼합하기도 하고 자신의 혼잡한 그림에 부끄러워하면서도 통제를 벗어나는 그림을 그리면서 즐거워했다. 혼돈된 그림은 강간에서 느낀 무력감, 친아버지에게서 느낀 양가감정, 사랑과 증오와 슬픔이 뒤죽박죽된 것으로, 혼란스럽고 불명확한 감정을 보여 주었다.

그는 더럽고 오염되고 위험한, 그러나 매우 흥미로운 또 다른 행성에 있는 블

랙홀 혹은 소용돌이치는 우주에 대한 그림을 그리면서 이야기를 만들었다. 테드는 소용돌이 속으로 들어가는 것을 뜨겁고 어려운 것으로 표현했지만, 두려움에서 벗어나 소용돌이 속에 들어가기 위한 준비로 '로켓 탐험자 1'을 그렸다.

이 이야기는 그의 성적인 경험에 대한 것임을 알 수 있었다. 그 자신이 당한 성폭행에 대해 말하기는 매우 어렵다는 것을 알았지만, 상징적인 이미지를 사용하는 것은 어렵지 않다는 것을 테드는 경험했다. 그에게 성학대의 진실을 이야기하는 것은 그것에 대한 이미지를 가지고 있지 않은 전담 치료사에게 그것을 처음부터 설명해야 한다는 것을 뜻한다. 테드는 부모가 이혼하기 전, 그리고 자신이 성학대의 어려움에 처하기 전에 그의 가족이 함께 살았던 옛날로 돌아가는 과거로의 여행을 하기를 원했다.

그리고 3개월에 걸친 외래환자로서의 치료도 끝이 났다. 테드는 마지막 몇 회기에서 자신이 버림받았다고 느꼈으며, 집단과 나로부터 거절당했다고 느꼈다면서 화를 냈다. 치료 시간에 늦게 참석한 테드는 냉담하고 적의에 찬 표정으로 공격적인 내용이 가득 찬 그림을 그렸다. 그림은 성폭행을 한 아버지를 향한 보복적인 행동을 표현한 것처럼 보였다. 방사능 중심에 폭발물이 있고, 주변에 있는 커다란 구멍에는 괴물을 유혹하는 커다란 '무엇'이 있어 괴물을 구멍에 빠지게 하였고, 결국 폭발이 일어나서 파괴된 것을 그렸다.

그리고 구멍 안에서 떠다니는 괴물이 3개의 다리로 노를 젓는 것을 그렸다. 그 괴물은 재미있는 책 내용으로부터 빌려 온 것으로, 어떤 것(나무, 동물들과 사람) 속에 그것들을 변형시킬 수 있었다. 이 그림은 관능적인 힘으로 사람들을 유혹하고 파괴하기를 원하는 그의 생각을 보여 준다(그림 8-3] 참조).

마지막 회기에서 테드는 바다 밑 황금 동굴을 그렸다. 그는 더 이상 말은 하지 않고 홍수가 난 동굴을 묘사했다. 그 그림은 분명히 자신과 동갑내기인 수양어머니의 아들과 수양가정에 대한 것이었다. 테드는 외래환자로서의 치료가 끝나는 것뿐 아니라 수양가정에서 자신에게 떠나 줄 것을 요구할까 봐 분노와 걱정에 차 있었다.

[그림 8-3] 테드: 괴물이 들어오기를 기다리는 큰 바윗덩어리 속의 소용돌이

　그는 마지막 회기 전 두 번의 회기에 참석하지 않았고, 나는 그가 적절하게 마무리하고 더 이상 표류하지 않는 것이 중요하다고 느꼈으므로 그에게 말하는 대신에 수양어머니에게 전화를 했다. 테드는 적의와 분노에 차서 치료실에 왔으나, 내가 걱정하는 것을 기쁘게 여겼다.

　그의 그림은 어둡고 춥고 황량해 보였으며, 그림 속 계절은 겨울이고 모든 것이 정지한 채 쉬고 있다고 말했다. 특히, 다른 치료들이 이미 회기를 마감한 것처럼 그는 쓸모없는 회기를 모두 이런 식으로 떠났으며, 더 이상 참석하지 않아도 된다는 것에 편안함을 느낀다고 말했다. 테드의 치료가 취소되고 말없이 떠난 뒤 나는 불안했다.

　소문과 상상 그리고 막연한 이야기 속에서 그의 수양가족 중 누군가가 치료에 참가하는 것을 고의로 방해해 왔던 점을 알 수 있었다. 수양어머니는 테드가 외래환자로 치료에 참석하는 것을 지지해 주지 않았으며, 치료에 참석하는 것이 쓸모없고 그의 감정을 들쑤셨다는 부정적인 견해를 갖고 있었다. 수양어머니의 반대에도 불구하고 그는 집단의 계약에 동의하는 회기의 대부분에 참석했다.

몇 달 후, 테드가 수양가정을 떠났다는 소문이 돌았다. 그것은 테드가 아동이 나오는 포르노 영화를 제작한 문제와 관련이 있었다. 치료사들은 상업적인 이유로 종종 성 착취적인 행동이 합법적으로 이루어지고 그것이 손상된 삶에 다시 악영향을 미치는 현실이 안타까웠다.

성학대적인 행동을 하는 중독자의 성격은 최근에 상세히 증명되었다. 오랫동안 주기적으로 반복된 학대는 피해자가 의존적이 되거나 중독될 수 있는 요소다. 테드는 피해자였지만 학대받는 관계 대신에 자신이 아버지를 달래고 기쁘게 하는 힘을 가졌다고 느꼈고, 피해자로서 그것을 즐기는 왜곡된 생각을 가지고 있었다. 그는 자신의 욕망을 어린 소녀에게 투사하여, 그들을 학대하는 것으로 지배했다. 포르노 산업은 테드를 착취하고, 그의 취약성을 미끼로 하여 학대자가 되는 것을 허용하고, 면죄부를 주었다.

사회적인 집단과 테드의 가족 안에서, 동성애는 경멸과 만나게 된다. 그것은 수용될 수 없는 것이다. 테드는 아버지에 대한, 그리고 그의 '여성적인 태도'와 가슴의 발달에 대해 잔인하게도 가족의 농담을 들어야 했다. 이러한 상황에서 어린 소녀를 학대하는 것은 그의 남성다움을 주장하고 그가 동성애자가 아님을 외치는 회피적인 태도일지도 모른다.

이미 뒤죽박죽된 그림(그가 그린 많은 그림들) 속에 또 그의 엄마의 역할이다. 그녀는 이혼 후 아버지와 함께 지내는 테드를 남겨 두고, 딸을 데리고 떠났다. 테드는 아버지의 죽음 후 오로지 그들과 살기 위해 그곳에 갔다. 죽음이나 또 다른 것에 의해 일찍 경험한 상실감은 성범죄자가 된 유력한 원인일 것이다. 테드는 부모의 상실을 처리해야 했다.

6개월의 치료적인 작업은 이러한 문제들을 가볍게 하는 데 조금은 도움을 주었지만, 완전히 해결해 주지는 못했다. 섹스 산업에 얽혀 든 테드의 운명은 상처받은 내면의 자기를 치유하고 동등한 성적 관계를 만들어 가는 능력을 키우도록 돕는 데 실패했음을 보여 준다.

이와 같은 관점에서 미국 성범죄자의 재활과 치료에 대해 게일 라이언(Gail Ryan)이 쓴 보고서와 강의를 인용하고자 한다.

치료적인 중재가 없는 피해자들은 자신을 반복적으로 희생시키는 미래의 운명을 가지거나 다른 사람들을 보호하는 데 무능하며, 다른 사람들을 향해 유사한 성적 학대 행동을 발달시킨다(Ryan, 1987).

여기서 라이언은 소녀와 소년 모두를 언급하고 있다. 그녀는 사춘기의 출발점에서 성적 학대를 받아 온 소년이 어떻게 그 자신을 희생물로 바치게 되고, 그것으로 인해 어떻게 자신을 망쳐 버리거나 보호하는지에 대한 토론을 계속한다. 성인 남성과 어린 소녀들은 그 자신을 보호하는 것이 요구되고, 자신의 몸뿐만 아니라 남성다움을 위해 폭행이 자행된다. 사회적인 제한은 또한 소년이 다른 사람의 도움을 요청하거나 외부로부터 보호를 구하지 못하게 만들고, 남성으로서의 허약함이나 실패에 대한 두려움을 노출하기 어렵게 만든다. 성적 학대를 받아 온 소년은 자신을 피해자보다는 성범죄자나 공격자와 동일시하기 쉽다.

젊은 여성들과 작업해 온 지금까지의 치료 사례에서 성폭행을 당한 소녀에 대한 어떤 지식을 얻지는 못했지만, 성적으로 학대받은 소녀는 피해자의 역할을 반복하기 쉽고, 자신의 자녀를 보살피고 보호하는 데 실패하기 쉬우며, 그 자신이 성학대자가 되기 쉽다는 것을 보여 준다. 다시 말해, 이것은 사회적인 제한 때문이다.

라이언은 성학대 피해자가 성학대자로 보다 쉽게 전환할 수 있는 양상에 대해 연구하면서 여성들은 격앙된 상태로 자신을 파괴하는 행동을 저지르고 섭식장애를 보임으로써, 성폭행으로 잃어버린 통제를 되찾고자 하는 것임을 깨달았다.

성적 이미지

성적 이미지는 성범죄자의 미술치료에서 나타나는 중요한 요소다. 성범죄자들의 상당수는 의사소통의 가장 강력한 방법으로 성적 이미지를 사용한다. 이제까지의 모든 사례에서 성적 이미지는 중요한 역할을 해 왔고 더욱 심화된 토론을 필요로 한다.

성범죄자가 미술치료 회기에서 성적 이미지를 사용할 때, 그 자체의 이미지뿐 아니라 이미지가 사용되는 방식이 중요하다. 성적 이미지는 치료사에 대한 공격적 행동으로, 대결하는 데 사용될 수 있다. 목적은 치료사로 하여금 위협을 느끼게 하고 치료 작업을 그만두게 하는 것이다. 치료사가 여성일 경우, 이러한 양상은 때때로 가장 위협적인 모습이 되며, 대체로 여성과 소녀를 업신여기는 '마초'적인 태도는 자주 이러한 형태로 표현된다. [그림 8-4]는 여성을 무시하기 위해 포르노그래피의 형태로 그린 것이다.

🔊 [그림 8-4] 성적으로 공격적인 내담자가 그린 '치료사 그림'

이 그림에서 여성은 성적인 부분을 환원하고 있다. 내담자는 팔이 너무 길기 때문에 회기 혹은 나에게서 도망칠 수 없다고 말했다. 몇몇 경우에서 시각적인 성적 이미지는 성적인 욕설과 같은 방법으로, 성적인 것에 대한 경멸과 분노의 언어로서 사용된다. 그레이엄의 작업에서 발견한 이러한 예는 이 장의 초반에 제시한 [그림 8-1]처럼 머리에 페니스를 그린 것에서 기술되었다.

[그림 8-5]는 언어 능력이 매우 제한된 소년이 그린 그림이다. 그는 감정과 경험이 선명하게 묘사된, 서로 관계가 있는 그림의 일정한 흐름을 만들었다. 아동에 대한 성범죄로 고발된 가족은 세대에 걸친 근친상간의 역사를 가지고 있었다. 이 소년이 그린 음경 기둥은 또한 교차된 팔, 발, 머리카락 그리고 얼굴을 가진 아동으로 묘사되었다.

성적 이미지는 성학대를 받았던 성범죄자들이 그들에게 일어났던 일을 인간적으로 탐색하는 데 사용된다. 이 경우에는 성적인 이미지가 치료사에 대한 공격적인 도구로 사용된 것이 아니라, 자신을 성폭행한 사람들에 대한 보복의 수단으로 사용된 것이다. 다시 말해, 여기서 성적인 이미지는 분노와 복수의

[그림 8-5] 성기/아동

욕구와 동일한 것으로, 다른 사람에 대한 성폭행으로 연결된다. 성과 관능성에 대한 경멸과 그것의 공포 등을 표현하기 위해 여성을 이용하는 것이 우리 문화의 일부분인 곳에서, 남성들은 성의 주재자이자 통치자이지 성의 희생자가 될 수는 없다.

자기 이미지

성범죄를 저지른 청소년들의 주변 환경을 조사했더니 유년기에 경험한 부모의 상실(죽음이나 이별), 무력감, 부적응, 빈약한 자기 이미지, 부족한 사회적 기술, 육체적 혹은 성적 학대와 같은 가족 관계에서의 어려움이 자주 드러났다.

가해자는 피해자와 많은 유사점을 보인다. 과거로부터 비롯된 문제와 감정은 매우 중요하며, 현재의 학대행위와 연결시키는 작업을 시도해야 한다. 그들이 피해자 혹은 가해자의 관점에서 자신이 한 행동을 이해하거나 죄책감을 갖도록 만드는 것이 필수적이다. 집단에서 야기하는 극적이고 공포스러운 사건이 심각할수록 이것은 더욱 분명한 문제다.

미술치료에 임하는 대다수의 성범죄자들은 잘 드러나지는 않지만 피해자에 대한 동정심과 진정한 죄책감을 가진다. 자신이 저지른 일에 대한 슬픔과 후회로 이제까지 닫혀 있던 자기 연민으로 옅게 변장하기도 하는데, 특히 만약 성범죄자가 상당히 영리하다면 궁극적으로는 퇴원을 위한 약삭빠른 움직임으로 자기 연민이나 죄책감을 사용하기도 한다.

또 다른 문제는 청소년의 감정적인 미숙함이다. 그들의 행동이 피해자에게 어떠한 영향을 미치는지 이해하는 내담자가 부족하기 때문에 특별히 치료를 받으면서 감정적인 미숙함을 극복하고 감정이입을 경험하고 발전시키도록 하는 것은 쉽지 않다.

또한 성범죄 청소년이 그 자신의 감정을 조금 통찰하거나 혹은 전혀 통찰하

지 못하는 것은 다른 사람의 감정에 대해서도 공감할 수 없다는 것을 의미한
다. 미술치료는 다른 사람의 감정을 존중하는 것과 공감 능력의 발달을 기대
하기 전에, 자신의 특별한 경험과 동일시한 스스로를 돕는 것과 청소년 성범
죄자로서 자신의 일부가 된 고통에 바탕을 두고 시작하는 것이 바람직하다.

병

스탠리(Stanley)는 매우 조용하고, 신체적으로 건강한 16세 소년이다. 그러
나 그는 정서적으로나 물질적으로 매우 불우한 소년으로, 집단에 오기 전에
수양부모의 도움을 받았다. 그는 두 살 때 아버지가 죽었고, 여섯 살 때 어머
니로부터 버림받았다. 그가 그린 그림에는 자신이 느낀 소외감과 좌절과 분노
가 잘 표현되어 있다. 스탠리는 다른 사람들로부터 자신을 분리하여 병 속에
들어 있는 거대한 사람으로 그렸다(그림 8-6 참조).

그는 안전한 집단 밖에 있는 다른 사람들로부터 말 그대로 분리되었으며,

[그림 8-6] 스탠리: 병

또한 자신의 유리벽에 의해 감정적으로도 분리된 모습이다. 스탠리는 그림에서 그 자신을 겉모습은 웃고 행복하지만 병 속에 억눌러진 모습으로 묘사했다. 이 시점부터 그는 자신을 분노와 파괴 가능성이 너무 높아 새장 속에 가두어야만 했던 사람으로 스스로를 묘사하는 일련의 그림을 그리기 시작했다. 간호사들은 거대한 열쇠를 가진 문지기로 묘사되었다. 그것은 마치 그와 다른 사람들을 압도하는 분노의 표출을 막기 위해 그 분노를 억압해야 하는 것처럼 보였다.

요 새

벤(Ben)은 상당히 영리하고 매우 상냥하며 예민하지만, 감정을 명확히 표현할 수 있는 어휘력이 부족했다. 그는 수개월의 미술치료 작업 후, 다른 사람을 향한 아버지의 행동과 어린 소년인 그를 성폭행한 어머니 그리고 그의 가족과 그를 억압한 것에 대한 끔찍한 좌절감으로 매우 격앙된 감정에 대해 말하기 시작했다. 벤의 성범죄는 강간 시도와 자기 노출이었다. 그의 작업이 성적인 문제를 해결하는 데 얼마나 도움이 되었는지는 확실히 모르지만, 그것은 닫혀 있던 자신에 대한 감정을 드러내 주었다. 미술 작업은 그가 영웅이 되어서 환상적인 잡지를 모사하는 그림으로 시작되었다. 그림은 설명할 수 없이 단단한 요새로 자신의 이미지를 만드는 것으로 진행되었다(그림 8-7 참조).

벤은 집단 속에 갇혀 있는 것을 그림으로 그렸다. 이것은 물론 자신 속에 갇혀 있는 모습이었다. 결국에는 좀 더 예민하고 다양한 개성을 드러내는 그림으로 변화되었다.

이 부서에서 치료받는 내담자들은 종종 미술치료에서 떠오른 많은 문제들을 해결하기도 전에 더 이상 어떤 집단에 있을 필요가 없다고 느끼는 지점에 도달한다. 내담자들은 다른 집단이나 개방 집단, 수양부모, 호스텔, 자신의 거주지 혹은 자기 집에 대해 언급하고 지역사회 팀은 가능한 한 어느 곳에서든

🔊 [그림 8-7] 벤: 요새

외래환자에게 지지를 제공한다.

　미술치료는 가장 절실하고 위급한 문제 속에서 통찰을 얻을 수 있도록 내담자를 도울 수 있다. 그러나 대부분의 경우에 그들과 작업할 시간은 주어지지 않고 겨우 내담자의 문제를 알아낼 시간이 있을 뿐이다.

두려움과 혐오감: 치료사의 과정

　때로 고통, 슬픔 그리고 내담자들이 느끼는 심한 고통의 순간을 알아차리고 바라보는 것은 힘든 일이다. 치료 과정에서 치료사인 나에게 노골적인 괴롭힘, 지나친 공격성, 갈등, 분노와 증오가 표현되고, 그림으로 그려지기도 한다. 나의 안전과 감정적인 긴장에 대한 걱정은 가끔 내담자가 나에게 요구하는 것에 지나치게 끌려가게 하는 위험이 있다. 그리고 이것은 나에게 증오의 감정을 일으킨다.

치료적인 동맹에서 미움은 많은 치료사들에 의해 토론되며, 역전이의 문제로 자세하게 보고되었다. 성범죄자와 작업하는 과정과 그들이 치료 회기에 가져온 내용은 치료사가 내담자에게서 두려움과 혐오감, 증오를 느끼게 한다. 이 무조건적 사랑의 실패는 치료 전체를 소멸시키는 것인가? 치료사는 괴롭힘당하는 것을 피하려는 감정을 자각할 필요가 있고, 치료적 상황에서의 학대에 책임을 져야 하며, 성범죄의 책임과 공포를 부인하는 내담자와 공모하는 위험을 피해야 한다.

『어린이가 되는 것의 드라마(The Drama of Being a Child)』에서 앨리스 밀러(Alice Miller)가 말한 대로, 내담자가 치료사를 적대적으로 경험할지라도 치료사는 현실에서 결코 그렇지 않아야 한다는 것이다. 치료사는 내담자의 현실을 부정하지 않아야 하고, 그들의 소란을 전적으로 허용함으로써 현실을 명백히 드러내야 한다. 내담자는 치료사가 혐오, 공포, 반감과 같은 감정을 느끼도록 유지하기 때문에 치료사는 역전이의 부분으로서 이러한 감정에 대한 자각을 유지하는 것이 필요하다. 치료사는 내담자의 내면 속에 숨어 있는 어린아이가 되어 조종되고 경멸받고 미움받은 내담자의 감정에 닿으려고 애쓸 필요가 있다(Miller, 1987).

성범죄자를 치료할 때 외부로부터 신체를 보호할 수 있도록 안전을 제공해 줌으로써 치료사가 안심하도록 하는 것과 이러한 감정에 대한 적절한 슈퍼비전을 받는 것이 필수적이다. 치료의 흐름에서 미움, 두려움, 극도의 혐오 같은 감정은 특히 불편한 것임에 틀림없다. 치료사는 피해를 입거나 감정에 잠기는 것을 피하기 위해 내담자의 마음으로부터 분리를 유지하는 것이 필요하다. 치료사는 이러한 감정을 넘어서서 내담자가 왜 그리고 어떻게 그 반응을 끌어낼 필요가 있었는지 그 이면을 이해할 수 있어야 한다.

치료적인 동맹은 매우 특별하고 드문 경험이다. 내담자는 안전을 느끼고 학대의 맹공격에서 살아남기 위하여 치료사의 능력을 신뢰할 수 있어야 한다.

치료사는 내담자로부터 자신이 손상당하지 않으면서 거절하지 않고, 그들의 부정적이고 파괴적인 감정과 고집적인 행동을 참아 줄 필요가 있다.

회기의 일부는 심각한 심리적 외상과 혼돈이 있는데, 앞서 언급했듯이 그것은 자기 감시의 구조적 방법이다. 그리고 치료사에게 일어난 감정이 무엇인지 확인하는 것뿐만 아니라 내용을 정확하게 기억하고 회기의 과정을 위해 좀 더 언급하고 반영하는 것이 필요하다. 부정은 내담자의 유일한 특권이 아니다. 치료사는 성공하기를 원하는 내담자에게 투자한다. 다양한 훈련을 받은 집단원들의 재범 위험을 평가하는 것에 대한 책임은 윤리적 딜레마가 따르는 상당한 짐이 되는 일이다.

무엇보다도 장기간이 소요되는 문제들이 있다. 예를 들면, 정기적인 정신적 외상을 경험하면서 생겨난 더럽혀지고, 얼룩지고, 학대받은 감정을 극복해야만 하는 것이다. 내가 확실히 두려운 것은 그들과 함께 더 많은 슬픔과 고통을 나눌 수 없도록 대항하는 그들의 방어를 이해하지 못하고 내담자에 대한 민감함을 잃게 되는 것이다. 더욱더 힘든 것은 친구, 가족 그리고 집단 밖에서 만나는 동료들과의 관계 형성에서 민감함을 잃는 것이다.

회기에서 일어난 사건이나 문제에 대한 집단의 반응은 더 큰 어려움이 되며, 이처럼 치료 회기 동안 겪은 어려움은 슈퍼비전에서 다룰 수 있다.

여성 치료사는 자신이 내담자의 위험성을 판단하기 위한 '미끼'로서 사용된다는 것을 느낄 수 있으며, 이러한 경우 내담자와의 만남에서 생긴 감정을 기피하게 된다. 그녀는 의심받고 있다고 느끼기도 하고, 창조성을 통해 가장 좋은 보살핌을 제공한다기보다는 내담자들이 자신의 정신병리를 밝히도록 조장하는 히스테릭한 페미니스트로 간주되기도 한다.

치료사가 성범죄자와 작업하는 것은 성적으로 학대받은 아동이나 성인과 작업하는 것과 유사한 과정을 겪게 된다. 이것은 자넷 페리(Janet Perry, 1989)가 쓴 『성학대: 상담의 과정(Sexual Abuse: The Counsellor's Process)』에 명백히 기술되어 있다. 그들이 성학대자와 동일시하는 작업을 시작할 때 치료사들이 떠올린 인간적인 문제들은 이러한 문제들이 해결될 때까지 오랜 시간 동안 지속되기도 한다.

처음에 치료사는 내담자의 회기에서 괴롭힘의 위험을 의식하지 않은 채 직접적으로 분노를 표출하기도 하고, 그러한 지긋지긋한 행동을 할 수 있는 사람들에게 충격을 받는다. 그러나 성범죄자를 치료하면서 치료사는 그 자신이 처하게 될 위험을 의식하고 피해자와 지나치게 동일시할 수 있다.

치료사가 자신의 과거의 관계와 가족 간의 어려움에 관심을 갖기 시작하고, 심지어 성학대의 피해자로서 자신을 상상하는 것은 일반적인 일이다. 어떤 사람이 다른 사람을 학대할 수 있는 능력이 있다는 데서 두려움이 야기된다(단지 성적으로서만이 아니라 조작을 통해 감정적으로도). 성범죄자와의 작업에서 특히 위험한 것은 내담자의 방어기제에 공모하는 것, 성범죄의 영향에 대한 축소화, 한계의 부정, 성범죄의 성격, 범죄에 대한 합리화 등이다.

내담자가 했던 행동을 명심하면서 치료가 진행되는 동안 인간적인 감정의 소용돌이와 전문가적인 시각을 방해하는 두려움을 없애고, 긍정적이고 수용적인 태도를 유지하는 것이 매우 중요하다. 치료사는 신체적, 정신적 그리고 감정적인 더러움을 느끼거나 회기 후에 내담자에게서 욕을 듣는 것은 일반적이다. 때로는 혐의가 있는 내담자에게 어느 쪽으로든 변화의 방법을 제공하지 못하거나 혹은 내담자가 그들의 행동에 책임감을 갖도록 치료사가 개입하지 못하고 성학대적인 행동을 계속할 수 있게 허용되기도 한다. 이것은 내담자와 치료사 모두를 파괴시키고, 치료사를 약화시키며 교란하게 된다.

성학대를 받은 아동 및 성범죄자와의 미술 작업에서 얻을 수 있는 확실한 효과는 폭력의 사용과 힘의 오용에 대한 자각, 특히 남성이 여성을 그리고 남성과 여성 모두가 우리 사회의 구조 속에 아동을 옭아매는 현상에 대한 자각을 높여 주는 점이다.

우리 사회를 구성하고 있는 체계적 기관—문화, 경제, 역사, 사회생물학, 법, 정치, 종교, 의학, 교육—은 여성과 아동이 남성의 지위에 비해 열등한 지위에 있다는 것을 확실하게 하기 위해 여성을 차별 대우한다. 우리는 이처럼 뿌리박힌 구조적인 태도를 변화시키기 위해 대중과 개인에게 교육을 실시할 것이다.

차별적인 메시지의 명백한 한 예는 광고에 사용된 이미지에서 찾을 수 있다. 우리는 일상의 기본적인 것, 텔레비전, 잡지 그리고 신문에서 이러한 면을 볼 수 있다. 이미지의 확실한 대세는 남성의 성적 욕구를 만족시키고 자극하는 것에 연관되어 있다. 심지어 남성의 성적 이미지는 여성을 숭배함으로써 멋진 조각 같은 모습으로 보인다는 점에서 다분히 자기도취적이다. 포르노는 그 자체로 연구의 영역이자 논쟁을 불러일으키는 문제다. 여성과 아동은 특히 이미지에 표현된 인격이나 개연성 없이 남성의 기호에 맞춰진 성적 이미지에 의해 객관화되고, 축소되고, 그 위치가 손상된다.

성적으로 공격적인 메시지는 사법제도가 작동하는 방법처럼 사회에서 그렇게 절대적이다. 남성 우월주의자들의 대부분은 강간 피해자의 피해를 축소해서 판단하며, 여성의 자유로운 복장을 문제 삼아 '권리를 요구하는' 여성들을 비난한다. 여성은 늦은 시간에 거리에 있어서는 안 되며, '만약 그렇게 행동한다면, 경고를 무시한 것이기 때문에 공격받을 만하다.' 는 경고를 받는다. 10대 소년들은 소녀들을 윤간한 것이 단지 '연습' 이기 때문에 용서받는다. 피해자는 자신에게 일어난 일에 책임이 있는 것으로 간주된다.

공격적인 성적 태도의 정도와 전도는 최근 빈번한 연구 대상이지만, 이 장에서 언급한 내용은 아니다. 그럼에도 불구하고 성범죄자들과 함께 일하는 치료사에게서 나타나는 어려움은 심각해서, 감독, 지지, 교육 그리고 훈련이 이 일의 중요한 부분이 되어야 한다. 내담자의 행동뿐만 아니라 치료사로서 압도되는 것을 피하기 위해 일반적인 근본에 대해 토론하고, 치료사 사이에서도 나타나는 성차별적 태도와 동성애 혐오증은 자각될 필요가 있다.

성범죄자에게 다양한 교육을 제공하기 위한 시간과 공간을 확보하려고 노력하는 치료사 집단은 틀림없이 인정받는다. 그러나 치료사가 치료실에서 나눈 의견과 치료를 해 나가면서 발생하는 많은 토론은 비공식적이고 단편적으로 남아 있다. 집단에 참가하는 것이 허락된 성범죄자와의 작업 혹은 위탁된 외래환자는 계속적인 발전 과정에 있으며, 치료 전략은 치료사가 얻은 지식과 경험으로 인해 발전하며 향상된다.

결 론

이 장은 다양한 종류의 성범죄 내담자와의 작업에 관한 것이다. 일반적으로 내담자와 나 자신의 유대 관계가 항상 범죄의 특별한 성격에 초점이 맞추어지는 것은 아니다. 내담자는 미술치료 회기에서 범죄로 이끈 개인의 정신병리적 양상에 대해 말하기도 하지만, 평가와 치료에 강하게 저항한다. 이것은 상대적으로 비구조적인 접근을 취했기 때문이며, 작업에서 내담자가 무엇을 할 것인가를 선택하고 어떤 미술 재료를 사용하든 치료사는 자유롭게 반응할 준비가 되어 있기 때문이다.

다른 어떤 것보다 집단은 나에게 다양한 경험을 제공했다. 나는 개인적인 안전뿐만 아니라 인간의 학대행위를 미묘하게 강화시키는 상황을 인식하는 것이 필요하며 섬세한 노선을 걸어가야 한다는 것을 느꼈다. 내담자에게 역동을 일으키는 것은 역동을 실제 행동으로 표현함으로써 자신의 태도를 강화하도록 허락하는 것이 아니라, 성적인 공격 에너지가 사람을 심히 불쾌하게 만든다는 것을 느낄 수 있도록 내면 깊이 들어간 그 상태에서 역동을 일으킬 때 발전될 수 있다. 미술치료에서 중요한 작업은 인식 능력을 발달시키고, 다른 사람의 감정을 존중하며, 그 자신과 행동에 대해 책임감을 갖고, 구조적으로 지식을 사용하고 인식하도록 내담자를 돕는 것이다.

미술치료는 다양한 국면으로 이루어진 치료 프로그램 내의 평가와 치료에서 통찰에 바탕을 둔 정신역동적 접근에 기여한다. 미술치료는 성범죄 관련 작업에서 다양한 접근 중 가장 성공적인 방법의 하나임이 분명하기 때문에 모든 훈련의 일부분이 되는 것이 중요하다.

신체적 혹은 상징적인 공격과 감정적인 박해의 두려움을 견딘다는 것은 어렵고 지치는 일이다. 공격적인 개인과 작업하는 것은 치료사 자신과 내담자 모두에게 치료사의 역할과 가치를 인식하는 데 부정적인 영향을 미친다.

그럼에도 치료사가 개인적인 남성 혹은 여성으로서, 그리고 집단의 일부, 전체사회의 한 부분으로서 인간의 성적 행동과 성과 인간관계를 탐색하기 위해 성범죄자들과 작업하는 것은 상당히 도전해 볼 만한 것이다.

▶ 참고문헌

Mackay, R., & Russell, K. (eds.) (1988). *Psychiatric Disorders and the Criminal Process, monograph*. Leicester: Leicester Polytechnic Law School.

Miller, A. (1987). *The Drama of Being a Child*. London: Virago Press.

National Children's Home (1992). *The Report of the Committee of Enquiry into Children and Young People Who Abuse Other Children*. London: NCH Publications.

Perry, J. (1989). 'Sexual Abuse: The Counsellor's Process'. *Changes, 7*, 3, 93-94.

Ryan, G. (1987). 'Juvenile Sex Offenders: Development and Correction'. *Child Abuse and Neglect, 2*, 385-395.

Soothill, K., & Walby, S. (1991). *Sex Crime in the News*. London: Routledge.

Chapter 09

청소년 성범죄자
집단 미술치료

미국의 사례

매럴린 하굿(Maralynn Hagood)

그는 외롭고 더러우며 두려움과 불신에 가득 찬 감정으로 벽 안에 갇혀 있는 자신의 모습을 묘사했다. 그림에 대해 이야기를 나누면서 그는 처음으로 눈물을 터뜨리며 엉엉 울었다. 그리고 집단 내에서 자신의 감정을 매우 솔직하게 표현했다. 집단치료에 참여했던 몇몇은 소년의 말을 듣고 작품을 이해하게 되면서 점점 공감대가 형성되기 시작했다.

서 론

　스코틀랜드계 미국인인 나는 5년째 영국에서 살고 있다. 캘리포니아 주 샌프란시스코에서 태어나 헤이워드와 새크라멘토에 있는 캘리포니아 주립대학교에서 미술치료와 상담심리학을 공부했다. 그 후 영국으로 이주하기 전 7년 동안 자신의 부모와 청소년 성범죄자로부터 성적으로 학대받았던 많은 아동들을 상담과 미술치료를 통해 치료했다. 치료 작업을 하면서 성학대와 관련된 문제의 해결과 지속적인 치료 방법의 발전에 중점을 두었다. 나는 이 같은 센터에서 작업한 유일한 미술치료사였으며, 미술치료를 언어적 처치 방법에 통합시키는 것이 매우 매력적임을 발견하였다. 청소년 성범죄자에게서 받은 느낌은 그들이 미술치료를 매우 사랑했다는 것이다. 그 때문에 단지 자신에 대해 말하는 것으로 끝나는 것이 아니라 자신이 직면한 문제를 능동적으로 바라볼 수 있었다.

　이 장은 현존하는 문헌에서 수집한 정보와 청소년 성범죄자에 대한 나 자신의 경험과 훈련을 바탕으로 기록한 것이다. 미술치료 작업은 캘리포니아에서 이루어졌으며, 이곳은 미국에서 성범죄 발생률이 가장 높은 곳이다. 이 프로그램은 청소년 성범죄자를 포함하여 성적으로 학대받은 아동의 가족치료에 근간을 두었다.

　내가 영국으로 이주하게 된 것도 1985년에 시작된 하나의 사건이 촉매가 되었는데, 당시에 런던 소재의 종합대학인 골드스미스 대학의 정신병리학 분야에서 미술 연구를 주제로 3년마다 학회를 개최했고, 나는 11회 학회에 논문을 제출했다. 그 시점에 7명의 영국 미술치료사와 우정을 쌓게 되면서, 영국에서 살아갈 것을 결정했다.

1987년에 돌아와 영국 대학교에서 성학대 아동의 그림에 대한 박사 연구를 할 수 있는 가능성을 모색했으며, 아동이 자신의 느낌을 표현하고 문제를 해결하는 데 도움이 되는 미술치료의 효과를 알게 되었다. 또한 나에게는 성적 묘사가 적나라한 한 아이의 그림이 있었는데, 그것이 법원에서 증거로 채택되지 못하고 거부당한 고통스러운 기억도 있다. 그 기간 동안에 클리블랜드 사건이 영국 전역의 신문에 도배되다시피 했으며, 어디서나 성학대 아동에 대한 토론이 일어났다. 확실히 클리블랜드는 타락한 곳이며, 영국에서 그처럼 많은 성학대 피해 아동이 발생하는 곳은 없을 것이다.

1988년 여름, 나는 잉글랜드의 워링턴에 위치한 아동학대방지협회(National Society for the Prevention of Cruelty to Children: NSPCC)에 초청받았는데, 아동 성학대 분야라는 모험적인 직업에 종사하고자 하는 미술치료사, 사회운동가, 수습사원들을 상담하고 교육하기 위해서였다. 그 후 앤 공주의 새로운 비거 박물관(Biggar Museum) 개관식에 참석하고, 처음으로 여름 휴가를 스코틀랜드에서 보내기 위하여 북부를 여행했다(비거는 미국으로 이주한 나의 조상의 고향이다). 스코틀랜드에 있는 동안 에든버러 대학교의 심리학과를 방문하여 나의 연구 관심 분야에 대해 표명했다. 그 결과 성학대와 관련된 아동 그림의 발달 연구를 위해 심리학과에 들어가게 되었고, 1989년 여름에 에든버러로 이사했다.

스코틀랜드 이주 후, 나는 주로 잉글랜드와 스코틀랜드에서 미술치료에 초점을 맞춘 성학대 아동 전문가들을 위한 치료 훈련에 관여하고 있다. 청소년 성범죄자에 관한 치료 연구 워크숍을 이끌어 오면서 이러한 청소년에 대해 연구하는 많은 영국의 전문가들이 나와 '동일한 관점'을 갖고 있다는 것을 알게 되었다. 현재 영국의 성학대 아동에 관한 연구에서 나타난 통계 결과는 미국의 연구 성과와 유사한 성향을 가지고 있다. 주요한 차이점은 영국에는 치료적 자원이 부족하며 오락 프로그램이 존재하지 않는다는 것이다.

북미와 유럽의 청소년 성범죄자에게서 무력감, 낮은 자존감, 수치심, 죄의

식, 공포, 당혹감, 분노 등의 감정이 보고되었다. 이러한 감정은 타인을 향한 빈번한 성적 공격과 관련된 학대 재발 가능성은 물론, 우울증, 약물과 알코올 의존, 자살 충동과 같은 행동 문제로 옮겨 간다. 이 같은 문제들은 문화와 관계없이 인간으로서의 문제로 보인다.

영국의 성범죄자들은 중형으로 교정시설에 수용되고, 치료 개입의 가능성이 거의 없는 무기력한 상황에서 거부감과 분노에 사로잡히기 쉬우며, 배려 깊은 치료를 받을 수 있는 기회를 가진 미국의 성범죄자들보다 감정적으로 긴장된 상태일 것이다.

내가 스코틀랜드로 이주하기 전에 연구했던 미국의 범죄자들은 영국에서는 거의 혹은 전혀 도움을 받지 못하는 상황을 알고는 매우 낙담했다. 아동 성학대의 심리적 외상을 다루는 데 미국과 영국의 문화적인 차이가 명백히 존재하는 것은 사실이지만, 나는 차이점보다는 유사점에 초점을 두고자 한다. 청소년 성범죄자들의 대부분은 성적으로 학대받은 아동이며, 국적을 불문하고 피해자로 보인다.

현재 미국 전역에 있는 미술치료사를 포함한 다수의 심리치료사들은 아동 성학대 분야에서 치료적 쟁점에 대한 많은 지식을 가지고 있다. 청소년 성범죄자를 위한 집단은 대부분 대도시에서 이루어지고 있으며, 또한 많은 개인 치료사들이 자신의 업무에 대하여 훈련받고 있다. 미국과 영국 사이에는 주요한 문화적 차이가 존재하지만, 미국에서는 치료의 도움을 받기 위해 감내해야 하는 수많은 낙인이 더 이상 없다는 것이다. 현재 영국에서도 서서히 상담이 필요하다는 것을 인식하고 수용하고 있는 실정이다.

미국의 캘리포니아와 같은 주에서는 치료 프로그램의 자금이 범죄자가 판결에 따라 지불하게 되는 범죄보상금에 의해 부분적으로 조성된다. 그리고 이것은 성학대 피해자와 그의 가족들을 위한 상담과 심리치료를 위한 자원으로 제공된다. 영국에서도 이러한 작업에 대한 요구가 분명히 존재하지만, 그전에 언급할 점은 시간이 별로 없다는 것이다(National Children's Bureau

Findings, 1991).

미국에서의 이러한 연구 작업이 '하나의 틀'로서 영국 문화에 이식되는 것은 분명 어렵겠지만, 성범죄자에 대한 많은 접근법과 기법들이 새롭게 발전·변화되어 가는 영국의 연구 작업으로 통합되리라 믿는다. 현재 영국에서는 아동과 성인 분야에서 성학대 생존자들의 치료 방법에 관한 연구가 지속적으로 발전되고 있으며, 미국의 접근법에 연유한 치료의 많은 관점들이 점차적으로 영국의 체제와 문화 속에 파고들고 있다(Pattison, 1991/2).

미국 미술치료사들에 관한 최근의 조사에 따르면, 미술치료사의 16%가 현재 아동 성학대 분야에서 일하고 있는 것으로 밝혀졌다(Gordon & Manning, 1991). 미국에 산재한 성학대 프로그램에 대한 553개의 또 다른 보고에 따르면, 통찰치료, 놀이치료, 행동수정, 인지 재구조화 그리고 재발방지 프로그램과 더불어 그중 절반 이상의 프로그램에서 미술치료가 활용되고 있다(Keller, Ciccinelli, & Garder, 1989). 캐나다의 많은 미술치료사들 또한 아동 성학대 분야에서 발전적인 연구를 위해 일하고 있다(Knibbe, 1990; Marrion, 1990). 성학대 피해자와 소년범들에 대한 발전적인 연구 방법이 영국의 미술치료사들에게 암시하는 것은 명백하다(Hagood, 1992b).

청소년 성범죄자 미술치료

미술치료사들은 일반적으로 다양한 이론과 치료 기법을 경험하고 훈련받는다. 영국에서 정신역동적 접근법이 주류를 이루는 것은 인상 깊은 일이다(Hagood, 1990). 영국에서의 미술치료 프로그램은 프로이트(Freud), 융(Jung), 클라인(Klein), 위니컷(Winnicott), 나움버그(Naumburg) 그리고 크레머(Kramer)와 같은 정신분석에 기초한 학자들의 작업에 의해 광범위하게 사용되었다. 그러나 최근 영국 미술치료에서는 다양한 이론적 접근이 요구되고 있다.

미국의 아동 미술치료에 관한 많은 문헌들 또한 정신분석적 접근에 기초하고 있다(Linesch, 1988). 그러나 청소년 성범죄 연구에서 정신역동적 접근만을 고수하는 것은 적절하지 않으며, 이 점은 반드시 강조되어야 한다. 감정적 확신이나 통찰을 얻도록 도움을 주는 것이 효과적이기도 하지만, 이것은 교묘한 성범죄의 부수적인 요소에 불과하다. 예를 들면, 미국에서 정신분석적 접근으로 처음에 치료받았던 많은 청소년들이 재범 성범죄자로서 다시 나타났다(Ryan, 1988). 이들은 자주 미술치료를 통해 자신의 범죄와 관련된 감정을 표현하는 데 도움을 받았다(Stember, 1980). 그러나 그 당시의 미국 정신건강 전문가들은 아동의 공격적인 성 행동 현상에 대한 자각이 부족하여 충분히 다루어지지 못했다.

소아애 환자의 치료가 매우 미미한 성공을 보이는 이유는 최근에 들어서야 미국 치료사들이 소아애 환자의 문제를 중독으로 보고 치료를 시작한 것에 연유한다(Nelson, 1992). 정신역동적 이론에 근거한 기법은 매우 중요하다. 그럼에도 불구하고, 점차적으로 성학대의 부가 요소가 치료에 반영되어야 한다(Chissick, 1993).

청소년이 지닌 문제의 인지적 · 행동적 측면에 초점을 둔 미술치료 접근은 학대행위를 하게 한 상황과 행동에 대한 자각을 증진시키는 데 효과적일 수 있다. 청소년들의 성 공격적 행위의 주기를 이해하기 위해서는 스스로 성적 공격성이 강화되고 그렇게 되도록 이끌었던 상황을 그림으로 그리게 하거나 색칠하게 함으로써 명확해진다. 미술치료는 범죄를 반복하고 싶은 유혹에 대한 취약성을 극복하고 그들의 생활을 변화시켜 새로운 길을 찾는 데 도움을 준다.

미술을 문제해결 방법으로 활용하는 것은 지극히 효과적이다(Liebmann, 1990). 미술은 그들 자신을 다양한 상황에 비추어 건강한 해결 방법을 창조하는 데 유용한 수단을 제공한다. 가족 미술치료 기법 또한 이러한 청소년들이 가족 구성원과의 어려운 관계를 해결하는 데 많은 도움을 준다(Landgarten,

1987; Linesch, 1992).

이론적인 접근과 상관없이, 청소년 성범죄자를 연구함에 있어 직접적으로 관련된 문제와 친숙해지는 것이 필수적이다. 이러한 문제를 이해하는 데 미술치료 접근법은 특히 도움이 되는 듯하다. 미술치료 접근법은 청소년 성범죄자들로 하여금 통찰을 얻고, 그들의 감정을 해결하며, 비이성적인 생각을 바로잡도록 도와준다. 그리고 소년의 행위를 관리하고 바른 길을 찾도록 안내할 수 있다.

정신역동적 시각에서 미술적 표현은 단지 말로 표현하는 것보다 감정에 근접하는 경향이 있다. 미술치료는 어린 시절의 기억을 회복하고 현실 상황에 대한 통찰을 얻는 데 도움을 주기도 한다. 그러나 치료는 단지 자신의 유년 시절에 경험한 학대에 대한 인식을 증대시키고 범죄를 반성하는 것에 국한되어서는 안 된다. 치료사는 미술을 활용함으로써 소년범이 심하게 의존하고 있는 부인, 축소화 등과 같은 방어기제를 더 잘 인식하게 된다.

소년범이 자신이 한 행동에 직면한 충격으로 신경쇠약 증세를 보이거나 울부짖는 것은 불필요한 것이 아니다. 이러한 증세가 나타났을 때 그들에게는 많은 도움이 필요하다. 왜냐하면 그것은 동료 앞에서 소리 내어 울 만큼 당황스러운 일이기 때문이다. 지지적인 집단치료에서 다른 소년범들을 격려하는 것 또한 중요하며, 이들 간에 공감대를 형성시키는 것이 바람직하다.

미술치료는 갈등 해결을 위한 상징적 장소를 제공할 수 있을 것이다. 부인과 같은 방어기제는 지속되기가 더 어렵다. 왜냐하면 미술치료는 수시로 상황을 보다 명확하게 드러내 주기 때문이다. 또한 그림은 치료 과정의 영구적인 기록을 제공하며, 치료의 진전을 평가하는 데 활용될 수 있다.

미술 작품을 만드는 것은 즐거운 행위이며, 문제 아동의 관심을 끌어내기 쉽다. 미술 작품을 통해 주의 집중이 어려운 소년범은 그들이 직면한 문제에 초점을 맞추며, 스스로의 눈으로 문제를 볼 수 있게 된다. 나의 경험으로 집단 미술치료는 내담자가 자신이 처한 상황과 문제 그리고 감정에 있어서 혼자가 아니라는 것을 인식할 수 있도록 도와준다.

집단 사례연구

　다음의 사례연구는 영국으로 이주하기 전에 내가 맡은 청소년 성범죄자 집단 미술치료에 대하여 기술한 것이다. 청소년 성범죄자들은 그들이 성적인 범죄자였다는 점을 제외하고는 이전에 내가 치료했던 많은 문제 청소년과 거의 비슷했다. 이러한 이유로 미술치료에 관한 나의 이전 경험을 청소년 성범죄자에게 적용하는 것은 어렵지 않았다.

　이 소년들과의 접촉 기간은 10개월이었다. 수업 시간은 매주 1시간 20분으로 보통 7명의 소년들로 구성되었는데, 연령은 대개 11~17세였다. 소년들은 다양한 성장 배경을 가지고 있었으며, 집이나 거주치료센터, 수양부모의 집에서 지내고 있었다. 집단치료는 내가 근무했던 곳의 치료 프로그램에 따라 임대시설에서 이루어졌으며, 소년들은 인접한 곳에서 온 다양한 출신의 아이들이었다.

　나는 남성 보조 치료사와 함께 치료했는데, 그는 전에 어린 성범죄자들을 포함하여 비행 청소년에 대한 상당한 상담 경험이 있어서 우리는 언어적 상담 접근법과 미술치료를 병행하여 상호 보완적으로 실행하였다.

　캘리포니아 주의 치료 프로그램은 개인치료와 집단치료가 일반적으로 매주 포함되었으며, 가족이 있는 경우에는 가족치료도 활용하였다. 치료진들은 집단에서 행해지는 치료에 대해 토의하고 서로 상담하기 위하여 매주 만났다. 이것은 수용자들의 '교활함'이 드러나는 것을 감소시키고 집단의 다른 구성원들에게 말했던 내용의 진실 여부를 가리는 것을 가능하게 했다.

　집단도 구조화되어 있었으며, 규칙은 치료사와 집단 구성원이 함께 정하였다. 또한 어느 누구의 작품도 파괴되지 않도록 하는 것에 동의하였다. 비밀 유지에 대한 쟁점이 논의되었고, 그것은 집단 내에서 공유되었으며, 외부의 어느 누구에게도 발설되지 않았다. 그러나 또한 소년들 자신의 발전을 위해서는 집단에서 발생한 일과 작품 활동에 대하여 다른 치료사들과 의논해야 한다고 설명해 주었다. 집단치료 기간 동안 규칙이 만들어졌으며, 그것은 준수되었다. '금지된' 행동은 지각, 결석, 집단의 다른 구성원들에 대한 신체적·언어적 폭력, 집단에 오기 전의 음주나 약물 사용 등이다.

미래에 성적 공격을 가할 가능성이 있는 청소년들과의 충분한 토론은 재범을 예방하기 위한 필수적인 요인이다. 재범과 관련하여 주요 집단은 다음과 같이 규정된다.

- 청소년 개인은 재범의 환경하에 있지 않다.
- 미래의 어떠한 범죄도 보고되어야 한다.
- 가중처벌, 보호관찰 기간의 연장, 너무 오랜 수용 기간 같은 어떠한 재압박의 결과다.

그러나 집단의 규칙과 구조 내에서 집단 구성원 간에 감정을 공유하도록 고무시키고, 당면한 문제를 자연스럽게 풀어낼 수 있도록 촉진하며, 문제가 발생한 집단의 역동을 연구하기 위해 많은 자유가 주어진다. 문제에 직면했을 때 우리는 소년들이 자신의 문제를 채색된 그림으로 표현하고 서로의 문제에 공감하도록 격려했다.

신문과 색 마커가 집단 수업의 전반에 활용되었다. 미술 재료는 휴대가 용이하고 최소한의 청소를 가능하게 하는 것을 선택했는데, 이는 시간이 제약되어 있으며, 장소를 빌려야 했기 때문이다. 집단 미술치료에 적합한 매체로는 물감, 잡지 콜라주, 설탕 봉지, 점토, 오일 파스텔과 같은 소소한 미술 재료다.

이 소년들에 대한 나의 접근법은 지시적 그리고 비지시적 작업이 혼합된 것이었다. 집단 상호작용 중 간접적으로 자연스럽게 나타난 문제가 그림의 주제로 주어졌다. 그림이 완성되면 각각의 작품에 대해 의견을 나누었다. 다른 소년들은 평가를 통해 격려하거나 피드백을 주었다.

미술치료의 결과로 억압되었던 감정이 자주 드러났으며, 소년들 간에 서로 공감대를 찾을 수 있는 기회가 생겼다. 질문이 주어졌을 때 문제와 감정에 대해 말로 진술하는 것보다 더 많은 감정이 표현되었다. 이들은 아주 어릴 때부터 감정을 억누르는 것을 배워 왔으며, 그것은 이미 그 자신이 어떠한 방식으로든 항상 학대받아 왔다는 것을 의미한다. 신체적 학대와 정서적 학대 그리고 성적 학대는 일반적으로 이들의 초기 성장 과정에서 경험하게 된다.

살아남기 위하여 그들의 감정은 무뎌지며 서로에게 거의 공감을 보이지 않는다. 미술치료는 그들의 분노, 고통과 슬픔을 정화할 수 있도록 도움을 주는 승화의 한 방법이다. 소년들은 심지어 자신에게 경험하도록 허용된 것까지 숨기는 데 적응되어 왔기 때문에 이들의 감정을 유도해 내는 것은 미술치료의 주된 요소다.

치료 중 빈약한 주의 집중 시간, 과잉반응, 주제의 전환 그리고 의자를 흔들거나 두드리는 것같이 주의를 산만하게 하는 행동과 같은 특별한 문제들이 발생했는데, 흥미로운 사실은 특히 불안감을 일으키는 과제를 수행하는 미술 창작 과정 동안에는 이러한 행동이 줄어드는 경향이 있다는 것이다.

소년들은 자신이 자백한 사실에 관해서는 감정적 연관성을 거의 보이지 않는 데 익숙해져 있었다. 그들은 자신이 생각하기에 인상적이며 집단에서 보다 빨리 떠날 수 있게 해 줄 것 같은 치료사의 집단에 출석하게 된다. 치료 시간은 소년들이 공격적이거나 소극적인 대신에 의견을 나누는 방법을 배우고, 소신을 갖게 하며, '다른 사람이 바라는 것에 정반대의 방식'으로 행동하는 것은 자유로운 선택이 될 수 없다는 것을 깨닫도록 하는 데 할애되었다. 소년들은 자동적으로 생겨나는 반항심 때문에 자신들이 선택한 자유에서 벗어나지 못했다. 집단에서는 소년 개개인이 지닌 순기능적 자질에 초점을 맞추어 타인에게 지극히 해로울 뿐만 아니라 자포자기의 마음으로 인한 행동을 하지 않도록 도움을 주는 것이 필수적이다.

미술치료는 때로는 너무도 뻔뻔하고 노골적인 성적 관능성을 반영한다는 점에서 특히 초기 단계에 치료사인 우리에게 충격을 줄 수도 있다. 소년들은 집단의 규율과 우리의 인내심을 시험하기 위하여 과도한 에너지를 분출한다. 이전의 문제 청소년 치료에서 나를 시험하는 많은 부분은 그들이 감정적으로 나에게 집착하게 되거나 버림받지 않기 위하여 나를 쫓아 버리는 행동임을 알게 되었다. 한 소년은 나에게 '다른 모든 사람이 그랬던 것처럼' 당신도 자신을 떠날 것이냐고 물었다. 이처럼 신뢰감을 주고 유대감을 형성하는 것이 이들에게는 필수적이다. 치료사들은 집단 시간을 지키는 것은 말할 것도 없이 집단 시간에 빠질 경우 그들에게 방치되었다는 느낌을 덜 주기 위해 치료 시간 전에 미리 통보하는 것이 필요하다.

미국 치료 프로그램에 속한 몇몇 전문가들은 실제적으로 일어난 성폭력에 관하여 지속적이고 반복적으로 집단에서 노출할 것을 주장한다. 그러나 그렇게 하는 것은 일반적으로 성범죄에 빠뜨린 성적 환상에 젖어들게 하므로 이 집단에서는 장려되지 않았다. 이러한 이유로 성에 관한 노골적인 미술치료 또한 제한되었다.

가장 중요한 치료 과제는 자신의 공격적인 행동을 지배할 수 있다는 통제감을 획득하는 것이다. 소년들에게 타인에게 죄가 되지 않는 공격적인 행동은 없으며, 성적인 공격성을 억제하는 전반적인 의무를 강조했다. 부모를 비방하거나 피해자나 자신이 속한 제도를 공격하는 것은 단순하게 넘어가지 않았다.

집단의 한 소년은 또다시 괴롭힘당할 것에 대한 두려움과 그것을 막아 줄 누군가의 도움에 대한 요구를 표현하였다(그림 9-1] 참조). 막대 모양의 인물 그림은 '나의 딸에게서 멀어져라.' 라고 말하고 있으며, '아이들을 지켜보라.' 혹은 '당신이 없을 때는 당신이 신뢰하는 누군가로 하여금 아이를 지켜보게 하라.' '주위에 어른이 배회하고 있을 때, 그들이 별난 행동을 하지 않도록 하

[그림 9-1] 나의 딸에게서 멀어져라(한 소년의 재범에 대한 두려움)

고, 어른을 주의 깊게 살피게 하라.' 고 경고하고 있다. 이 소년의 경우 통제력을 향상시키는 방법을 배우고, 재범으로부터 자신을 지키기 위한 심리 과정을 형성하는 것이 필요했다.

다른 아동을 성학대하는 것은 범죄자가 자신을 희생양으로 보는 것과(학대자로 돌아간 상태에서의) 힘겨루기를 재현하는 것이다. 다른 아동에 대한 성학대는 부정적인 감정에 대한 일시적인 신념을 심어 주며, 자기 강제적이고 습관적인 경향을 가진다. 우리는 소년들이 재범 성향을 보일 때 치료사와 접촉하게 하거나 친구들과 같이 있게 하여 혼자 있지 않도록 하는 등의 유용한 방법에 대한 토론을 반복했다.

성범죄 청소년들은 그들 자신을 타인과 격리시키는 경향이 있다. 이들에게는 자신의 하루 일과 중에 특징적으로 행동했던 것에 대하여 그림으로 표현하도록 유도했다. [그림 9-2]는 소년범 중 한 명의 시간 관리에 대한 분석을 보여 준다. 그는 인생에서 의미가 없으나 해야만 하는 일과 허드렛일, 잠자는 것 그리고 가끔씩 즐길 수 있는 시간과 음악 혹은 파티에 시간을 소비

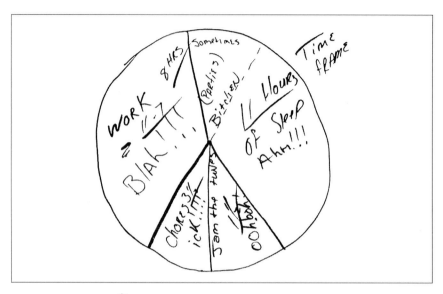

🐚 [그림 9-2] 시간 관리, 고립과 권태의 반영

하는 일상의 지루함에 대해 묘사했다. 이 연습의 목적은 소년들이 성범죄 전 과자로서 자신을 격리시키고 의기소침해지는 것으로부터 통찰을 얻을 수 있 도록 돕는 데 있다.

또한 소년들에게 집단 구성원으로서 자신이 느꼈던 것에 대해 그림을 그리 게 했다. 집단 구성원으로 있는 것에 대한 저항과 성학대에 관련된 문제로부 터 벗어나고 싶은 바람은 [그림 9-3]과 같이 묘사되었다. 그림에는 '나는 운 전하는 것을 생각한다.' 라는 글을 써넣었다.

이 소년은 그 집단에 있기를 원치 않는다는 것에 질책을 받을 것이라고 예 상하였으나 오히려 그의 정직성에 대해 칭찬받았다. 참으로 놀랍게도 그가 그 곳에 있고 싶어 하지 않는다는 사실이 이해되었고, 성학대에 대해 이야기하는 것이 실제로 매우 어렵다는 것을 긍정적으로 인식하게 되었다.

소년들은 때때로 거짓 이유를 대며 결석했다. 한 소년은 지난주에 아팠 기 때문에 결석했다고 말했지만, 나는 그가 집단치료 장소 바로 밖에서 미

🔈 [그림 9-3] 집단 속에 존재하는 것에 대한 느낌

소 짓고 있는 것을 보았다. 그는 수양부모에게 치료 집단에 간다고 거짓말을 하고는 다른 곳으로 갔다. 이 사건은 그에게 자신의 거짓말과 교활한 행위에 직면할 수 있는 기회를 주었다. 집단 구성원들에게는 그의 거짓말을 듣고 느꼈던 것에 대하여 표현하게 했다. 그들은 거짓말을 싫어했으며, 그를 믿었던 것이 어리석었다며 더 이상 그를 신뢰할 수 없다고 하였다. 그러나 그 소년을 지지해 주자 그는 자신이 거짓말을 했다고 인정했다.

이 집단을 치료하면서 치료사가 경험이 쌓이기 전까지는 성범죄 소년들에게 속는 것이 일반적이라는 것을 알았다. 이러한 소년들은 교활함과 조작의 '전문가' 다. 나는 소년들의 말이 이해되지 않거나 말과 미술 작품 사이에서 실제로 이야기되는 것이 일치하지 않을 때 '본능적인 반응' 을 듣는 법을 알게 되었는지 소년들에게 점점 덜 속게 되었다.

나는 이들이 치료사를 쉽게 속이는 것에 자주 분노하고 있음을 깨달았으며, 치료사의 지나친 감정이입은 이러한 교묘함에 쉽게 넘어가게 만든다는 것을 알았다. 미술치료에서 지지적이고 공감적이며 감정이입적인 균형감을 유지하는 것과 확고한 경계 설정 및 온화한 대처는 절대적으로 필요한 것이다. 동료들의 고백은 더 이해하기 쉽다. 보조 치료사와 나는 촉매자로서 함께 연구했으며, 집단치료를 실시하는 것이 장려되었다.

수시로 학대받아 왔던 아동들은 습관적으로 '피해자 지위'에 순응한다. 이것은 오래 지속된 '학습된 무기력'의 결과가 가져다준 태도로서 피해자의 관점에서 세상을 인식하는 경향을 만든다.

소년들은 환경에 대한 통제력이 거의 없었으며, 그들은 자신에게 부정적인 일이 '우연히 일어날 것 같다.'는 생각을 가지고 있다. 이러한 소년들을 치료하기 위해서 보다 단호한 태도를 지니고 치료 과정을 통해 소년들에게 주어진 많은 어려움들에 어떻게 대처해 나갈 수 있는지 살펴보았다. 집단의 신뢰감이 높아짐에 따라 방어는 누그러지고, 소년들은 기꺼이 마음을 열어 주었다. 미술 작품에서 그들은 자포자기, 적막감 등의 주제로 현재 직면한 문제를 다루었다. [그림 9-4]는 소년 자신의 아이다운 희생과 부모가 소년에게 갖는 불신을 명확하게 묘사한 것이다.

그는 외롭고 더럽고 두려우며, 불신에 가득 찬 감정으로 벽 안에 갇혀 있는 자신을 묘사했다. 그림에 대해 이야기를 나누면서 그는 처음으로 눈물을 터뜨리며 엉엉 울었다. 그는 집단 내에서 자신의 감정을 매우 솔직하게 표현했다. 소년들은 산만한 행동을 하기 시작했고, 그를 격려해 주지 않았지만, 몇몇은 소년의 말을 듣고 작품에 대해 이해하면서 공감대를 형성하기 시작했다.

소녀들과의 관계에는 많은 어려움이 숨어 있다. 집단 내에서 성관계가 문란한 소녀와만 관계를 갖는 매우 매력적인 한 소년이 있었다. 그가 지닌 매우 낮은 자존감과 거절에의 두려움, 사회성의 문제는 소녀와 관계를 맺는 데 공포심을 유발하곤 했다(Kerz, 1990).

집단 내의 또 다른 소년은 매력적인 치어리더로부터 초등학교의 댄스파티

[그림 9-4] 아이로서의 희생 그리고 믿을 수 없는 부모

에 초대받았다. 우리는 그 소년이 나이에 맞는 건전한 교우 관계를 가지기를 바라면서 초대에 응하도록 격려해 주었다. 그 소년은 매우 잘생기고 호감이 가는 매력을 가졌음에도 불구하고 자존감이 너무 낮아서 그 초대에 응할 수가 없었다.

낮은 자존감은 관계에서뿐만 아니라 스스로를 '좌절감'에 빠뜨린다. 그리고 이렇게 낮은 자존감은 그들에게 성적 욕구를 증폭시킨다. 이러한 소년들은 여가 시간을 또래와 적절한 관계를 맺는 대신에 유치한 성적 공격성을 쌓는 데 사용한다.

집단 작업으로 '친구들'이라는 주제를 가지고 모두 함께 아주 큰 벽화를 창작했는데, 관계에서 서로 간의 어려움이 명확히 드러났다. 아버지에 대한 대부분의 표현은 흔히 건강한 우정과 연관된 '동료애'의 모습은 거의 없고, 돈, 약 등 피상적인 가치에 대한 것이 만연했다. 이 집단을 응집력 있는 하나의 집단으로 이끌기 위한 또 하나의 시도로 소년들이 제안한 우주여행을 연상하게 하고 환상적인 벽화를 그리게 했다. 여기에서 명백히 남근 형상으로 보이는 개인 로켓에 관심이 집중되었는데, 이것은 성에 대한 집착을 과하게 표현한 것이다. 이 작업을 하는 동안에 집단 구성원 간에는 거의 교류가 일어나지 않았다.

청소년들은 자신들이 알고 있는 부정적인 환경뿐만 아니라 좌절과 소외에 대한 취약성 때문에 자살 충동을 느낄 수 있는데, 자살 시도의 신호를 알아차리는 것이 중요하다. 집단 내의 한 소년은 그림을 그리면서 끊임없이 검은색만 선택했다. 몇 주 후 나는 그 소년이 살고 있는 지역의 상담사와 면담하면서 그가 자살 충동에 대해 말해 왔다는 것을 알게 되었다.

미술 작품이 그 자체로만 진단에 사용되는 것은 아니며, 치료사가 더 나은 판단을 하기 위하여 경각심을 가질 때 미술 작품은 중요한 단서가 될 수 있다. 비틀어진 손목, 죽은 사람, 갈색, 회색, 짙은 청색 등은 자살 충동에 사로잡힌 사람의 미술 작품에서 자주 등장한다. 만약 이러한 상징이 소년범의 미술 작품에서 나타난다면 자연스럽게 그가 자살 충동을 느낀다는 가정을 할 것이 아니라 더 세심한 진단이 필요함을 보여 주는 적신호로 보아야 한다.

집단 내에는 성과 사랑에 대한 여러 가지 잘못된 인식뿐만 아니라 적절한 성적 정보에 심각할 정도로 무지하다. 임신 조절, 성병, 안전한 성관계 그리고 자신과 상대방에 대한 책임감 등은 거의 없고, 대개는 잘못된 인식을 가지고 있다. 성에 대한 대부분의 지식은 '비속어'를 사용하는 다른 소년들로부터 습득한 것이다. 치료에서 정확한 지식에 근거한 성에 대한 솔직한 대화는 필수적이다. 처음에는 소년들이 여성 치료사인 나를 불편하게 여겼으나, 소녀들과의 관계에 대한 나의 의견을 경청한 뒤에는 나를 존중해 주었다.

신체적·정서적 방임 또는 부모에 의한 방임은 이러한 소년들의 미술 작품

[그림 9-5] 부모에게서 버림받은 느낌

에서 반복되어 나타나는 것이다. [그림 9-5]는 부모에게서 버림받은 소년이 부모에게 자신의 사랑을 보여 주려고 노력했지만, 항상 거부해 온 것을 보여 준다. 이 소년은 부모가 자신을 데려갈 것이라는 희망을 끊임없이 가지고 있었지만, 거주보호시설로 떠날 때까지 희망과 절망을 지속적으로 반복해야 했다.

청소년 성범죄자들과 아버지와의 관계를 조사할 때, 집단의 한 소년은 가정에서의 모든 일이 너무 좋다고 끊임없이 이야기했다. 그러나 [그림 9-6]은 그의 말과는 다르게 부모와의 사이에 머나먼 거리감이 존재함을 보여 준다.

[그림 9-6] 소년과 부모와의 분리

[그림 9-7] 등 돌린 아버지와 낚시하는 소년

[그림 9-7]은 동일한 소년이 아버지와 낚시를 간 상황을 묘사한 것이다. 이 소년은 항상 아버지와의 관계가 좋다고 말해 왔다. 그러나 그림에 대한 설명을 부탁했을 때 소년은 자신에게서 등을 돌린 아버지에 대해 말하면서 울기 시작했다. 소년은 항상 아버지와 정서적으로 가로막힌 채 단절되어 있었음을 솔직하게 드러내면서 슬퍼했다.

청소년 성범죄자들의 미술 작품에서 피, 핏덩어리 등이 포함된 악마적이든, 그렇지 않든 가학적인 모습의 아버지가 묘사되는 것을 보았다. [그림 9-8]은 소년의 여자 친구에 대한 욕구를 보여 준다('나는 여자 친구가 필요하다. 왜냐하면 그림에서 왼쪽 꼭대기에 있는 것처럼 혼자 있는 것에 싫증이 났기 때문이다.'). 오른쪽 꼭대기에 그려진 거꾸로 된 평화 기호와 가운데의 333, 777 같은 기호가 포함된 복잡한 상징이 그려진 낙서들이 사탄 숭배주의와 마술적 의미에서의 아동학대와 연결된 것인지 또는 헤비메탈 음악에 연유된 것인지는 명확하지 않다.

왼쪽 윗부분의 남근 형상은 소년이 이전에 썼던 자신의 이름을 잉크로 지운

[그림 9-8] 낙서-음경 형태 안에 있는 소년의 이름

결과 나타난 것이다. 소년은 남근 형상에 대해 잘 알지 못하는 듯이 보였으며, 집단의 어느 누구도 그것에 대해 언급하지 않았다(Hagood, 1992). 남근 형상은 성적으로 학대받아 온 아동의 색칠하기와 그림 그리기에서 거의 예외 없이 나타난다.

이 소년들 대부분은 헤비메탈 음악을 듣고 있으며, 이것은 이들의 그림에 표현된 악마적인 요소에 영향을 미쳐 왔다. 일반적으로 10대 소년들이 즐기기도 하지만 미술치료에서도 종종 사용되는 낙서는 이러한 상징의 사용을 고무시키는 경향이 있다. 이것이 헤비메탈 음악에서 영향을 받은 것인지 아니면 실제로 악마 숭배주의의 영향을 받은 것인지를 판단하는 것이 문제로 남아 있다(Speltz, 1990).

집단의 한 소년은 집단 외부에서의 그의 이해할 수 없는 행동에 대해 반복적으로 언급하면서 우리가 알게 되면 충격을 받을 것이라고 말했다. [그림 9-9]는 주위에 3개의 6자가 있는 거꾸로 된 십자가, 만자, 뒤집힌 별 문양, 도끼를 들고 두건을 뒤집어쓴 형상처럼, 잘 알려진 악마 숭배주의의 상징을 표현하고 있다. 이 소년은 귀신에 홀렸거나 전기고문에 의해 죽은 자신에 대해 생각했

🔊 [그림 9-9] 종교적 학대와 관련된 상징

다. 그는 이 그림을 다 그리고 나서 아무도 찾을 수 없는 어딘가로 사라졌다. 이 소년은 아마도 일종의 관습적 아동학대와 연관 있는 것으로 짐작된다.

피와 핏덩어리를 묘사하는 것은 감정적 방어의 또 다른 수단이자 치료사에게 충격을 주기 위한 시도일 것이다. 학대받은 적이 없는 평범한 아동들도 이러한 그림을 그린다(Uhlin, 1984). 그러므로 이 분야에 정통한 전문가와 상담하지 않고 악마 숭배주의로 결론지어서는 안 된다.

미국과 영국에서의 미술치료 작업에서 관습적 아동학대가 표현되고 있다. 이러한 형태의 성학대와 관련된 아동의 심리적 손상은 매우 심각해서 때때로 다중인격장애(multiple personality disorder)로 진행되기도 한다. 이 집단의 미국 심리치료사와 미술치료사들은 치료 작업에서 함께 나아가고 있다(Cohen, Giller, & Lynn, 1991; Putman, 1989). 북미와 유럽에서도 이러한 장애의 증후가 나타나듯이, 현재 영국에서도 성학대 피해자를 치료하기 위한 많은 심리치료사들이 존재하는 것으로 보인다.

결 론

성학대의 피해자이거나 다른 청소년들에게서 반복적인 성학대를 당해 온 청소년들을 치료한다는 것은 지극히 힘들거나 또는 매우 매력적이고 보람 있는 일로 보인다. 나의 경험으로는 두 가지 측면이 혼합되어 있다. 집단에 참석한 소년 개개인은 그동안 희생당한 것을 극복하기 위해서 많은 도움과 교육이 필요한 상처받은 아동이었기에, 그가 다른 아동을 더 이상 괴롭히지 않도록 자신의 생활을 관리할 수 있게끔 도왔다.

예전부터 줄곧 많은 비행 청소년들을 치료해 오면서 놀랍게도 내가 그들을 좋아한다는 것을 깨달았다. 이전에 다수의 성범죄 피해자들을 치료했는데, 일반적으로 나는 성범죄자에게 큰 분노를 느꼈다. 나는 이 소년들이 내가 전에 함께 일했던 성적으로 학대받았던 희생자들과 매우 유사하다는 것, 그래서 그들이 성학대의 희생자와 비슷한 점을 관찰할 수 있었다. 여기서 중요한 것은 그들에게 너무 감정이입이 되어서 이 소년들의 성범죄 사실을 잊어서는 안 된다는 것이다.

대부분의 성범죄가 청소년기 또는 그 이전에 시작된다는 증거가 많아지고 있다(Becker, 1988). 이러한 청소년들이 성인으로 성장하면서 나름의 성학대 유형이 형성되거나 정착될 수 있어 이를 방지하기 위해 이 시기의 치료는 매우 중요하다. 청소년 성범죄자의 치료적 효율성에 관한 '연구 성과물'이 부족한 이유로 우리는 이 집단과의 상담이 가치가 있을까 하는 딜레마에 빠졌다(Keller, Ciccinelli, & Gardner, 1989). 미술치료 연구는 확대되고 있으며, 청소년 성범죄자의 치료 과정에서 그 효율성을 증명할 수 있는 많은 기회가 있다. 아동에 대한 성학대가 없어져야 한다는 믿음을 가지고 이러한 어린 청소년들을 치료하는 방법이 발전되어야 하며, 그것을 위해서 우리는 어디서든 시작해야 한다는 것이 나의 신념이다.

청소년 성범죄자 집단의 업무가 마무리될 즘에 나는 영국으로의 이주를 준비 중이었다. 그 소년들은 영국의 청소년 성범죄자들이 거의 혹은 전혀 도움을 받지 못한다는 말을 듣고 화를 냈다. 나는 청소년들에게 그것에 대해 그들이 느끼는 것을 그림으로 표현해 줄 것을 부탁했다. [그림 9-10]은 이 소년들이 치료적 도움을 받은 것에 대한 감정과 영국의 청소년 성범죄자도 치료를 통한 도움이 필요하다는 그들의 희망을 표현한 것이다.

편지

열린 마음을 가지고 조용한 손을 사용하라(머리 그림은 '돌쩌귀'라고 이름 지었다).

범죄자도 사람으로 똑같이 대우하라.

그들도 때로는 선행을 행한다는 것을 떠올려라.

USE A  AND AN OPEN MIND

velvet
HAND

PeRpeTRATORS ARE People Too So TReat them
Like So. Remind them from time to Time
THAT they ARe IN good hANDS
TRY to encourage them to continue counseling,
LONG TERM COUNSELING. IN order to talk to
them your must Be kind or they wont open
up. you also ~~MUST~~ HAVE PATIENCE

Good
Luck

Teen offender group is helping me
learn from What I did, I like everybody
in the group, Their my friends

good luck

😊

~~the~~ I like you

[그림 9-10] 미국인 청소년 성범죄자의 편지

긴 주기의 상담과 상담을 지속하기 위하여 그들을 격려하라.
그들과 대화하기 위하여 당신은 반드시 친절해야 하며
그렇지 않으면 그들의 마음은 열리지 않을 것이다.
또한 '반드시' 인내심을 가져야 한다.

10대 소년범 집단은 내가 한 일로부터 배울 수 있도록 도움을 주었다.
나는 집단의 모두를 좋아하며 그들은 나의 친구다.
행운이 있기를…….
나는 너를 사랑한다.

　나는 이 집단의 치료를 마무리하면서 미술치료는 어린 성범죄자를 다루는데 효과적인 치료법이라고 확신했다. 편안한 방식으로 상담이 보완된 미술치료는 집단 내의 소년들에게 쉽고 자연스럽게 미술치료의 활용을 받아들이게 한다. 소년들은 기꺼이, 열정적으로 자신의 혼돈을 이미지로 표현하고 창작하는 데 동참했다. 치료사로서 우리에게뿐 아니라, 오히려 보다 명백히 그들 스스로에게 몰입하는 모습을 보이면서…….

▶ 참고문헌

Becker, J. V. (1998). *Intervening in Child Sexual Abuse: Learning from American Experience*. Child Sexual Abuse Conference, Social Paediatric and Obstetric Research Unit, University of Glasgow.

Chissick, R. (1993). 'She never said no'. *New Woman, February*, 68-71.

Cohen, B. M., Giller, E., & Lynn, W. (1991). *Multiple Personality Disorder from the*

Inside Out. Baltimore, Maryland: Sidran Press.

Gordon, R. A., & Manning, T. (1991). 1990-1991 membership survey report. *Art Therapy, Journal of the American Art Therapy Association, 8*(2), 20-29.

Hagood, M. M. (1990). 'Art therapy research in England: Impression of an American art therapist'. *The Art in Psychotherapy, 17*(1), 75-79.

Hagood, M. M. (1992a). 'Diagnosis or dilemma: Drawings of sexually abused children'. *British Journal of Projective Psychology, 17*(1), 22-33.

Hagood, M. M. (1992b). 'Status of child sexual abuse in the United Kingdom and implications for British art therapists'. *Inscape,* Summer.

Katz, R. C. (1990). 'Psychosocial adjustment of adolescent child molesters'. *International Journal of Child Abuse and Neglect, 14,* 567-575.

Keller, R. A., Ciccinelli, L. F., & Gardner, D. M. (1989). 'Characteristics of child sexual abuse treatment programs'. *International Journal of Child Abuse and Neglect, 13,* 361-368.

Knibbe, C. (1990). 'Treating sexually abused children using art therapy'. *The Canadian Art Therapy Association Journal, 5*(1), 18-26.

Landgarten, H. B. (1987). *Family Art Psychotherapy.* New York: Brunner/Mazel.

Liebmann, M. (1990). "It just happened": Looking at crime events', In Liebmann, M. (ed.). *Art Therapy in Practice.* London: Jessica Kingsley Publishers.

Linesch, D. G. (1988). *Adolescent Art Therapy.* New York: Brunner/Mazel.

Linesch, D. G. (1992). *Art Therapy with Families in Crisis.* New York: Brunner/Mazel.

Marrion, L. V. (1990). Art therapists' approaches to the treatment of guilt and body image distortion in sexually abused girls, ages 4, 8, and 13. Unpublished doctoral dissertation, University of Victoria, Victoria, B.C., Canada.

National Children's Bureau Findings (1991). quoted on BBC TV programme, UK.

Nelson, R. M. (1992). 'Why I'm every mother's worst fear'. *Redbook,* April, 85-116.

Pattison, C. (1991/2). 'Child sexual abuse—Integrating work with victims, their families, and perpetrators'. *Child Abuse Review, 5*(3), 16-17.

Putman, F. W. (1989). *Diagnosis and Treatment of Multiple Personality Disorder.* London: Guilford Press.

Ryan, G. (1988). *Victim to Victimizer: Re-thinking Victim Treatment.* (Available from Kempe National Center for Prevention and Treatment of Child abuse and Neglect, 1205 Oneida Street, Denver, CO 80220).

Speltz, A. M. (1990). 'Treating adolescent satanism in art therapy'. *The Arts in Psychotherapy, 17,* 147-155.

Stember, C. (1980). 'Art therapy: A new use in the diagnosis and treatment of sexually abused children', in *Sexual Abuse of Children: Selected Readings*, U.S. Dep art-ment of Health and Human Services, Washington, *D.C., D.H.S.S.* Publication No.(OHDS) 78-30161.

Uhlin, D. (1984). *Art for Exceptional Children* (2nd ed.). Dubuque, Iowa: William. C. Brown Company.

청소년 성범죄자 치료를 위한 참고문헌

Becker, J. V., Cunningham-Rathner, J., & Kaplan, M. S. (1986). 'Adolescent sexual offenders: Demographics, criminal and sexual histories and recommendations for reducing future offences'. *Journal of Interpersonal Violence, 1*(4), 431-445.

Becker, J. V., Kaplan, M. S., Cunningham-Rathner, J., & Kavoussi, R. (1986). 'Charac-teristics of adolescent incest perpetrators: Preliminary findings'. *Journal of Interpersonal Violence, 1*(1), 85-96.

Gil, E. (1987). *Children Who Molest: A Guide for Parents of Young Sex Offenders.* Walnut Creek, CA: Launch Press.

Groth, A. N., Hobson, W. F., Lucey, K. P., & St. Pierre, J. (1981). 'Juvenile sex offen-ders: Guidelines for treatment'. *International Journal of Offender Therapy and Comparative Criminology, 25*(3), 265-272.

Groth, A. N., & Loredo, C. M. (1981). 'Juvenile sex offenders: Guidelines for assess-ment'. *International Journal of Offender Therapy and Comparative Criminology,*

25(1), 31-39.

Heinz, J. W., Gargara, S., & Kelly, K. G. (1987). *A Model Residential Juvenile Sex-Offender Treatment Program: The Hennepin County Home School.* Syracuse, NY: Safer Society Press.

Knopp, F. H. (1982). *Remedial Intervention in Adolescent Sex Offenses: Nine Program Descriptions.* Syracuse, NY: Safer Society Press.

Larose, M. E. (1987). 'The use of art therapy with juvenile delinquents to enhance self-esteem'. *Art Therapy, Journal of the American Art Therapy Association, 4*(3), 99-104.

Marsh, L. F., Connell, P., & Olson, E. (1988). *Breaking the Cycle: Adolescent Sexual Treatment Manual.* (Available from the authors through St. Mary's Home for Boys, 16535 SW Tualatin Valley Highway, Beaverton, OR 97006).

Naitove, C. E. (1987). 'Arts therapy with child molesters: A historical perspective on the act and an approach to treatment'. *The Arts in Psychotherapy, 15,* 151-160.

National Task Force on Juvenile Sexual Offending (1988). 'Preliminary report'. *Juvenile and Family Court Journal, 39*(2).

Porter, E. (1986). *Treating the Young Male Victim of Sexual Assault.* Syracuse, NY: Safer Society Press.

Ryan, G., Lane, S., Davis, J., & Isaacs, C. (1987). 'Juvenile sex offenders: Development and correction'. *International Journal of Child Abuse and Neglect, 11,* 385-395.

Sgroi, S. (1989). *Vulnerable Populations. Vol. 1 and Vol. 2.* Lexington, MA: Lexington Books.

Smith, W. R. (1988). 'Delinquency and abuse among juvenile sex offenders'. *Journal of Interpersonal Violence, 3*(4), 400-413.

Snets, A. C., & Cebula, C. N. M. (1987). 'A group treatment program for adolescent offenders: Five steps toward resolution'. *Child Abuse and Neglect, 11,* 385-395.

Steen, C., & Monnette, B. (1989). *Treating Adolescent Sex Offenders in the Community.* Springfield, IL, Charles C. Thomas.

Chapter 10
수용의 대안으로서의 미술치료

배리 맥키(Barry Mackie)

그 후 그는 의자에 풀썩 주저앉더니 등을 돌리고 앉아 온몸을 떨며 울었다. 나도 온몸으로 감정이입을 경험하면서 구석 자리에 가만히 앉아 있었다. 나는 용기를 내어 그에게로 다가갔다. 그리고 그의 절망과 고통이 모두 진실임을 느낀다고 말해 주었다.

서 론

　미술가에게 미술은 모든 갈등 해소의 방안이 될 수 있다고 믿으며, 나는 예술가로서 그리고 미술치료사로서 범죄자들과 여러 해 동안 함께했다. 무엇이 범죄자들과 작업하게 하였는가? 지난 시간 동안 일어난 모든 일들을 거슬러 더듬어 본다. 극작가 아돌 루가드(Athol Rugard)는 세계 모든 지역에서 일어나는 인간 본성에 반하는 것들을 '용맹스러운 염세주의'라는 문구로 표현했는데, 남아프리카에서의 나의 경험은 이러한 생각을 갖게 해 주었다.

　범죄자는 여러 측면에서 용맹성과 염세주의를 함께 드러내게 된다. 나는 개인적인 경험으로 이러한 사실을 알게 되었다. 나는 새로운 일을 개척하거나 가족으로부터 자유롭기에는 너무 어린 다섯 살 때 예술가로서의 나의 성스러운 능력을 깨달았다. 그 후 어린 어른으로서 직물 디자이너로서의 공식적인 훈련을 받으며 능력을 개발하기 시작했다. 그리고 교육법을 습득하여 아이와 어른들을 가르치기도 하였다. 일곱 살 때는 나의 의지대로 남아프리카를 떠나서 잉글랜드로 갔는데, 그곳은 교정시설 가까이에 있는 야만적인 그림자가 드리워진 곳이었다. 1982년에는 골드스미스 대학에서 청소년을 위한 치료 공동체에 초점을 둔 미술치료 훈련을 받았다. 이 훈련을 통해 나는 직무와 관련된 두 가지 전문적인 능력을 갖출 수 있었다. 나는 미술가로서 다양한 매체에 대한 능숙함에 상대적으로 만족하게 되었고, 현재 정신역동적 이론과 실제에 기반을 두게 되었다.

　학업이 끝나 갈 무렵 나는 레이체스터에 있는 한 소년원의 산하 기관으로 알려진 미술치료센터가 미술치료에 관심을 갖고 있다는 것을 알게 되었다. 그곳의 직원들과 시 공무원, 의료진 그리고 교사 한 명의 도움으로 3개의 집단과 4명의 개인에 대한 치료 계약을 6주 동안 체결한 후, 나는 자원봉사자로서 주당 14파운드를 받았으며, 교정시설로부터 편의시설을 제공받았다.

소년원

나는 교정시설을 몇 차례 방문하여 런던에 있는 나의 수련감독자와 협력하여 현장에서의 지도감독에 대해 계획하였다. 그리고 출발할 준비가 되자 자전거와 가방을 가지고 레이체스터 행 기차에 올랐다. 지난번 방문으로 교정시설 환경에 대해 조금 알기는 했으나, 며칠 동안은 청결 문제나 교정시설 출입과 관련된 사항, 수용자와 교도관 등 수용 생활 환경을 파악하는 데 시간을 보냈다. 교도관들은 내가 교정시설에 거주하는 며칠 동안 내가 머무는 편의시설 구간에서 생활했다. 나는 월요일에는 교정시설에서 근무하고, 금요일에는 런던에서 일할 수 있도록 계획을 재조정했다. 화요일부터 목요일까지는 집단치료와 개인치료를 하고 주말은 교정시설을 벗어나 생활했다.

집단 구성하기

수용자로 이루어진 3개의 집단은 이미 형태를 갖추어 운영되고 있었기 때문에 어떤 의미에서는 '빌려 와서' 운영되었다. 두 집단은 병동에서 이루어졌는데 '그녀의 아이들'과 함께 나의 작업에 대해 호기심과 질투심을 가졌던 열정적인 여성에 의해 운영되었다. 이 집단의 구성원들은 젊은 수용자들인데, 한 가지 또는 그 이상의 이유로 병동에 수용되어 있었다. 한 집단은 구성원들이 치료 시간 동안 대체적으로 일관성을 유지하고는 있었으나 불안정하였으며, 또 다른 집단은 구성원들이 보다 심각한 문제들을 갖고 있어서 더 명백한 약물 투여가 있었다는 점에서 달랐다.

각 집단의 평균 인원은 8명이었고, 두 집단의 구성원들은 일상적인 규칙을 따랐다. 그리고 하루에 두 번, 아침과 저녁 시간에 교도관과 함께 병원에서 집단 만남을 가졌다. 이것은 병원의 분위기를 바꾸었고, 수용자들은 자신을 지역공동체의 일부로 더욱 인식하게 된 듯했다. 나는 치료를 시작하기 전 일주일간 교정시설 병동에 있는 미술치료실에서 수용자들이 작업치료를 하고 있을 때 참관자와 방문자 자격으로 두 집단을 만났다.

세 번째 집단은 침착하며 호의적인 시 교육공무원으로부터 나에게 기꺼이 양도된 재범 집단이었다. 구성원 수는 항상 변동되었는데, 이것은 미결 소년 수를 위한 제도를 반영해 준다. 나는 집단 구성원들과 사전에 만나지 않고 첫 회기 때 그들을 만나게 되었다.

교도관과 미술치료 집단의 관계를 기술하는 것은 중요하다. 병동 집단의 경우에는 일상적인 규정에 따라 교도관이 커다란 작업실의 맨 끝에 서 있었다. 재범 집단 역시 일반적인 규정에 따라 교도관이 복도에 서 있도록 되어 있다. 집단의 특성상 집단 내의 개인을 감화시키기 위하여 약간의 획일성과 익명성이 고양되도록 도움을 주는 접근법이 필요했다. 꽤 많은 고심과 준비 끝에 나는 교정시설 안팎의 관계자들과 협력하게 되었고 구조적인 접근법을 사용하기로 결심하였다. 이것은 마리안 리브만(Marian Liebmann, 1986)의 치료서인 『집단 미술치료(Therapy for Groups)』에 영향을 받은 것이다. 개인 미술치료에서는 열린 대화로 수용자들에게 접근하였으며, 그들이 어떠한 매체를 가져오든 그것을 치료에 활용했다.

나는 상황에 따라 다양한 매체를 선택했다. 개인 미술치료를 위해 내가 선택한 채색도구는 일상적으로 가지고 있던 템페라 물감과 약간의 펠트펜, 연필, 붓 그리고 흰 종이였다. 재범 집단의 경우에는 단지 펠트펜과 흰 종이만을 사용했다. 병동 집단에서는 흰색, 검은색, 여러 가지 옅은 색지와 점토 등 방에서 사용할 수 있는 재료를 선택했다.

태업

소동이나 태업은 회기 진행 중에 자주 발생하기 때문에 마치 치료의 일부처럼 느껴졌다. 잘 정돈된 교정시설 복도에는 떠다니는 소독약 냄새처럼 '태업'의 냄새가 풍겨 났다. 은퇴가 2년 남은 상냥한 나의 슈퍼바이저의 눈에는 이것이 금방 감지되었다. 그리고 내가 이 혼란스러운 상황에 부딪혔을 때 그가 나에게 충분히 도움을 줄 수 있을 만큼 강하다는 것을 느낄 수 있었다.

교정시설 문화는 남성 우월적인데, 그것은 전체 시설에서도 마찬가지다. 그 결과로 완전히 피상적인 질서감을 간직한 힘과 신체적 방식의 놀이로 채워져 있다. 그리고 그 밑에는 수용복과 철창의 세계에서도 숨길 수 없는 인간적인 진정성, 즉 수용자와 교도관의 인간적인 관계, 신속하고 확고한 규율, 샤워실에서의 구타, 신참에 대한 부드럽고 상냥한 포용, 화장실에서 홀로 끝없이 시간 보내기 등이 있다.

나는 미술치료 회기 외에 교도관과 같이 수용자들의 작업을 볼 수 있는 기회를 좋아했는데, 교도관들은 그때마다 열린 마음으로 친절하게 나와 나의 업무를 대해 주었다. 그리고 나는 교도관의 참석 없이 내담자에게 접근할 수 있었다. 그 당시에 나는 한 사람이 다른 사람을 처벌할 수 있는 미미한 허용의 긴 통로 끝에 내가 서 있다고 느꼈다. 거의 보이지는 않지만 정립된 행위의 도구로서 지속적인 박탈이 일어나는 시설 안에 한 개인이 존재한다.

첫 번째 소동을 접하였을 때 나는 협상했다. 단지 소동 때문이라기보다는 나를 화나게 한 다른 수용자들 때문에 교도관에게 전화한 후 방문하기로 결심했다. 그 사건은 곧 '미술치료사가 사람의 마음을 가지고 놀려고 한다.'고 알려지는 계기가 되었다. 몇몇 교도관을 만난 뒤 나는 '나에게 징계를 내리게 될' 선임 교도관에게로 보내졌다. 선임 교도관이 있는 곳은 교정시설 주변이었는데, 나는 시간을 약속하고 그를 찾아갔지만 만나서도 인사하지 않았다. 심지어 '안녕하세요'라는 말조차 하지 않았다. 입을 꼭 다문 교도관이 문을 열었으며, 덜컹하는 소리와 함께 문을 닫자마자 자신의 방으로 사라져 버렸다. 수용자들이 '나사옴'의 유령이 출몰한다고 말하던, 배전판도 너무 많고 매우 이상하게 생긴 사무실의 닫힌 문을 바라보았다.

나는 문을 두드린 후 단정한 옷차림으로 나를 무시하면서 책상 위의 서류 더미에 시선을 두고 있는 선임 교도관에게 들어가도 되느냐고 물었다. 그는 민첩하게 일어났다. 그의 키가 적어도 195cm는 되어 보였다. 그는 나에게 자신이 누구인지 아느냐고 물었다. 나는 그의 이름과 직책에 대해 답했고, 그를 만나서 기쁘다고 말하며 손을 내밀었다. 그는 누그러졌다. 그 후 몇 분 동안 수용자들의 통제와 지속적인 훈육을 위한 그의 최신식 견해를 들어야 했다. 그는 자신을 발리니 감옥에서 가장 다루기 힘든 인간으로 분류되는 스코틀랜드 사람이라고 소개했다.

그리고 갑자기 말을 멈추고는 발끝을 곧추세우고 걸으면서 큰 소리로 말했다. 그는 나에게 살인자, 성폭행범, 아동 성범죄자 중 누구를 원하느냐고 물었다. 그가 발뒤꿈치를 바닥에 대기 전에 나는 살인자를 원한다고 말했다. 그는 나를 응시하며 찬찬히 살펴보았고 그 태도는 면담이 끝날 때가 왔다는 것을 알려 주는 신호였다. 그리고 그는 교실을 사용하려면 공동으로 사용하라고 말했다. 나는 공동 교실에서 수용자를 만났으며 그곳에서 면담을 할 수 있었다. 이것은 나중에 기술하게 될 살인자(Rob)에 대한 소개다.

나는 황소같이 강인해 보이며 키가 크고 젊은 수용자를 면담했다. 그는 왼쪽 눈에 이제 막 생긴 듯한 험악한 칼자국이 있었다. 그에게 나를 소개하고 나서 만약 동의한다면 함께 치료 작업을 하고 싶다고 말했다. 그는 스스로 많은 것을 하려고 하지는 않았지만 사려 깊은 사람이었다. 그러나 악의적인 상처로 가득 찬 채 자신의 배후 세력과 그들이 현재 행하고 있는 범죄에 대해 약간의 정보를 주었다. 그는 무척 잘 반응하는 기질을 가졌고, 그래서 그를 치료할 수 있다고 느꼈다. 헤어질 때쯤 그의 눈에 난 상처에 대해 묻자, 그는 부드럽게 웃으며 창문으로 나가다가 다친 상처라고 말해 주었다.

재범 집단

재범 집단은 9~12명으로 구성되었는데, 나는 가능하면 유동적으로 움직였다. 치료 초기에는 수용자들을 두 팀으로 나누어서 줄로 매어 둔 펠트펜이 있는 큰 종이판을 가지고 자유로운 낙서게임을 하였다. 이것은 수용자들을 이완시켰으며, 그들 개인이 작성한 것에 대한 채점에 그들 나름의 방식으로 반응하게 했다. 이러한 분위기는 신체의 일부를 그리는 것과 같은 보다 집중된 활동을 이끌었다.

이들이 가진 문화의 현란하고 삭막한 상상력이 이 작품들에 표출되었는데 대부분 문신과 관련된 것이었다. 재범 집단은 아직까지 어떠한 범죄 사실도 입증되지 않은, 말도 많고 요구도 많지만 활기 넘치는 수용자들로 구성된 집단이었다.

그 당시 이 수용자들은 교정시설 생활을 견디기 어려워했으며, 교도관들과의 관계에 있어서 나의 입장도 불편한 상황이었다. 이러한 상황은 회기 말기에 발생한 사건에 나의 초점이 맞춰지게 된 계기가 되었다. 미술 재료나 도구를 반입 및 반출할 때는 그 수를 세도록 하고 있다. 한번은 내가 가져온 펠트펜의 수를 세어 보고, 모두 정상이라고 생각했던 적이 있다. 그러나 내가 모르는 사이에 한 수용자가 펠트펜 속의 펠트를 빼 간 뒤 포장만 반납하였다. 다행히 교도관의 감시를 통과해 교정시설로 돌아간 그는 동료들에게 문신을 새길 의도로 가져왔다고 말했다. 그가 나를 기만했다는 것을 알게 되었다.

병동 집단

병동 집단에서는 분명한 규칙을 가지고 광범위하게 구조화된 주제를 활용했다. 수용자들이 스스로 동조하여 비지시적인 방식으로 구성원들과 작업을 분담할 수 있도록 하기 위해서였다. 작업을 즐기는 것에 중점을 둔 주제가 두 집단에 활용되었다. 예를 들어, 초기에는 집단의 구성원들에게 개인의 자질을 보여 줄 수 있도록 '스스로를 광고하는' 작업을 고안하게 함으로써 평소와는 다른 역할을 경험하고 자신을 확장시켜 더 큰 자질을 키울 수 있도록 계획하였다.

두 병동 집단은 나에게 서로 다른 경험을 안겨 주었다. 세 번째 회기에는 한 집단에 '무언가 색다르게' 집단의 은유적인 초상화를 그리도록 권유하였다. 그 결과 신뢰감과 안정감에서 빠른 성장을 가져왔고, 공동의 노력으로 낙서 형태의 이미지가 완성되었다. 수용자들은 이러한 작업에서 점차 도약하는 곰을 표현하였으며, 늑대 머리 같은 놀라운 창조물을 만들어 냈다([그림 10-1] 참조). 이 이미지는 수용자들이 모인 이 집단의 기질—공격적이고, 정략적이며, 분노하고, 굶주리고, 유머러스한 기질—을 상징하는 것처럼 보였다.

이어지는 세 번의 회기에서 이 이미지는 집단의 곳곳에 전염된 것처럼 개인의 작품 곳곳에서 나타났다. 이렇게 만들어진 작품 중 어떤 것은 교도관과의 관계로 전이되어서 특별히 한 교도관의 이름으로 불렸다. 이러한 유형의 작품은 수용 생활에서의 불평을 담아내게 되었다.

그림의 내용은 교정시설 내에서 심각한 분쟁을 일으켰으며, 교도관들에 대한 나의 입지를 훼손시켰다. 집단 스스로 '거명된 교도관' 그림에 대해 언급하지는 않았지만, 그 후 수업 시간은 평소와 달리 무미건조하고 침체된 분위기였다.

집단 구성원들이 안전하고 편안한 방식으로 자신들의 분노의 근원을 탐색할 수 있었는가? 그들이 나에게 소동을 일으켰는가? 나는 치료 계약을 굳건하게 지켜 나가는 것이 필요하다고 느꼈다. 나의 권위는 이 집단에 대한 감독에서 얻어지는 것이 아니었다. 집단과 나의 계약이 끝날 때까지 집단 스스로 나를 신뢰하게 될 때 확보된다는 것을 깨달았다. 나는 단지 교정시설 직원들에게 약간의 피드백만 주면 되는 것이다.

그리고 완성된 작품에 대한 소유권의 문제가 있었다. 작품을 만들 수 있도

🐚 [그림 10-1] 은유적인 집단 자화상

록 환경을 조성해 주었다는 점에서는 기관의 소유이지만, 종이 위에 자신들의 감정을 표현한 것은 그들의 것이라고 생각했다. 수용자들과 함께 작업하면서 그들에게 작품을 소유할 기회를 주고 싶었지만 선례가 없었으므로 이것을 강행하기 위해서는 작업장의 주변에서 작품을 만들어야 했다. 내가 유일하게 할 수 있었던 것은 수업이 끝날 때마다 이 작품은 그들의 소유임을 각인시키면서 만일 원한다면 지워 버리거나 방으로 가져갈 수도 있다고 말해 주는 것이었다.

집단과 작별해야 할 시간이 다가왔을 때, 나는 교정시설 밖에서의 생활을 구상하고 있었다. 나는 복도에서 나에게 "그림을 치워 버려."라고 말했던 교도관과 함께 있는 미술 작품 담당 교도관을 만났다. 나는 그림은 나와 연관된 것이므로 나의 슈퍼바이저와 논의해야 한다고 말했다. 그는 나를 약간 경멸하는 듯했으며, 문제에 대해 꼬치꼬치 캐묻기 시작했다. 나는 교정시설에서 그림을 가져와서 사진을 찍은 후 다음 날 반납했다.

마지막 회기에서는, 유용하다고 생각했던 수용자들의 작품을 재평가하기 위해 집단 구성원들을 초대했다. 더러는 자신들이 만든 거대한 낙서 그림에 대해 활기차게 말하기도 했지만, 한 수용자는 그림에 대해 험담을 하면서 몇몇 교도관에 대해 경멸감을 드러냈다.

병동에서 이루어진 또 하나의 집단은 일정 시간 동안 집단 행동을 유지하는 것이 어려운 '보다 더 경계'가 필요한 수용자들이 포함되어 있었다. 그러나 수용자들은 개인적인 작업에 몰두했으며, 미술 재료를 다루고자 하는 욕구가 점점 높아졌다. 이 집단에서 표현되는 주제는 점점 발전하였고, 자신에 대한 강한 억제력이 작용했다. 어떤 수용자들은 조용하게 전쟁 게임을 즐기기도 했지만, 다른 구성원들은 색칠 과정으로 제공된 오아시스 그림을 그리는 것을 좋아했다. 구성원들은 커튼이 반쯤 처져 있는 난방기 주변에서도 자신들의 손으로 직접 조각하는 재미에 바쁘게 움직였다.

세 번째 회기에서 점토를 사용하자 집단 활동은 보다 고무되는 듯 보였다.

그러나 한 수용자가 큰 로켓을 만들기 위해 독단적으로 많은 양의 점토를 가져가 버렸다. 그 로켓 제작자는 집단의 통치자로서 자신의 창작물을 만들기 위한 방법을 고민하던 중 갑자기 재빠른 동작으로 일어섰다. 나는 교실 끝에 있던 교도관을 자극하여 비상벨이 작동하게 되거나 이 남근 형상의 점토가 쓰러지면 어쩌나 하고 걱정했다. 그런데 순식간에 다섯 명의 교도관이 들어와서 그 로켓 제작자를 이동시켰다. 이 개입은 내가 인정할 만큼 정확하고 신속하게 이루어졌다. 집단을 떠나면서 그가 가진 잠재력은 박탈당했다. 로켓 제작자는 다시 복귀하지는 못했지만 잘 지내고 있다고 전해 들었다. 다시 말하지만, 나는 나의 관리 감독 기간에 많은 것을 느끼게 되었다. 비록 손톱을 물어뜯는 내담자가 일어서서 손가락을 빨고 돌아다니며 동료들을 방문하는 모습이기는 했지만, 이 집단은 마지막까지 계속되었다.

개인 내담자

개인 미술치료 내담자 중 3명은 심리학과 출신인 2명의 심리학자로부터 위탁받은 사람이었다. 그중 한 심리학자는 선배로부터 받은 교육의 영향으로 단지 2명의 내담자에게만 나의 방식을 적용하도록 하였다. 그러나 다른 한 명의 심리학자는 세심한 사람으로 미술치료에 강한 흥미를 가지면서 전적으로 협조해 주었다. 네 번째 개인 내담자는 내가 교도관과 협상하도록 강요한 수용자였다. 그는 이미 기술했던 롭(Rob)이다.

6회기의 개인 미술치료는 매체만 소지한 채 교실에서 혼자 진행했다. 교도관은 내담자의 보호자로 동반되었으나 회기 동안에는 치료실에 머무르지 않았다.

개인 미술치료는 수용자의 명성에 따라 두 가지 유형으로 분류된다. 그들은 치료가 시작되기를 기다리고 있었다. 치료에서는 수용자들이 만든 미술 작품의 내용과 그들이 저지른 범죄가 연관되어 나타났으므로, 보다 직접적인 도움을 줄 수 있었다.

수용자들이 재료의 선택과 사용법에서 각기 다른 성향을 보인다는 것은 흥미로운 일이었다. 전반적으로 재료는 최소한으로 사용되었다. 롭은 재료를 가장 건전하게 소비할 줄 알았으며, 연필과 붉은 펠트펜을 가지고 로켓 형태의 매우 생기 있는 작품을 만들었다. 어떤 수용자는 재료에 아예 손도 대지 않았다. 자신의 범죄가 폴로 그림이 그려진 사탕 한 바구니를 훔친 것이라고 말한 '폴로 키드'는 빨강, 초록, 검정, 청색의 펠트펜만 아껴서 사용했다.

단지 한 수용자만이 물을 섞지 않은 특이한 방식으로 물감을 사용했다. 황갈색 머리의 젊은 수용자는 두 회기를 매체와의 상호작용 없이 긴장된 침묵으로 보낸 뒤, 세 번째 회기에서는 참여하는 모습을 보였다. 그는 네 살 때 버려졌다고 말하면서, 항상 그랬던 것처럼 등을 벽에 기댄 채 담배를 피웠다. 그러고는 최근에 석방 날짜가 연기되었을 때 느꼈던 공포감에 대해 표현하면서 자신의 형기가 연장되는 순간 마치 교도관이 그의 어깨를 내려치는 것 같은 느낌이 들었다고 말했다. 상습범으로 알려진 그는 '출입구 발작'이라고 부르는 증상으로 고통받아 왔으며, 이러한 방식으로 '탈출'하려는 경향이 있었다.

자신의 문제에 대해 대화를 나누는 동안 그는 말라붙은 팔레트를 조심스럽게 만지작거리기 시작했다. 건조된 물감 조각을 특징별로 재배치하기 위해 물감을 만지며 오랜 시간을 보냈다. 그는 이 과정에 만족한 듯 보였으며, 처음으로 웃음을 지었다. 그리고 나서 교정시설에서 지급되는 점퍼에서 실을 꺼낸 후 성냥을 길게 갈라 그 작은 조각들을 실로 묶어서 십자가를 만들었다. 그런 후 십자가를 재배치된 팔레트의 면에 붙였다. 이러한 과정은 그의 공포감을 억제시키는 데 도움이 되는 것처럼 보였다.

롭은 자신이 경험한 모성애를 묘사하는 데 익숙해지면서 소름 끼치고 공격적인 형태로 표현된 자신의 레코드 덮개 작품을 뛰어넘어 이상적인 형태로 표현할 수 있었다. 롭은 남아프리카 태생의 웨일스인인 아버지와 남아프리카인인 어머니 사이에서 출생하여 할머니 밑에서 자랐다(그의 어머니는 남아프리카에 있다). 그곳에서 그는 작은 범죄 집안의 망보기 역할을 했던 것으로 짐작된다. 12세 때 이미 지금 나이인 19세처럼 보였고, 싸움을 경험했으며, 그때부터 그의 싸움 인생이 시작되었다.

그는 레바논 용병에 도전함으로써 자신의 신체적 용맹성과 공격적인 정서를 공식적으로 수용할 수 있었다. 이 도전은 그로 하여금 야만적인 행동을 하게 만들었고, 그것은 수용 생활에서 그나마 소유할 수 있는 그의 사진첩에 잘 나타나 있다. 그 후 프랑스 외인부대에 입대했으며 탈출을 시도했으나 실패했다. 그는 가공된 신분에 대해 그림을 그리는 내내 이 사실에 대해 이야기하곤 했다.

세 번째 회기에 그는 20분 지각했다. 나는 고의적으로 지각하는 것이라는 의심이 들어 교도관들에게 그를 데려올 것을 부탁했다. 롭은 매우 화를 내면서 할머니가 돌아가셨다고 말했다. 장례식에 참석하고 싶은 마음에 교정시설을 나갈 수 있는 방법을 찾고 있었다면서 속이 상한 듯 가끔씩 나를 바라보았다. 나는 마음을 가라앉히고 사용하고 싶은 재료를 찾아보라고 말했다. 그는 평소와는 다르게 연필과 몇 장의 종이를 가지고 낙서하기 시작했다. 그는 이유 있는 확신을 가진 예술가였으며 자주 그런 면을 드러냈다.

마치 연필로 깊은 절망을 덮으려는 듯이 두서없이 낙서를 휘갈기면서 외인부대에서 탈출을 시도하다 체포된 사건 등 자신의 인생에서 일어난 일들에 대해 늘어놓았다. 그는 재료를 내던지고, 그 사건에 대해 실제로 연기하기 시작했고, 나는 그를 처벌한 지휘관이 되었다. 짐작건대, 그는 절망적인 기분으로 방구석에서 웅크린 자세로 손을 머리에 얹은 채 한곳을 바라보는 벌을 하루 종일 받은 것으로 보였다.

잠시 후 매우 고통스러운 상황을 몸으로 실연하기 시작했다. 그는 절뚝거리며 나에게 다가오더니 마치 내가 자신을 벌한 지휘관인 양 욕을 퍼부었다. 결국 그는 지쳐 쓰러졌으며 잠시 누워 있다가 천천히 일어났다. 그러고는 다시 절뚝거리며 나에게 다가와 고통과 절망에 찬 몸과 눈동자로 나를 바라보며 울부짖었다. 그런 후 의자에 풀썩 주저앉았더니 등을 돌리고 앉아 몸을 떨며 울었다.

그때 나는 온몸으로 감정이입을 경험하면서 구석 자리에 앉아 있었다. 나는 용기를 내어 그에게로 다가갔다. 그리고 그의 절망과 고통이 모두 진실인 것을 느꼈으며, 그가 경험한 모든 것이 도움이 될 수도 있다고 말해 주었다. 그리고 할머니의 죽음과 관련된 문제로 돌아가자고 권유했다. 그는 깊은 한숨을 내쉬면서 마구잡이로 낙서한 그림을 뭉치며 의자 안에 깊숙이 몸을 파묻었다. 나는 그가 사랑하는 사람을 담담히 보낼 수 있도록 간절히 바랐다. 롭은 수업을 종료하고 자신의 독방으로 돌아가는 무거운 걸음을 준비하고 있었다.

회 고

치료가 끝나면 나의 치료 작업을 다시 살펴보기 위해 교정시설로 돌아갔다. 병동 치료에는 교도관들과 한 명의 의사, 시 공무원들이 참석하였기에 출석률이 좋지 않았고, 나는 적잖이 실망했다. 이들에게 어떠한 측면에서는 도움이 될 수 있는, 내가 아는 치료 방법에 대해 일반적인 설명을 해 주었다. 그리고 미술치료는 자신의 범죄행위의 배후에 존재하는 어떠한 감정을 확인하도록 도움을 주기 때문에 수용자들의 재활에 유용한 도구가 될 수 있다는, 개인적인 생각을 말했다. 치료는 자신을 확장시키고 이해 가능한 감정을 불러일으키므로 개인에게 매우 유용하며 기관이나 사회에도 보탬이 된다. 그래서 미술치료는 일반적으로 사용되는 처벌이나 약물을 사용한 통제와 같은 부정적인 방법이 아니라 보다 긍정적인 행동의 과정이 되어야 한다. 나는 미술치료가 진단적 도구로서 사용될 수 있는지 질문을 받았다. 내담자의 작품이 광범위한 심리학적 범주의 신호를 보여 주더라도 그것에 대한 해석이 항상 옳거나 유용한 것은 아니라고 대답했다.

교도관 중 몇몇은 미술치료가 끝나고 수용자들이 교정시설로 돌아갔을 때 약간의 예기치 않은 행동이 유발되곤 했다고 말했다. 여기서 '교도관이 거명된' 사건에 대해서는 아무도 말하지 않았지만 아마도 그 사건에 관련된 듯한 교도관을 발견할 수 있었다. 교도관들은 '로켓 맨'의 사건에서도 내가 통제력을 잃은 것으로 느꼈기에 자신들의 개입이 필요했다고 역설했다. 교도관들은 롭이 할머니의 장례식에 참석하도록 가까스로 특별 귀휴 조치를 받았다고 전해 주었다.

나는 그 후 18개월 동안 미술치료를 하지 않았다. 치료 공동체에서 약물과 알코올 재활 분야에서 일하면서 짧은 기간 홀로웨이 교정시설에 있는 도자기 제작소에서 시간을 보냈다.

주간훈련센터

주간훈련센터와 프로그램

나는 런던 보호관찰 서비스의 공고를 보고 우편으로 지원했다. 미술치료사로서 수용의 대안으로 제공되는 성인 범죄자를 위한 집단치료 프로그램을 맡기 위해서였다. 선발 예비자 명단에 오른 후 면담을 거쳐 합격했으며, 미술치료 부분에서 조수급의 정규직으로 채용되었다.

나는 좋은 느낌으로 면접장을 나오면서, 이곳에서 일하고 싶다는 생각이 들었다. 이 전문가 집단은 치료에서 모두 같은 목표를 가지고 한곳에 초점이 맞춰져 있는 것처럼 보였다. 내담자 집단을 건강하게 만든다는 목표로, 섬세하고 배려 깊은 리더십을 갖추고 내담자를 보살피고 적당하게 통제하는 역할을 하고 있는 것으로 보였다. 미술치료사로서 나는 이러한 역할을 더욱더 확장시키는 데 기여해야 한다고 느꼈다.

주간훈련센터는 수용의 대안으로서 흔히 사회적 기술이나 기법에 대한 훈런이 모색되던 1976년에 설립되었다. 이 센터는 두 개의 감독기관 산하에서 발전해 온 도전의 역사를 가지고 있으며, 현재는 현행 감독기관으로부터 사려 깊고 전문적인 집단치료 프로그램으로서 권위를 얻게 되었다.

우리가 치료실로 사용했던 집은 대규모의 거주단지 주택으로 1910년에 지어졌으며, 넓은 잔디밭이 있었다. 그 집은 메트로폴리탄 경찰서 소유였으며 양쪽에는 고층 건물이 있고, 예전에는 나이 든 퇴직 경찰들을 위한 주택으로 사용된 곳이다. 런던 보호관찰 서비스는 명목상 임대 형식으로 그 집을 얻은 후 간접적으로 지역사회가 연합되었다. 그곳은 교정시설의 일정과는 매우 다른, 대안적인 방식으로 운영되었다. 이곳에는 동반자가 요구되는 것 같은 법적인 보호관찰 지침이 있다.

센터는 16명의 직원들이 근무하는 특별한 곳이었다. 정원사 1명, 요리사 1명, 보조 요리사 1명, 비서 2명, 6명의 정규직 보호관찰관, 4명의 조교수급(관리직 1명, 연구직 3명), 선임 보호관찰관 그리고 치료 회기를 진행 중인 3명의 직원이 있었다. 그들은 25명의 내담자를 두 집단으로 나누어 12주 프로그램을 6주씩 운영하면서 번갈아 가며 봉사했다.

프로그램은 하루 전체의 일정으로 구성되었다. 폐쇄 집단은 오전에, 개방 집단은 오후에 운영되었다. 단 한 번의 면담으로 받아들여지지만, 보호관찰관의 감독을 받으며 집단 프로그램을 시작할 때까지 남아 있게 된다.

처음 시작하는 집단은 일반적으로 평가를 통과한 12~14명으로 구성되었으며, 매일 오전 집단실에서 약간의 티타임을 가진 후 약 한 시간씩 2회기가 진행되었다. 이어지는 합동 만남에는 프로그램에 관련된 모든 직원과 내담자들이 참석했다. 집단 구성원들은 이 대집단 모임에서 자발적으로 집단 소식, 집단에의 출석, 내담자 사이에 존재하기 마련인 편 가르기 등 일종의 경로로서의 모든 것들이 이루어졌다. 점심시간이 이어지면서 다른 집단에 속해 있는 전체 집단이 함께할 수 있는 시간이 주어졌다.

점심시간 후에 오전과 오후 집단 간에 필수적이고 공식적인 '권한 이양' 이 이행되었으며, 이때 창조적인 작업실과 직원들이 공개되었다. 내담자들에게는 어디에 속하고, 무엇을 하고, 누구와 함께할 것인가에 대한 선택권이 있었다. 추가 회기는 다른 오후 수업반과 같이 진행되었다. 수업이 끝날 때마다 직원들은 매일 피드백을 주고받았다.

나는 이 프로그램에서 시작과 중간과 마무리가 있다고 생각했다. 감독은 명확한 규정에 의한 관리를 실행하였으며 전체 직원에 대한 지지와 견제가 이루어졌다. 보호관찰관의 감독은 2명이 한 조로 구성되었고, 3명의 워크숍 강사(2명의 미술치료사와 목공 및 사진 전문가 1명)는 처음부터 함께 작업했으며, 이후에는 독립적인 관리가 도입되었다. 치료 회기 중 투입은 정규 관리 계획에도 있는 음악치료 및 교육 같은 전문적인 문제에 대해 이루어졌다. 외부 상담사의 지원과 함께 이 전문가 팀 전체는 '집단을 지지'하는 데 매주 치료 시간의 1시간 30분을 할애했다.

높은 안목과 전문성을 가진 센터가 건전한 통제를 위한 모든 구조를 관리하기 때문에 내담자들이 존재하고 성장하기에 안전하고 적절하며 강력한 환경이 되었다. 그 결과 공동체 문화가 확고한 영역을 가지게 되었으며 또한 변화도 충분히 수용할 만큼 유연한 곳이 되었다.

직원 중 가장 많은 인원을 차지하는 보호관찰관들은 2~3년 후 전근이 예정되어 있었으므로 전출은 심히 우려되는 문제였다. 그러나 주요 문제인 전출은 매끄럽게 기술적으로 잘 처리되었으며, 이를 위해 직원과 내담자 모두 지속적인 노력이 요구되었다.

보호관찰관들은 현장에서의 실제 경험과 그곳에서 이미 맺어진 약간의 제휴를 통해 센터에서 치료할 내담자를 선정하였다. 센터는 사법권과 행정권을 가진 현장의 보호관찰관이 보낸 집단치료 내담자를 재평가했다. 재평가는 지속적으로 진행되며, 지정된 날짜에 기록된다. 집단에 대한 재평가는 두 명의 보호관찰관에 의해 이틀에 걸쳐 진행되었으며, 한 번은 팀의 입장에서, 한 번은 팀 내에서 내담자와 치료에 대한 평가가 주어졌다.

평가의 목적은 전문적인 팀으로서 센터의 프로그램에 잠재적으로 내담자가 결합될 수 있는 방법을 모색하여 센터에 편안한 방식으로 정보를 제공하기 위한 것이다. 평가 두 번째 날 마지막에 내담자와 현장보호관찰관이 개인적인 면담과 의학적 진단을 받기 위해 출정을 나온다. 치료 계약서는 내담자와 현장보호관찰관과 센터 사이에 작성되었다. 이 계약은 내담자의 범죄와 관련된 중요한 문제에 관한 의견과 센터의 환경이 내담자를 방해하는 데 사용될 수 없게 하기 위한 것이다. 이것은 특정 집단 내에서만 적용되는 개인적인 규칙에 근거한 동의가 포함된 것이다.

내가 처음으로 전문적 업무를 수행한 영역도 평가 분야였다. 나는 둘째 날 오전 집단에 도자기 전문가이자 미술치료사로서 업무를 수행했다. 이때는 내담자의 범죄에 중점을 두었으며, 내담자가 미술을 활용하여 자신과 자신의 범죄에 대해 보다 쉽게 말할 수 있도록 유도하였다. 이 시기는 내가 집단치료 작업에 몰입하게 된 계기가 되었다. 평가 집단에는 되도록 많은 일반적 프로그램이 제공되었으며, 그곳에서 수행되었다. 평가된 집단은 센터에 대해 '소비자 입장'을 취하고자 하는 그 당시의 내담자들과 함께할 시간이 주어졌다. 또한 워크숍 교사들은 내담자들을 면담할 수 있었고 이들의 행동을 관찰할 수 있었다.

내담자

일반적인 교정시설의 수용 인구 분포를 반영하듯이 내담자들은 '중형이 선고된' 성인범으로, 성(性)과 인종 면에서 매우 광범위했다. 그들은 비교적 공공시설에 수용되는 경우가 많았으며, 더러는 가족의 해체로 사회시설에서 양육된 사람들이다. 그들은 한 가지 이상의 보호 규정에서 매우 독립적이었으며, 다른 세상에서 자신의 생존을 위해 투쟁해 왔다.

여성 치료사와 관련한 특별한 문제도 있었다. 그것은 남성 위주의 시설인

센터에서 여성 치료사 혼자 집단치료를 하는 것이 옳지 않다는 직원들의 의견 때문이었다. 어려움을 느낀 센터의 여성 보호관찰자는, 그 정책이 때로 범죄의 위험성을 더욱 높일지라도 치료 기간 동안 외부에서 두 명의 여성을 충원하는 방법을 모색하기로 결심했다.

범죄는 좀도둑과 강도가 포함된 내담자 집단과 위법 정도가 덜한, 차량과 같은 재물에 대한 절도행위를 저지른 내담자[실질적인 육체적 손상(ABH)과 같은]에 의해 일어난다. 이러한 범죄자들의 다수는 알코올과 불법 약물 사용에 연루되어 있다. 그러나 주간훈련센터에서는 이러한 전과자들의 행위는 심각한 범죄(극악한 신체 손상)로 다루지 않았으며, 심각한 약물중독과 알코올중독이 있는 성범죄자의 경우에는 신체적 제약이 가해지는 지역보호시설에 감금했다. 직원의 대표자는 4분기마다 한 번씩 지역에 있는 단체와 만났으며, 이는 정보를 공유하고 열린 의사소통을 유지하기 위해서였다.

오전 집단 작업의 보조자

내가 치료를 시작한 지 4주가 되었을 때, 보호관찰관이 갑자기 미술치료실에 도착하자마자 오전 집단을 공동 지도할 필요가 없게 되었다고 말했다. 나는 일상적인 문제를 다루는 새로운 집단을 시작하기로 예정되어 있으며, 이미 초대장이 발송되었다고 말했다. 우리 팀과 다른 집단 지도자 간에 긴 토론이 있었고, 나는 미술치료실에서 나왔다. 그리고 함께 공동 집단치료를 맡았던 여성 보호관찰관과 함께 복도를 가로질러 걸어갔다. 이러한 행동은 프로그램과 팀에 소동을 일으켰지만 공동체 업무와 일상에 최소한의 피해를 준 최상의 행위라고 생각한다.

나는 힘든 경험을 하게 되었다. 나에게 이 상황은 매우 독특한 것이었다. 나는 반쪽짜리 공동 지도자로서 닫힌 방 안의 쿠션에 기댄 8명의 준비되고 활기찬 집단 구성원과 함께하게 되었다. 그것은 '험난한 세상'이었다. 나는 미술 매체도 없는 미술치료사였다. 나는 공동 지도자에게 많이 의지하였으나, 그는 정세를 관망하듯 바라보고만 있을 뿐이었다. 그러나 집단은 약간의 시련을 경험했지만 살아남았다. 비교적 만족스러운 구성원들과 함께! 나의 관심은 '지금-여기'의 집단 과정에 있었으며, 또한 나 자신이 그곳에 복귀하는 그 순간 미술치료사로서의 직책에 충실해져야 했다. 나는 복도를 가로질러 갔으나 돌아와야만 했다.

집단은 한 명의 여성(비록 2명이 시작할 예정이었지만)과 7명의 남성이 참가하여 8명으로 구성되었다. 그중 3명은 흑인이었고, 5명은 백인이었다. 한 흑인 남성은 간질 증세가 있었으며(참가 허용 후에야 알게 되었다), 또 한 명의 흑인 내담자는 오른쪽 다리에 보조기구를 착용하고 있었다. 집단의 평균연령은 26세이고, 최연장자인 남성 내담자는 오랫동안 범죄를 저지른 긴 역사를 갖고 있었다.

집단 구성원들은 집단이 '소동'의 시기를 겪는 동안에 아마도 지도력의 약화를 눈치챘는지 공격적인 '행동'을 하면서 그 한계를 시험하였다. 분노는 특히 여리고 매우 소란스러운 남성 내담자에게서 표출되었다. 그는 성관계, 약물, 로큰롤, 허용 시간의 한계까지 모든 것을 시험했다. 그는 집단치료실 안팎에서 분노를 표출했으며, 그 결과 집단 전체에 통제 불가능한 균열이 일어났고, 여섯 번째 회기가 끝난 후 일상적인 팀 토론은 연기되었다.

센터의 '지금-여기'에 중점을 둔 범죄행위 집단에는 가차 없이 피드백을 제공하는 관리 환경이 제공된다. 이 피드백은 내담자의 감정, 행위, 결정에의 책임 등에 대한 발언으로 구성되었다. 그것은 개인에게 강력하고도 지도적이며 유용한 집단의 수단으로, 현행법은 내담자가 범죄행위를 한 곳으로 데리고 가서 그 행위를 재연하도록 한다.

집단치료에서 이 같은 감정을 느낄 수 있다고 앞서 기술한 것처럼, 나는 보호관찰관 동료 중 한 명에게 '속은 듯한' 감정을 느꼈다. 그리고 이 같은 감정을 느낄 때마다 나는 무기력해졌다. 그러나 얼마간 휴식을 취하고 나자 다시기적적으로 집단 경험의 영역이 용기 있게 펼쳐졌다. 치료 작업은 인류라는 존재를 확장시키고 건강하게 만들며 유용할 것이라는 생각으로 나의 마음을 다잡을 수 있었다.

이 집단에서 일어났던 특별한 사건이 떠오른다. '소동' 상황 동안 나는 마치 그 중심에서 벗어난 것처럼 치료실 뒤의 의자에 앉아 있었다. 최연장자는 평소 매우 조용했으나, 분명한 존재감을 가지고 있었고, 종종 집단에서 책임을 맡기도 했으며, 많은 영향력을 발휘하기도 했다. 오전반 집단치료의 두 번째 회기에서 나와 공동 지도자는 그가 집단의 다른 내담자들보다 앞으로 나와 앉아 있는 것을 보게 되었다. 그는 손으로 머리를 받친 상태에서 약간 몸을 흔들면서 깊은 생각에 잠겨 있었다. 잠시 후 그는 일어나서 나를 응시하며 다가왔다. 그는 분노를 터뜨리며 교정시설에서의 사건과 관련하여 자신의 머리에 구정물을 뒤집어쓴 것 같다며 경멸감을 드러냈다. 그는 내 뒤에서 나를 내려다보며 마구 소리 질렀다. 나는 말없이 의자에 앉아서 그의 눈을 보고 있었다. 그는 한동안 화를 낸 다음 마치 누군가가 스위치를 끈 것처럼 자기 자리로 돌아가 온순한 모습으로 앉아 있었다. 일 분쯤 지난 후에 그는 다시 일어나서 집단 미술치료를 견딜 수 없다고 말했다. 또한 자신의 보호관찰관에게 수용으로 바꿔 줄 것을 요구하고, 보호관찰을 떠나 감옥살이를 할 것이라고 말했다. 회기에 참여한 집단의 나머지 사람들과 토론을 더 한 후에 그는 그렇게 실행했다. 이 사건은 이 '수용의 대안'에 대한 근본적인 선택을 의미했다.

그때 그 내담자의 난폭한 행위는 나를 매우 놀라게 했으며, 극심한 불안감을 불러일으켰다. 나는 티타임 동안에 눈물을 흘리며 앉아 있었다. 이 때늦은 긴장의 이완은 나에게 안도감을 주었으며, 공동 치료사와 직원들은 나를 위로해 주었다. 내가 겪었던 분노와 고통을 표현하고 그 느낌을 수용한 후에야 집단으로 돌아가는 것이 가능해졌다. 그러나 극단적으로 민감해진 것은 아니었다.

복도를 가로질러 미술치료실로 향하는 나의 발걸음은 유연하고 확신에 차 있었으며, 나는 곧 내 자리로 돌아왔다. 그 후 오전반의 특별한 신뢰를 확인할 수 있었고, 오후반 수업을 하는 동안 내가 내담자들과 작업하는 이 공간에 있는 것을 좋아한다는 것을 깨닫게 되었다. 그러나 내담자들은 센터의 심사를 통과해야만 집단에 참석할 수 있어서 집단치료사 역할이 다시 시작되기까지는 약 3개월이 소요되었다.

미술치료실

나에게 특별한 공간인 미술치료실은 저택 1층 직원 방 바로 옆에 있었다. 그곳은 고층 건물의 출입구 너머로 거리가 내다보이는 곳이었다. 이 방의 전임자도 미술치료사였는데, 그녀는 지하의 도자기 제작소로 자리를 옮겼다. 그녀는 2년 전에 미술치료 과정을 이수한 후 센터에서 정열적으로 미술치료 기반을 구축했다. 그녀는 팀의 새 구성원이자 동료 치료사로서, 우리 모두 전문가로서 동등하게 대우받아야 한다며 나에게 본질적이고 즉각적인 지지를 해 주었다.

방에는 특색 없이 칠해진 탁자와 철제 가구들이 있었다. 벽장은 포스터물감, 못, 실, 오래된 잉크, 붓통, 펜과 연필 같은 것으로 채워져 있었다. 그곳은 마치 알라딘의 동굴 같아서 잠들어 있던 무엇이 생명체가 되어 튀어나올 것만 같았다.

나는 이 공간에서 강한 영감을 받았으며, 팀 내에서의 나의 위치와 역할을 수행하기 편리하도록 개조하기로 했다. 먼저 프로그램이 진행되는 동안 내담자가 참여하면서 면담 등 나의 업무를 동시에 볼 수 있도록 철제 캐비닛을 다른 가구 주변으로 옮겼다.

가능한 한 많은 재료들을 바깥에 꺼내 놓아 친근감을 주었지만 한편으로는 혼잡한 모양이 되었다. 치료실에는 찬 것, 축축한 것, 건조한 것, 반짝이는 것, 둔탁한 것, 긴 것, 짧은 것, 물감, 점토, 밧줄, 직물, 구슬, 인쇄물, 책, 종이, 카드 등 많은 종류의 소재가 있어서 선택할 수 있었다. 센터에서 충분한 경비를 제공해 주었고, 나는 내담자의 개인적인 배경과 그들의 요구에 적합한 다양한 종류의 서비스를 제공할 수 있게 되었다.

마침내 내담자들이 스스로 자기 치유에 전념하게 되었을 때, 그들에게 약간의 교육이 필요하다고 생각했다. 그것은 선택과 매체의 질에 해당되는 것뿐만 아니라 내담자들이 나의 열정과 관심을 활용하는 것임이 명백해졌다. 나는 미술치료를 선택한 사람들과의 관계를 진전시키기 위해 항상 무엇이든 협상하여 결정하였으며, 이 교육은 무조건적인 것이 아니었다. 나와 내담자들은 내가 어떤 어려움에 처해지면 내가 그들을 팀으로 데리고 갈 수 있다는 것을 알았다.

미술치료 작업으로서 '어떤 표현을 시작하는 것'은 많은 시간이 걸린다. 나는 절차를 무시하는 것은 원치 않았으며, 보다 혁신적인 접근법보다는 무엇인가 색다른 표현을 향해 천천히 돌아가기를 원했다.

나는 프로그램의 일부를 이완감에 목적을 두었다. 미술치료실의 주인으로서 나의 첫 번째 상징물은 낙서판이었으며, 그것을 문에 걸어 두었다. 낙서판은 핵심적인 장치로서 다양한 감정을 표현하는 표적이 되었고, 항상 미술치료실과 그곳의 거주자들에게 활기와 통합을 제공하는 듯했다.

나의 개인적인 업무적 권위는 팀이나 교실 모두에서, 때로 매우 사소한 때도 있었지만, 가장 저항이 심한 내담자의 치료사로서 참여할 수 있었다. 이것은 나와 내담자 간에 긍정적인 관계를 발전시킬 수 있도록 이끌었으며, 나와 그들의 창작물이 돋보이도록 만들었다.

나는 내담자가 작품을 완성하기보다는 프로그램에 끝까지 참여하도록 돕는 관점을 견지했다. 모험적이고 혼란스러운 측면이 있었지만, 선택은 내담자에게 주어졌으며 그것은 무한한 용기와 기술을 발전시킬 수 있도록 그들을 도왔다. 또한 미술치료실은 편안한 장소로서 그들 스스로 개척할 수 있는 곳으로 여기도록 만들었다. 내담자들은 센터에서 수일, 수 주간을 작업하면서 다른 매체의 활용을 통하여 존재하고 생각하며 새로운 방식을 실험하거나 연습할 수 있었다.

나 자신이 가진 예술가, 장인, 치료사로서의 기술을 미술치료실에 도입했으며, 이것은 작업할 수 있는 매체의 다양성에 반영되었다. 내담자들은 드러나 있건 숨겨져 있건 간에 자신에게 내재된 예술가 혹은 장인의 기질을 발휘하여 다양한 방식으로 매체를 활용했다. 그들은 다양한 재료로 수준 높은 창작물을 창조했다. 어떤 재료들은 항상 사용할 수 있도록 미술치료실에 구비되어 있었으나, 없는 재료들은 내담자가 원할 경우 특별히 구입하였다. 내담자들은 자신의 창작물에 각자 다른 재료를 사용했다. 또한 작품 속에 자기 스스로와 다른 사람 그리고 주변 환경을 장식했다. 그리고 그것을 버리거나 부숴 버렸고, 그 자리에서 내기를 하여 작품에 대한 권한을 포기하기도 했다.

어떤 창작물의 경우에는 그것에 대한 창작자의 소유권이 매우 중요한 문제가 되었다. 내담자들이 만든 창작물은 그대로 방치해 두었다. 왜냐하면 내담자 자신이 소유할 수 있도록 작품을 '손에 쥐는 것'을 허용하는 것이 중요하다는 것을 알았기 때문이다.

대부분의 내담자들은 초기에는 혼자 작업했으며, 어떤 경우에는 자신들의 평가 집단과 관련되어 짝을 이루거나 집단을 형성했다. 프로그램이 막바지에 이르면서 구성원 간에 빈번히 상호 교류가 이루어졌다. 미술치료실 전체에 흐르는 지속적인 문화의 형태는 낙서장에 표현되었다.

공동체의 새로운 구성원들에게는 프로그램의 시작 시간이 중요하다. 이 정착기 동안에 일부 내담자들은 오후반을 선호한다는 것을 알았다. 다른 내담자들은 치료실에서 무엇을 하고 누가 지원했는지를 알고 결정하기 위해 몇 번씩 방문하였다. 이는 과거와는 달리 지지받으며 작업할 수 있는 안전한 장소를 찾고자 하는 그들의 노력이었다. 창조적이고 치유적이며 비언어적인 오후 프로그램은 센터의 여성들이 정착하는 과정에서 핵심이 되었다.

개인 내담자와 그들의 작업

어떤 집단의 초기 단계에서, 나는 치료실 안을 활기차게 돌아다니던 강한 성격의 여성을 기억한다. 그녀는 흥분하였으며 긴장했다. 흔히 그렇듯이 그녀는 다른 내담자를 따라온 예비 방문자였다. 그녀가 방문했던 시간에 나는 치료실에 혼자 앉아 있었다. 나에 대해 조금 알고 있었던 그녀는 자신의 팔을 문지르며 "내 심장이 붉고 뜨거운 밧줄 같다."라고 말하고는 발을 구르면서 소리를 질러 대기 시작했다. 그리고 나서 그녀는 억센 손으로 고리에 걸려 있는 한 묶음의 밧줄을 집어 들고 탁자로 옮겨서 천 조각과 물감으로 인형을 만들었다. 그리고 점토로 그 당시 유행하던 아기용 노리개를 재빠르고 섬세하게 만들었다. 그리고 그것을 인형에 붙이더니 다섯 살 때 잃어버린 자신의 아이라고 말했다. 그녀는 계속해서 자신의 약물 이력에 대해 장황하게 늘어놓기 시작했다. 하지만 지금 이야기하는 것은 열려진 하수구 뚜껑처럼 재수 없이 살아온 자신의 인생 목록 중 한 단편일 뿐이라고 말했다(이러한 성장 과정은 나중에 현실 속 그녀의 인생을 실패로 이끈다). 그런 후 그녀는 미술치료실에 다시 오지 않았다. 다행히 그녀는 도자기 제작소에서 안정을 찾게 되었으며, 그곳에서 기교적인 작업에 열정적으로 매달렸다. 그러나 그녀는 때때로 자신의 인생이 안전한지 점검하곤 했다.

이런 내담자들은 조작된 행위로 높은 수준의 저항을 드러내고 무엇엔가 흥미를 보이는 것에 주저함을 보인다. 다행히도 어떤 작업에 드는 시간이 얼마든 간에 창작에 몰입하여 작품을 만들어 내는 특이한 문화를 가진 핵심 집단 역시 있었다.

벤(Ben)은 참여에 있어 뿌리 깊은 저항을 표출하는 사람들 중 한 명이다. 그는 항상 정시에 도착했다. 그리고 어떤 한 가지에 집중하지 않고 하나 이상의 것에 오후 내내 시간을 허비했다. 다른 치료사와 그의 동료가 약간의 제재를 가하자 그는 그 자리를 떠나 버렸다. 그리고 자리를 뛰쳐나와 다른 곳에 숨어 버렸고, 결국 더 큰 혼란에 빠지게 되었다. 그는 나의 치료실을 불시에 몇 번 방문하였으며 다른 사람의 작업에 동참하곤 하였으나 자신의 작업은 하지 않았다. 한번 해 볼 만한 일이라고 권했지만 그는 대담하고 뻔뻔스러운 태도로 일관했다. 그는 오전반과 오후반에서 동일하게 행동했고, 집단 전체에 방해가 되었다. 나는 다른 내담자에게 그랬듯이 그를 격려하고 위로하여 그의 역할에 직면하도록 시도했다. 그는 유일하게 낙서판에 무엇을 시도해 볼 것을 권할 때만 재료를 잡았다. 나는 낙서판 가까이에 놓인 붓통에 붓들을 꽂아 두고 있었으며, 벤에게 붓을 건네주기 전에 표시를 해 두기 위해 그 붓을 사용했다. 벤은 두꺼운 검은 선으로 성기를 커다랗게 그리고는 미술치료실을 떠나 버렸다. 그의 저항은 다양한 방식으로 나타났다. 언제나 결국은 집단원 중 누군가가 참을 수 없는 수준에 도달할 때가 되어서야 몇 가지 재료를 다루었으며, 그 시점에서 프로그램을 떠났다.

그는 이러한 저항을 다른 형식으로 표현하기도 하였다. 그것은 12주 내내 치료실의 같은 장소에서 같은 주전자의 물을 먹고 같은 일만 하면서 큰 파이프의 담배를 피우는 캐릭터인 '빅 켄(Big ken)'으로 나타났다. 그는 미술치료 사정 집단에서 수용 생활 중 그가 배웠던 서예 기법을 활용하였다. 그는 다른 집단 구성원의 이름을 그려 주었다. 그는 집단이 처음 시작될 때부터 구성원이었으며, 잠시 동안 차를 마시는 휴식 시간에 점심을 먹었다. 그는 작업 시간 전부를 번호판을 조심스럽게 색칠하는 데 보냈으며, 다른 재료에 관심을 갖거나 다른 작업을 시도하는 행위를 강하게 거부했다. 또한 작업의 기술을 발전시키는 데도 흥미가 없었다. 그는 같은 이름을 쓰는 일을 반복했고, 행동이 점점 느려졌다. 치료실 주변은 아예 정리하지 않으면서 치료실에 대한 요구만 계속 늘어갔다. 7주째가 지나서도 그는 '물건을 쌓아 두는 상태'를 지속하였기에 집단 구성원들과 나는 그와 갈등을 빚게 되었고, 그의 물통과 그 자신을 겨우 연결하게 되었다. 말하자면 물을 바꾸지 않은 것은 그의 변화되지 않는 상태를 의미한다

나는 자료실에 있는 책이나 잡지뿐만 아니라 다양한 점토 등을 도입하여 미술치료실의 작업에 창조적인 면을 발전시키기로 결심했다. 어떤 의미에서 여성의 욕구와 그들의 문화와 관련된 일종의 신념을 발전시켜 가고 있었다.

어떤 내담자들은 자신의 삶 어딘가에서 습득한 기술을 사용했다. 교정시설 안에서든 외부에서든, 소질이 있다는 것은 꽤 좋은 상황을 의미한다. 이러한 의미에서 프레드(Fred)의 기술과 창작품은 그 자신의 정체성과 치료실과 집단에서의 그의 위치를 독보적으로 만들었다.

'화가 프레드'는 어느 집단 구성원의 아이 초상화를 고도의 기술을 사용하여 몇 시간 동안 정성을 다해 그려 주었다. 그러나 하드보드에 칠을 하고 있을 때 누군가 사진이 걸린 이젤을 살짝 건드리기만 해도 치료실에서 고함을 질러 댔다. 그리고는 치료를 마치기 직전에 점심시간을 이용하여 치료실을 방문하여, 자신이 그리던 초상화 두 개를 부수었다. 알코올중독자인 프레드는 프로그램이 잠시 없는 동안에 '떠들썩한 파티에 갔다'. 그리고 자신의 음주 문제를 인식하게 되었다. 그 후 도자기 제작소에서 점토 기법과 스스로에 대한 지식을 확장하기 위해 노력했고 고도의 상상력이 담긴 점토 창작물을 만드는 데 대부분의 시간을 보냈다. 그는 자신의 점토 작품 몇 점을 보여 주려고 미술치료실을 방문했으며, 때로는 과거의 '화가로서의 작품 조각'을 없애는 데 시간을 보냈다. 프레드 역시 그 부숴진 어린아이 초상화가 자신이 떠난 후에도 문 뒤에 여전히 남아 있다는 것을 알고 있었다.

어떤 내담자들은 목적을 가지고 집단에 참여했다. 그들은 '펀치와 주디'의 인형극에서와 같이 의상을 입고 일하는 일련의 인형 세트를 창작하기 위해 지적 능력과 창의적 재능을 사용하며 집단에 참여하기도 한다. 프레드는 과거 청소년 시절 범죄 기간 동안에 잃어버린 인형과 극장을 제자리에 돌려놓음으로써 즉석에서 대규모의 인형극장을 만들어 냈다. 이것은 그에게 완전함의 느낌을 다시 발견하는 계기가 되었다. 이러한 목적에 대한 지지와 충고가 필요하였지만, 무엇보다도 그 목적이 달성되었다는 것이 중요할 것이다.

다른 실습실에서와 마찬가지로 창작의 포기는 미술치료 작업 과정에서 반드시 일어나는 측면이 있다. 이 점은 집단 감독 동안에 제법 심각하게 논의되었다. 진행 과정에서 일어나는 창작의 포기는 일반적인 개인에게 일어날 수 있다는 점에서 어떤 의미에서는 필수 과정이라고 여겼다. 어떤 내담자는 회기 안에서 명백한 분노와 고통을 다루며, 그 안에서 충분히 안전한 공간을 찾고, 수용 가능하고 생산적인 방식으로 내면의 쟁점을 편안하게 훈습할 수 있는 매체를 찾기도 한다.

이것은 베티(Betty)에게서 현실화되었다. 그녀는 집단의 다른 남성들에게 존재감이 없다고 느꼈으며 집단의 지도자에게 대항한 것 때문에 치료실에 오게 되었다. 그녀는 소란스럽고 난폭한 여성이었다. 언제나 자신의 마음을 망설임 없이 드러냈고, 이번에도 폭발적인 화를 낸 후에 미술치료실로 도피한 경우였다. 나는 그녀의 심리적 상처를 느꼈고 치료실이 그녀에게 활용 가능한 공간이 되어야 한다고 생각했다. 마침 그녀의 동료인 집단 구성원 중 한 명이 그 당시에 바느질 작업에 전념하고 있었다. 나는 베티의 어깨에 손을 얹으며 접촉을 시도하면서 그녀에게 동료 옆에 앉기를 권했고, 그녀는 그렇게 했다. 그녀의 동료와 나와 함께 토론을 하고 난 뒤 베티는 자신의 어린아이들을 위해 큰 인형을 만들고 싶다고 말하면서 큰 종이를 가리켰다. 만약 베티가 계속 남아 있기를 원한다면 그것은 책임 있는 관계가 시작되는 것이라고 생각했다. 몇 주가 지난 뒤 베티는 75cm 정도의 인형을 두 개나 만들었다.

첫 번째 작품의 몸체에 직접 자른 헝겊 조각을 깁는 동안 그녀는 동료들로부터 지지를 받았고, 말이 매우 많아졌다. 베티는 자신이 경험한 어린 시절의 성학대에 대해 무척 자세히 말함과 동시에 나뭇조각으로 인형의 형상을 찢어서 다리를 절게 만들었다. 그 두 개의 인형은 정확하고 세밀하게 옷이 입혀진 작품이었는데, 그것은 경찰과 군인 인형이었다.

베티는 재료의 선택에서 매우 까다로웠기 때문에 나에게는 일방적인 요구만 하는 관계였다. 아이들에 대한 창작물은 매우 큰 결실이 되었다. 뛰어난 색상과 안정된 분위기로 보다 기쁨에 찬 감정을 가진 인형으로 표현되었다. 나는 그녀가 깔끔하게 마무리하려고 애쓰는 것을 알 수 있었다. 마지막 몇 분이 남았을 때 마지막 소품으로 뽐내는 듯한 남자 인형의 가죽 신발을 완성했다.

그리고 베티는 밖으로 나가서 사람들에게 자신의 작품을 보라고 권유했다. 미술치료실은 직원들과 내담자들의 탄성으로 가득 찼다. 이 크고 아름다운 인형 작품은 스타처럼 한 바퀴 돌면서 감상되었다. 그녀는 치료실을 떠나기 전에 수용적이고 긍정적인 갈채를 받았다.

창조적인 생산물이 항상 대중에게 공개될 만한 것은 아니다. 미술 작업에 착수한 대부분의 내담자들은 개인적이고 소심하여서 나는 그들의 작품이 대중 앞에 드러나도록 중개하는 역할을 했다. 전체적인 창작 환경을 안전하게 유지하는 것은 중요했다.

나의 미술치료실에 있는 모든 내담자들이 최종 창작물에 관심이 있는 것은 아니지만, 그것은 완성해 가는 그 자체를 상징했다. 피터(Peter)는 예술가적 기술뿐만 아니라 자신이 가진 모든 분노를 표출했던 중년 남자다. 그는 자신이 선고받은 강도 범죄에 대해 결백을 주장하며 분노에 찬 항의를 하여서 강도 높은 격리와 박탈을 당한 수용 이력을 가지고 있었다. 피터는 미술치료실에서 금방 스스로 자리를 잡았으며, 그곳에서 작업을 지속했다. 그는 나를 포함한 다른 사람들과 거리를 두었으며, 매우 개별적으로 그림 작업을 하였다. 수업의 마지막에 그는 작업을 끝낸 후 창작물을 버렸는데, 이러한 행위에 나는 화가 났다. 나는 그의 작품에 흥미를 느끼게 되었는데, 그는 분명하게 자신만의 방식대로 자신의 무언가를 표출하고 싶어 한다는 것을 알 수 있었다. 그가 나를 필요로 하고 충분한 믿음을 가지게 되면 나에게 다가올 것이라고 생각했다. 그는 작업을 마칠 즘에 나에게 말을 걸기 시작했다. 나는 그에게 왜 작품을 버렸는지 물었고, 그는 끝났기 때문이라고 간단명료하게 말했다.

이전의 삶에서 피터는 기초가 다져진 예술가로서 기법을 발전시켜 왔으며, 런던에서 몇 회 동안 실습을 가졌다고 말했다. 알려진 바에 따르면, 그는 아니라고 주장했지만, 강도질한 집에서 물건을 훔친 죄로 교정시설에 오게 되었다. 그는 수용 중에 할 수 있는 모든 절차를 동원하여 자신의 결백을 주장했고 그의 분노는 결국 폭발하고 말아 결과적으로 수용 기간의 많은 시간을 격리

감금되어 보냈다.

　이러한 박탈 상황에서 피터의 항의는 하얀 벽으로 둘러싸인 교정시설 생활의 근본 정책과 관련된 종교적 주제의 낙서 그림 형태로 표현되었다. 그는 교회에 나간다고 알려졌으며, 교정시설 당국의 관심을 끌기 위해 종교적인 소재를 선택했다. 그러나 교정시설 당국은 그의 표현을 '규정을 위반한 행위'라며 불쾌하게 여겼고, 그의 행위를 이해하지 못했다. 피터는 그의 작품을 철거하라는 명령을 받았으며, 그의 수용 생활은 연장되었다. 이 시기에 그는 종교적인 주제를 당국에 대한 공격으로 돌려 다시 작품을 만들었다. 이 전쟁은 피터가 형기를 끝마치게 될 다른 교정시설로 이감될 때까지 계속되었다.

　미술치료실에서 그의 그림이 창조되고 파괴되는 것에 사용되는 매체는 갈수록 더 깨지기 쉬운 것으로 변해 갔다. 그의 작업 매체는 연필에서 파우더, 목탄, 채색용 파스텔로 변해 갔다. 탁본은 난로 주변의 먼지를 제거하는 것과 같은 조심스러운 과정을 거쳐야 했는데, 그는 그럭저럭 교회에 시달리는 얼굴과 형태를 갖춘 모델을 만들고 있었다. 작품이 깨지기 쉬워질수록, 사람들과는 보다 직접적으로 관계하게 되었다. 마지막 날에도 피터는 3개월간 함께했던 한 사람과 평소와 다름없이 미술치료실에서 보냈다.

　헤어질 때 그는 공손하게 손을 내밀며 내게 그림 한 점을 주었다. 나는 그 깨지기 쉬운 작품을 받았다. 한줄기 바람이 그것을 멀리 날려 보낼 수 있을 것처럼 보였다. 그가 미술치료실을 떠날 때 나는 그에게 그 작품을 다시 고정시켜 내가 간직해도 되겠느냐고 물었다. 그는 그렇게 하라고 말한 후 자리를 떠났다.

　나는 미술치료와 도자기 제작 워크숍과 같은 다른 실습 분야와의 경계를 좁히기 위한 도전적인 매개체가 필요했고, 그것을 활성화할 수 있는 활동으로 가면 만들기를 도입했다. 내담자들에게 자신의 얼굴에 붕대를 감고 석고를 직접 부은 후에 그 석고 틀을 자신의 점토 본에 압착시키는 방법으로 가면을 만들도록 하였다.

가면 만들기 작업을 하는 과정에서 한 참가자가 특별하게 반응했다. 제이 (Jay)는 집단 구성원 중에 항상 활력에 차 있는 내담자였다. 제이는 자신은 변화하고 있으나 얼굴은 지금 그대로의 형태를 갖기를 원하므로 자신의 얼굴 가면을 만드는 것을 도와 달라고 말했다. 그가 살아온 이력을 살펴보면 전형적인 모범수였다.

그의 성적 정체성에 대해 공개적인 언급은 전혀 없었지만 일반적으로 제이는 성 전환을 한 것으로 알려져 있었다. 제이가 부탁한 대로 석고 틀을 만드는 것을 도왔지만, 그는 그것을 버렸다. 프로그램이 끝날 때쯤 그는 다시 돌아와 틀 작업을 하고 점토 본을 만들었다. 그리고 그것을 도자기 제작소에서 구운 후 센터를 떠날 때 치료실 뒤편에 남겨 두었다. 일 년 후에 그는 돌아왔고 자신의 가면을 집어 들었다. 그 순간 그것의 처리에 대해 생각하는 듯했으며 마치 그는 다른 사람처럼 보였다.

치료실에서 행해진 치료적 작업의 효과는 모든 내담자들에게 명확하게 다른 수준으로 나타났다. 3개의 다른 실습 분야에서 이것을 극복하기 위한 매우 훌륭한 결합이 있었다. 또한 내담자들은 적극적으로 관여하며, 때로는 우리를 이끌었고, 때로는 나의 제안을 따라 주었다.

집단 미술치료 작업

개인치료를 정착시키는 짧은 기간 동안, 정규적인 집단 프로그램에 집단 미술치료가 있다는 것을 알게 되었다. 이것은 감독 문제에 대한 다른 오후반 치료사들과의 비공식적인 토의를 거쳐 예비 집단에 대한 제안서를 만들게 했다.

협상 과정에서 팀 내에 격한 감정이 일었으며, 권위와 대립 의식으로 초점이 옮겨졌다. 일부 직원들은 오후반 치료사들이 자신들의 역할을 확장하고 집단에 가까워진다면(평가 방식의 외부에 위치한) 참가자들이 혼란스러움과 불안감을 느낄 것이라고 생각했다. 직원들의 상황은 일정하지 않았지만 2년 동안 동료들과 함께 작업을 구축함에 있어서 나는 작업을 계속할 수 있는 충분한 불씨를 얻게 되었다.

사실상 두 집단은 연관되어 있다. 통제된 미술치료 집단은 6주째에 자발적으로 자신들의 프로그램에 한 집단을 초대해야 하며, 참여 집단에 출석해 달라는 제안을 했다. 두 개의 실험 집단의 교육 기간은 10주가 되어야 한다. 치료는 다른 방식의 치료로 인도되어 일주일에 한 번 오후에 미술치료실에서 행해졌다. 이 수업 기간의 미술 작품은 참가자의 소유로 간주되었으며, 초기에는 미술치료실에 비치하였으나 후에 외부의 한곳에 보관하였다. 나는 광범위한 주제로 내담자들을 인도했으며, 이들이 물감, 펠트펜, 점토 등 다양한 재료로 작업할 수 있게 해 주었다. 치료 시간은 별도로 주어졌다. 집단 수업은 잘 진행되었지만, 5주째부터 인원이 줄기 시작했다. 8주째가 되자 양 집단의 인원이 너무 줄어서 나는 그들을 모아 나머지 치료에 대한 견해를 교환하였다.

표면적으로 보면 그것은 실망스러운 경험이었지만, 더러는 중요하게 생각할 일들도 일어났다. 내담자 자신이 선택한 프로그램이지만 오후 집단에 부과된 과중한 과제에 대해 저항감을 느끼고 있다는 것을 알 수 있었다. 여기에는 또한 치료적 초점의 전환도 있었다. 이 다른 방식의 치료를 경험한 후에 내담자들은 나를 떠나서 다른 장소에서 작업하고 싶어 하는 듯했다. 그들은 내가 미술치료실에 없는 틈을 타 미술 재료를 사용했으며, 다른 수업 시간에 그것에 대해 말하기에 이르렀다.

내담자들의 이러한 반응은 자신의 권리를 보호하기 위한 건강하고 이성적인 방법이라고 생각했다. 그러나 그들이 다른 작업방식의 가치에 대해 깨닫게 하고, 그것이 오후 작업에 전체적으로 영향을 미쳤기 때문에 '치유적' 작업의 질은 향상되었다. 전체적으로 호의적인 관점에서 창작을 통해 개인이 느끼는 방식과 관련지어 보면, 치유적 개입이 공인되어야 한다는 것은 의심의 여지가 없다.

되돌아보면, 집단 미술치료를 시작할 때는 프로그램의 시작부터 계획이 수립되어서 평가 단계까지 치료가 전면적으로 수행되어야 한다는 것을 알 수 있다. 집단 미술치료의 개념은 나의 팀과 감독관의 지지와 함께 센터 프로그램의 일부로 남아 있으며, 또한 나는 미술치료에 보다 확신을 가지게 되었다. 나는 보호관찰관이 되어 봉사하고자 하는 계획이 있었으므로 한 사람의 치료사이자 연구하고 보고하는 사람으로서 행동하는 것 또한 나에게는 중요했다.

그러한 이유로 동료 미술치료사와 함께 미술치료에 대한 직원훈련 워크숍을 공동으로 이끌었다. 이것은 보호관찰관들에게 미술치료를 경험할 수 있게 했다. 말 그대로 교육을 통한 12주간의 프로그램과 평가를 통해 그들이 미술치료의 공헌을 이해하는 데 도움을 줄 수 있었다.

여러 가지 프로그램 중 미술치료 회기는 결국 지하실로 옮겨져 진행되었다. 이것이 평가 단계에서의 물리적 작업 환경이었다. 지하실은 넓고 천장이 낮아서 약간 답답한 듯한 방이었으며, 프랑스 식 창문 너머로 정원이 보이는 곳이었다. 치료실이 다른 기능으로 사용되어 너무 방해받지만 않는다면 집단 미술치료를 하기에 충분히 훌륭했다(평가와는 무관하게 치료실은 항상 주 중에 직원 지지 집단과 때로 다른 용도로 사용되었다). 벽 쪽 공간과 안락의자 공간을 포기하고, 16명의 인원에게 충분한 의자가 딸린 큰 탁자를 만들었다. 그리고 한 벌의 템페라 물감, 펠트펜, 크레용과 점토 등이 들어 있는 손수레와 함께 치료실은 '진행될' 준비가 되었다.

이 당시 나는 팀으로부터 평가를 받은 후에 감정적으로 매우 좋은 상태였다. 평가는 기존의 예에 따라 첫해의 마지막 즈음에 전체 팀의 전문가에게서 받게 된다. 평가는 2시간 동안 진행되었다. 평가가 진행되는 동안 '전기의자'에 앉아 있는 것 같았지만, 나머지 팀원들이 계속 피드백을 주었다. 평가 과정은 감독관에 의하여 진행되었는데, 그는 상세하게 사려 깊은 방식으로 기록했다. 나는 매우 사랑받고 있는 성숙한 팀의 구성원이자 '스스로 배신' 하는 것이 어렵다는 것을 인식하고 있는 사람으로서 위기에 대비할 줄 알며 직관력과 호기심이 '적재' 된 개인으로 보였다. 그들은 내가 매우 감각적이고 유머가 풍부하며 '스스로 일거리를 찾아다니는' 성향과 적당한 인내력이 있으므로 '좋은 동료'로 만드는 데 많은 투자가 필요 없다고 느꼈다. 나는 인내력을 가지고 조작되고 상처받아 상대하기 어려운 내담자들을 다룰 수 있었으며, 즉석에서 나의 감정을 논의할 수 있을 만큼 '아이디어'가 풍부한 사람이었다. 장벽이 있을 때는 돌격을 감행하는 대신 내담자의 방문을 두드리고 잡담을 하도록 권유했다. 나는 가지는 것보다 주는 것이 쉽다는 것을 알고 있는 사람으로 팀에서 윤활한 '기름' 같은 역할을 하는 존재였다.

때로 주간훈련센터는 존재하기 어려운 곳이었다. 그곳은 금붕어 어항처럼 빤히 들여다보이는 측면이 있어서 숨을 곳이 전혀 없었으며, 표면에 드러나는 문제를 돋보기로 보듯이 확장해 주기 때문이다. 이러한 문제의 성공적인 '해결을 통하여' 센터는 외부로부터 존경과 더러는 부러움을 받게 되었다.

약간의 작업을 더 한 후에 나는 보다 성공적이었던 또 다른 집단 미술치료의 실험적인 프로그램에 착수했다. 이 당시 미술치료의 역할은 프로그램을 도와 오전반의 집단치료를 보조하는 것이었다. 나는 프로그램 진행 동안 각 3시간씩 3회기를 담당했다.

이 집단치료 중 2가지는 처음에 수요일 오전반 두 집단을 대상으로 하였는데, 새 집단이 아침에 참석하자마자 시작되었다. 세 번째 수업은 프로그램이 끝날 즈음 집단 과정과의 이별에 도움을 주기 위하여 흔히 10번째나 11번째 주에 시작하였다. 집단 미술치료의 형식은 다음에 제시하는 것과 같다.

평가(진단 집단)

집단은 처음에 원 모양으로 편안한 의자에 앉는다.

＊소개: 각자는 자신의 이름과 자신에 대해 말했다. 미술치료사와 관찰자로
　서의 보호관찰관의 역할은 동일시된다. 예비 토론과 관련된 내용은 강제

된 분야, 방 소개, 업무와 관련된 것, 결석과 전날 일어난 일, 작업 개요, '내가 그릴 수 없는' 문제와 관련된 것, 일상에 대한 계획 세우기, 재료 소개, 준비 실습과 본격 실습, 창작물 소유권의 강제에 대한 문제 및 주제 설정 등이다.

＊주제: '네 자신이 스스로를' 보는 방법과 '타인이 너를' 보는 방법, 이것은 개인적인 사례를 통해 탐구되었다. 집단은 탁자로 이동하여 딱딱한 의자에 앉았다. 자리를 잡고 앉은 후에 저항감을 감소시키고 재료에 친숙해지기 위한 준비 작업을 권유받는다. 첫 번째 사람이 종이 한 장과 펠트펜을 사용하여 종이에 무언가를 시작하고 그것을 다음 사람에게 전달하는 방법이다. 그러나 내담자들로부터 종이를 건네주고는 계속해서 탁자에 가만히 있게 된다는 작업에 대한 평가가 있었다. 종이에 몇 가지를 표시하는 작업이 공개되었다. 이 정리 토론 후에 15분 동안 휴식하고 내담자들은 치료실을 떠났다.

＊장기적 실습: 집단은 원형으로 배열된 편안한 의자에서 다시 만났다. 일전의 휴식기 동안 드러난 몇몇 문제는 깨끗이 해결되었다. 주제에 대한 개요가 설정되어 고민거리가 없어졌고, 약간의 저항은 치료를 통하여 해결되었으며, 시간의 경제적인 사용과 재료의 선정도 윤곽을 잡았다. 그러고 나서 그들은 다시 탁자로 이동했으며 주요한 주제에 대한 작업을 시작하도록 권유받았다. 재료를 가지고 작업하는 시간은 30분이었으며, 이후의 30분은 원형의 의자로 돌아가서 자신들의 작품에 대한 평가를 가졌다.

＊평가: 작품을 평가할 때 집단은 그들의 작품에 대해 말하는 시간을 준수할 약간의 의무를 가졌다. 그들은 재빨리 돌아가며 자신이 느낀 것에 대해(한 단어나 문장을 사용하여) 말하기 시작했으며, 몇몇 자원자들은 격려 속에서 작품을 서로 공유하는 시간을 가졌다. 집단 토론은 모든 내담자들이 자신들이 작업한 것에 대한 책임감을 제기하면서 작품의 소유권 문제

로 화제가 전환되었다(그들은 작품을 부숴 버리거나 두고 떠나는 방식으로 소유권을 행사할 수 있었다. 만약 두고 간다면 그것은 잘 보관되었고, 항시 그들이 사용할 수 있었다). 마지막에 그들은 참여에 대해 감사의 말을 하였다.

프로그램에 포함된 집단 미술치료

첫 번째 회기(프로그램의 첫 번째 수요일)
집단은 원형으로 배열된 편안한 의자에 앉는다.

*소개: 평가 집단과 마찬가지로 각 개인은 이름을 말하고 자신에 대한 것을 이야기하였다. 수업은 그들이 집단치료실에서 치료받기 위해 데려가는 시간에 맞춰 주거나 작품을 벽이나 선반에 올려놓는 것으로 끝났다. 토론 내용은 일종의 잠재된 분열의 최소화, 영역의 강제화, 치료실 소개, 평가와 관련된 것들, 다른 방식의 치료에 관한 토론, 이 회기와 그에 부수적인 것들의 개요, 창작품 소유권의 강제, 집단 구성원 간의 연관성과 차이점에 대한 탐구, 주제 설정 등을 포함한다.

*주제: '내부와 외부', 집단의 구성원들은 센터의 내부와 외부에서 자신에 대해 느낄 수 있는 방법에 대해 탐구하도록 유도되었다.
그런 후 탁자로 이동해서 '종이 돌리기'나 '점토 돌리기'(더 나아가 점토 덩어리에서 한 조각 떼어 내기) 같은 게임으로 준비 운동을 하였다. 그들은 집단에서 제기된 문제와 감정을 탐구하면서 그것을 느끼는 방법과 사람들이 해야 할 것과 하지 말아야 할 것에 대해 토론하였다. 그리고 탁자에서 움직이지 않고 앉아서 실습을 평가하고 짧은 휴식 시간을 가진 후 치료실을 떠났다.

*장기적 실습: 휴식 시간을 가진 다음 드러난 문제는 제거되었으며, 어떤 저항은 치료 진행 중이었으며, 경계와 재료의 윤곽이 잡혔다. 집단 구성

원들은 탁자로 이동했으며, 주요 문제와 관련된 작업을 시작하도록 권유받았다. 마찬가지로 재료로 작업하는 시간은 30분, 나머지 30분은 원형배치된 의자로 돌아가서 작품에 대한 평가 시간을 가졌다.

*평가: 집단 구성원들은 자신들의 작품에 대해 이야기하도록 약간의 의무적인 시간을 배당받았다. 자신들의 작품에 대해 느꼈던 것을 재빨리 '번갈아 가며' 말하기 시작하면서 집단의 나머지 사람들과 공유할 수 있었다.

두 번째 회기(프로그램의 두 번째 수요일)

이 회기는 첫 번째 수업과 유사한 형태로 진행되었으나 예비 연습이었고, 주제의 전환이 있었다. 주제는 '은유적 초상화'였다. 각 개인에게는 큰 종이 한 장이 주어졌으며, 그것을 집단 구성원들의 수만큼 되도록 많이 찢도록 하였다. 그 찢어진 종잇조각에, '나무 같은 프레드'처럼 은유를 사용하여 각 집단 구성원을 그리게 하였다.

내담자들은 이것을 큰 탁자에서 작업한 후에 다른 한 장의 종이에 그 각각의 조각을 붙였다. 이 작업에 대한 평가는 각 구성원들이 원형으로 불규칙하게 서서 집단의 '누구'인지 추측하여 말하면서 진행되었다. 정확하게 판별되었을 때 그림에 이름을 쓰고 그 제작자는 무엇을, 왜 했는지 설명했다.

마지막 회기

이 회기는 그때까지 진행된 센터 프로그램으로서의 치료에 대한 반성과 연관된 것이었다. 또한 때로는 집단의 지도자에 의해 자극받는 집단 구성원에 관한 것이 주제였다. 이것은 대개 집단 과정의 마지막 단계에서 시작했다.

미술치료 실습에서 대부분의 참가자들은 심하게 저항하지 않았으며, 미술재료에 열광했다고 대답했다. 내담자들은 직원들과 몇 개의 소품을 만들면서 자신에게 안전한 방식으로 스스로 공유할 수 있었으며, 또한 자신의 범죄행위와 연관시킬 줄 알았다. 나는 내담자의 작품에 대해 거의 해석하지 않았고, 그들 스스로의 해석을 독려했다. 미술치료사는 보호관찰 팀의 직원으로 간주되었다. 미술치료는 일반적으로 분류되는 3개의 주요한 범주를 만들어 낸다.

- 작업은 직접적으로 주제와 관련되어 있다.
- 작업은 전면적인 거부와 주제에 대해 '경멸하는 것'을 포함한다.
- 작업에서 주제는 인식되지만 다른 무엇으로 전환된다. 아마 어린 시절의 사건, 배우자나 부모와의 관계 같은 특별한 사건에 초점이 맞춰질 것이다.

이러한 것은 대부분 이미지 만들기에 초점을 둔 '은유적 초상화'를 작업한 두 번째 회기에서 발생했다. 이미지에는 풍부한 상상력이 담겼으며, 공격적인 경우는 매우 드물었다. 미술치료 수업은 개인이나 집단 구성원으로서 스스로를 탐구하는 것이 가능하도록 만들었다. 그림은 집단치료실에 전시되었다. 그리고 내담자들은 프로그램이 진행되는 동안 주어진 시간 안에서 자신의 삶에 대해 설명하고 탐구할 수 있는 좋은 기회를 가졌다. 집단 지도자의 피드백에 따르면, 미술치료 작업에서 은유를 창조하는 방법은 다른 치료에서 다루기 어려운, 복잡하고 고통스러운 문제를 이해하도록 이끈다.

처벌인가, 치료인가

범죄자를 치료하는 것은 직관에의 의존과 지각 있는 개방성을 지닌 예술가로서의 자질을 포기하지 않으면서도 많은 에너지가 필요하고, 실용주의, 희망, 유연성, 심상 기법 등이 요구되는 일이다.

범죄는 본질적으로 개인적인 문제를 유치한 수준에서 해결하고자 하는 해법이라고 말할 수 있다. 그렇다면 개인적인 문제를 다루는 데 충분히 안전한 조건이 필요할 것이며, 그것은 '아이 같은 그들'이 '부여하고' '부여받는' 좌절을 충분히 표현해도 안전하다고 느끼게 할 것이다. 범죄행위는 희생자뿐만 아니라 '가해자'에게도 해로운 여러 방식의 '위해를 보태는 것'에 집착하는 것이라 생각한다.

과거로부터 이어져 내려온 제도화된 처벌로서의 형벌은 우리 수용제도에서 매우 명백히 알 수 있다. 전통적인 관점에서 나는 범죄자란 '교정시설'과 '범죄'의 신화로 개척한 자신의 부적절한 행위를 포함하여 다섯 혹은 그 이상의 교묘한 통로를 알고 있는 존재라고 인식한다.

그다지 멀지 않은 과거에 사람들은 한 덩어리의 빵을 훔치면 교수형에 처해졌다. 그 당시 그를 체포할 만한 사람은 많지 않았을 것이며, 그 빵은 굶주린 위 속으로 제 길을 찾아갔을 것이다. 어떤 사람은 도둑의 손을 잘라 버려야 한다고 말한다. 나는 섬뜩한 손을 씻어 버리지 않고 그 손에서 일어날 일에 대해 알고 싶어졌다. 그것을 개에게 먹이로 주는가? 불속에 던져 넣거나 파묻어 버리는가? 어떤 범죄가 일어나든지 범죄자에게는 낙인이 남는다. 카인(Cain)은 자신의 형제를 살인한 죄로 추방되었다.

1992년 범죄 통계표에 따르면 범죄는 6초마다 발생한다. 이러한 부적응적 행동(결핍, 배고픔, 수족 절단에 기인한)이 매우 창조적인 에너지와 생존에의 의지와 관계되어 있지만, 그 의지가 교정시설의 처벌적 환경에 의해 강제되었다는 것을 생각하면 참기 어렵다.

이들에게는 사회 복귀를 허용하기 위한 공급과 선택이 격려되는 '치유 절차'가 필요하다. 미술치료 절차는 이러한 요구를 매우 잘 충족시킨다.

미술치료는 인간애로서 성장해 왔으며, 이들의 노력으로 '치료'에만 그치지 않고 미술과 치료 양 측면에서 '성장'했다. 어떠한 상황이든 조심스럽고 배려 깊은 양육 문화가 없다면 미술치료는 유지되기 어려우며, 교정시설의 처벌적인 환경에서는 더욱더 그러하다. 미술치료는 같은 환경에서 작업하는 다른 전문가들의 잠재적 질시로부터 보호되어야 한다. 나는 청소년거주센터에서 치료 전반에 걸쳐 이러한 질시를 경험했다.

교정시설 환경에서 수용자뿐만 아니라 교도관들도 자신들의 문제를 탐구할 수 있는 기회가 주어져야 하기에 교도관들 또한 미술치료 자원이 필요하다.

주간훈련센터의 감각적이고 양육적인 환경은 나의 창조적 감각을 활용하여 문화의 표층에 접근할 수 있도록 도움을 주었으며, 미술은 직관의 본질적인 부분으로 사용되었다. 주간훈련센터는 민주주의, 공동체주의, 허용, 실질적 실험과 같은 치료공동체 실습이 중심적 의미를 반영한 결과이지만, 유연한 구조를 가지고 있었다(Repoport, 1960).

결 론

여성 미술치료사로서 나의 역할 중 가장 중요한 것은 센터에 창조적인 감각을 불러일으키는 것이었다. 이 창조성의 초점은 나의 미술 작품에 있는 것이 아니라 치료로서의 나의 작업에 있다. 나는 나의 창의성을 현장에 적용하여 비언어적이고 직관적인 의사소통을 향상시키기 위한 것(매체, 사고, 감정)을 형성하고자 하였다. 비언어적 의사소통의 전문가로서 나는 끊임없이 감정의 기복을 깨닫고 있었으며, 내담자와 그들이 만든 작품 간의 관계를 느낄 수 있었다.

무엇보다도 우선하여 나는 '나는 쓸모가 있다.' '나는 너와 함께한다.' '나는 들을 것이다.' '너를 관리하지도 않고 너에게 압도당하지도 않는다.' 라는 위치를 유지했다. 그리고 이 치료적 행동과 창조적 표현을 수행하는 근거를 제시하고 정착시키는 것을 시도했다.

창작품과 작업 과정 사이의 지속적인 초점의 변화는 내담자들이 처한 현재 상황에 대처할 수 있도록 도움을 주었으며, 그들이 행위하는 데 있어 변화를 미리 연습할 수 있게 만들어 주었다. 나는 전체 인원이 미술 작업을 한다는 목표와 함께 미술치료실과 같은 자유분방한 공간이든, 미술치료 집단 같은 보다 더 공식적이든, 그것에 관계없이 개개인에게 유일한 독창성을 강조하였고 권유했다.

유연성은 편의를 제공하고 적절한 행동의 순서를 알 수 있게 해 준다는 점에서 필요했다. 어느 신경질적인 개인에게 되도록 창조적인 재료를 사용하여 말을 걸고 대화하거나 그 재료와 함께 생각과 감정을 표현하게 하고 그 반응을 볼 수 있기까지는 시간이 필요하다. 세상을 전쟁터처럼 인식하는 사람들을 치료하다 보면 고도로 조작된 행위에 이르게 된다. 나는 그들의 감정을 받아들이는 과정에서 서비스를 제공할 수 있는 방법을 알아내기 위해 노력한다.

나는 어느 낙심한 내담자를 치료하면서 모성적인 존재로서 행동했다. 그것은 그가 미술 재료를 사용하여 갈등을 표면화하고 그것을 외부로 드러내는 기회를 가질 수 있도록 하기 위해서였다. 어떤 내담자에게는 내재된 상실과 분리가 안겨 준 공포의 어두운 장소에 도달할 수 있도록 도움을 주기 위해 매체의 사용을 허용하는 것이 필요할 때가 종종 있었다.

예술 작품을 창조하는 과정을 통해 내담자들은 자신의 문제에 대해 다양한 대안적인 해결 방법을 실험해 볼 수 있었다. 작품의 실제적인 창조는 창조자와 다른 사람들 모두에게 설득력을 가지도록 도움을 주었다.

작업의 중요한 요소는 사고와 감정 기능을 결합시키는 것이었다. 18개월의 작업 후 미술치료 과정은 기관에 '지금-여기'의 모델로 받아들여졌으며, 그 결과 기관의 지원을 받아 성공적으로 자리 잡게 되었고, 또한 미술치료 감독 기관을 갖게 되었다. 미술치료 작업에 관한 특정 어휘들이 만들어졌고, 직원 집단에 의해 지지받게 되었으며 하나의 완성된 문화로서 받아들여졌다.

나는 내가 할 수 있는 모든 것을 다했다는 느낌을 지닌 채 지난 3년간 일했던 주간훈련센터를 떠났다. 나의 창조력의 초점을 다시 나의 예술 작품과 생활방식으로 옮길 때가 되었다. 그렇지만 나는 계속해서 주간훈련센터와 연락을 취했고 미술치료 작업은 나의 일을 물려받은 미술치료사와 남아 있는 미술치료사들의 공동 지도력하에 계속해서 발전되었다.

미술치료사로서의 작업 과정에서(다른 많은 사람들과 같이) 나는 한 번도 어

떤 직위를 가진 사람으로 고용된 적은 없지만 기관 단체에서 그리고 개인치
료 모두에 있어 항상 영국 미술치료사협회의 원칙과 실습 내규에 일치하도
록 노력해 왔다. 나는 범죄자들과의 작업에 지속적인 열정과 관심을 가지고
있다.

▶ 참고문헌

Liebmann, M. (1986). *Art Therapy for Groups*. London: Routledge.
Rapoport, R. M. (1960). *Community as Doctor*. London: Tavistock.

[그림 10-2] 무제

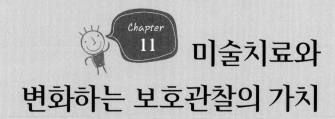

미술치료와
변화하는 보호관찰의 가치

마리안 리브만(Marian Liebmann)

만약 수업이 더 진행되었다면 킴은 보다 열린 마음으로
미래의 가능성을 탐구하게 되었을지도 모른다. 그러나
보호관찰관에게 미술치료가 고용이나 숙박과 같은 필
수적인 서비스로 보이겠는가?

서 론

이 장은 예방 분야 팀에서 일반적인 방법으로 일했던 4년간(1987~1991년) 작업한 것에 기초한 것이다. 나는 보호관찰관으로서 집단을 맡으면서 35~45명의 내담자에 대한 보호관찰 감독을 책임지고 있었다. 예를 들면, 보호관찰 지도나 감독 명령, 집행유예–감독 명령, 가석방, 이들의 삶과 청소년 보호 면허에 관한 것이다.

자격을 가진 미술치료사로서 내담자가 동의하는 곳이면 어디든 치료작업이 가능하도록 노력했고, 그들이 동의하지 않을 때는 다른 다양한 방법을 접목했다.

보호관찰 지도는 6개월에서 3년까지 기간이 다양하다. 보호관찰 내담자는 다음의 사항을 지켜야만 한다.

- 가정 또는 보호관찰소에 안내된 것처럼 보호관찰관과의 약속을 지킨다.
- 주소와 같은 조그만 변화도 보호관찰관에게 통지한다.
- 직업을 갖고 선량한 행동을 한다.

보호관찰 내담자는 대체로 처음 3개월 동안은 매주, 그다음 달부터는 격주로 만났다. 전통적으로 보호관찰 명령은 대체로 내담자, 특히 범죄로 이끈 사회문제를 가진 사람들을 돕는 것으로 여겨졌지만, 최근에는 주로 그들의 범죄행위에 초점이 맞추어져 있다. 보호관찰 상태를 유지하지 않은 내담자는 명령을 위반하였기 때문에 법정으로 되돌아갈 수 있다. 보호관찰 명령은 과정의 절반이 지난 후에는 수행이 좋은 경우에 한해 조기에 종료될 수도 있다.

내가 설명할 작업은 집행유예 체제에서 유례가 없는 변화로부터 발생한 것이다. 그린페이퍼[1]인 『처벌, 보호 그리고 공동체(Punishment, Custody and the Community)』(Home Office, 1988)는 '강력해지는 것'의 문구에 의해 범죄자 보호를 감소시키는 방법을 모색했다. 이것은 『범죄와 씨름하다: 행동 계획(Tackling Offending: An Action Plan)』(Home Office, 1988b), 화이트페이퍼[2]인 『범죄, 정의와 대중을 보호하는 것(Crime, Justice and Protecting the Public)』(Home Office, 1990a) 그리고 그린페이퍼에 덧붙여 『공동체 내에서의 지도와 처벌: 행동을 위한 구상(Supervision and Punishment in the Community: A Framework for Action)』(Home Office, 1990b)에 따른 것이다.

다음의 마지막 문서는 정부의 목적의 윤곽을 설명한 것이다.

> 정부가 제안하는 목적은 보다 일관된 판결 방식을 통해 좀 더 정의로워지는 것, 그래서 유죄가 입증된 죄인들이 어려운 상황(사막)을 경험하게 하는 것이다. 법정 판결의 엄격함은 범죄의 심각성에 직접적으로 관련된 것이어야 한다. 대부분의 범죄자들은 벌금에 의해 처벌받을 수 있다. ……범죄가 너무 심각할 때, 집행유예 또는 지역사회 서비스와 같은 지역사회 처벌을 선택한다. …… 어떤 것은 범죄자의 자유를 억압할 수도 있다(Section, 1.6).

이것은 보호관찰관의 역할이 '도움을 주는 사람'에서 '처벌자'로 변화된 것을 제시하는데, 이 방법들은 대부분의 보호관찰관들에게 설득력이 떨어지

---

1) 정부의 견해를 기술한 것, 국회에 내는 정부 시안 설명서(영국)
2) 화이트페이퍼는 권위 있는 보고서로서 고객을 가르치거나 회사의 지도력을 내세우거나 사람들이 결정을 내릴 수 있게 하는 데 쓰인다. 정부의 정치, 경제, 외교의 윤곽이 잡힌 정책을 보고할 때도 사용될 수 있다.

는 것이었다.

이들 변화의 또 다른 배경적 요인은 1980년대에 널리 퍼져 있던 신념으로, 그것은 범죄자의 치료에 있어서는 어떤 것도 통하지 않는다는 믿음이었다. 즉, 어떤 중재일지라도 시간과 돈을 적게 들일수록 더 나은 것이라는 믿음을 말한다.

이러한 신념은 범죄자에게 보다 초점이 맞추어진 새로운 연구에서 반증되었지만 그 기본적인 태도가 변화되기에는 많은 시간이 필요할 것이다.

내가 근무한 4년의 기간 동안 보호관찰 서비스의 이러한 변화가 실제적인 효과를 발휘하기에는 역부족이었다. 보호관찰을 실행하고 있는 많은 보호관찰관들에게 있어서 재범 방지는 더 이상 언급되지 않는 것처럼 보였고, 오히려 관리적인 토론과 실행에 보다 역점을 두는 것처럼 보였다.

위반 정책과 기록을 보관하는 것이 더 심화되었고 기본적인 관리를 강화했으며, 수석보호관찰관은 지역 예산과 승인받기 어려운 것을 잘 준비하기 위한 사업교육을 받게 되었다.

현장보호관찰관으로서 우리는 쏟아져 들어오는 서류 작업 때문에 힘들었으며(관찰과 측정에 관련하여), 결과적으로 내담자들과의 작업시간이 감소되었다. 그렇지만 우리는 계속해서 비공식적으로 우리의 작업에 대해 토론하는 시간을 가졌다. 다행스럽게도 지역 미술치료사의 치료·감독 집단에 참여할 수 있게 되었으며, 그것은 나에게 큰 지지와 도움이 되었다.

이 장은 내가 특정 내담자와 집단에서 행했던 작업에 대해 기술하였다. 모든 사례는 변화하는 가치에 의해 영향을 받아 왔던 보호관찰관들의 실례를 반영한 것이다.

이것은 개인적인 견해이고, 어떤 특별한 기관의 의견을 대표하는 것은 아니다.

이 작업은 어떤 한 지역에서 실행된 것으로 토론된 변화와 정책은 어떤 다른 곳의 실행을 반영하지 않을 수도 있다는 것을 주목할 필요가 있다. 그럼에도 불구하고 보호관찰 서비스에서 변화를 향해 나아가고 있는 일반적인 추세를 반영해 주는 요소들이 많이 존재한다.

다섯 가지 개인 사례연구 중 네 가지는 나에게 배당된 보호관찰 내담자의 것이며 치료 기간의 순서대로 열거되어 있다.

첫 번째 사례는 마틴으로 상당히 짧은 기간 동안 이루어졌다. 다음의 게리와 브라이언의 경우는 좀 더 긴 회기 동안 진행되었으며, 네 번째 마리아는 2년에 걸친 보호관찰 전 기간 동안 미술치료가 행해졌다. 다섯 번째 개인 사례연구는 동료의 내담자였으나 나에게 보내진 경우다. 집단 사례연구는 모두 장기 집단 프로그램의 일부인 몇몇 회기에 관한 것이다.

개인 사례연구

마틴: 술과 무모한 운전

마틴은 키가 크고 남자다워 보이는 17세 소년이었다. 그는 특수학교에서 교육받았는데, 어른스러운 외모를 가지고 있었고, 부족한 능력과 이해력을 키우기 위해 매우 열심히 노력했다. 형사 법원의 '사회조사 보고서(지금은 '판결 전 조사 보고서')'는 비록 마틴이 법원에 선 것은 처음이지만(만취와 무모한 운전으로 인해) 심각한 음주 문제를 가진 것이 분명하다고 결정했다. 마틴은 자신이 저지른 일에 대해 걱정하는 듯 보였고, 집단에 대처할 수 없다고 느꼈지만 자신의 문제를 주제로 작업할 준비가 되어 있었으므로 보호관찰 지도를 추천했다. 마틴은 2년 동안 보호관찰 지도를 받게 되었고, 첫 번째 규정을 어김없이 지켰다.

나는 내담자들에게 자신의 범죄행위에 대해 언어적으로 일목요연하게 진술할 것을 요구하기보다는 항상 연재만화식 접근을 사용하여 범죄를 바라보기를 원했다. 특히, 그 범죄가 지속되어 온 어떤 상황이라기보다는 갑자기 일어난 경우에 더욱 그러하다. 마틴은 학교생활에서 미술활동을 즐겼고, 언어로 표현하는 것을 힘들어했기 때문에 이 방식을 좋아했다. 그 결과 2회기에 걸쳐 연재만화를 완성했으며, 이는 [그림 11-1]에 나타나 있다.

#1: 마틴은 파티장에 있고(그는 중심에 있다), 주위에는 술이 넘쳐난다.

#2: 그는 춤을 추면서 "안녕" 하고 떠난다.

#3: 그는 몇 개의 열쇠들이 차도 근처에 떨어져 있는 것을 발견한다.

#4: 그것을 줍는다.

#5: 마틴은 차도에 있는 차를 보고, 운전하는 자신을 머릿속에 떠올리고, 운전을 해 보기로 결심한다.

#6: 차 문을 연다.

#7: 차도 바깥으로 차를 뺀다(이전에는 한 번도 운전을 해 보지 않았다).

#8: 차 시동을 걸고 길 아래로 차를 운전한다.

#9: 그 뒤로 자동차가 나타나고 주위를 돌며 그를 추격한다.

#10: 그 뒤로 자동차가 정렬하고, 마틴은 그것이 다른 아이들이라고 생각한다.

#11: 갑자기 차 뒤에 있는 경찰차를 발견한다.

#12: 그는 공황 상태에 빠지고, 그 상태에서 빙빙 돌고 돈다.

#13: 경찰차가 죄어들어 오면서 마틴에게 압력을 가한다.

#14: 경찰차가 나란히 정렬한다.

#15: 한 경찰관이 밖으로 나오고, 웃으면서 마틴에게 "너는 체포되었다."라고 말한다. 마틴은 차 문을 열지만, 여전히 차 안에 있다.

#16: 마틴은 경찰서로 이송되고, 책상 위에 그의 물건을 꺼내 놓으라는 명령을 받는다.

#17: 마틴은 구치소에서 밤을 보낸다.

#18: 다음 날 아침 보석으로 풀려난다.

🔊 [그림 11-1] 마틴: 알코올중독과 무모한 운전

이 연재만화는 그가 가진 교육적인 문제에도 불구하고, 그가 체포된 사건의 고리를 알기 쉽게 명쾌한 순서를 보여 준다. 마틴이 다르게 행동할 수 있었다는 것을 깨닫게 하기 위해 우리가 함께 사건의 전후를 상세히 검토하였을 때, 그는 몇 가지를 깨달았다. 첫째, 열쇠를 원래 있었던 곳에 그냥 두었어야 한다는 것이다. 둘째, 차가 부서지는 것(차 소유주는 당연히 매우 화가 났다)을 피하기 위해서는, 그리고 가벼운 범죄로 기소되기 위해서는 잡히자마자 운전을 멈추어야 했다는 것이다.

그러나 그는 만취 상태였고, 그 순간에는 이러한 생각을 한다는 것이 가능하지 않았지만, 자신이 상당한 음주 문제를 가지고 있음을 검증하고 확인해 주었다고 말했다. 게다가 이 사건으로 친구들에게 체면을 잃게 되었다. 음주와 '허세'에 의지하는 그를 도와서 더 이상의 범죄를 예방하는 장기간에 걸친 어떤 노력이 필요했다.

그러나 우리는 주거, 이성 문제 그리고 긴급한 주의를 요하는 다른 범죄와 같은 이차적인 문제를 다룰 수는 없었다. 그의 보호관찰관으로서, 이 최초의 범죄행위에 관심을 가져야 했다. 그리고 마틴의 경우처럼 집 없는 절박함 또는 사건에 대해 내담자에게 그림을 그리게 하고 함께 진지하게 토론한다는 것은 정말로 어려운 일이다.

보호관찰관으로서 감정적인 문제뿐만 아니라 실제적으로 도움을 주는 나의 역할은 불리한 점뿐만 아니라 장점도 가지고 있었다. 미술치료의 관점에서 볼 때 명백한 단점은, 실제적인 문제는 종종 그들 자신을 전면에서 위협하고, 어떤 장기간의 치료적 연관을 분해시킨다는 것이다. 미술치료의 장점은 별개의 기관 혹은 지역이 다른 사람들의 일상적인 문제들을 보다 넓게, 보다 가깝게 통합시킬 수 있다는 것이다. 마틴과의 실제적이고 감정적인 두 가지 차원에서의 작업으로, 나는 어떤 것 혹은 다른 어떤 것에 집중하였던 것보다 모든 것을 좀 더 아우르는 관점을 가지게 되었다. 또한 치료 기간 동안 말과 동떨어지는 그의 행동이 언제 일어나는지 좀 더 알아차리게 되었다.

마틴의 생활양식은 점점 혼란스럽게 되었고, 몇 가지 약속을 지키지 못했다. 최근 몇 년간의 상당히 진보적인 해석은 '보호관찰관과 접촉을 유지하는 생활'을 요구했다. 그러므로 일반적인 경우 보호관찰 내담자가 완전히 사라져 버리거나 관계 당국을 비웃는 것이 분명해졌을 때만 '위반된' 것으로 생각했다.

많은 범죄자들의 생활양식과 또한 가끔 범죄로 이끌었던 바로 그 문제가 특정한 약속 시간에 규칙적으로 참석하는 것을 어렵게 만들었다는 것이 인정되었다. 내담자가 자신만의 방식으로 접촉을 유지하는 데 책임감을 가지고 노력하도록 유도하였고, 보호관찰관은 좋은 유대 관계를 지속하고, 중요한 안건과 문제들을 내담자들과 함께 의논하는 작업방식을 지켰다.

보호관찰자와 내담자 사이의 약속은 비록 법에 따르는 것이지만, 그것은 상호적인 성격을 가지고 있다. 보호관찰 지도가 보호관찰 서비스와 법원 사이에 세 가지 방법의 계약을 조성하는 것은 항상 그러한 경우였지만, 최근까지 앞의 두 가지는 일반적으로 후자의 빛을 잃게 하였다.

최근에 홈오피스의 압력하에 법정의 역할이 점차 강조되면서 보호관찰 서비스와 내담자 간의 상호적인 관계가 약화되었다. 보호관찰 지도에서 첫 번째 배려는 내담자들이 그들의 삶에서 어떤 일을 하거나 하지 않는 것보다는 내담자들이 규정을 지키는 것을 강조하는 데 더 초점을 두는 것이다. 이것에 찬성하는 논쟁은 제멋대로 규정을 위반하는 내담자들이 보호관찰 명령을 단지 법정과 대중의 신뢰를 굳게 만드는 비지니스로만 보고 있다는 관점에서 발생되었다.

그래서 마틴이 약속을 지키지 않았을 때, 나는 지역 보호관찰 지침에 따라 그를 '침해'하는, 예를 들면 그가 보호관찰 상태를 유지하도록 지도하는 데 실패했기 때문에 그를 다시 법원으로 돌려보내야 한다. 이것은 여러 주에 걸쳐 오래 지속된 과정이었고, 자신이 침해당하고 있다는 것을 알았을 때 마틴은 더 이상 규정을 지키는 것에 어떤 관심도 보이지 않았다. 또한 법원의 규정도 지키지 않았으므로 체포영장이 발부되었다. 그러나 경찰의 많은 호출 때문에, 규정을 지키지 않는 것이 문제의 초점이 되지는 않았으며, 강요도 없었다. 보호관찰의 과정이 지루하거나 다른 기관의 개입으로 의미 없어진다면, 보호관찰 내담자에게 '강하게' 대하는 것이 의미 없어 보였다.

만약 마틴이 말하는 것보다 그림을 그리는 것이 쉽다는 것을 알게 되었을 때 미술치료를 활용했다면 어땠을까? 아마도 그 당시 그 자신의 감정을 분명하게 볼 수 있도록 도와주었다면 보호관찰을 지속시킬 수 있었을 것이다. 그랬더라면 우리는 불완전한 그의 감정이 적절하지 않은 허세를 부리면서 범죄로 이끈 그의 상황과 그 후, 범죄에 대한 건설적인 대안을 찾으면서 그 자신을 북돋우는 작업을 볼 수 있었을 것이다.

게리: 폭력과 가족의 역동

게리는 난동을 부리려고 의도적으로 화기를 소유한 유죄가 입증되었다. 게리가 집에서 총을 가지고 미친 듯이 날뛰면서 의붓아버지를 죽이려고 위험한 사건을 자신의 그림으로 묘사한 것은 매우 심각한 문제를 설명하는 방법으로 법률에 따른 것이다. 게리는 19세이며 가족과 함께 살고 있었고, 그 전에는 결코 범죄를 저지른 적이 없었다. 범죄의 결과로 게리는 즉시 집에서 쫓겨났고, 소년보호시설에 위탁되었다.

형사 법원이 요청한 '사회조사 보고서'를 위해 면담 하는 동안 게리의 사건은 음주 때문에 악화되고 폭발된 통제 이탈의 문제로 가족 내부에서 발생한 범죄임이 분명해졌다. 비록 격리된 범죄이고 다시는 게리가 범죄를 저지르지 않을 것이라고 짐작되었지만, 가족 관계에서 음주로써 인간적인 어려움을 해결하려고 하는 방식은 우려되는 점이었다. 게리는 얼마간의 빚이 있었기 때문에 벌금 또는 지역사회 서비스(기관 건축 공사에서 오랫동안 불규칙적으로 일했다)와 같은 분야가 맞지 않았다. 그래서 보호관찰 지도로 초점이 맞춰졌고, 나는 그것을 추천하는 보고서를 작성했다. 게리는 2년간의 보호관찰이 허락되었다.

그의 가족 중 몇몇이 상담의 도움을 받도록 재촉했지만, 게리 자신은 상담의 필요성을 깨닫지 못했으며, 그것에 대해 이야기하기를 원하지 않았다. 그럼에도 불구하고, 게리는 자신에게 상담이 필요한 일들이 있었음을 인정할 수 있었다. 우리는 게리와 함께 보호관찰 작업에 대한 계획을 세웠다.

- 음주 문제
- 가능하다면 가족 유대 관계의 회복
- 독립, 친구들을 포함하여 집으로부터 떨어져서 생활하기

그의 가족 상황은 매우 복잡했다. 그러므로 게리의 입장에서 범죄 상황으로 이끈 요인과 실제적으로 일어난 일이 무엇인지에 대해 게리와 내가 명확하게 인지하는 것이 필요했다. 그리고 그것을 도울 수 있는 방법으로 연재만화 방법을 생각했다. 그는 그림 그리는 것을 매우 쉽게 좋아하게 되었고, 그때 '사건에 대해 이야기하는 것'에 동의하면서 좋아했다. 여러 주 동안 그림을 그렸고, 그림을 그리는 동안 게리는 사건에 대해 매우 자연스럽게 말하고 있는 자신을 발견했다.

그는 몇 시간 동안 어머니와 사이좋게 지내지 못한 것에 대해 말하였다. 게리의 가족은 모두 집을 떠났지만 근처에 살고 있으며, 누나 한 명, 형 두 명 그리고 이란성쌍둥이 트레버, 같은 동네에 살고 있는 여동생이 있었다. 마침내 나는 그에게 '전형적인 논쟁'을 연재만화로 그릴 것을 요구했다. [그림 11-2]는 그 결과다.

#1: 5시, 게리는 일을 마치고 돌아와 식탁에서 저녁을 먹고 있다. 텔레비전을 보고 싶지만 어머니가 끄라고 말한다. 게리는 나중에 어머니

[그림 11-2] 게리: 전형적인 논쟁

　도 자신이 좋아하는 프로그램을 볼 것이라고 말했지만, 어머니는 게리가 어떤 프로그램도 볼 수 있도록 허락하지 않았다.

\# 2: 여기서, 게리는 어머니에게 일부러 '비딱해' 지면서 단지 그를 '그의 아버지처럼' 생각하게끔 유도하기 위해 사과주를 마시고 있다(아버지는 그가 세 살 때 가족을 떠났다). 그림에서 표현된 어머니의 한쪽 발 형태는 사과주를 마시는 그에 대한 그녀의 심정을 보여준다.

\# 3: 집에서 느낀 불쾌한 감정으로 게리는 점점 더 밖에서 시간을 보낸다.

\# 4: 게리는 설명하려고 노력했지만, 소용없는 것처럼 보인다.

\# 5: '포탄' 을 나르는 전형적인 모습으로, 게리와 어머니는 똑같이 서로를 학대하고 양쪽 모두 장황한 비난 속에 서로를 내던진다.

　의붓아버지인 데이브가 즐거운 표정으로 그의 손을 만지고 미소 지으면서 게리와 어머니를 즐겁게 만들려는 소란 때문에 어머니와의 관계에서 질투를 느낀다. 이 상황으로 보아 이미 범죄를 위한 '연료'는 분명해진 것이다. 어머니의 일상과 아버지와 관련된 가족력, 의붓아버지와의 경쟁 그리고 어머니를 화나게 하는 행동과 피난처로서의 음주는 그가 열망하는 독립과 충돌을 일으킨다.

이후에 게리는 범죄에 대한 연재만화를 그렸다. 이것은 각각 한 시간씩 3회기 동안 그려졌고, 2회기에 걸쳐 토론했으며, 이 그림은 다음 단계를 향한 암시가 되었다. [그림 11-3]의 연재만화에서 그림을 그리는 동안 아래에 첨부한 게리의 메모를 볼 수 있다.

[그림 11-3] 게리: 폭력과 가족의 역동

#1: 여동생의 집에서 케빈(여동생의 남자 친구)과 술을 마시고 있다. 게리는 여동생이 그들에게 화가 났음을 알아차린다.

#2: 집으로 걸어가면서, 게리는 여자들의 잔소리는 항상 성가시며 '모두 똑같다.'고 생각한다. 듣는 것도 지겹고 자신이 피해자처럼 느껴진다.

#3: 집에 도착해서, 어머니와의 또 다른 소동이 시작된다. ([그림 11-2]와 유사한, #5)

#4: 데이브는 대화를 나누면서 총을 가져온다. 총은 게리의 것으로 아버지와 지낼 때 진흙 비둘기 사격에 사용하던 것이다. 게리는 그것을 되팔려고 했지만 구매자를 찾을 수 없었다. 어머니와 의붓아버지는 종종 게리가 이 총을 소유하고 있는 것은 적절치 않다며 걱정했다 (합법적인 면허를 가진 것임에도 불구하고).

#5: 그림의 윗부분은 게리가 여동생의 것으로 되돌리고, 케빈을 밀어내기 위한 방법 그리고 쇠톱을 가져오고자 하는 장면을 보여 준다. 왼쪽 아랫부분은 어머니와 여동생에게 그가 마신 위스키 술병을 고자질하는 쌍둥이 형제 트레버에게 화가 난 장면이다. 그림에서 오른쪽 구석 아래 부분은 게리가 쇠톱을 가지고 집으로 돌아가 총을 자르려고 하는 모습이다.

#6: 게리는 화장실에서 호흡을 가다듬으며 어떻게 총을 자를 것인가를 결정한다.

#7: 트레버는 화장실 문을 쾅 닫으면서 게리에게 술을 마시러 가라고 요구하지만, 그가 술을 마시러 간 후에는 너무 심한 행동이라고 생각한다.

#8: 게리는 화장실에서 나와 자신의 방으로 들어가 버리고, 다른 침실에서 어머니와 트레버가 지켜보고 있다.

#9: 게리가 너무 열심히 침대를 흔들어 대는 바람에 전등갓이 떨리고 장

롱 위의 그림이 떨어진다.

\# 10: '어머니는 뭘 하고 있지?' 이것은 1(어리둥절한 마음)에서 2(악마)로 그의 감정을 바꾸어 놓는다. 어머니와 트레버는 조금 열려 있는 침실 문 주위를 걱정스러운 마음으로 보고 있다.

\# 11: 데이브와 게리는 매우 화가 났다. 데이브는 게리에게 소리치고, 게리는 데이브에게 "나는 너를 죽일 것이고, 너를 가르칠 것이다."라고 소리친다(여기에서의 은유는 포탄보다 번개다). 게리와 데이브는 양쪽 모두 서로에게 '불쾌한 모습'이다.

\# 12: 데이브는 게리에게 박치기를 하고, 게리의 머릿속에 별이 반짝이고 작은 새들이 보인다.

\# 13: 게리는 피를 줄줄 흘리면서 혼자 남겨졌다.

\# 14: 게리는 갑자기 복수를 해야겠다는 마음으로 다시 총을 생각한다. 그리고 특수 효과로 탄창까지.

\# 15: 게리는 총에 탄창을 끼운다.

\# 16: 트레버는 2층에서 내려와 그를 막으려고 애쓴다.

\# 17: 트레버는 게리가 실제로 총을 쏠지도 모른다는 걱정으로 총을 뺏으려고 안간힘을 쓴다.

\# 18: 트레버는 게리가 다음 순간 무엇을 해야 할지 않아서 생각하는 동안 슬쩍 총을 가져간다.

\# 19: 게리는 트레버의 의도에 의문이 생긴다.

\# 20: 게리와 트레버는 총을 뺏기 위해 싸운다.

\# 21: 트레버가 이기고 아래층에 있는 총을 가진다.

\# 22: 게리는 벽장 밖의 물건들을 부수고 트레버의 칼을 찾는다.

\# 23: 게리는 데이브의 머리를 날려 버리는 것을 즐겁게 떠올린다.

\# 24: 게리와 트레버가 다시 싸운다.

\# 25: 트레버는 칼을 창밖으로 집어던진다.

#26: 게리는 혼자 남겨졌다고 생각한다.

#27: 케빈이 도착했다. 오직 한 사람만이 그에게 말을 걸고 진정시킬 수 있다. 데이브는 경찰을 부르고, 경찰은 총(나중에 이것은 법원에 의해 압수된다)을 가지고 있는 게리를 체포한다.

회기가 계속 진행되면서 게리는 그 자신에게 일어나고 있는 것이 무엇인지 볼 수 있는 것이 유용하다는 사실을 깨닫고 점점 더 깊게 빠져들었다. 그는 '에스컬레이터에서 발걸음을 떼어놓을 수 있었던' 몇몇 시점을 확인할 수 있었다(이 무용담에서 자신을 무모하게 만들고 멍하게 만드는 데 영향력을 갖는 음주의 힘을 깨달았다). 우리는 함께 몇 개의 중요한 문제를 확인했다.

- 가족 모형
- 어머니와의 유대 관계
- 여성에 대한 단순화된 고정관념
- 문제를 일으키는 것
- 문제를 해결하거나 문제로부터 도망치기 위한 음주
- 술을 적당하게 마시기 위해 다른 흥밋거리를 개발할 것

게리는 자신을 위한 몇 가지 조언을 쓰는 데 이러한 문제를 활용했다.

스스로를 위한 충고

- 만약 충동을 느낀다면, 다른 사람들에게 말하고, 생각을 행동으로 옮기지 마라.
- 술을 지켜보고 과하게 마시지 마라.
- 집으로 가지 말고 걷거나 친구를 만나는 것이 더 나은 방법이다.

- 술로 문제를 해결하려 하지 말고, 친구를 찾아라.
- 문제를 일으키지 마라. 먼저 그들에게 말을 걸어라.
- 어려운 상황과 술을 엮지 마라.

그의 수용력이 들쭉날쭉 변할 때 그 자신을 통제할 수 있도록 이번에는 처음부터 끝까지 그의 음주 수준을 기록했다. 우리는 물론 통제할 수 없는 상황이 되기 전에 그의 감정을 알아채고 잠재적인 포기 상황을 피하기 위한 조종기술에 분노하는 그의 모습을 봐야 했다. 게리는 어머니와 의붓아버지를 제외한 다른 가족들과는 계속 접촉했으며, 관계가 어느 정도 회복되었다.

보호관찰 지도는 처음 단계 후 대체로 약 3개월간 지속되며, 몇 가지 가능성을 가진다. 조언을 해 주고, 도움을 주고, 내담자의 편이 되어 주는 이러한 시간 속에서 대부분의 보호관찰 지도는 그 문제가 무엇이든 내담자를 도와주는 쪽으로 흘러간다(편의 제공, 직업, 빚, 돈, 사회적인 안전함, 어린이, 친구로서 이야기할 수 있는 사람 등). 심지어 처음 저지른 범죄에 대해서는 언급하지 않은 적도 있었다.

최근 보호 관찰 동향은 '범죄행위'에 대해 강조하지만, 첫 3개월 동안은 주말 모임을 통해 재범을 피할 수 있는 방법과 범죄에 대해 토론하는 방향으로 흘러간다. 이것은 범죄자들이 변화를 받아들이기에 가장 최적의 상태라고 여겨지는 때에 이루어지며, 보호관찰 지도의 남아 있는 시간은 보통 변화의 '유지'를 위해 사용된다. 이때 이루어지는 지도는 내담자의 일상생활에서 일어나는 문제를 다루기도 하지만 단순히 법원이 요청하는 보고를 지속하기 위해 사용되기도 한다. 일부 보호관찰소는 이 목적을 위해 저항이 강한 사람들에 관한 보고서를 가지고 있다.

그러나 그 과정은 치료적인 관점에서 최근에 시작되었다. 연재만화와 그림을 활용하는 것은 언어적인 토론보다 더 많은 정보를 제공한다. 범죄자의 입장에서 그린 이 그림에서 그들은 자기 자신과 범죄 뒤에 숨어 있는 삶의 문제들을 인식하기 시작한다. 장기간 동안 재범을 예방하고 진정한 변화를 이루어 내기 위해서는 더 많은 작업이 필요하다. '이 범죄에서 실제로 일어난 것은 무엇인가, 그리고 무엇이 범죄로 이끌었는가?'라는 질문 뒤에는 '이 사람의 인생에서 일어난 범죄를 어떻게 할 것인가?'라는 의문이 생기게 된다. 범죄행위는 일반적이지 않은 개인적인 소외의 문제이며, 이는 내담자의 인생에서 그 순간이라는 의미를 가진다.

어떤 내담자는 자신을 지속적으로 지켜보는 것을 원하지 않으며, '비지시적인' 방법으로 '그들의 시간을 주는' 것을 선호하는 사람도 있다. 많은 범죄자들은 범죄가 중단되기를 원하지만, 자신의 범죄행위에 대한 통찰의 필요성은 느끼지 않는다. 이것은 범죄를 막는 명백한 임무로서 범죄자들과의 지속적인 작업이 필요하다는 것과 보호관찰 서비스의 기회가 많이 제공되어야 한다는 것을 증명해 준다.

최근 들어 보호관찰 서비스의 발전은 그것을 필요로 하고 원하는 사람들에게 이 서비스를 제공하는 것을 더 어렵게 만든다. 과거에 내담자의 관리는 보호관찰관이 알아서 자유롭게 처리했지만, 점점 증가된 보호관찰 규칙의 피험자가 되고 있다. 중앙 정부가 일의 다양한 양상을 위해 점점 더 많은 지침을 규정하면서 관료적인 요구 사항에 더 많은 관심이 집중되었다. 「범죄처벌법」(1991)은 국가 규준을 지속적으로 제시한다. 개인적인 능력에 따른 서비스를 위한 법률을 제정하는 것이 어렵기 때문에 점점 쉽게 조정될 수 있는 서비스가 강조되고 있다. 예를 들면, 신속하게 보호관찰 지도를 시작할 수 있는 방법, 많은 사람들이 범죄를 저지르게 되는 이유, 어떤 경우에 재범을 저지르게 되는지 등에 대한 사례, 규칙적인 보고서 작성, 올바른 기록의 완성 등등이다.

그리고 보고서 작성 상태에 대한 그들의 집착을 관찰하는 것과 보호관찰관의 관리는 물론 내담자의 관리를 더 많이 강조한다. 「범죄처벌법」은 이것을 좀 더 명확히 하고 감시체계와 관찰에 좀 더 많은 시간을 할애할 것을 요구하고 있다.

이러한 요인들에도 불구하고, 나는 게리와 지속적인 작업으로 중재를 계속했고, 이것은 그에게 중요한 것처럼 보였으며, 나에게도 의미 있는 일이었다. 나의 수석보호관찰관이 보호관찰 지도를 위한 이 작업을 너무 지나치게 볼 수도 있다고 짐작했지만, 나는 지도를 끝내기(또는 조기 퇴원하기) 전부터 서서히 준비시키기 위해 적어도 3개월 간 치료를 진행할 수 있도록 항상 주의를 기울였다.

내가 예상했던 대로 게리는 미술치료를 계속하면서 그림 그리는 것을 좋아하게 되었고, 특히 폭력 뒤에 내재되어 있는 단순화된 고정관념을 보기 이전에(이 사례에서도 너무나 명백한 요인인) 나는 미술치료가 매우 유용하다는 것을 깨달았다(Liebmann, 1990).

이 사건에서 게리는 다른 사례와는 매우 다르게 자신의 문제를 스스로 치유했다. 게리는 다른 도시에 살고 있는 아버지와 살 것을 결심했고, 나는 그곳에 있는 보호관찰소에서 지도를 받도록 연계해 주었다. 게리는 자신의 그림을 복사하여 그곳의 보호관찰관에게 보여 줌으로써 자신의 열의에 대해 내가 말해 주기를 바랐다. 그것은 우리가 했던 작업을 소개하는, 효과적이고 빠른 방법이며, 아마도 우리가 해결했던 문제들을 새 보호관찰관과 되풀이하는 시간을 절약해 줄 것임에 틀림없었다.

브라이언: 절도의 악순환

이 사례는 '거주 불명자의 주거침입' 범죄에 대한 '사회조사 보고서'(판결전조사)로 시작된다. 스무 살인 브라이언과 그의 친구는 밤늦게 가게에 침입해서 보드카 6병과 담배 100갑을 훔쳤다. 친구는 도망갔고, 브라이언은 잡혔다.

사회복지 서비스는 브라이언의 다른 문제들이 가족과 관련이 있지만, 밤늦게까지 밖으로 돌아다니며 술을 마시거나 마약을 하며 '바람직하지 못한 친구'와 어울리는 브라이언의 행동이 지나치다고 보았다. 그러나 브라이언은 가게에서 적은 보수를 받으며 열심히 일했기 때문에 자신이 받는 대우가 매우 부당하다고 느꼈으며, 일이 끝난 후에 '약간의 재미'를 볼 자격이 있다고 생각했다.

보고서를 완성하기 위한 3주의 휴정 기간 동안 브라이언은 다시 범죄를 저질렀고, 기타를 훔친 것과 폭행으로 두 건의 혐의가 추가되었다. 그가 저지른 여러 가지 범죄를 동시에 선고하기 위해 공판기일이 연기되었다. 브라이언은 그것만으로는 부족하다는 듯이 직장에 지각함으로써 일자리를 잃었고, 자동차용품점에서 소켓 세트를 훔치는 또 다른 범죄를 저질렀다. 지금까지의 상황으로 보아 브라이언은 절도가 거의 습관이 된 것으로 보이며, 법원도 이를 심각하게 볼 것이 틀림없었다.

브라이언은 이 보고서를 위한 모든 약속을 지켰으며, 가정과 직장, 돈과 친구와 관련된 모든 문제점을 상세하게 이야기했다. 그는 이것을 기회로 보았으며, 법원으로부터 2년간 보호관찰 명령을 받은 것에 대해 안도하고 있었다. 그는 교정시설에 가게 될까 봐 매우 걱정했다. 그림 그리기는 그의 몇 안 되는 취미 중 하나였기 때문에 그는 그림 그리기로 자신의 범죄를 돌아보는 것에 쉽게 동의했다.

실제적인 보호관찰의 시작 후에 그와의 첫 번째 만남은 정말 놀라웠다. 그는 자신의 습관이 잘못되었음을 깨달았고 '재출발'을 지지해 주는 삼촌과 숙모와 오랜 시간 대화했다고 말했다. 그는 다른 직장을 얻었고, 함께 술 마시고 마약하는 '친구들'을 포기했으며, 벌금을 내기 시작했다. 브라이언은 이전보다 훨씬 더 이성적인 것처럼 보였다. 그럼에도 불구하고, 아직 2년간의 보호관찰 명령 기간이 남아 있었으며, 새로운 결심을 유지하고 예견되지 않은 어려움을 잘 처리하기 위해서는 지지가 필요하다는 것을 스스로 인정했다.

우리는 그 범죄들을 차례로 하나씩 고찰해 보기로 결정했다. 첫 번째 그림 ([그림 11-4])은 가게 침입을 설명해 주고 있다. 브라이언은 그가 '연처럼 높기' 때문에 스스로를 연(kite)으로 묘사했으며, '그들이 나의 꼬리를 밟고 있다.'는 시각적이고 언어적인 말장난을 계속했다. 마지막 장면은 그가 이 범죄의 심각성을 얼마나 과소평가했는지, 그리고 이 행동을 법원에서는 어떻게 보는지 깨달았을 때 얼마나 걱정했는지 보여 준다.

브라이언은 집에서 그림 그리는 것을 좋아했으며, 그것들을 보호관찰소로 제출했다. 그가 제출한 다음의 두 그림([그림 11-5] 참조)은 같은 종이에 그려졌으며, 폭행([그림 11-5a])과 훔친 기타를 사게 된 상황을 설명해 준다.

폭행에 관한 만화는 세 컷으로 되어 있고, 브라이언은 그 자신을 팔 달린 글자 'i'를 통해 표현하고 있다. 이것에 대해 그에게 묻자, 어깨를 으쓱하고는 단지 그렇게 하고 싶었기 때문이라고 말했다. 그는 폭행에 대한 이유를 설명하지 못했다. 한편으로는 동료들과 같이 어울리는 것처럼 보이지만, 그 자신을 동료들과 완전히 다르게 본다는 것은 흥미롭다. 나는 그에게 이점에 대해 물었고, 그는 아무 말도 하지 못했다. 내가 느낀 또 다른 역설은 'i'라는 철자가 그 자신을 '기호'로 표현한 것으로, 자기 자신에 대한 애착을 보여 주는 방식이라는 점이다.

[그림 11-5b]는 앞의 두 가지 주제를 반복하고 있다. 브라이언은 더욱더 두드러진 'i'로 그 자신을 그리고 있으며, 좋은 기타를 매우 싸게 산 후에 장물 취급되며 체포되었을 때 완전히 말문이 막혀 버린다. 그는 이런 상황을 예견했을지도 모른다.

'가게 좀도둑질'([그림 11-6])의 마지막 범죄로 오면서, 'i'는 악마의 뿔을 가지게 되었고, 브라이언은 이제 의도적으로 훔치는 것을 계획하고 있다. 다섯 번째 컷에서 그는 '악마'를 마약 탓으로 돌리고 있다. 마지막 풍자는 그가 체포되면서 악마의 뿔이 힘없이 축 늘어지는 모습을 그리고 있다.

그림에 나타난 브라이언의 비뚤어진 유머 감각은 사물을 다른 관점에서 볼 수 있는 상당한 잠재력을 보여 주었다. 그의 인생에서 참으로 그 자신을 위해 사용해야 할 잠재력이다. 만약 그가 범죄를 그만두지 않았다면 일어났을지도 모를 상황을 간단히 보여 주면서 이 연재만화를 마무리 짓고 있다. 그리고 '나

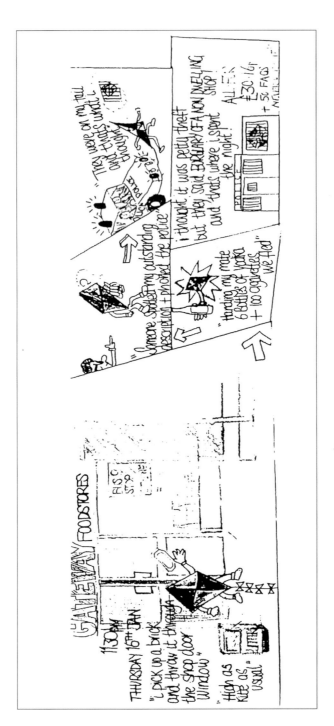

[그림 11-4] 브라이언: 가게 침입

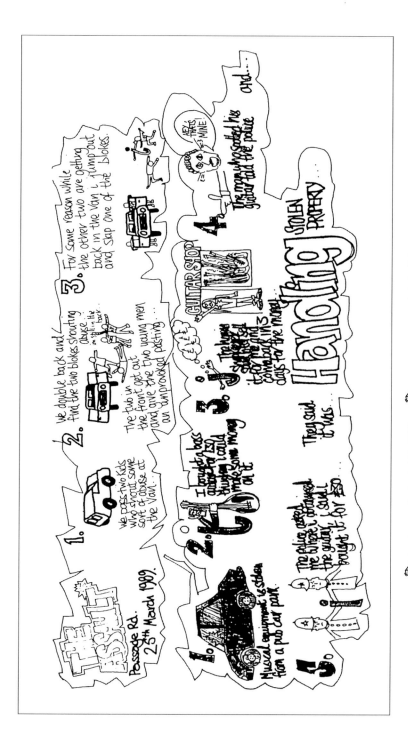

◁ [그림 11-5a] 브라이언: 폭행 ◁ [그림 11-5b] 브라이언: 훔친 물건(장물) 취급

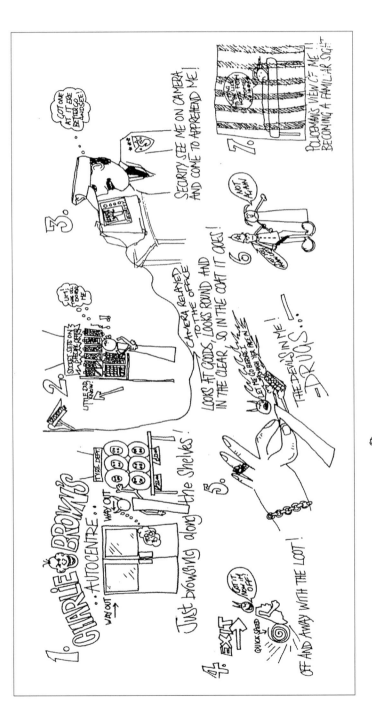

◁ [그림 11-6] 브라이언: 좀도둑질

의 의견'([그림 11-7])이라는 그림으로 일련의 일들을 설명해 준다.

그림 그리기와 토론 그리고 반성은 브라이언의 변화를 강화하는 데 분명 도움이 되었고, 그의 모든 결정에서 다른 요소들의 중요성을 알게 하는 데 도움이 되었다. 그는 그림 그리기를 즐겼고, 그 결과 성취에 대한 명확한 느낌을 가지게 되었다.

이 작업이 완성되어 갈 즈음, 브라이언은 냉동 창고를 건축하는 일을 하는 더 나은 직업을 가지게 되었으며, 종종 집에서 멀리 떨어져서 일하게 되었다. 약속을 지키지 못하게 될 때마다 어디에 있든지 나와 편지로 연락을 유지했다. 하지만 이 실행은 '사회조사 보고서'에서 이의가 제기되었다. 관리자 중 한 명이 브라이언이 보호관찰 약속을 지키지 않았기 때문에 보호관찰 명령은 효력이 없으며, 다른 선고를 위해 법원으로 보내야 한다는 견해를 갖고 있었다. 브라이언은 다른 선고를 이행할 위치에 있지 않았기 때문에(비정규적인 일 때문에 공동체 봉사나 센터에 참석할 수 없었다. 또한 보호관찰에 처해짐과 동시에 벌금을 지불하는 중이었기 때문에 더 이상의 벌금도 감당할 수 없었다) 이것은 논쟁의 적절한 선이 아닌 것 같았다. 그것은 또한 보호관찰의 정신을 지키려는 브라이언의 노력과 실제로 유지되는 향상에 대한 부정적인 반응으로 보였다.

다행히 지금까지 보호관찰은 절반 이상 지나갔고 재범이 없었기 때문에 브라이언의 선행과 우수한 향상을 이유로 나는 그 명령을 일찍 해제할 수 있었다. 우리는 본질적인 작업을 함께 완수했으며, 브라이언은 더 이상 범죄행위를 하지 않았기 때문에 이 사례에서 조기 면책은 매우 적절한 법 집행 과정으로 보였다.

보호관찰 실행의 변화가 우리의 실제적인 작업에 영향을 주지는 못했지만, 그들은 법의 정신보다는 성문화된 규범에 집착했고 관료적인 지배를 적용함으로써 치료적 효과를 무효화할 수 있을 만큼 위협을 가했다. 만약 1991년의 「범죄처벌법」(1991)이 엄격한 신고 요건의 충족과 '자유의 제한'에 중점을 둔다면, 이것은 종종 범죄자들이 가질 수 있는 유일한 직업인 비정규적으로

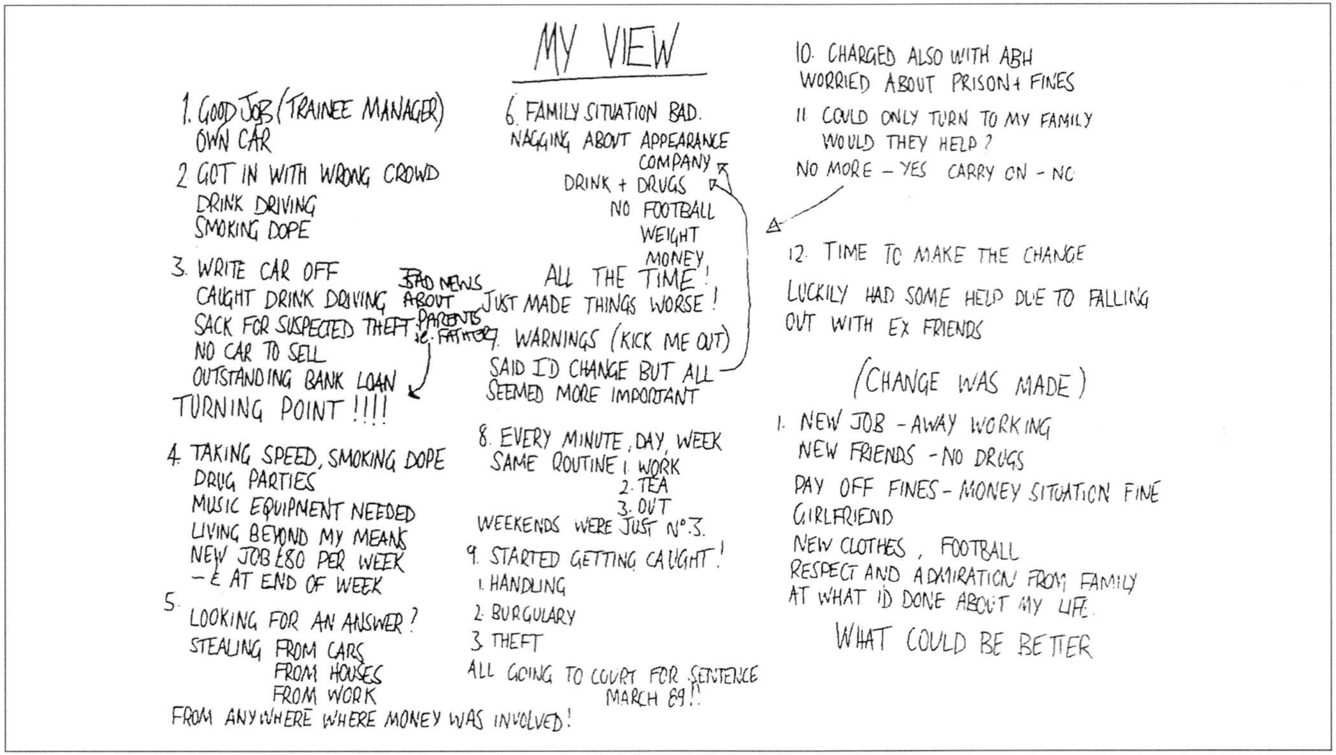

MY VIEW

1. GOOD JOB (TRAINEE MANAGER)
   OWN CAR
2. GOT IN WITH WRONG CROWD
   DRINK DRIVING
   SMOKING DOPE
3. WROTE CAR OFF
   3RD NEWS
   CAUGHT DRINK DRIVING ABOUT JUST MADE THINGS WORSE!
   SACK FOR SUSPECTED THEFT & PARENTS WARNINGS (KICK ME OUT)
   ALL THE TIME!
   NO CAR TO SELL
   OUTSTANDING BANK LOAN
   SAID I'D CHANGE BUT ALL SEEMED MORE IMPORTANT
   TURNING POINT !!!!
4. TAKING SPEED, SMOKING DOPE
   DRUG PARTIES
   MUSIC EQUIPMENT NEEDED
   LIVING BEYOND MY MEANS
   NEW JOB £80 PER WEEK
   – £ AT END OF WEEK
5. LOOKING FOR AN ANSWER?
   STEALING FROM CARS
   FROM HOUSES
   FROM WORK
   FROM ANYWHERE WHERE MONEY WAS INVOLVED!

6. FAMILY SITUATION BAD.
   NAGGING ABOUT APPEARANCE
   COMPANY
   DRINK + DRUGS
   NO FOOTBALL
   WEIGHT
   MONEY

8. EVERY MINUTE, DAY, WEEK
   SAME ROUTINE: 1. WORK
                 2. TEA
                 3. OUT
   WEEKENDS WERE JUST N°3.
9. STARTED GETTING CAUGHT!
   1. HANDLING
   2. BURGLARY
   3. THEFT
   ALL GOING TO COURT FOR SENTENCE MARCH 89!!

10. CHARGED ALSO WITH ABH
    WORRIED ABOUT PRISON + FINES
11. COULD ONLY TURN TO MY FAMILY
    WOULD THEY HELP?
    NO MORE – YES CARRY ON – NO
12. TIME TO MAKE THE CHANGE
    LUCKILY HAD SOME HELP DUE TO FALLING OUT WITH EX FRIENDS

(CHANGE WAS MADE)

1. NEW JOB – AWAY WORKING
   NEW FRIENDS – NO DRUGS
   PAY OFF FINES – MONEY SITUATION FINE
   GIRLFRIEND
   NEW CLOTHES, FOOTBALL
   RESPECT AND ADMIRATION FROM FAMILY
   AT WHAT I'D DONE ABOUT MY LIFE.
   WHAT COULD BE BETTER

[그림 11-7] 브라이언: 나의 의견

일하는 모든 내담자들에게 함축적인 의미를 가진다.

마리아: 자녀 방임 문제

'사회조사 보고서(판정 전 보고서)'를 작성하는 보호관찰 팀에서 결과적으로는 보호관찰 지도를 선택하는 것이 일반적인 관행이지만 항상 그런 것은 아니다. 만약 보호관찰 팀이 '소규모 지역'을 바탕으로 조직되면, 가끔은 자신의 지역 밖에서 일하기도 하지만, 그 지역을 맡은 보호관찰관에게 보호관찰 지도가 주어진다.

몇몇 팀은 한 명의 보호관찰관이 모든 보고서를 쓰고 나머지 사람들은 더 집중적인 방식으로 일하며, 그리고 나서 법정에 의해 만들어진 보호관찰 지도를 담당한다. 종종 특별한 상황을 고려해야 할 때도 있다. 보고서를 작성하기 위해 면담을 하는 동안에도 여성 내담자가 경험한 학대와 관련된 문제가 증명되는 사례도 있으며, 이와 같은 경우에는 여성 보호관찰관이 담당하게 되는 경우를 말한다. 보호관찰이 의미하는 것을 설명하고 내담자와 보고서를 작성하는 사람이 보호관찰의 적합성이나 실행 여부를 평가할 수 있게 하는 것을 포함한 모든 상황에서 세심한 주의가 필요하다.

때로는 보고서 없이 법원에서 보호관찰 지도가 명령될 때도 있으며, 이 지도는 보호관찰소에 할당된다. 보호관찰 내담자들은 가끔은 죄책감을 가지기도 하지만, 그들은 여전히 범죄를 부정하면서 앞으로 어떻게 범죄행위를 하지 않을 것인가에 대해 말하지 않을 수 없다는 사실과 범죄에 대해 토론을 하도록 만들 것이라는 생각을 조금은 갖고 있다.

마리아의 보호관찰 지도는 사례 중 하나다. 마리아는 스무 살의 매우 젊은 어머니로, 다섯 살이 안 된 4명의 자녀가 있다. 남자 친구 밥은 그녀보다 두 살이 많으며 마찬가지로 4명의 자녀를 둔 아버지이지만, 단지 주말에만 가족과 보낼 뿐이다. 이 가족은 둘째 아이인 린다의 출산 이후 사회서비스 대상이 되었고, 지금은 보호 속에서 입양을 기다리고 있다.

이들은 자녀의 방임에 관한 문제를 가지고 있으며, 이것은 자녀들의 병간호나 마리아의 아버지와 다른 사람으로부터 일어날 수 있는 성학대, 마리아 가족의 지지와 간섭, 학교 문제 그리고 사회서비스에 대한 비협조, 순회 보건원과 정신과 의사 등에 대한 것이다.

이 가족의 삶에서 하나의 사건은 셋째 아이 타니아의 심한 타박상이다. 타니아의 타박상은 너무 심해서 마리아의 잔인하기 짝이 없는 방임은 경찰에 고발되기에 충분했다. 이 사건은 지방 형사 법원으로 넘겨졌지만, 재판이 진행되는 동안에도 마리아는 죄책감을 느끼지 않았으며, 내내 자신을 변호했다. 법원은 '만약 당신이 계속 자신을 변호한다면, 당신에게 보호관찰이 내려질 것이다. 만약 무죄임을 계속 주장하다가 유죄 판결을 받는다면 법원의 시간을 허비하였기에 아마도 법은 당신을 교정시설로 보낼 것이다.'라는 압력을 주었다. 마리아는 유죄를 인정하였고, 2년간의 보호관찰 지도가 주어졌다.

이 사례는 성학대의 문제로 간주되었기 때문에 나의 구역이 아니었음에도 불구하고 나에게 할당되었다(여성 보호관찰관이 마리아를 담당하게 되었으나 그녀는 막 출산 휴가를 가려는 중이었다). 사회서비스를 받게 되었을 때, 사회복지사는 마리아에게 사회서비스의 감시 없이 그녀의 문제에 대해 보호관찰관과 함께 이야기 나누게 된다는 것을 설명하였다고 말했다.

사회서비스는 마리아 자신을 괴롭혔던 과거의 성학대에 대해 말할 수 있도록 내가 돕기를 바랐으며, 보호관찰 지도를 통해 자녀들에게 더 좋은 어머니가 되기를 기대하였다.

나는 떨리는 마음으로 마리아를 방문했고, 문을 두드렸다. 마리아는 웃는 얼굴로 문을 열고 안으로 안내한 다음 그녀의 남자 친구인 밥과 그녀의 세 자녀인 마이클과 타니아 그리고 댈런을 소개했다. 마리아 자신은 이야기를 나눌 수 있는 사람으로 나를 환영하면서도, 이 모든 짐이 사회서비스가 만들어 낸 것이라고 생각했다. 그녀는 단지 변호사가 보호관찰에 동의할 것을 충고하였기 때문에 그렇게 한 것이다.

　나 자신과 그 가족의 환경을 이해하기 위해 재가치료를 시작하는 데 우리는 동의했다. 마리아의 사건은 특별한 상황이었고 또한 사회복지사가 담당했기 때문에, 매주 한 번보다는 2주일에 한 번 방문하는 것이 더 적합한 듯 보였다. 특히, 어린아이가 있거나 이동의 어려움이 있는 여성 내담자는 대부분 집으로 방문하여 보호관찰 지도를 실시하게 되어 있다. 마리아의 경우는 이제 겨우 아장아장 걷는 아이가 있었고, 버스를 두 번 갈아타야 하므로 비용과 안전을 고려하여 결정되었다.

　마리아는 첫 번째 방문 동안 마치 견딜 수 없는 불평을 털어놓을 기회가 주어진 것처럼 끊임없이 말했다. 나는 미술치료가 의사소통의 대안으로 표현의 안전성을 제공하며 언어의 분출을 통해 그녀의 불평을 멈출 수 있을지 궁금했다. 그리고 여전히 범죄를 부정하는 현 상태에서 그녀의 입장을 표현하기에 적합한 방법은 연재만화 방식이라 생각했다. 그리고 이 방법이 이 복잡한 가족 모험담에서 사건의 결과에 대한 생각을 끌어낼 수 있게 나를 도울 것이라 믿었다.

　따라서 우리는 '린다의 이야기'를 그리게 되었고, 그 후 '타니아의 이야기'를 시작했다. 토론과 방법에 대해 고민하면서 여러 회기 동안 이루어졌다. 그림에서 관심을 끄는 몇 가지 요소는 다른 색은 사용하면서 푸른색은 사용하지 않는 마리아의 태도와 가구에 대한 계획 같은 앞으로의 전망을 표현한 그림이 많다는 것이다. 마리아는 꽤 자주 딸들의 이름을 혼동했고, 마치 그들 각자로부터 그들을 분리하지 않는 것 같았다. 그녀는 또한 기회를 얻지 못한 소녀들에 대해 언급했다. 그것은 소년들보다 더 자주 방임된 두 소녀에 대한 것으로, 그것은 아마도 마리아 자신이 느낀 위협이 확실했다. 실제로 보호관찰이 시작된 지 3개월 후에 마리아는 그녀가 '어려워질 때' 타니아를 보호해 줄 것을 요청했다. 이듬해에 그녀는 실제로 사회서비스의 채택을 위해 타니아를 놓아 주는 것에 동의하였다.

🔔 [그림 11-8] 마리아와 그녀의 자녀들

　나와 치료 작업을 하는 동안 아이로서의 마리아와 함께, 4명의 자녀 그림을
따로 그렸다([그림 11-8] 참조). 이 그림에서 또다시 소년들은 소녀들과는 다르
게 강한 선으로 싸인 것처럼 보였으며, 마리아는 오직 빨간색의 사용만 고집
했다.

　성학대에 대한 접근은 어려웠지만 나는 방법을 생각하면서 어린 시절에 대
한 기억을 더듬어 처음 행복을 느낀 사건 한 가지와 불행하다고 느낀 사건 한
가지를 떠올려 보라고 제안했다. 마리아는 지금 여기에서 그녀를 이끌고 있는
흔들림 속으로 깊이 걸어 들어갔으며, 마치 지나가는 경찰관에게 소나기를 퍼
부었던 그 시절의 어린아이가 된 것처럼, 제멋대로였던 어린 시절을 그리면서
미소 지었다([그림 11-9] 참조).

　우리는 불행했던 기억을 더듬었으며, 마침내 처음으로 마리아가 그림에 한
가지 이상의 색을 사용하는 것을 보았다. 바람에 날리는 요리 재료를 그린 장
면에서 비록 대부분은 빨강을 사용했지만, 테두리는 빨강, 분홍, 노랑과 자주
색을 사용하고 있다. 다른 기억은 달리다가 벽돌에 맞은 것이었다.

　나는 성학대의 가능성에 대해 언급했지만, 마리아는 오직 두 자매와 목욕하
는 장면과 휴일에 이동주택에서 침대를 나누어 써야만 했고 사생활이 거의 보

🔈 [그림 11-9] 지나가는 경찰관에게 물 뿌리기

🔈 [그림 11-10] 마리아: 바람에 날리는 요리 재료

장되지 않았던 것에 대한 느낌을 그릴 뿐이었다.

마리아는 그러나 성학대에 따른 어떤 기억도 모두 잊기를 원하며, 기억하는 것은 단지 더 나쁜 것들을 만들어 낼 뿐이라고 말했다. 그러나 그녀는 우리에 갇힌 동물처럼 느꼈던 자신의 감정을 그림으로 표현하고는 행복해하였다. [그림 11-11]은 마리아가 자신의 머리에서 완전히 분리되어 새장에 갇힌 것을 표현하고 있다.

마리아의 다음 기억은 낯선 것이었다. 그녀와 친구들은 약간 폐허가 된 운동장에 있는 방공호에서 놀고 있었다. 이 그림을 그리는 동안 그녀는 평소보다 오랫동안 집중했고, 모든 색을 그림에 사용하면서 행복해했다. 그것은 마리아와 두 명의 친구들이 창문에 서서 스프 냄비에 담긴 채 불 위에 놓여 있는 하찮은 소녀들을 아래로 내려다 보고 있는 모습을 보여 준다. 녹색 팔이 밖으로 나와 그들을 잡으려 하고, 그들은 도망친다. 이것은 소녀들보다 자유롭지 못한, 그리고 하찮음에 대한 자신의 감정과 연관된 것임을 마리아는 알게 되었다.

이 수개월 동안 마리아의 삶은 여전히 제대로 서지 못했다. 그녀의 삶 속에

[그림 11-11] 마리아: 성학대, '새장에 갇힌' 느낌

는 자녀들이 입은 타박상, 가장 나이 많은 학생으로서의 학교 문제와 지역 정신과 의사와 런던 병원의 보고서, 가계 빚, 어머니로서의 지속적인 돌봄과 자녀들의 신분과 보호에 대한 잦은 주의 경보가 있었다. 그녀가 다른 것으로 돌아설 준비가 되기 전에 나는 사회서비스의 나쁜 점을 늘어놓는 긴 연설을 들어야 했다. 그러나 그녀는 우리의 규정을 위해 항상 집에 있었고, 우리의 치료시간을 가치롭게 생각하는 것 같았다.

그러나 사회서비스가 세 자녀 모두를 이주시킬 가능성에 대해서 말하자, 마리아는 감정적 폭발을 보였다. 그 후에 그녀에게 그림을 그려 보자고 제안했다. 그 결과는 [그림 11-12]로, 사회서비스가 행한 것처럼 느껴지는 모든 것을 그렸다. 그녀는 한 시간 반 동안 작업에 매우 집중했고, 많은 색을 사용했으며, 그 결과에 매우 만족해하면서 편안해졌다.

다음에 있을 회기 중 한 번은 하나의 그림에 집중하면서 공간을 매우 잘 사용하였다. 이 시간에 댈런이 너무 징징댔지만, 나는 댈런을 달래려고 애썼으며, 마리아는 계속해서 그림에 집중할 수 있었다. 나는 댈런을 위해 육아를

📣 [그림 11-12] 마리아: 사회서비스 마피아

정리하고 다른 곳으로 갈 것을 제안했지만 마리아는 이것에 대해 깊이 생각하지 않았다. 사회서비스는 이미 지쳤고 실패했으며, 그래서 치료를 수행하지 않았다.

다음의 그림 시리즈는 폭탄과 단검이 있는 섬에서 십자가에 못 박힌 소아 정신과 의사를 보여 준다. 그림에서 마리아는 방공호 옆에 있는 텅 빈 집을 선택했다. 다음 2개월이 크리스마스로 비는 동안 방문했지만 그림을 그릴 시간을 갖지 못했으나, 마리아는 '꿈꾸는 집'을 그리겠다고 결심했다([그림 11-13]). 그녀는 그림에 상당히 심혈을 기울였으며, 모든 색을 사용했고, 그 결과에 기뻐했다. 그림은 대담하고 화려했지만 여전히 폐쇄적이었고, 감정에 대한 방어를 보여 주었다.

다음 회기에서, 최근 2주일간 그녀는 사회서비스 주제로 돌아가서 성(城)을 그리고 '사회복지사와 법원 그리고 사회적인 돌봄을 받는 아이들을 위한 집'이라는 제목을 달았다. 그리고 날리는 깃발에는 "너희 아이들을 사회복지사로부터 보호하고, 그들을 여기에서 지켜라."라고 써넣었다. 성의 창문에는 육중한 빗장이 쳐 있고, 성에는 총과 총을 쏘는 구멍이 있는 흉벽이 있었다. 출

🔊 [그림 11-13] 마리아: 꿈꾸는 집

입구에는 방어벽이 가로막고 있었고 성에 걸쳐 있는 다리는 없었다. 해자에 그려진 상어들의 뾰족한 지느러미는 위협하는 것처럼 보였고, '막아'라는 메시지가 매우 선명하게 보였다.

후에 이 그림에 대해 토론했을 때, 마리아는 '막아'라는 말 속에 들어 있는 방어심리와 사회서비스 그리고 세상 전체가 자신을 지속적으로 위협하는 듯한 자신의 감정과의 연관성을 깨달았다. 그녀는 아무도 믿을 수 없으며, 친구도 없다고 느꼈다.

후견받는 미성년자에 대한 법원 소송이 가까워졌을 때 마리아는 그녀의 삶에서 만난 모든 전문가들—사회복지사, 순회 검진사, 의사, 소아정신과 의사—을 활활 타오르는 불 위의 큰 솥에 넣고 끓이는 그림을 그렸다. 이 그림을 그리는 동안 마리아가 나를 의식하지 않았다는 사실을 알게 되자 안심이 되었다. 또한 보도기관 사진기자들이 그녀의 소송 결과를 기다리면서 형사 법원 밖에서 서성거리는 모습을 그리기도 하였다.

그 후 법정 소송이 가까워지면서 스트레스가 극심해진 마리아는 더 이상 최초의 작업에 집중할 수가 없었으므로, '자녀들을 위한' 자동차의 그림을 찾고 색칠하기도 하면서 시간을 보냈다. 이 기간 동안 마리아는 아버지가 자신을 다시 괴롭히기 시작했다고 말했다. 그녀는 가까스로 어머니에게 말할 수 있었으며(자녀들에 대한 폭행과는 대조적으로), 어머니는 그녀의 상황을 이해하고 도와주려고 노력했다.

수석보호관찰관의 관점은 새로운 지침과 일치했는데 보호관찰 지도의 절반 이상이 새로운 형사적 범죄 없이 지나갔으므로, 법정에 보호관찰을 일찍 종료할 것을 요청하자고 제안했다. 이것은 일반적인 관행이 되었고, 보호관찰 지도가 완료된 범죄자와 작업하는 것은 종종 적합한 것이었다. 이 실행의 또 다른 이유는 문서 업무의 추가적인 요구와 관련하여 점점 증가하는 자원을 억제하기 위한 것이며, 모든 팀이 어디서든 보호관찰 지도를 조기에 종결할 수 있도록 만드는 데 힘이 되었다. 그러나 마리아의 가족과 관련된 이 사례는 사례

회의에서 이제까지와 반대로 행할 것을 통지받았다. 그것은 마리아가 유일하게 의사소통할 수 있다고 믿는 전문가를 마리아로부터 철회시키는 것을 의미할 수 있기 때문이다. 마리아가 보호관찰 사무실로 오도록 만든 것은 또 하나의 압력이 되었다. 그때 보호관찰소에 여성을 위한 집단이 가동되고 있었고, 그녀가 이것을 두려워하는 것과는 관계없이, 틈틈이 시간을 이용해야 하는 마리아에게는 편리하게 보였다.

또한 다른 하나의 요인은 비록 재범을 막을 수는 있었지만 보호관찰이 도움을 주기보다는 처벌과 감시가 더 많았다는 생각이 새롭게 대두되었기 때문이다(Heralding the Criminal Justice Act, 1991). 사회범죄행위는 사람들로부터 뭔가 분리되고 연결이 끊어졌을 때 증가되는 것처럼 보인다. 그래서 성학대의 배경은 사람의 범죄행위와 '무관한' 것으로 여겨지며 보호관찰의 영역과도 무관한 것처럼 보인다.

어떤 관리자들은 보호관찰 참석의 의무를 가지며, 그 의무를 지키지 않을 경우 법정으로 돌려보내야 하는 범죄자들에게 가정방문은 훨씬 가벼운 것이라고 보기도 한다. 이러한 관점이 사회서비스와 관련하여 이루어진 장기간의 작업과 맞아떨어지지는 않았다.

법적 기관에 비협조적인 그녀의 역사와 경제적인 궁핍으로 인해 마리아가 보호관찰의 복잡한 과정을 수행하리라고 기대하는 것은 비현실적으로 보였다. 그렇지만 그녀가 재가치료에 협조적이고 보호관찰 명령을 수행할 정도로 나를 신뢰할 수 있게 되었다는 것은 큰 성과처럼 보였다. 다행스럽게도 보호관찰 지침 내용이 규정으로 정해지지는 않았고 나는 보호관찰 명령의 마지막까지 갑자기 '단절되었다'고 느끼지 않도록 집중적인 작업을 서서히 줄여 나갔다.

마리아의 사례가 마침내 법정에 제시되었을 때 마이클을 위해서는 보호관찰 명령이 그리고 대런을 위해서는 감독 명령이 내려졌다. 마이클의 수양부모를 찾는 데는 오랜 시간이 걸렸으므로 마리아를 위해 기다려 주고 수양부모에게 보낸 데 대한 상실감을 극복하도록 도와주는 것이 나의 역할의 한 부분이기도 했다.

마리아의 보호관찰 명령이 종료되었을 때 나는 그녀에게 지방 정신과 외래환자 부서에서 운영하는 미술치료에 대해 언급했다. 그렇지만 그곳에는 아이들을 위한 놀이실이나 차량시설이 없어서 모든 것이 너무 어려웠다.

그 당시 나는 개인적으로 이룩한 성과가 너무 적다고 느꼈고, 모든 것은 내가 통제할 수 없는 상태로 되어 갔다. 나는 우리가 함께했던 개인적인 작업과 미술치료가 시간 낭비가 아닌가 의심하게 되었다. 그러나 나중에 마리아의 사회복지사로부터 그녀가 아버지의 계속된 성추행에 대해 경찰에 신고했고, 남자 친구가 그녀를 폭행했을 때 스스로를 방어할 수 있게 되었다고 전해 들었다. 그녀의 자존감이 향상되었고 보다 개방적으로 되었으며 어린 그녀의 자녀들과 더 좋은 관계를 유지하면서 마이클이 집으로 돌아올 수 있도록 일이 진행되고 있었다. 그녀 스스로에 대한 자존감이 자녀들에게 전달되는 첫걸음이었다. 미술치료는 언어만으로는 이루어지지 않았을지도 모를 이러한 감정의 공간을 마련해 주었다.

킴: 음주에서 해방되기

2년간 보호관찰 팀에서 일한 후 나는 팀원들에게 미술치료에 대한 발표 기회를 주었다. 이 발표의 마지막에 우리는 나의 경험과 전문가의 의견을 좀 더 폭넓게 활용하는 방법을 찾았다. 한 가지는 그들과의 작업에서 우리가 부족함을 느낀다면 내담자를 교환하거나 내담자의 요구에 맞는 또 다른 접근을 고려해 보자는 것이었다.

곧이어 처음이자 마지막이 된 교환이 이루어졌다. 남성 동료 한 사람은 심각한 알코올 문제를 가진 18세의 여성 내담자를 담당했다. 그는 그녀가 거의 매주 술을 마시자 자신의 치료가 효과가 없다고 느끼고 있었다. 그는 그녀에게 미술치료를 시도해 보는 것에 대해 물었고, 그녀는 그것을 받아들였다. 우리 팀은 6회기의 작업에 동의했고, 그 뒤에 재평가를 실시했다.

우리는 장소가 넓기는 하지만 마음대로 할 수 있는 곳은 아닌 집단치료실에서 작업하기로 결정하였다. 킴은 친구 테레사와 함께 오기를 원했다. 물론 테레사는 나의 보호관찰 내담자 중 한 명으로 미술과 문학에 관심이 있었으므로 그렇게 하기로 했다. 그들은 테레사의 아기를 유모차에 태운 채 또 한 명의 어린 남자 친구인 시몬과 어울려 모두 함께 술을 마셨다. 나는 그들과 짧은 시간 동안 종잇조각에 마구 휘갈기는 난화활동을 마치면서 그들에게 또 다른 규약을 주었다. 만약 그들이 술을 마신다면 작업을 하지 않겠다고 말했다.

그들은 다음 회기에 늦게 도착했지만 술에 취하지 않았고(눈이 왔기 때문), 아이처럼 철없는 세 명의 어른들은 테레사의 어머니와 남겨졌다. 나는 미술치료 과정을 시작하는 방법으로 '인생 곡선'을 그릴 것을 제안했다. 이 어린 여성들은 이전에 보육원과 가족센터에서 이미 해 본 것이라고 불평했다. 킴은 비록 그림을 그리거나 색을 사용하는 것은 거절했지만, 그럼에도 불구하고 그녀 자신을 매우 멋있게 장식했다. 그녀는 지나온 시간을 더듬으며 확실한 사건을 집어내면서 인생의 전체 줄거리를 써 나갔다.

다음 회기에는 오직 킴과 시몬만이 참석했다. 킴은 그녀의 인생 곡선 작업을 끝냈고, 우리는 높은 지점과 낮은 지점을 함께 찾았다. 그녀가 높은 지점으로 표기한 곳은 그녀 자신의 주도로 청소년 훈련기관에서 미용을 배웠을 때이며, 낮은 지점은 자신을 교정시설에 얽어 매도록 만들었다고 느끼는 지점에 표기되었다.

킴은 아직도 자유롭게 그림을 그릴 수 없었다. 나는 그녀의 느낌을 존중해 주고 미술치료 과정의 통제에서 그녀를 벗어날 수 있게 해 주는 것이 중요하다고 느꼈다. 그러나 그녀는 막대기 그림을 그리려고 시도했다. 그녀 스스로 "나의 공격적인 행동은 자랑할 게 아무것도 없다."라고 말했기 때문에 나는 왜 그런 행동을 하게 되었는지 그려 볼 것을 제안했다. 그녀는 '미래'라는 제목으로 미소 짓고 있는 막대 그림 하나를 그렸다. 그러고 나서 '벌레 그림'이라고 말했다. 그녀에게는 '술을 마시는 것'만이 방법이었기 때문에 음주 외에 어떤 방법이 있는지, 또 다른 방법을 알 수 없었다고 말했다. 킴은 종종 술집과 파티에서 친구들을 만나기 때문에 술을 마시지 않는 것이 불가능해 보였고, 전반적인 절제가 필요했기 때문에 그녀는 알코올 치료센터에서 치료받아야 한다는 평가를 받았다.

우리는 그녀의 법원 출두일이 다가오면서 그녀의 음주 문제로 초점을 옮겼지만, 그녀는 [그림 11-15]에서 단지 경찰차를 발로 차는 것, 큰소리치는 것, 물건을 부수고, 병을 깨뜨리고, 그것들을 발로 차는 것에 대해서만 표현할 단어들을 적을 뿐이었다.

다음 회기에서 '두 명의 킴'에 대해 그려 볼 것을 제안했고, 그녀는 종이 한 장에 그것을 그렸다. 그녀는 치료 첫 시간에 색을 사용했으며 '그것에서 벗어나는 때'라는 그림에 파란색을, '다른 나'라는 그림에 검정을, 그리고 녹색, 오렌지색, 파랑, 갈색, 자주와 분홍색으로 그림에 글씨를 썼다. 이 그림은 술을 마시는 것에 대한 비판적인 평가와 한편으로는 밖으로 꺼낼 수 없는 감정을 말할 수 있게 북돋워 줄 것이라는 확신으로 술을 마시는 것에 대해 이야기 나눌 수 있게 해 주었다. 우리는 용기를 내기 위해 술에 의지하는 것보다 좀 더 긍정적인 방법을 찾을 수 있는 가능성을 발견했다.

그러나 킴은 다음 약속을 지키지 않았고, 내가 이런 취급을 받아서는 안 된다고 생각했기 때문에 보호관찰 동료는 다음 회기를 취소했다. 나는 다음 회기가 열릴 가능성에 대해 미련을 버릴 준비를 해야 했지만, 지금은 치료를 철회해야 하는 것에서 동료들이 특권을 가졌다고 느꼈다. 나는 킴을 담당한 보호관찰관이 아니었기 때문에 할 수 있는 것이 거의 없었다.

그렇지만 미술치료는 그녀의 색채에 대한 조심스러운 실험과 음주의 이면에 있는 문제를 끄집어내고자 하는 욕구에 무언가를 제시해 줄 수 있는 적합한 기회였다고 생각한다. 만약 수업이 더 진행되었다면 킴은 더욱 마음을 열

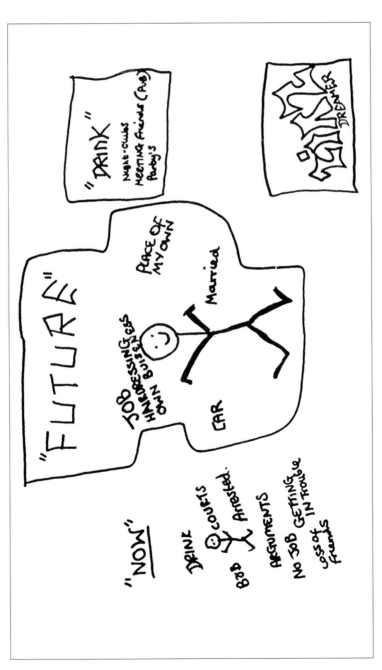

[그림 11-14] 김: 지금, 미래 그리고 음주

[그림 11-15] 두 명의 킴

고 앞으로의 가능성을 탐구하게 되었을지도 모른다. 그랬다면 나는 그녀의 개인적인 상황과 연관시켜서 그녀의 관심사를 계속 추적했을 것이다.

개인 사례연구에 대한 확립된 규칙은 대체적으로는 잘 작용할지라도, 때로는 내담자에 대한 소유욕 또한 증가된다. 모든 사람이 아주 큰 어려움을 겪는 일이 아니면 보호관찰관이 내담자에게 승복하게 되기는 어렵다. 내담자 또한 자신이 알지 못하는 누군가를 신뢰하고 새로운 사람에 대해 전반적으로 알아가는 어려운 과정을 시작하는 데서 변화를 꺼리게 된다.

이 개인적이고 지속적인 관계에는 몇 가지 예외가 있다. 대개 보호관찰 부서는 교정시설과 고용 부서가 있으며, 몇 군데는 일반적인 보호관찰관보다 더 나은 조언을 제공할 수 있는 전문가들에 의해 상시적으로 운영되는 복지후생사업소도 있다. 그리고 내담자들은 집단에 참여하는데(흔히 법원의 명령에 따라), 이것은 아마도 또 다른 보호관찰관들에 의해 운영될 것이다. '통합 계획의 진행자'(민영화의 제안과 더불어)로서 집단을 결정하고 보호관찰 내담자를 위해 편의시설과 제공 품목을 '구입하는' 보호관찰관에 대한 내무국 제안[내무성 그린 페이퍼인 『처벌, 구금 그리고 공동체(Punishment, Custody, and Community)』(1988)]도 있다. 또한 많은 보호관찰관들이 알코올과 약물 등에 관련된 특별한 부서의 도움을 요청한다. 범죄자들의 관점에서 되도록 많은 편의시설을 '시설' 내에 갖추어서 많은 범죄자들이 좀 더 쉽게 접근하여 동질감을 더욱 많이 가지게 하는 것이 나은지, 사회공동체 어디서나 이미 활용할 수 있는 다른 편의시설을 이용하게 하는 것이 범죄자들에 대한 낙인찍기를 덜 하는 것인지는 언제나 논란거리다.

미술치료와 관련해서, 단순히 내담자들을 지역 정신병원 외래환자 병동에 위탁할 수도 있을 것이다. 그러나 '질병 진단' 요구는 범죄자라는 오명보다 정신병 환자라는 오명을 더 혐오할지도 모르는 많은 범죄자들을 종종 배제시킨다. 그러한 위탁을 원한다고 표현한 나의 유일한 내담자는 병원에서 그의 약속을 지키지 않았다.

보호관찰 중 미술치료사에게 위탁된 사람들을 위해 예정을 세울 수도 있을 것이다. 그러나 보호관찰관 개개인이 그들의 내담자들을 놓아 주겠는가? 그것이 고용이나 숙박과 같은 필수적인 서비스로 보이겠는가? 특히, 억압과 자금 핍박의 시대에서 필수적인 것 중에서도 최소한의 것(종종 이것들도 그렇지 못하다)만이 주의를 끄는 이때, 이러한 질문에 대한 대답은 불확실해 보인다.

아마도 더 이상의 범죄를 방지하기 위해 이미 치료받은 범죄자들이 있는 상황에서의 미술치료는 특별히 언어적인 치료에서 실패한 사람들에게(이들뿐만 아니라 다른 사람들에게도) 유용한 방법이라고 생각한다.

집단치료

보호관찰에서 미술치료를 효과적으로 사용하는 한 가지 방법은 보통 특별한 주제를 살피는 데 초점을 둔 방식으로, 종종 알코올 교육 집단이나 여성으로 집단을 구성하는 형태의 집단 작업을 통해서다. 나는 이러한 두 집단에 대해서 기고한 적이 있었다(Liebmann, 1990). 한 집단(알코올 집단)은 몇 주 동안, 또 한 집단(여성 집단)은 일 년 이상 동료들과 공동으로 이끌었기 때문에 집단에 대해 잘 알고 있었다.

다음에 기술한 예들은 미술치료가 더 오래된 집단 작업의 과정이라는 점에서 나의 경험과 유사하며, 내가 모르는 어떤 전문가적인 미술치료 경험을 제공해야 한다는 점에서는 다른 부분이 있다.

여성 집단: 창조성과 자기표현

나는 다른 보호관찰소에서 여성을 위한 집단 미술치료를 요청받았다. 왜냐하면 자발적으로 참여한 여성들이 창조적인 치료 과정과 미술 재료를 사용하는 것이 흥미롭다는 의견을 전해 왔기 때문이다. 그들은 두 가지 수업을 원했는데, 첫 번째는 재미에 중점을 둔 수업이며, 두 번째는 미술로써 감정을 쉽게 표현하는 방법을 가르쳐 주는 것이었다.

6명으로 이루어진 집단은(보호관찰소보다 훨씬 편안하고 마음대로 할 수 있는) 가족센터에서 실시되었고, 그곳에서 놀이 집단에 사용되는 물감, 붓 그리고 크레용을 사용할 수 있었다. 누구도 결과를 평가받지 않는다는 것을 강조한 짧은 소개 후에, 우리는 그 재료들을 가지고 작업하였다. 우리는 계속해서 종이에 그림을 그리고 오리, 하트 얼굴 같은 형상을 만들었다. 마침내 우리는 물감을 두껍게 발라 '나비 찍기'를 하기에 이르렀으며, 집단원들은 매우 즐거워했다. 대부분의 여성들은 자신들의 자녀를 위한 변화를 위해 그림을 집으로 가져가겠다고 말했다.

두 번째 수업에서(집단 구성원이 한 명 혹은 두 명이 바뀜), 미술치료는 아름다운 그림을 그리는 것보다는 감정을 표현하는 것과 관련 있다고 소개했으며, 내가 그들의 그림을 해석하는 부분에 대해서는 언급하지 않았다. 우리는 함께 그림을 그리기 위해 종이를 돌리면서 크레용으로 연습했으며 이것은 잘 이루어졌다.

그러고 나서 우리는 물감과 크레용을 사용해서 현재의 기분을 표현했다. 한 여성이 무시무시한 성과 악마를 그렸으나, 그 내용에 대해서 이야기하고 싶어 하지는 않았다. 두 명의 여성은 지난주의 활동을 매우 즐거워하면서 물감으로 더 많은 탐색을 하였다. 지난주에 결석했던 한 여성은 즉시 남자 친구의 초상화를 침울한 모습, 평범한 모습, 행복한 모습으로 세 장이나 그렸다. 그녀는 침울한 모습을 보고 놀랐으며, 자신에게 다소 책임이 있다고 느꼈다. 그림을 그린 후 그것을 간략하게 설명한 그녀는 그림을 집으로 가져가기로 결정했다. 그것은 그녀의 두려움과 염려에 대한 남자 친구의 메시지로 느껴졌기에 냉장고 문에 붙여 두기로 결심한 것이다. 후에 나는 집단의 모든 구성원들이 두 회기 모두를 즐겼으며, 치료 시간이 매우 가치 있다는 것을 깨달았다는 반응을 전해 들었다.

그 당시 대부분의 현장 보호관찰소들은 여성 집단을 운영하거나 접근할 수 있었다. 여성 집단은 남성 위주로 이루어진 범죄 처벌 체제에서 여성에게 특별한 무언가를 제공하기 위해 시작된 것이다. 범죄자들의 단지 21%와 보호관찰 내담자의 12%가 여성이다(1990년 통계에 기초한 NACRO, 1992). 게다가 대부분의 여성 보호관찰 내담자들은 고립되어 있었고, 심한 빈곤(종종 그들 범죄의 주된 요인임)을 겪고 있었으며, 가정폭력에 시달렸다. 또한 종종 성적으로 학대받아 온 내담자도 있었다. 여성 집단원들(탁아소와 수송기관을 가지고 있는)은 서로 만나서 문제(때때로 해결책)를 공유하는 기회를 가질 수 있었다. 여성 보호관찰 내담자들은 집단에 참가함으로써 힘을 얻었으나 보호관찰 명령의 조건으로 집단에 참가하도록 강요받지는 않았다.

그러나 재정적인 제약 때문에 더욱 엄격한 조처가 내려졌고, 더욱더 '효율적인 비용'으로 만들기 위해 많은 여성들을 강제로 참여시키려는 노력이 있었다. 몇몇 여성들은 보호관찰 명령으로 집단치료에의 참여 조건이 주어지기도 했다. 강압적으로 참여시키는 방식은 역효과적이어서 저항이 많았으며, 대부분의 집단은 새로운 긴축 재정하에서 운영되었지만(보호관찰관의 시간, 운송 수단, 탁아소에 의해) 그럼에도 불구하고, 비용이 너무 많이 들었기 때문에 폐쇄되었다. 미술치료 프로그램은 보호관찰 여성 내담자에게 반드시 필요한 것이었지만, 비용이 너무 많이 든다는 이유로 또다시 사회적으로 무시되었다.

보호관찰소: 개인적인 영역

나는 '새로운 직업' 소개를 전문으로 하는 보호관찰소로부터 미술치료를 실시해 달라는 요청을 받았다. 이곳은 징역형을 받을 만큼 심각한 범죄를 저지른 젊은 사람들을 수용하고 있었다. 이들은 이미 교정시설에서 일정 기간 복역했을 수도 있지만, 전문직의 보조를 육성하는 훈련에 적합하다고 판별된 사람들이다. 이들은 일 년 동안 보호관찰소에 거주하면서 보호관찰소 외부의 직업에 종사했으며, 보호관찰소 내에서는 집단 작업과 교육에 참가했다.

거주자들은 대부분 놀이 집단과 모험 놀이터, 병원, 주간보호시설에서의 작업 경험을 즐겼다. 매주 월요일 오후에 교육 모임이 있었으며 의무적으로 참여했다. 이 교육을 담당한 직원은 매우 열정적이었다. 그녀는 미술치료가 언어로 접근하기 어려운 삶의 개인적인 영역을 돌아볼 수 있는 데 도움이 된다고 생각했다. 나는 그 교육 담당자인 안나(Anna)를 만나서 함께 프로그램을 계획했다. 안나가 재료를 준비하기로 했지만, 보호관찰소의 교대 체제로 그녀는 첫 번째 모임에 참석할 수 없었다.

나는 첫 번째 월요일 오후에 도착해서 학생들과 비공식적인 담화를 나누면서 소개 시간을 가졌다. 하지만 물감을 찾는 데 많은 시간이 걸렸고 근무 중인 직원은 집단에 대한 열의가 거의 없었다. 6명의 학생들과 데이비드(직원)와 나는 부엌에 있는 커다란 식탁 위에서 작업했다. 도입 과정으로 우리는 종이를 돌리면서 '돌아가면서 그리기'를 했다. 모두 잘했지만, 두 사람의 구성원은 다른 사람의 그림에 잘 반응하지 못하고 자신에게 종이가 돌아오자마자 모든 것을 지워 버렸다.

휴식 후에 분위기는 불안하게 느껴졌고 좀 더 편안한 장소로 만들어 주는 것이 필요했다. 위압적이지 않은 방식으로 개인적인 작업에 들어가면서, 자신의 이름의 머리글자를 사용해서 그림을 시작할 것을 제안했다. 대부분의 사람들이 흥미로운 작업을 해 나갔으나, 수업을 '망치기' 시작했다. 집단의 한 구성원은 자신이 우월하다는 태도로 다른 사람들과 거리를 두었지만, 곧 좌절하고는 우울해했다. 집단원 중 말콤(Malcolm)은 그림에 몰두했는데, 그것은 혼란의 시작임이 명백했다. 그는 이름의 머리글자를 '어둠'으로 에워싼 후 그것이 자신의 현재 환경과 최근의 범죄(그는 보호관찰소에서 신참이었다)를 나타낸다고 말했다.

안나와 나는 세 번째 작업 주제를 '당신은 무엇 때문에 여기에 오게 되었는가'로 결정했다. 그러나 구성원들은 오후 4시 이후에 계속 작업하는 것(나는 4시 30분까지 끝내면 된다고 알고 있었다)과 '유치한' 미술 재료에 대해 고함을 지르며 불만을 터뜨렸다. 오직 말콤만이 '직선적이고' '구부러진' 방식으로 자신의 약물 문제와 자신이 얼마나 다른 미래를 원했는지를 그림으로 계속 표현해 나갔다.

집단원의 대부분은 청소하기 위해 남은 데이비드와 나와 말콤을 남겨 두고 급하게 자리를 떠났다. 데이비드는 비록 개인적으로는 훨씬 괜찮은 사람이지만 집단에서 보이는 '전형적인' 태도, 즉 집단원들이 외부 강사를 대하는 평상시의 태도에 대해 불만을 이야기했다. 그 후에 안나는 나를 찾아와서 집단원들의 행동과 직원 간의 의사소통의 실패로 일어난 데이비드의 지원 부족에 대해 사과했다. 그 당시 나는 상당히 화가 나 있었지만, 그 집단이 점차 안정을 찾고 잘될 것이라고 느꼈다. 그리고 치료 계획을 세우는 데 직원들의 도움을 더 요청하는 것이 유익할 것이라고 생각했다.

다음 회기를 시작하면서 지난 시간에 일어난 일을 토론했고, 몇몇 사람들은 사과했다. 그들은 한 가지 작업에 더 많은 시간을 할애하면서 정말 작업에 집중하고 싶었다고 말했으며, 그것은 좋은 징조였다. 안나는 엄청난 양의 조각 재료를 구입했고, 우리는 '자신의 상자'—우리 자신에 대한 무언가를 안과 바깥 양쪽 모두에서 보여 주는 상자—를 만들었다. 우리는 매우 다양한 모양과 크기의 상자들 중 마음에 드는 것을 선택할 수 있었다. 집단원들은 한 시간 동안 집중해서 작업했고 휴식 시간이 끝난 다음 우리가 작업한 것을 공유하는 시간을 가졌다.

한 집단 구성원은 세공용 점토를 사용하는 것을 즐겼기 때문에 주제에 참가하기보다는 일련의 모형을 만드는 데 집중했다. 또한 두 사람은 정말 열심히 작업했으나 작업이 뜻대로 되지 않자 좌절하고는 작품을 부수었다. 작품을 부순 집단원은 상자 위에 올려 둔 점토의 줄들이 교정시설의 창살을 연상시키기 때문이라고 말했다. 또 다른 내담자는 점토로 녹색 잔디밭과 흰 벽과 흰 기둥의 대문이 있는 완전하고 흠 없는 상자 모양의 집을 만들었지만 그 집에는 창문과 문이 없었다.

작업 시간을 최대한으로 활용한 사람은 역시 말콤이었다. 그는 자신이 만든 신발 상자의 바깥을 단어들(마약, 범죄, 돈, 섹스)로 장식했다. 그리고 이것들은 그의 이전의 삶을 나타낸 것이라고 말했다. 즉, 돈을 훔쳐서 그 돈을 모두 마약과 여성에게 소비하는 것이다. 그는 상자 안에 어떤 것을 넣거나 다른 사람에게 보여 줄 수 있는 유일한 사람이었다. 상자 안의 한쪽 구석에는 교정시설의 문이 있었다. 그리고 '미래'라고 적힌 작은 상자가 있었는데, 그 안에는 차례로 '일' '범죄 없는 인생' '결혼' '가족'이라는 단어가 들어 있었다. 나는 말콤에게 그의 '미래' 상자가 안에 있기를 원하는지 혹은 바깥에서도 볼 수 있기를 원하는지 물었다. 그는 큰 상자를 열고는 교정시설 문을 찢어서 방 저편으로 던져 버렸으며, '범죄' '돈'('합법적인 돈은 OK') '마약'이라고 쓰인 단어를 뜯어냈다. 그는 '섹스' 단어는 남겨 두고 상자를 집어 올린 후 재빨리 품에 안았다. 그러고 나서 작은 상자를 열고 "나는 나의 미래를 모두가 볼 수 있게 공개되기를 원한다."라고 말했다. 그것은 매우 긍정적인 말이었으며, 최근의 많은 생각과 감정을 요약한 것이었다. 그는 자신의 행동에 매우 만족해했다. 그의 상자는 이제 쓰레기통으로 들어가야 할 정도로 엉망이 되었다. 그러나 이 과정은 결과물보다 분명 중요했으며 작업의 마지막 목적지는 꽤 적절한 것으로 보였다.

우리는 또한 세 번째 회기를 계획하면서 짧은 시간을 같이 보냈는데, 이 시간은 우리에게 도움이 되었다. 그 회기에서 우리는 어떤 방식으로든 연관성을 가지는 '과거, 현재 그리고 미래'라는 주제를 선택했다. 참석한 두 명의 직원도 작업에 참여했으며, 집단원들은 직원들의 삶도 항상 쉽지는 않다는 것을 느낄 수 있었다. 말콤의 작업은 지난주와 유사했다. 그의 '과거'는 돈과 섹스와 범죄를 나타내는 가면을 쓴 기울어진 형상을 보여 주었다. 그의 '현재'는 웃는 얼굴로 표현되었으며, 행복한 가정생활을 주제로 '미래'에 대해 작업하기 시작했으나 '잘못되어 갔고' 결국 그것을 구겨서 내던졌다.

집단의 한 구성원은 과거, 현재, 미래가 '모두 하나인' 대마초 그림을 그렸다. 그것은 과거이자 그의 현재이며, 그가 자신의 인생에 대해 아무것도 하지 않는다면 어쩔 수 없이 그의 미래가 될 것이었다. 또 다른 구성원은 지난주 자신의 작품을 부수었다. 그 그림은 막 자라기 시작한 푸른 덩굴과 줄기가 달걀의 껍질을 깨고 바깥세상으로 뻗어 나오는 매우 섬세한 작품이었다.

우리는 회기를 평가하면서 치료를 마무리 지었다. 비록 몇몇 구성원들은 여전히 이런 작업이 소용없다고 말했지만, 어떤 사람들은 "그것은 사물에 대해 생각하는 것을 도와준다."라고 말했으며, 특히 마지막 수업에 충실히 임했다. 집단 분위기는 좋았고, 만약 수업이 더 진행되었더라면 좀 더 향상되었을 것이다.

미술치료가 종료된 후 안나를 만났을 때 그녀는 몇몇 학생들은 여전히 보호관찰소에 있는 재료를 사용하여 스스로 계속 작업하고 있다고 말했다. 다른 사람들은 치료 시간에 내담자들이 열심히 찾아 헤매던 것들에 대해 이야기했다. 안나는 그 수업이 정말 그들을 위한 개인적인 주제를 개방했다고 느꼈으며, 두 개 이상의 치료 프로그램—의무교육 시간 동안에 행해지지만, 내담자들과 공동으로 계획하는 또 하나의 미술치료 수업과 격주로 화요일 저녁에 진행되는 개방된 미술치료 집단—을 더 계획하기를 원했다.

몇 달이 지난 후 안나는 재정 적자로 추가로 무언가를 실행할 돈이 없다고 말했다. 후에 그 보호관찰소는 비용 때문에 사회직업 교육을 중단했으며(재판을 기다리는 동안 통제된 숙박을 요하는 사람들을 위한) 보호관찰 보석 합숙소로 변하고 있다는 이야기를 들었다. 안나도 다른 부서로 이동했다. 비록 그 보호관찰소를 담당하는 새로 온 상급 보호관찰관이 미술치료에 관심을 보였지만, 이와 같은 변화의 시기에 그것은 우선순위에서 밀려날 것이 분명했다.

이러한 장래성 있는 미술치료의 모험적인 사업은 주로 재정적인 제약으로 일찍이 단축되었으며, 이는 조직의 변화와 혼란을 가져왔다. 지속적인 미술치

료 집단의 운영은 미술치료사와 다른 집단 구성원 그리고 치료 과정에의 신뢰
를 증진시킬 것이 틀림없다. 시간이 흐르면서 집단 구성원들은 자신에 대해
더 개방적으로 될 것이며, 범죄에 빠지기 전에 개인적인 문제를 토론할 수 있
게 될 것이다.

결 론

이 장에서는 보호관찰 중인 범죄자를 위한 미술치료의 유용성에 대해 설명
했다. 미술치료는 내담자들이 범죄를 행하게 된 일련의 사건을 인식하도록 도
울 수 있으므로 그들의 선택에 보다 통제를 부여할 수 있다. 미술치료는 언어
적으로 발견하기 어려운 개인적인 주제를 탐색하는 기회를 제공해 준다. 또한
작품의 구체성은 위압적이지 않은 방식으로 치료사와 내담자가 함께 창작물
에 대해 토론할 수 있게 해 준다. 그 결과 실질적인 통찰력을 얻게 됨으로써
더 이상의 범죄를 피하는 긍정적인 삶의 형태로 변화될 수 있다.

이러한 긍정적인 점에도 불구하고, 미술치료의 잠재력은 여러 가지 이유로
전통적인 보호관찰 환경에 이르지 못하고 있다. 내담자들은 적당히 안정되어
야 하며 참석하는 것을 동의받아야 하고 정규적인 약속을 지켜야 한다. 자격
을 갖춘 미술치료사가 필요하며, 만약 보호관찰과 미술치료 두 영역 모두의
자격증을 가진 사람이 있더라도 가치를 평가받아야 하며, 그것을 잘 활용할
방법을 찾을 필요가 있다. 보호관찰소와 같은 현장 작업에서는 미술치료를 실
행할 수 있는 분명한 기회가 있다.

최근 4년 동안 보호관찰에 영향을 미치는 많은 변화들이 미술치료의 심층
작업에 방해가 되는 것처럼 보였다. 그리고 재활과 재범의 방지보다는 규칙,
통제, 감독을 더 중요시하는 것처럼 보이는 관료적인 정책으로 그 초점이 바뀌
었다. '공동 사회에서의 처벌'을 준비하는 혼란스러운 이 같은 경향은 범죄자

들과의 예방적이고 치료적인 작업을 옆으로 밀어내는 것처럼 여겨진다.

현재 1991년의 「범죄처벌법」이 실행되고 있기 때문에(1992년 10월부터), 많은 말들이 잠잠해지고 있으나 실무에서 그것이 어떻게 작용할지는 두고 봐야 한다. 국가 표준이 수립되었고, 보호관찰관의 편람인 『공동 사회에서의 범죄자들의 감독을 위한 국가 표준(National Standards for Supervision of Offenders in the Community)』(내무부, 1992b)에서는 실제로 '처벌'이라는 단어를 언급하지 않고 있다. '사회조사 보고서'는 다음 사항을 평가한다.

- 범죄의 심각성
- 자유 제한의 적절성 수준
- 범죄자를 위한 가장 적합한 선택 사항

보호관찰의 목표는 다음과 같다.

- 범죄자의 재활을 보장할 것
- 범죄자의 해악으로부터 사람들을 보호할 것
- 범죄자가 더 이상 범죄를 저지르지 못하도록 예방할 것

그러므로 범죄자들의 재활과 예방 작업에서 미술치료의 역할은 여전히 의미를 지닌다. 자유의 제한은 외부적인 통제에 의해 범죄를 예방하지만 긴 시간으로 보았을 때 진정한 범죄의 예방은 범죄자가 개인적인 어려움을 해결하고 새로운 기술을 습득했을 때(내무부, 1992b) 가능하다는 인식이 있다.

이러한 범죄자들과 대중에게 도움을 주는 창조적인 과정은 관료주의나 보고, 절차 그리고 보고 요건을 갖춘 서류 작업에 의해 강제로 실행되지는 않을 것이다. 범죄자 재활에 관한 분분하고 다양한 의견이 가라앉았을 때, 보호관찰 서비스는 내담자들과 명백히 인간적인 방식으로 다시 작업할 수 있을 것

이라 희망해 본다. 미술치료는 또한, 재활서비스가 해야 하는 모든 것을 갖추고 있는 것으로서 보호관찰 서비스의 규정으로 더 폭넓게 이용될 수 있을 것이다.

▶ 참고문헌

Home Office (1988a). *Punishment, Custody and the Community.* Cm 424. London: HMSO.

Home Office (1988b). *Tackling Offending: An Action Plan.* London: Home Office Criminal Justice and Constitution Department.

Home Office (1990a). *Crime, Justice and Protecting the Public.* Cm 965. London: HMSO.

Home Office (1990b). *Supervision and Punishment in the Community: A Framework for Action.* Cm 966. London: HMSO.

Home Office (1992a). *Probation Statistics, England and Wales, 1990.* London: HMSO.

Home Office (1992b). *National Standards of the Supervision of Offenders in the Community.* London: HMSO.

Liebmann, M. (1990). "It Just Happened": Looking at Crime Events. In Liebmann, M.(ed.). *Art Therapy in Practice.* London: Jessica Kingsley Publishers.

NACRO (1992). *Briefing: Women and Criminal Justice: Some Facts and Figures.* London: NACRO.

참 고 자 료
Reference

미술치료, 교정시설 내 예술 그리고 관련 영역

도 서

Adamson, E. (1984). *Art as Healing*. London: Conventure. Distributed in the US by Samuel Weisen Inc., York Beach, Maine.

Arnheim, R. (1986). *New Essays on the Psychology of Art*. Berkeley: University of California Press.

Brandreth, G. (1972). *Created in Captivity*. London: Hodders.

Brewster, L. G. (1983). *An Evaluation of the Arts-in-Corrections Programme*. California Department of Corrections, W. James Association, S. Cruz CA, US.

British Association of Art Therapists (1989). *Art Therapy Bibliography*. Obtainable from 11A Richmond Rd, Brighton BN2 3RL.

Cardinal, R. (1972). *Outsider Art*. London: Studio Vista.

Carrell, C., & Laing, J. (1982). *The Special Unit, Barlinnie Prison: Its Evolution through its Art*. Glasgow: Third Eye Centre.

Case, C., & Dalley, T. (eds.) (1990). *Working with Children in Art Therapy*. London:

Tavistock/Routledge.

Cleveland, W. (1989). *The History of California's Arts-in-Corrections Progrmme: A Case Study in Successful Prison Programming.* Yearbook of Correctional Education, Simon Fraser University, Burnaby, British Columbia, Canada.

Dalley, T. (ed.) (1984). *Art as Therapy: An Introduction to the Use of Art as a Therapeutic Technique.* London: Tavistock/New York: Methuen.

Dalley, T., & Gilroy, A. (eds.) (1989). *Pictures at an Exhibition: Selected Essays on Art and Art Therapy.* London: Tavistock/Routledge.

Dalley, T. et al. (1987). *Images of Art Therapy.* London: Tavistock.

Dalley, T., & Case, C. (1992). *The Handbook of Art Therapy.* London: Routledge.

Dalley, T., Rifkind, G., & Terry, K. (1993). *Three Voices of Art Therapy: Image, Client, Therapist.* London: Routledge.

Edwards, D. (1987). 'Evaluation in art therapy', In Milne, D. (ed) *Evaluating Mental Health Practice.* London: Croom Helm.

Ehrenzweig, A. (1967/1970). *The Hidden Order of Art.* London: Paladin, 1967; Englewood Cliffs, New Jersey: Prentice-Hall, 1970.

Fuller, P. (1980). *Art and Psychoanalysis.* London: Writers and Readers.

Furth, G. M. (1988). *The Secret World of Drawings: Healing through Art.* Boston: Sigo Press.

Jennings, S., & Minde, A. (1993). *Art Therapy and Dramatherapy: Masks of the Soul.* London: Jessica Kingsley Publishers.

Kramer, E. (1978). *Art as Therapy with Children.* New York: Schocken.

Kramer, E. (1981). *Childhood and Art Therapy.* New York: Schocken.

Kwiatkowska, H. (1978). *Family Art Therapy.* Springfield, Illinois: C. C. Thomas.

Landgarten, H. B. (1981). *Clinical Art Therapy.* New York: Brunner/Mazel.

Landgarten, H. B. (1987). *Family Art Psychotherapy.* New York: Brunner/Mazel.

Landgarten, H. B., & Lubbers, D. (1991). *Adult Art Therapy.* New York: Brunner/Mazel.

Levick, M. (1983). *They Could Not Talk and So They Drew: Children's Styles of Coping and Thinking.* Springfield, Illinois: C. C. Thomas.

Liebmann, M. F. (1986). *Art Therapy for Groups*. London: Croom Helm (now published by Routledge, London in UK and Brookline, Cambridge, MA in US).

Liebmann, M. F. (1990). *Art Therapy in Practice*. London: Jessica Kingsley Publishers.

Linesch, D. G. (1988). *Adolescent Art Therapy*. New York: Brunner/Mazel.

Linesch, D. G. (1992). *Art Therapy with Families in Crisis*. New York: Brunner/Mazel.

Maddock, D. (1993). *Art Therapy with Offenders*. Unpublished MA dissertation. Norwich: School of Social Work, University of East Anglia.

Malchiodi, C. (1990). *Breaking the Silence: Art Therapy with Children from Violent Homes*. New York: Brunner/Mazel.

Milner, M. (1971/1967). *On Not Being Able to Paint*. London: Heinemann, 1971; New York: International University Press, 1967.

Naumburg, M. (1966). *Dynamically Oriented Art Therapy*. New York: Grune and Stratton.

Naumberg, M. (1973). *An Introduction to Art Therapy*. New York: Teachers College Press.

Pavey, D. (1979). *Art-Based Games*. London: Methuen.

Payne, H. (ed.) (1993). *A Handbook of Inquiry in the Arts Therapies: One River, Many Currents*. London: Jessica Kingsley Publishers.

Peaker, A., & Vincent, J. (1989). *Arts Activities in Prisons*. Loughborough: Centre for Research in Social Policy.

Peaker, A., & Vincent, J. (1990). *Arts in Prisons: Towards a Sense of Achievement*. London: Home Office.

Quanne, M., & Berger, J. (1985). *Prison Paintings*. London: Murray.

Rhyne, J. (1984). *The Gestalt Art Experience*. Chicago: Magnolia Street Publishers.

Riches, C. (1990). *The Visual Arts in Prisons*. Conference transcript. London: Royal College of Art.

Riches, C. (1991). *There is Still Life: A Study of Art in a Prison*. Unpublished MA thesis. London: Royal College of Art.

Riches, C. (1992). *Art in American Prisons*. Report for the Winston Churchill Trust,

London.

Robbins, A., & Sibley, L. B. (1976). *Creative Art Therapy*. New York: Brunner/Mazel.

Ross, M. (1978). *The Creative Arts*. London: Heinemann.

Rubin, J. A. (1978). *Child Art Therapy*. New York: Van Nostrand Reinhold.

Rubin, J. A. (1984). *The Art of Art Therapy*. New York: Brunner/Mazel.

Rubin, J. A. (ed.) (1987). *Approaches to Art Therapy*. New York: Brunner/Mazel.

Schaverien, J. (1991). *The Revealing Image: Analytical Art Psychotherapy in Theory and Practice*. London: Routledge.

Simon, R. (1991). *The Symbolism of Style: Art as Therapy*. London: Routledge.

Stern, V. (1992). *Creativity in Captivity*, A Lilian Baylis Lecture. London: NACRO.

Thomson, M. (1989). *On Art and Therapy*. London: Virago.

Uhlin, D. M. (1984). *Art for Exceptional Children* (3rd ed.). Dubuque, Iowa: Wm. C. Brown Co.

Ulman, E., & Dachinger, P. (eds.) (1976). *Art Therapy in Theory and Practice*. New York: Schocken.

Ulman, E., & Levy, C. A. (eds.) (1980). *Art Therapy Viewpoints*. New York: Schocken.

Wadeson, H. (1980). *Art Psychotherapy*. New York and Chichester: John Wiley.

Wadeson, H. (1987). *Dynamics of Art Psychotherapy*. New York and Chichester: John Wiley.

Wadeson, H., Durkin, J., & Perach, D. (eds.) (1989). *Advances in Art Therapy*. New York and Chichester: John Wiley.

Waller, D. (1991). *Becoming a Profession: The History of Art Therapy in Britain 1940-1982*. London: Routledge.

Waller, D. (1993). *Group Interactive Art Therapy: Its Use in Training and Treatment*. London: Routledge.

Waller, D., & Gilroy, A. (eds.) (1992). *Art Therapy: A Handbook*. Buckingham and Philadelphia: Open University Press.

Williams, G. W., & Wood, M. M. (1977). *Developmental Art Therapy*. Baltimore: University Park Press.

Winnicott, D. W. (1971). *Playing and Reality*. (Republished by Harmondsworth: Penguin, 1980; New York: Methuen, 1982).

Wohl, A., & Kaufman, B. (1985). *Silent Screams and Hidden Cries: An Interpretation of Artwork by Children from Violent Homes*. New York: Brunner/Mazel.

저널

Inscape. The Journal of the British Association of Art Therapists. Obtainable from BAAT, 11A Richmond Road, Brighton BN2 3RL.

Art Therapy. The Journal of the American Art Therapy Association, 1202 Allanson Road, Mundelein, Illinois 60060, US.

The American Journal of Art Therapy. Vermont College of Norwich University, Montpelier, Vermont 05602, US.

The Arts in Psychotherapy-An International Journal. Pergamon Press, Maxwell House, Fairview Park, Elmsford, NY 10523, US.

기관

American Art Therapy Association Inc., 1202 Allanson Road, Mundelein, Illinois 60060, US.

Australian National Art Therapy Association (ANATA), 480 Newcastle Street, Perth 6001, Australia.

British Association of Art Therapists (BAAT), 11A Richmond Road, Brighton BN2 3RL.

Canadian Art Therapy Association, 216 St Clair Ave W., Toronto, Ontariao M4V 1R2, Canada.

Interantional Networking Group (ING). Contact Bobbi Stroll, 1202 Allanson Road, Mundelein Illinois 60060, USA.

범죄자 관련 문헌

Allen, H. (1987). *Justice Unbalanced: Gender, Psychiatry and Judical Decisions.* Milton Keynes: Open University Press.

Ball, K. et al. (1987). *Worth the Risk: Creative Groupwork with Young Offenders.* Halifax: West Yorkshire Probation Service.

Bean, P. (1976). *Rehabilitation and Deviance.* London: Routledge and Kegan Paul.

Brown, A., & Caddick, B. (eds.) (1993). *Groupwork with Offenders.* London: Whiting and Birch.

Boyle, J. (1977). *A Sense of Freedom.* London: Canongate/Pan.

Boyle, J. (1984). *The Pain of Confinement.* London: Canongate/Pan.

Campbell, J. (1987). *Gate Fever-Voices from a Prison.* London: Sphere Books.

Carlen, P. (1983). *Women's Imprisonment: A Study in Social Control.* London: Routledge and Kegan Paul.

Cavadino, M., & Dignan, J. (1992). *The Penal System: An Introduction.* London: Sage.

Cohen, S., & Taylor, L. (1972). *Psychological Survival: The Experience of Long Term Imprisonment.* Harmondsworth: Penguin.

Cox, M. (1978 reprinted 1988). *Structuring the Therapeutic Process.* London: Jessica Kingsley Publishers.

Cox, M. (1978 reprinted 1988). *Coding the Therapeutic Process.* London: Jessica Kingsley Publishers.

Cox, M. (ed.) (1992). *Shakespeare Comes to Broadmoor: 'The Actors are Come Hither'.* London: Jessica Kingsley Publishers.

Davies, M., & Wright, A. (1989). *The Changing Face of Probation.* Norwich: Social Work Monographs, School of Social Work, University of East Anglia.

Denney, D. (1992). *Racism and Anti-Racism in Probation.* London: Routledge.

Dominelli, L. (1991). *Gender, Sex Offenders and Probation Practice.* Norwich: The Novata Press.

Fielding, N. (1984). *Probation Practice-Client Support under Social Control* Aldershot:

Gower.

Finkelhor, D. (1986). *A Sourcebook on Child Sexual Abuse*. London: Sage.

Forster, W. (ed.) (1981). *Prison Education in England and Wales*. Leicester: National Institute of Adult Education.

Garland, D. (1985). *Punishment and Welfare*. Aldershot: Gower.

Gocke, B. (1991). *Working with Denial*. Norwich: UEA/SWT Monographs.

Goffman, E. (1986). *Asylums*. Harmondsworth: Penguin.

Harding, J. (ed.) (1987). *Probation and the Community*. London: Tavistock.

Hood, R. (1992). *Race and Sentencing*. Oxford: Clarendon Press.

Heidensohn, F. (1985). *Women and Crime*. London: Macmillan.

Home Office (1990). *Provision for Mentally Disordered Offenders*. London: Home Office Circular 66/90.

Jones, A. et al. (1992). *Probation Handbook*. Harlow: Longman.

Leech, M. (1992). *A Product of the System: My Life In and Out of Prison*. London: Gollancz.

McGuire, J., & Priestley, P. (1985). *Offending Behaviour: Skills and Stratagems for Going Straight*. London: Batsford.

Mackay, R., & Russell, K. (eds.) (1988). *Psychiatric Disorders and the Criminal Process*. Leicester: Leicester Polytechnic Law School.

Morrison, T., Erooga, M., & Beckett, R. (eds.) (1993). *Sexual Offending Against Children - Practice, Policy and Management*. London: Routledge.

Parker, T. (1962). *The Courage of His Convictions*. London: Hutchinson.

Parker, T. (1969). *The Twisting Lane: Some Sex Offenders*. London: Hutchinson.

Parker, T. (1970). *The Frying-Pan: A Prison and its Prisoners*. London: Hutchinson.

Pitts, J. (1990). *Working with Young Offenders*. Basingstoke: Macmillan.

Plotnikoff, J. (1986). *Prison Rules-A Working Guide*. London: Prison Reform Trust.

Pointing, J. (ed.) (1986). *Alternatives to Custody*. Oxford: Blackwell.

Prison Reform Trust (1990). *Sex Offenders in Prison*. London: Prison Reform Trust.

Rayner, P. (1988). *Probation as an Alternative to Custody*. Aldershot: Avebury.

Rayner, P., Smith, D., & Vanstone, M. (1994). *Effective Probation Practice.* London: BASW/Macmillan.

Redl, F., & Wineman, D. (1951). *Children Who Hate.* New York: Macmillan Publishing Company Inc.

Richards, J. (1988). *In for Life.* Chichester: New Wine Press.

Rutherford, A. (1986). *Growing out of Crime.* Harmondsworth: Penguin.

Rutherford, A. (1986). *Prisons and the Process of Justice.* Oxford: Oxford University Press.

Sapsford, R. (1983). *Life Sentence Prisoners.* Milton Keynes: Open University Press.

Scraton, P. (1991). *Prisons under Protest.* Milton Keynes: Open University Press.

Smart, F. & Brown, B. C. (1970). *Neurosis and Crime.* London: Duckworth.

Soothill, K., & Walby, S. (1991) *Sex Crime in the News.* London: Routledge.

Staplehurst, A. (1987). *Working with Young Afro-Caribbean Offenders.* Norwich: School of Social Work, University of East Anglia.

Steen, C., & Monnette, B. (1989). *Treating Adolescent Sex Offenders in the Community.* Springfield, Illinois: C. C. Thomas.

Stern, V. (1987). *Bricks of Shame.* Harmondsworth: Penguin.

Walker, H., & Beaumont, B. (eds.) (1985). *Working with Offenders.* Basingstoke: Macmillan.

Welldon, E. V. (1991). *Mother, Madonna, Whore: The Idealization and Denigration of Motherhood.* London: Free Association Books.

West, D. J. (1987). *Sexual Crimes and Confrontations.* Aldershot: Gower.

Winnicott, D. W., & Winnicott, C. (1984). *Deprivation and Delinquency.* London: Tavistock.

Winnicott, D. W. (1986). *Home is Where We Start From.* Harmondsworth: Penguin.

Worrall, A. (1990). *Offending Women.* London: Routledge.

Marian Liebmann

미술치료사(ATR-BC)로서 피해자 및 가해자를 위한 예방센터 등에서 근무하였으며, 현재 교정 분야를 중심으로 미술치료, 자문, 집필 등의 활동을 활발하게 하고 있다. 2005년에는 미술치료와 교정 분야의 업적을 인정해 주는 Longford Prize를 수상한 바 있다.

〈저 서〉

Arts Approaches to Conflict and Mediation in Context, Art Therapy in Practice, Arts Approaches to Conflict, Mediation in Context and Restorative Justice: How It Works

Lynn Aulich

영국 맨체스터 프레스트에 위치한 병원의 가드너 부서에서, 청소년 법정 정신건강센터의 미술치료사로서 일하고 있다. 또한 환경미술가 그룹의 일원으로 대규모 대중미술 작품 활동도 펼치고 있다.

Celia Baillie

화가로 교육을 받고 유아들의 미술을 지도하던 중 영국 세인트 올번스에서 미술치료사 훈련을 받았다. 현재 중증학습장애를 가진 청소년을 대상으로 치료 활동을 하고 있다.

Pip Cronin

금속공예와 도자기공예를 공부한 후 미술치료사 훈련을 받고 영국 런던 홀로웨이 교도소에서 교육을 담당하고 있다. 현재 교도소 내의 홀로웨이 미술치료 프로젝트 팀에서 일하고 있다. 또한 섭식장애를 가진 청소년을 위한 모임도 운영 중이다.

Shan Edwards

영국 센트럴 스쿨에서 미술을 공부했다. 변화를 위한 여성들의 미술 그룹에서 페미니스트 아트뉴스전과 아트메시아 모임 등 전시에 참여하고 있다. 1984년부터 미술교육에 참여하기 시작하여 1991년에 미술치료사 자격증을 받았다.

Maralynn Hagood

성학대 피해 아동을 7년간 치료해 왔으며, 미국 캘리포니아 주립대학교에서 미술치료를 가르쳤다. 1989년에 영국으로 이주한 후 성학대 피해자 아동을 위한 전문가를 훈련시키고 에든버러 대학교에서 미술치료를 가르치고 있다. 최근에 성학대 피해 아동의 미술 작품을 연구하고 있고 미술치료에 관한 2권의 저술을 발간했다.

Barbara Karban

오스트리아 비엔나 출신으로 응용미술학교에서 수학하였다. 런던과 뉴욕에서 일러스트 프리랜서로 일했고 그 후 세인트 올번스에서 미술치료사로 훈련받았다. 현재 런던의 일링병원 삼교지역안전부에서 일하고 있으며 미술가로도 활동하고 있다.

Marian Liebmann

교사, 미술치료사, 보호관찰관 자격증을 소유하고 있고 형사범 분야의 보호관찰센터에서 범죄 피해자 및 관찰팀, 중재팀과 함께 오랫동안 활동해 오고 있다. 『집단미술치료(Art Therapy for Group)』의 저자이며 『미술치료의 실제(Art Therapy in Practice)』의 편저자이기도 하다.

Barry Mackie

남아프리카공화국, 유럽, 영국에서 교사, 섬유디자이너로 일했다. 1982년 골드스미스 대학에서 미술치료를 공부했고 그 후 보호감찰소 등 다양한 분야에서 일했다. 최근 런던에 거주하면서 집단치료사, 미술 작업가로 활동하고 있다.

Eileen McCourt

북아일랜드의 보호감찰소의 미술치료사로 일하고 있다. 1975년부터 보호관찰관으로 일하였으며, 1986~1987년에 세인트 올번스 미술과 디자인학교에서 미술치료사 훈련을 받았다. 교도소나 지역센터에서 집단 혹은 개인 미술치료 프로그램을 설립 및 개발하는 데 주력하고 있다.

Julie Murphy

에든버러 미술대학과 에든버러 종합대학교에서 미술치료사 자격증을 수료하기 전 6년간 국립 스코틀랜드갤러리에서 일했다. 학습장애를 가진 아동과 성인의 치료 경험이 있고 최근에 퍼스 지역 내의 HMP 퍼스와 머리 로얄 정신병원에서 치료 활동 중이다.

Colin Riches

HMP 올버니에서 미술 및 공예센터를 설립하면서 그 역할에 대해 연구하였고, 로얄 미술학교에서 대학원 과정을 수료했다. 처칠협회의 특별연구원이고 국립 미술 작품 소장 특별상을 수상했다. 그는 교정시설에서 미술 관련 작업을 실행하고 있는 '교정국'의 일원으로 일하고 있다.

Adrian West

영국 옥스퍼드에 있는 원포드 병원에서 임상심리학자로 훈련받았다. 브로드무어 병원에서 4년간 일했고 현재 맨체스터에 있는 애시워스 병원 등에서 임상심리학자로 활동 중이다.

역자 소개

최은영

현 대구대학교 재활과학대학 재활심리학과 교수
　　대구대학교 재활과학대학원 재활심리학과(미술치료 전공) 책임지도교수
　　대구대학교 미술치료연구소 소장
　　한국미술치료학회 학술이사
　　교정시설 미술치료 프로그램 강사
전 한국재활심리학회 회장
한국재활심리학회 재활심리치료사 1급
한국미술치료학회 수련감독 미술치료전문가
한국상담학회 전문상담사 1급

주요 저서 및 역서
『미술심리치료』(공저, 2008, 학지사), 『ADHD와 미술치료』(공역, 2007, 학지사) 외

이은혜

대구대학교 대학원 재활심리 전공 박사 수료
현 마산 YMCA 평생교육원 전임교수
　　마산심리상담아동발달센터 소장
　　대구대학교 재활과학대학원 재활심리학과(미술치료 전공) 강사
　　교정시설 미술치료 프로그램 강사
전 진해시, 사천시, 진주시 정신건강센터 재활 프로그램 운영
한국재활심리학회 재활심리치료사 2급

주요 논문
「지체부자유 아동의 심리적 재활을 위한 미술치료」(2006) 외

범죄자를 위한 미술치료
Art Therapy with Offenders

2011년 1월 10일 1판 1쇄 인쇄
2011년 1월 15일 1판 1쇄 발행

편저자 • Marian Liebmann
옮긴이 • 최은영 · 이은혜
펴낸이 • 김진환
펴낸곳 • ㈜ 학지사

   121-837 서울특별시 마포구 서교동 352-29 마인드월드빌딩 5층
대표전화 • 02) 330-5114 팩스 • 02) 324-2345
등록번호 • 제313-2006-000265호

홈페이지 • http://www.hakjisa.co.kr
커뮤니티 • http://cafe.naver.com/hakjisa

ISBN 978-89-6330-594-3 93180

정가 18,000원

역자와의 협약으로 인지는 생략합니다.
파본은 구입처에서 바꾸어 드립니다.

인터넷 학술논문 원문 서비스 **뉴논문** www.newnonmun.com